Mende Nazer
mit Damien Lewis

Sklavin

Mende Nazer
mit Damien Lewis

SKLAVIN

Aus dem Englischen von
Karin Dufner

Schneekluth.

Die englische Ausgabe erscheint 2003 unter dem Titel
Slave
bei Doubleday, London.

Sklavin ist Mende Nazers authentischer Lebensbericht.
Aus Gründen der persönlichen Sicherheit wurden die Namen
der meisten Menschen in diesem Buch geändert.

Besuchen Sie uns im Internet:
www.schneekluth.de

Erweiterte Neuausgabe
ISBN 3-7951-1801-8

Ein Unternehmen der Verlagsgruppe Droemer Weltbild
Fotos im Bildteil auf Seite I: aus *Die Nuba* von Leni Riefenstahl;
Reproduktion erfolgte mit freundlicher Genehmigung
der Leni-Riefenstahl-Produktion, Pöcking.

Fotos auf Seite II bis IV:

Umschlaggestaltung: ZERO Werbeagentur, München
Umschlagabbildung: Peter von Felbert, München
Gesetzt aus der Stempel Garamond Roman 10,5/13 Punkt
Druck und Bindung: Clausen & Bosse, Leck
Printed in Germany 2002

2 4 5 3

Sklavin

Inhalt

III
Reise in die Freiheit

Prolog
Der Überfall

Der Tag, der mein Leben für immer verändern sollte, begann mit einem traumhaften Sonnenaufgang. Um die Sonne zu begrüßen, wandte ich mich nach Osten und sprach das erste meiner fünf täglichen Gebete zu Allah. Es war der Frühling 1992, gegen Ende der Trockenzeit, und ich war etwa zwölf Jahre alt. Nach dem Beten machte ich mich für die Schule fertig. Der Hin- und Rückweg dauerte zu Fuß jeweils eine Stunde. Ich war eine ausgesprochen fleißige Schülerin, denn ich wollte Ärztin werden, wenn ich einmal erwachsen war, ein sehr ehrgeiziger Traum für ein afrikanisches Mädchen aus einfachen Verhältnissen.

Ich komme vom Stamm der Nuba in den Nubabergen des Sudan, einer der abgelegensten Gegenden der Welt. Damals lebte ich in einem Lehmhüttendorf, das sich in eine Senke zwischen den hohen Hügeln schmiegte. Mein Stamm bestritt seinen Lebensunterhalt mit Jagd, Ackerbau und Viehzucht, und mein Vater, der eine Herde von fünfzig Rindern besaß, galt als verhältnismäßig wohlhabend. Die meisten Bewohner unseres Dorfes waren Moslems.

Als ich nach einem anstrengenden Schultag nach Hause kam, erledigte ich erst einmal meine häuslichen Pflichten. Dann kochte meine Mutter das Abendessen – mein Vater hatte mit meinen Brüdern draußen auf den Feldern die Ernte eingebracht, und alle waren sehr hungrig. Nach dem Essen gingen wir alle hinaus in den Hof und lauschten den Geschichten, die mein Vater erzählte. Ich weiß noch, wie ich am Feuer saß und lachte und lachte. Mein Vater war ein sehr humorvoller, witziger Mensch. Ich liebte meine Familie über alles.

Da der Abend kühl war, blieben wir nicht lange draußen. Wie immer kuschelte ich mich zum Schlafen an meinen Vater. In der

Mitte der Hütte brannte die ganze Nacht lang ein Feuer, das uns wärmen sollte. Uran, meine kleine Katze, rollte sich auf meinem Bauch zusammen. Meine Mutter lag in ihrem Bett auf der anderen Seite des Feuers. Bald waren wir eingeschlafen – und dann begannen die schrecklichsten Stunden meines Lebens. Draußen war plötzlich ein schrecklicher Tumult zu hören. Erschrocken fuhr ich hoch und sah ein seltsames orangefarbenes Licht in die Hütte scheinen.

»Ook tom gua!«, rief mein Vater und sprang auf. »Feuer! Im Dorf brennt es!«

Wir stürzten zur Tür und stellten fest, dass am anderen Ende des Dorfes Flammen hoch in den Himmel emporschlugen. Zunächst glaubten wir, dass eine Hütte zufällig Feuer gefangen hatte, was in unserem Dorf recht häufig vorkam. Dann aber bemerkten wir Menschen, die mit brennenden Fackeln in der Hand zwischen den Hütten herumliefen. Ich beobachtete, wie sie die Fackeln auf die Dächer der Hütten warfen, sodass diese sofort in Flammen aufgingen. Als die Menschen aus ihren Behausungen flohen, wurden sie von den Männern angegriffen und zu Boden geschleudert.

»Mudschaheddin!«, schrie mein Vater. »Wir werden von Arabern überfallen! Die Mudschaheddin sind im Dorf!«

Obwohl ich noch immer nicht richtig begriff, was geschehen war, war ich vor Angst wie gelähmt. Dann packte mein Vater mich am Arm.

»Go lore okone? Go lore okone?«, rief er. »Wohin können wir fliehen?«

Er suchte verzweifelt nach einem Ausweg. Ich spürte, dass meine Mutter, die dicht neben mir stand, am ganzen Leibe zitterte, und auch ich war starr vor Furcht. Mit dem einen Arm drückte ich meine Katze Uran an mich, die andere Hand umklammerte die meines Vaters. Und dann fingen wir an zu rennen.

»Lauf zu den Hügeln«, schrie mein Vater. »Hinter mir her! Lauf! Lauf!«

Es war wie in einem schlimmen Albtraum. Mein Vater rannte voraus, dann ich mit meiner Katze und meine Mutter dicht hinter uns.

Der Nachthimmel war hell erleuchtet, weil so viele Hütten brannten. Frauen und Kinder eilten in alle Richtungen davon und weinten und schrien voller Panik. Ich sah, wie die Angreifer Kinder gewaltsam aus den Armen ihrer Eltern rissen.
»Halt dich an mir fest, so gut du kannst, Mende!«, rief mein Vater.
Ich sah, wie die Männer den Leuten die Kehle durchschnitten. Ihre gekrümmten Dolche blitzten im Feuerschein. Ich kann niemandem beschreiben, was für Dinge ich sah, als wir durchs Dorf rannten. Niemand soll je Zeuge solcher Gräueltaten werden müssen, wie ich sie in dieser Nacht erlebte.
Durch Rauch und Flammen hindurch konnte ich erkennen, dass mein Vater auf die Berge zuhielt. Doch kaum hatten wir den Saum der Hügel erreicht, bemerkten wir vor uns eine lange Reihe weiterer Angreifer zu Pferd. Von weitem schon sah ich ihren wilden, durchdringenden Blick, die langen Bärte und ihre abgerissenen, schmutzigen Kleider. Sie sahen völlig anders aus als die Männer unseres Stammes. Mit erhobenen Waffen schnitten sie uns den einzigen Fluchtweg ab. Ich sah, wie einige verängstigte Dorfbewohner vor uns direkt in die Falle liefen. Als sie den Hinterhalt bemerkten, kehrten sie schreiend um und versuchten, irgendeinen anderen Ausweg zu finden. Chaos und Panik brachen aus, begleitet vom Krachen der Gewehrsalven.
Als wir umkehrten, um in die entgegengesetzte Richtung davonzulaufen, hörte ich meinen Vater verzweifelt nach meiner Mutter rufen. In all dem Tohuwabohu hatten wir sie verloren. Nun war ich allein mit Vater und rannte und rannte und sollte immer noch schneller rennen. Doch auf einmal stolperte ich und stürzte. Ich weiß noch, wie meine Katze mir in diesem Moment aus dem Arm sprang. Und gerade als ich mich aufrappelte, griff einer der Mudschaheddin nach mir und wollte mich fortziehen.
Mein Vater warf sich auf ihn und versuchte ihn niederzuringen. Er schlug auf den Angreifer ein und traf ihn so am Kopf, dass er fiel und nicht mehr aufstand. Dann zog mich mein Vater an den Armen hoch, weg von dem Handgemenge; meine Beine fühlten sich an, als würden sie von scharfen Steinen zerfetzt. Aber ich achtete nicht auf

den Schmerz. Irgendwie brachte mich mein Vater wieder auf die Füße, und wir rannten weiter, rannten und rannten.
»Mende, lauf, so schnell du kannst!«, rief mein Vater immer wieder. »Wenn sie dich kriegen wollen, müssen sie erst mich töten!«
Wir hasteten zurück zum anderen Ende des Dorfes. Ich jedoch war nun restlos erschöpft, meine Kräfte schwanden mit jeder Sekunde. Und da plötzlich gerieten wir mitten in eine Herde panisch davongaloppierender Rinder. Ich fiel ein zweites Mal. Ich nahm trampelnde Hufe über und neben mir wahr. Zusammengekrümmt lag ich auf der Erde und war mir sicher, dass ich nun sterben würde.
Von irgendwoher hörte ich meinen Vater rufen: *»Mende agor! Mende agor!«* – Wo bist du, Mende, wo bist du? Seine Stimme klang vor Erschöpfung ganz fremd. Ich versuchte zu antworten und mich bemerkbar zu machen, doch meine Kehle war wie zugeschnürt vom Schmerz und vom Staub. Ich konnte nur noch heiser flüstern: *»Ba! Ba! Ba!«* – Papa! Hier!
Aber er hörte mich nicht. So lag ich da wie versteinert. Tränen strömten über mein Gesicht. Und da packte mich ein Mann von hinten und drückte mich zu Boden. Sein stoppliger Bart kratzte mich im Nacken, und ich konnte seinen stinkenden Atem riechen.
Ich wusste, dass mein Vater ganz in der Nähe verzweifelt nach mir suchte. Immer wieder versuchte ich, nach ihm zu rufen, doch der Mann hielt mir nur noch brutaler den Mund zu. »Sei endlich still!«, fuhr er mich an. »Wenn du weiter so schreist, finden dich die anderen Männer und töten dich.«
Er zog mich auf die Beine und führte mich durchs Dorf. Im Schein der brennenden Hütten konnte ich sehen, dass auch er einen Dolch und eine Pistole im Gürtel trug.
Noch als ich abgeführt wurde, war ich mir sicher, die Stimme meines Vaters zu hören. »Mende! Mende! Mende!« Mein Vater ist der tapferste Mann der Welt. Er hätte versucht, mich zu retten. Wenn er mich nur hätte finden können, hätte er den Kampf mit jedem Mudschahed im Dorf aufgenommen. Ich wollte laut aufschreien: *»Ba! Ba!* Hier bin ich! Ich kann dich hören!« Doch der Araber hielt mir den Mund fest zu.

Als wir weiterliefen, sah ich, dass das ganze Dorf brannte, und rund um uns ertönten Schreie. Ich sah Nubafrauen auf dem Boden, Mudschaheddin auf ihnen. In der Luft lag der Geruch von Brand, Blut und Terror.
Während ich vorwärts gezwungen wurde, betete ich: »O Allah, o Allah, rette mich, bitte rette mich.« Und ich betete zu Gott, dass er auch meine Familie retten möge. Immer wieder, als man mich zum Wald brachte, flehte ich meinen Gott um Rettung für uns alle an.
Wir ließen das brennende Dorf hinter uns und kamen zum Waldrand. Unter den Bäumen saßen etwa dreißig andere Kinder aneinander gedrängt auf dem Boden. Weitere Mudschaheddin kamen und brachten kleine Nubajungen und -mädchen mit. Die Kleider und Messer der Angreifer waren blutgetränkt; in ihrem Blick funkelte die reine Bosheit. Als sie sich näherten, hörte ich sie aus voller Kehle brüllen: *»Allahu Akhbar! Allahu Akhbar! Allahu Akhbar!«* – Gott ist groß!
Ich hatte keine Ahnung, ob jemand aus meiner Familie entkommen war oder ob sie alle ermordet worden waren. Ich hatte auch keine Ahnung, was nun mit mir geschehen würde. Und so endete meine wundervolle, glückliche Kindheit, und mein Leben als Sklavin begann.

I
Meine Kindheit bei den Nuba

1
Mein Zuhause

Als ich geboren wurde, beschloss mein Vater, mich *Mende* zu nennen. In unserer Sprache bedeutet Mende »Gazelle«, das schönste und anmutigste Tier in den Nubabergen – und deshalb gab mein Vater mir diesen Namen. Ich war sein fünftes und letztes Kind, und er hielt mich für die hübscheste Tochter der Welt.

Hinter unserem Dorf ragte ein gewaltiger Felsen auf, der sich hoch über die Lehmhütten erhob. Jenseits dieses Felsens standen gewaltige Berge, die bis weit in den Himmel reichten. Genau genommen war das Dorf auf allen Seiten von Bergen umgeben, und bis zu den Hügelausläufern musste man nur eine Viertelstunde zu Fuß gehen.

Unser Zuhause war ein rechteckiger Hof, *shal* genannt, mit zwei Lehmhütten darin, die einander gegenüberstanden. Der *shal* war mit einem Zaun aus mit Stroh zusammengeknüpften Holzpfählen eingefriedet, den man als *kitting* bezeichnete. Auf jeder Seite des *shal* gab es zwei Bänke. Hier versammelten wir uns abends um das Feuer, lachten und erzählten Geschichten. Rings um den *shal* befand sich ein noch größerer Hof, der *tog*. Der Zaun des *tog* bestand aus dicken, geraden Baumästen und war so hoch wie ein Haus. Vermutlich kann man den *shal* als Gegenstück eines westlichen Hauses bezeichnen, während der *tog* dem umliegenden Garten entsprach. Unsere Schafe und Ziegen lebten im *tog*, und wir mussten auf der Hut sein, dass sie nicht in den *shal* eindrangen und sich an unseren Lebensmitteln gütlich taten.

Ich bewohnte mit meiner Mutter und meinem Vater eine der Hütten, in der drei Betten standen, eines für jeden von uns. Die Betten hatten Bambusrahmen und eine aus der Rinde des Affenbrotbaums geflochtene Matratze. Mein Vater schlief stets an der Tür, um uns zu beschützen. Da es in den nahe gelegenen Wäldern und Hügeln viele Schlangen und Hyänen gab, hatte ich immer Angst, dass sie kommen und mich fressen könnten. Jede Nacht kletterte ich deshalb aus meinem Bett und schlief neben meinem Vater, wo ich mich sicherer fühlte. In der Regenzeit brannte in der Mitte der Hütte immer ein Feuer, um uns zu wärmen, und wir bewahrten auch einen Stapel trockenes Brennholz dort auf. Doch wenn es zur Neige ging, mussten wir feuchtes Holz im Wald sammeln. Dann brannte das Feuer nicht richtig und verqualmte das Innere der Hütte.

Auf einer Seite unseres Hofes standen drei hohe, kegelförmige Getreidespeicher, die so genannten *durs*. Jeder von ihnen hatte einen kleinen Eingang, der weit oben in der Wand lag und gerade breit genug war, um einen Mann durchzulassen. Wer hineinwollte, musste eine Leiter hinaufsteigen, einen großen Satz machen und sich gleichzeitig unter Verrenkungen durch das Loch zwängen. Sinn und Zweck dieser Bauweise war, Ratten und Ziegen fern zu halten. Im *dur* konnte man das Getreide einigermaßen trocken aufbewahren, sodass es bis zur nächsten Erntezeit nicht verdarb. Wenn wir wieder Getreide brauchten, kletterte mein Vater in den *dur*, schöpfte eine Kürbisschale voll heraus und reichte sie meinem Bruder Babo, der vor dem Eingang auf der Leiter stand. Ich wartete unten, um ihm den Kürbis abzunehmen.

Meine älteren Schwestern Shokan und Kunyant wohnten mit ihren Familien gleich nebenan. Meine Brüder Babo und Kwandsharan lebten nicht zusammen mit der Familie, sondern im *holua*, dem Männerhaus. Jede Familie besaß ein *holua*, wo die unverheirateten Jungen gemeinsam aßen und schliefen.

Auch mein Vater nahm die Mahlzeiten im *holua* mit den anderen Männern ein. Meine Mutter röstete zum Beispiel Hirse und Erdnüsse über dem Feuer und zermahlte sie dann zu einem köstlichen Mus. Oft kochte sie auch *kal,* einen Hirsebrei mit Wasser und Milch, oder *waj,* einen mit Curry gewürzten Eintopf aus Gemüse und Fleisch.

Mein Vater lud stets all unsere männlichen Verwandten zum Essen ein. »Komm und iss mit uns! Komm, trink einen Tee!« Meine

Tanten und Onkel wohnten alle in Rufweite zu unserem Haus, und in unserer Tradition ist es sehr wichtig, nicht allein zu essen, sondern die Mahlzeit mit allen zu teilen, die zufällig in der Nähe sind. Das kann ein Familienmitglied, ein Nachbar aus dem Dorf, ein Besucher von einem anderen Stamm oder sogar ein Fremder sein, das spielt keine Rolle. Jeder, der die Einladung hört, ist willkommen.

Ich lebte in einer engen Gemeinschaft. Bei uns gab es nur wenige Geheimnisse, und kaum jemand hatte das Bedürfnis, sich zurückzuziehen. Als ich noch klein war, verrichtete ich meine Notdurft einfach hinter unserem Hof, wo alle mich sehen konnten, ohne mich zu schämen. Doch mit etwa sechs Jahren begann ich, das Gebüsch aufzusuchen, wo sich auch die Erwachsenen erleichterten. Wenn ich mich hinter einen Busch kauerte, kitzelte mich das Gras am Po. Nachdem ich fertig war, pflückte ich ein Blatt ab, um mich zu säubern. In der Regenzeit war es jedoch zu schwierig, die Blätter von den Bäumen zu reißen, und ich behalf mich deshalb mit einer Hand voll trockener Blätter der Raffiapalme. Allerdings war das keine zufriedenstellende Lösung, denn Raffiablätter haben scharfe Kanten, was zu Schnittwunden an sehr peinlichen Stellen führen kann.
Eines Morgens, als ich noch recht klein war, ging ich mit meiner Freundin Kehko ins Gebüsch. Wir hatten uns gerade zum Pinkeln hingehockt, als Kehko mir zurief: »Da bewegt sich etwas, Mende. Was könnte das sein?«
»Wahrscheinlich nur eine Maus«, erwiderte ich.
So unterhielten wir uns, als plötzlich eine riesige Schlange aus dem Gebüsch schoss. Kehko sah sie kurz vor mir und stieß einen Schrei aus. Da bemerkte auch ich, wie sich die Schlange durch den Busch wand. Kehko sprang auf und fing an zu rennen, während ihr der Urin die Beine hinunterlief. Ich hätte das sehr komisch gefunden, wenn ich nicht selbst solche Angst gehabt hätte, denn ich steckte noch mehr in der Klemme als sie. Mit dem Pinkeln war ich zwar schon fast fertig, nicht aber mit dem großen Geschäft. Während ich

verzweifelt versuchte, mich ins Unterholz zurückzuziehen, glitt die Schlange auf mich zu. Ich gab mich geschlagen. Schnell wie der Blitz sprang ich aus dem Gebüsch und rannte los, in unbequem gebückter Haltung und mit herausgestrecktem Hinterteil. Als wir weit genug weg waren, blieben wir beide stehen und lachten Tränen. Nach diesem Zwischenfall beschlossen Kehko und ich, diesen Teil des Gebüschs von nun an zu meiden.

Hinter unserem Haus befand sich ein Garten, wo wir *kooktane* – Mais – anbauten. Wir pflanzten auch andere Gemüsesorten, wie zum Beispiel Bohnen und Kürbisse. Wenn es im Oktober regnete, wurden die Maiskolben dick und saftig. Mein Lieblingsessen waren über dem Feuer geröstete frische Maiskolben mit hausgemachter Butter. Immer wenn wir alles Gemüse im Garten aufgegessen hatten, ließen wir die Ziegen herein, damit sie die Stängel der Pflanzen fraßen.

Jeden Tag mussten wir Mädchen in den Bergen Wasser und Brennholz holen. Es dauerte bis zu zwei Stunden lang auf den kleinen Pfaden, die sich durch den Wald wanden. Da es in den Hügeln von Schlangen und wilden Tieren wimmelte, versuchten wir immer, ein paar Jungen dazu zu überreden, mitzukommen und uns zu beschützen. Wenn wir mit unseren Tonkrügen das Wasserloch erreichten, trafen wir manchmal auf Mädchen aus einem anderen Dorf. Dann entstand meist ein Streit, wer seine Krüge zuerst füllen durfte, und bald fingen wir an, einander zu beschimpfen: »Du bist hässlich! Du bist faul! Du bist eine Lügnerin!«

Gelegentlich fing jemand eine Prügelei an. Obwohl das alles eigentlich nicht ernst gemeint war, rief ich immer Babo zu Hilfe. »Mende, komm und stell dich hinter mich«, sagte er dann. »Wer Mende etwas tun will, muss sich zuerst mit mir anlegen.«

Wenn es nach der langen, heißen Trockenzeit endlich regnete, liefen die Kinder nach draußen, sprangen herum und führten Freudentänze auf. Wir sangen alle zusammen das Regenlied: »*Are coucoure, Are konduk ducre* – Der Regen kommt, zu viel Regen.« Dabei schwenkten wir die Hände über dem Kopf und tollten im warmen, milden Regen umher. Wir alle waren sehr erleichtert, denn Regen bedeutete, dass wir eine gute Ernte bekommen würden und dass niemand hungern musste.

Als ich etwa sechs Jahre alt war, fiel der Regen zum ersten Mal in meinem Leben aus. Unsere Ernte welkte dahin und vertrocknete, und die Lebensmittel wurden allmählich knapp. Von Woche zu Woche spitzte sich die Lage zu. Und dann, eines Tages, wurde ich Zeugin eines erstaunlichen Schauspiels: Eine gewaltige Staubwolke waberte über den alten Pfad, der sich aus dem Talboden zu uns hinaufschlängelte. Als ich genauer hinschaute, sah ich eine Kolonne weißer Lastwagen aus dem Staub auftauchen, und ich bemerkte, dass sie auf den Marktplatz in der Mitte unseres Dorfes zusteuerten. Sofort lief ich hin und sah, wie zwei Männer aus dem ersten Fahrzeug stiegen. Zu meinem Erstaunen stellte ich fest, dass sie weiße Haut hatten. Noch nie im Leben war ich einem *hawaja*, einem Weißen, begegnet. Bis jetzt hatte ich nur Schwarze kennen gelernt, Nuba und ein paar braunhäutige arabische Nomaden. Wir standen da, starrten die *hawajas* aus sicherer Entfernung an und fragten uns, woher um aller Welt sie nur kamen, denn sie wirkten auf uns wie Gespenster.

Die beiden Männer gingen die Wagenkolonne ab und zeigten den Fahrern, wo sie die Fracht abladen sollten. Junge Nubamänner aus unserem Dorf rannten herbei und halfen, die großen Linsensäcke, die Fässer mit Speiseöl, die Trockenmilchdosen, die Medikamente und die Decken in ein nahe gelegenes leeres Gebäude zu schaffen. Jede Familie erhielt eine Decke, einen Sack Linsen, ein Fass Öl und Hirsesamen für die Aussaat im nächsten Jahr. Während mein Vater sich in der Schlange anstellte, begafften wir weiter die *hawajas*. Dann gingen wir nach Hause; mein Vater trug den Linsensack, meine Mutter das Öl und ich die große Decke.

»Diese *hawajas* sind gute Menschen«, meinte mein Vater lächelnd auf dem Rückweg zu unserer Hütte. »Sie kommen von weit, weit her, um uns zu helfen, weil sie wissen, dass es nicht geregnet hat und dass wir Hunger leiden. Die Araber hingegen tun nichts für uns, obwohl sie mit uns in einem Land leben.«

Selbst in meinem zarten Alter wusste ich, dass mein Vater nicht sehr viel von den Arabern hielt, auch wenn ich den Grund nicht ganz verstand. Das ganze restliche Jahr über tuckerten Lastwagenkolonnen über den gefährlichen Bergpass, um uns weitere Hilfsgüter zu bringen. Wie sich herausstellte, stammten die Sachen aus Amerika, und so sprachen alle darüber, was für ein guter Mensch Präsident Bush doch sei, weil er uns so unterstützte. Dann beschloss eine Frau in unserem Dorf, ihren Sohn, der während der Hungersnot geboren war, Bush zu nennen. Rasch fand sie einige Nachahmerinnen, und kurz darauf wimmelte es in unserem Dorf von kleinen Jungen, die Bush hießen. Nach einer Weile kamen einige Frauen auf den Gedanken, ihre Töchter nach der Frau von Bush zu benennen, aber keiner konnte ihren Namen herausfinden. Eine andere Frau dichtete ein Loblied auf Präsident Bush, das bald sehr beliebt wurde, sodass man es die Frauen überall bei der Arbeit singen hörte. An den Text kann ich mich zwar nicht mehr genau erinnern, aber es ging ungefähr so:

Bush, Bush, Bush, Bush,
Bush ist ein guter Mensch.
Die *hawajas* kommen von weit her
und sind weiß wie Gespenster,
aber sie sind sehr gut zu uns.
Sie helfen den Nuba,
mit Linsen und Öl.
Wenn Bush nicht wäre,
müssten wir alle sterben.
Bush, Bush, Bush, Bush.

Eine der schlimmsten Folgen der Dürre war, dass ein Großteil unseres Viehs starb. In den Nubabergen spielen Rinder eine bedeutende Rolle, sie verkörpern den Wohlstand eines Mannes. »Hmmm … dieser Mann muss sehr reich sein«, sagten die Leute dann. »Schaut nur, wie viele Kühe er hat.« Mein Vater besaß insgesamt fünfzig bis sechzig Rinder. Nur ein paar Männer gab es in

meinem Dorf, die noch mehr hatten, einige sogar bis zu hundert. Während der Hungersnot gingen viele unserer Kühe ein. Es dauerte Jahre, bis mein Vater seine Herde wieder aufgebaut hatte.
Eigentlich wäre es die Pflicht von Babo, dem jüngsten Sohn, gewesen, das Vieh zu hüten. Doch als er begann, zur Schule zu gehen, stellte mein Vater einen Jungen aus dem Nachbardorf für diese Aufgabe ein. Er war etwa dreizehn Jahre alt, hieß Ajeka und trug stets einen Speer und ein *ondo* – ein Musikinstrument mit einem Kürbis als Resonanzkörper und drei Drahtsaiten – mit sich herum. Bekleidet war er nur mit einer Perlenschnur um die Taille. Er führte die Kühe zum Weiden auf die Felder oder in den Wald, schlenderte den ganzen Tag lang herum und spielte leise auf seinem *ondo*. Nach einem Jahr gab mein Vater Ajeka eine Kuh als Lohn für seine Arbeit.
Die Kuhherde meines Vaters, sein *te*, war etwa zehn Minuten Fußweg von unserem Haus entfernt in einem Pferch, dem so genannten *coh*, eingesperrt. Dieser bestand aus dicken, in den Boden gerammten Ästen. Die erwachsenen Kühe hatten einen großen *coh*, die Kälber einen kleineren, einen *cohnih*, was wörtlich so viel wie »Haus der kleinen Kühe« bedeutet. Vor Sonnenaufgang standen Ajeka und meine Brüder auf, gingen zum Kuhpferch und brachten die hungrigen Kälber zu ihren Müttern, damit sie saugen konnten. Wenn die Milch zu fließen anfing, nahmen die Jungen die Kälber wieder weg und begannen mit dem Melken. Ein wenig Milch ließen sie für die Kälber übrig, den Rest brachten sie nach Hause zu meiner Mutter.
Manchmal tranken wir die Milch sofort, sie war köstlich, frisch und noch warm. Gelegentlich stellten wir sie auch aufs Feuer, um Hirsebrei zu kochen. Hin und wieder wurde ich mit einer Schüssel frischer Milch in den Hof geschickt, wo der *hohr* stand, ein senkrechter Pfosten, der oben gegabelt war. An diesem Pfosten war mit einer Schnur ein Kürbis befestigt. Ich goss die Milch in den Kürbis, der oben ein winziges Loch hatte. Wenn er zu drei Vierteln voll war, stopfte ich das Loch mit einem Korken zu. Dann schüttelte ich ihn hin und her, um die Milch ordentlich durchzurütteln, bis ich

Buttermilch und Rahm getrennt hatte. Daraus stellten wir Butter und Joghurt her.

Alle sagten, dass ich meiner Mutter wie aus dem Gesicht geschnitten sei. Sie war sehr schlank und eine ausgesprochene Schönheit. Das Haar hatte ich jedoch von meinem Vater geerbt, es war viel weicher und länger als das meiner Mutter. Nach meinen frühen Erinnerungen lief meine Mutter stets splitternackt herum, denn während meiner ersten Lebensjahre trug niemand bei uns im Dorf nennenswerte Kleidung. Später gewöhnte sich meine Mutter an, sich ein kurzes, buntes Stück Stoff um die Hüften zu wickeln. An kalten Abenden schlang sie sich eine Decke um die Schultern. Ich wusste nicht, wie alt meine Mutter war, doch sie wirkte etwa zehn Jahre jünger als mein Vater. In unserem Stamm heiratete ein Mann stets eine um viele Jahre jüngere Frau.
Meine Mutter hatte überall im Gesicht, auf den Oberarmen, den Brüsten und dem Bauch Schmucknarben. Als sie noch ein kleines Kind gewesen war, hatte meine Großmutter Stunden damit verbracht, ihr mit einem scharfen Stein wunderschöne geometrische Muster in die Haut zu ritzen. Sie hatte die Brust meiner Mutter mit Spiralen und Wirbeln verziert und lange Reihen gerader Linien auf ihrem Bauch angebracht. Ich fand, dass meine Mutter durch diese Narben sehr hübsch aussah, und ich weiß noch, wie ich sie fragte, warum sie sie hatte. Sie lächelte und erwiderte, das sei bei uns Tradition. In unserer Nubasprache seien Narben *kell* – Zeichen der Schönheit, die sowohl die Männer als auch die Frauen trugen. Auf einer Seite ihres Gesichts hatte meine Mutter eine wundervolle Narbe, die an einen Pfeil mit drei Spitzen erinnerte. Meine Großmutter hatte sie in die Haut geschnitten, bis ihr das Blut über die Wangen lief.
»Ich habe zugeschaut, wie das Blut auf die Erde tropfte, Mende«, sagte meine Mutter zu mir und berührte die Narbe mit den Fingerspitzen. »Aber man hatte uns beigebracht, tapfer zu sein, und deshalb habe ich nicht gejammert.«
Keiner meiner vier älteren Brüder und Schwestern hatte solche

Narben, und meine Mutter erklärte mir, dass diese alte Tradition lange vor unserer Geburt ausgestorben sei. Sie meinte, sie bedauere das zwar, verstehe aber, warum die alten Sitten ein Ende gefunden hätten. Meine Mutter trug eine Kette aus schwarzen und weißen Perlen um den Hals. Um die Taille hatte sie einen breiten Gürtel, der aus weißen, roten, gelben und schwarzen Perlenschnüren geflochten war. In der Nubakultur sind diese Perlen ein wichtiger Hinweis auf die Stammeszugehörigkeit. Meine Mutter trug sie, damit jeder sah, dass sie ein Mitglied unseres Stammes, der Karko, war. Wenn Besucher in unser Dorf kamen, erkannten wir an ihren Perlen und ihren Narben sofort, ob sie zu unserem Stamm gehörten.

Meine Mutter trug ihr Haar immer in Zöpfen. Allerdings durfte ich es nur selten flechten, weil ich mich dabei nicht sehr geschickt anstellte. Stattdessen ließ sie sich von einer Freundin, die ganz in der Nähe wohnte, dabei helfen. Diese Frau hatte viele Jahre lang gelernt, wie man das Haar nach der Tradition der Nuba flocht, und erfüllte in unserem Stamm die Funktion einer Friseurin, auch wenn niemand sie für ihre Dienste bezahlte. Sie tat es nur, um ihren Freundinnen einen Gefallen zu erweisen, wie es bei uns allgemein üblich war. Wenn man jemandem beistehen konnte, zögerte man nicht lang.

Wir Mädchen ließen uns für jeden Anlass verschiedene Frisuren machen – wenn der Regen kam, für die Erntezeit, die Zeit der Ringkämpfe oder die Beschneidungszeremonie der Jungen. Meine Mutter erklärte mir, in ihrer Jugend seien die Jungen mit siebzehn oder achtzehn beschnitten worden, als Zeichen für ihren Eintritt ins Mannesalter. Meine Brüder jedoch beschnitt man schon, als sie etwa zehn oder elf Jahre alt waren. Die Traditionen wandelten sich, und inzwischen galt es als weniger riskant, die Jungen schon in frühen Jahren zu beschneiden.

Mein Vater hatte ein schönes, gütiges Gesicht. Für einen Nuba war er zwar nicht groß, dafür aber kräftig, geschmeidig und stark. Seine Züge wirkten fast europäisch, und seine einzigen Kleidungsstücke waren ein Stoffstreifen um die Taille und ein weißes Käppchen auf dem Kopf. Seine Hände waren rau und schwielig. Manchmal, wenn er zu viel Affenbrotbaumrinde zu Seilen gedreht hatte, um sie auf dem Markt zu verkaufen, bluteten sie. Vom Barfußlaufen auf den scharfkantigen Steinen und Felsen in den Hügeln wiesen seine Fußsohlen tiefe Furchen und Risse auf. Er hatte einen kurzen Bart, eigentlich eher nur Stoppeln, und trug sein pechschwarzes Haar stets kurz geschoren. Allerdings wuchs es, anders als bei den meisten Nuba, die hartes, borstiges Haar haben, sehr schnell und war weich.

Viele Männer im Dorf hatten mehrere Frauen. Meine Onkel Jerongir und Foneshir hatten jeder zwei, mein Onkel Abdul Gadir sogar drei. Aber mein Vater war nur mit einer einzigen Frau verheiratet, mit meiner Mutter. Ich hätte ihn auch geliebt, wenn er sich zehn Frauen genommen hätte, obwohl ich nicht weiß, ob meine Mutter damit einverstanden gewesen wäre. Allerdings hätte sie nicht die Möglichkeit gehabt, Einwände zu erheben. So ist nun einmal unsere Tradition. Mein Vater liebte meine Mutter sehr und sagte häufig zu uns: »Eure Mutter ist eine so gute Frau, dass sie mindestens zehn Frauen wert ist.«

Unser Familienleben war sehr friedlich. Mein Vater und meine Mutter stritten sich nie, und mit meinen Brüdern und Schwestern prügelte ich mich nur zum Spaß. Mein Vater scherzte stets mit unseren Nachbarn und lud sie zum Essen ein. Während er ein sehr geselliger Mensch war, verhielt sich meine Mutter eher still und in sich gekehrt. Alle mochten und achteten sie, auch wenn sie sich nie am Dorfklatsch beteiligte. Die Leute sagten, meine Mutter sei ein Engel, mein Vater hingegen ein liebenswerter Teufel, der es faustdick hinter den Ohren habe.

Mein Vater besaß einen Jagdspeer mit einem langen, federnden Holzschaft und einer scharfen Spitze aus Metall. Wenn er in die Berge jagen ging, nahm er seinen Speer, einen langen Stock, eine Axt, eine Kürbisflasche voller Trinkwasser und manchmal auch ein riesiges Kuhhorn mit. Oft erlegte er nur einen Hasen oder einen kleinen Vogel, der aussah wie ein Fasan. Aber hin und wieder gelang es ihm, einen *shukul*, einen großen Waldhirsch, zu töten. Gelegentlich erwischte er auch eine Hyäne. Wenn er ein großes Tier erlegt hatte, blies er in sein Kuhhorn, dass es von allen Bergen widerhallte. Wir hörten es bis ins Dorf und wurden sofort sehr aufgeregt. Dann liefen die Männer los, um ihm beim Tragen der Beute zu helfen.

Eine meiner frühesten Kindheitserinnerungen ist, dass mein Vater mir ein Kätzchen schenkte. Es hatte ein pechschwarzes, schimmerndes Fell, und ich nannte es Uran, was in unserer Nubasprache »Schwärzling« bedeutet. Uran entpuppte sich als begabte Mäusejägerin und machte uns allen große Freude. Wenn ich mich nachts zum Schlafen in das Bett meines Vaters kuschelte, sprang Uran auf meinen Bauch und weckte dadurch meinen Vater.
»Jetzt habe ich schon dich bei mir im Bett«, murmelte er dann schläfrig. »Und jetzt erwartest du, dass ich mich auch noch mit deiner Katze herumärgere.«
»Das ist doch ein klarer Fall«, erwiderte ich kichernd. »Ich schlafe bei dir im Bett, und meine Katze schläft bei uns. Und damit basta.«
»Hör zu, wenn Uran bei dir schlafen soll, geh in dein eigenes Bett«, erwiderte er schmunzelnd.
Aber ich weigerte mich standhaft. Dann rief mir meine Mutter von der anderen Seite der Hütte aus zu: »Komm zu mir, Mende. Mein Bett ist groß genug für dich und die Katze.«
»Nein«, entgegnete ich. »Ich will hier bei meinem Vater schlafen.«
Das bedeutete zumeist den Auftakt zu einem regen Bettenwechsel. Ich brachte Uran zu meiner Mutter, ließ sie dort, lief zurück und sprang ins Bett meines Vaters. Natürlich blieb Uran nicht bei meiner Mutter und rannte sofort wieder zu uns. Inzwischen lachte mein Vater aus vollem Halse.
»Also gut«, seufzte er. »Du schläfst bei deiner Mutter, und Uran bleibt hier bei mir.«
»In Ordnung, Ba«, meinte ich, da ich den Ausgang schon voraussehen konnte.

Wenn ich mich zu meiner Mutter ins Bett legte, würde sich Uran auf der Stelle zu uns gesellen. Und dann würde die ganze Hütte von unserem Gelächter erbeben.
»Ganz gleich, was wir auch tun, Uran kommt immer zu dir«, sagte mein Vater. Dann holte er mein kleines Bett und stellte es neben seins. Ich kletterte hinein, Uran sprang auf meinen Bauch, mein Vater schlief neben uns, und alle waren zufrieden.
Als ich etwa sechs Jahre alt war, begann ich, mir große Sorgen um Uran zu machen. Sie war so dick, dass ich schon Angst hatte, sie könnte platzen. »Umi, warum wird Uran denn so dick?«, fragte ich meine Mutter. »Ich glaube, sie frisst zu viele Mäuse.«
»Sie ist nicht vom Fressen dick«, erwiderte meine Mutter lachend. »Sie ist schwanger – sie bekommt Kinder.«
Ich war entsetzt. Wie war Uran schwanger geworden? Ich bat meine Mutter, es mir zu erklären.
»Tja, Uran ist schwanger geworden, weil sie zu viele Mäuse gefressen hat«, entgegnete meine Mutter, womit sie sich selbst widersprach. Ich glaube, sie suchte nur eine Ausflucht, um mich nicht in so jungen Jahren aufklären zu müssen.
»Aber Umi!«, rief ich. »Das verstehe ich nicht. Wird Uran jetzt lauter Mäuse zur Welt bringen? Wir haben sie uns doch angeschafft, damit wir die Mäuse loswerden.«
Meine Mutter setzte sich neben mich auf ihren Holzschemel. »Pass auf, Mende. Auch wenn Uran viele Mäuse gefressen hat, wird sie trotzdem kleine Katzen kriegen. Wart's ab.«
Ich begriff noch immer kein Wort. Aber ich war froh, dass Uran Kätzchen gebären würde. Ich hob sie hoch und brachte sie zu meiner Mutter. »Wann kommen die Kätzchen denn?«, erkundigte ich mich.
»Ich weiß nicht genau«, antwortete sie, nachdem sie Urans Bauch betastet hatte. »Aber wie es aussieht, vermutlich sehr bald.«
Ich war unglaublich aufgeregt. Als ich eine Woche später hinauslief, um nach Uran zu sehen, lag sie zusammengerollt mit vier niedlichen Kätzchen da. Sie waren schwarz mit weißen Flecken. Uran sah mich an und schien sehr stolz auf sich zu sein. Sie war wirklich

meine beste Freundin. Ich rannte in den Hof, fing eine Ziege ein, molk sie und eilte mit einem Kürbis voller Milch zurück zu Uran. Den ganzen Tag lang saß ich neben ihr auf dem Boden. Später erzählte ich es allen meinen Freundinnen, und sie kamen, um die Kätzchen zu streicheln. Als die Kätzchen größer wurden, fingen sie an, auf mir herumzuspringen und mit meinen Fingern und Ohren zu spielen. Sie wurden der Mittelpunkt meines Lebens, doch eines Morgens meinte meine Mutter, sie müsse ein ernstes Gespräch mit mir führen.

»Eine unserer Nachbarinnen hat gesagt, sie hätte so gern ein Kätzchen, das bei ihnen wohnt«, meinte sie zu mir. »Wäre das nicht schön? Wir könnten ihr eines von Uran geben.«

Ich traute meinen Ohren nicht. »Du willst Urans Kinder verschenken?«, schluchzte ich. »Wie kannst du das tun? Warum gibst du deine eigenen Kinder nicht auch gleich weg, wenn es dir solchen Spaß macht?«

»Sei nicht böse auf mich«, erwiderte meine Mutter sanft. »Wenn wir alle Kätzchen behalten und Uran bald wieder fünf neue bekommt, haben wir insgesamt zehn Katzen. Woher, glaubst du, sollen wir die Milch nehmen, um sie alle zu füttern?«

»Wir haben doch Kühe und Ziegen. Wenn wir nur die Kuhmilch trinken, können die Katzen die Ziegenmilch haben.«

»Gut. Und wo sollen die Katzen deiner Ansicht nach leben? Sollen wir einen Pferch bauen und Uran und alle ihre Kinder wie die Kühe draußen unterbringen? Würde dir das gefallen?«

»Warum wohnen wir nicht alle zusammen in unserer Hütte? Katzen sind klein, und wir haben genug Platz.«

Doch meine Mutter beharrte darauf, dass wir Urans Kätzchen weggeben müssten. Ich war so aufgebracht, dass meine Mutter nicht wusste, was sie tun sollte. Schließlich sagte sie: »Hör zu, Mende, fürs Erste können wir sie hier behalten. Einverstanden? Und jetzt hör bitte auf zu weinen.«

Ich war so erleichtert, dass ich sofort zu Uran lief, um ihr die gute Nachricht zu überbringen, ihre Jungen dürften nun doch bleiben. Aber natürlich hatte meine Mutter mich ausgetrickst. Eines Mor-

gens, es waren ein paar Tage vergangen, stellte ich beim Aufwachen fest, dass alle Kätzchen verschwunden waren. Völlig aufgelöst rannte ich in der Hütte herum und suchte überall nach ihnen. Anschließend stürzte ich nach draußen und durchkämmte den Hof. Und dann setzte ich mich hin und brach in Tränen aus. »Umi«, schluchzte ich. »Ich kann die Kätzchen einfach nicht finden. Wo mögen sie bloß sein?«
Meine Mutter sah mich in gespieltem Erstaunen an. »Wirklich?«, meinte sie. »Wo könnten sie denn stecken?« Sie begann, gemeinsam mit mir die Hütte abzusuchen. Doch nach etwa fünf Minuten gab sie es auf. »Vielleicht ist Uran mit ihnen in den Garten gegangen«, sagte sie. »Hast du es dort schon probiert?«
Ich wollte gleich losrennen, aber meine Mutter sagte, ich müsse zuerst frühstücken. Ich traute meinen Ohren nicht, denn das Wichtigste war es doch, zuerst Urans Kätzchen aufzuspüren. Ich erwiderte, ich würde essen, nachdem ich sie gefunden hätte, und machte mich, gefolgt von Uran, wieder auf die Suche. Eine Stunde später – ich suchte immer noch den Hof ab – kam eine meiner Freundinnen angelaufen. Sie erzählte mir, sie sei außer sich vor Freude, weil sie – welche Überraschung! – eines von Urans Kätzchen geschenkt bekommen habe. Auf einmal wurde mir klar, dass meine Mutter mich getäuscht hatte, und ich begriff nicht, wie sie nur so grausam sein konnte.
Ich rannte zurück in die Küche. »Warum hast du Urans Kinder weggegeben? Wie konntest du das tun?«, schrie ich sie an und stampfte mit den Füßen. »Du bist gemein! Und außerdem hast du mich angelogen.«
Meine Mutter setzte sich zu mir und erklärte mir, dass Uran wieder Kätzchen bekommen und dass sie sie das nächste Mal nicht verschenken würde. Doch ich war untröstlich und erwiderte, Uran werde keine Kätzchen mehr haben, denn sie habe alle dicken Mäuse bereits aufgefressen, sodass nur noch die mageren übrig seien. Tagelang war ich todtraurig. Aber als die Kätzchen erwachsen wurden, sah ich sie überall im Dorf fröhlich spielen, und bald hatte ich meiner Mutter verziehen.

Da ich das jüngste Kind und die letzte Tochter meines Vaters war, war ich vermutlich ein wenig verwöhnt. Ich hatte zwei ältere Schwestern namens Shokan und Kunyant und zwei Brüder, die Babo und Kwandsharan hießen. Shokan war etwa dreizehn Jahre älter als ich. Ihr Name bedeutete »kein Haar«, weil sie bei ihrer Geburt völlig kahl gewesen war. Ich glaube, sie hat nie eine Schule besucht, und als ich zur Welt kam, war sie bereits verheiratet und wohnte nicht mehr bei uns. Ich besuchte sie häufig, denn der Pfad in den Wald führte an ihrem Haus und auch an dem von Kunyant vorbei. Wenn ich von unserer Hütte aus »Shokan, wo bist du?« rief, hörte sie mich und erwiderte: »Hier drüben, Mende, hier drüben.« Kunyant war etwa neun Jahre älter als ich. Ihr Name bedeutete »viele Haare«, da sie bei ihrer Geburt bereits dichten Flaum gehabt hatte. Wie ich mich erinnere, hieß es allgemein, dass Kunyant sehr schön, aber nicht sonderlich klug sei. Sie ging zwar zur Schule, allerdings nicht sehr lange, und heiratete, als sie etwa dreizehn war. Kwandsharan war mein ältester Bruder. Sein Name bedeutete »kleiner Junge«, weil er bei seiner Geburt sehr zierlich gewesen war. Ich weiß noch, dass er immer lachte und Witze riss und dass er sehr gut aussah. Kwandsharan wollte fortziehen, studieren und Offizier in der Armee werden. Obwohl ich ihn mochte, verstand ich nie, was ihn am Soldatsein reizte.

Mein anderer Bruder, Babo, war nur zwei Jahre älter als ich, mir also altersmäßig am nächsten. In unserer Sprache bedeutet sein Name »Baby«, und meine Mutter nannte ihn so, weil er ihr Lieblingssohn war. Sie sagte häufig zu mir, sie habe nach Kwandsharans Geburt geglaubt, dass sie nie wieder einen Sohn haben würde, und es sei deshalb eine so wundervolle Überraschung gewesen, als Babo zur Welt kam. Babo war hochgewachsen, schlank und sehr nachdenklich. Außerdem war er ein ausgesprochen guter Schüler und immer Klassenbester. Mir erzählte er, er wolle Händler werden und auf dem Markt arbeiten. Von all meinen Brüdern und Schwestern hatte ich ihn am liebsten, und wenn er durchs Dorf ging, wich ich ihm nicht von der Seite.

Babo ließ mich nur allein, wenn er im Wald mit seiner Steinschleuder aus Holz Vögel jagte. Falls wir Glück hatten, erlegte er eine große Taube, die er mir übergab, damit ich sie über das Feuer legte, um die Federn abzusengen. Dann nahm er sie aus, und wir kochten sie mit ein wenig Wasser, Zwiebeln und Salz in einem eisernen Topf. Es war köstlich.

Da Babo und ich so wenige Jahre Altersabstand hatten, spielte er häufig mit mir. Unser Lieblingsspiel hieß *kak*, das Steinspiel. Wir nahmen acht Steine, die etwa den Umfang einer großen Murmel hatten. Dann setzten wir uns gegenüber auf den Boden und legten die Steine in einer Linie zwischen uns aus. Babo ließ mich immer anfangen. Ich musste einen der Steine in die Luft werfen, mir einen anderen vom Boden greifen und den fallenden Stein auffangen, bevor er landete – und das alles mit derselben Hand. Wenn ich alle acht Steine aufgefangen hatte, musste ich wieder von vorne beginnen, nur dass es diesmal darum ging, gleich zwei Steine aufzunehmen und mit derselben Hand den fallenden Stein zu erwischen. Danach wiederholte man das Ganze mit drei und anschließend mit vier Steinen. Wenn alle Steine aufgefangen und eine Reihe beendet war, rief man »Kak!«. Wenn ich einen Stein fallen ließ, hatte ich verloren. Babo und ich verbrachten viele Stunden mit dem Steinspiel.

Aber mein Lieblingsspiel war *omot nwaid*, das Mondspiel. Man konnte es nur bei Vollmond spielen, wenn das ganze Dorf und die umliegenden Berge von einem silbrigen Schein erleuchtet waren. Dann versammelten sich zwanzig bis dreißig Kinder in der Mitte des Dorfes und bauten zuerst einen großen Kreis aus Steinen. Anschließend warf einer von uns eine flache Scheibe, die aus einem Kuhknochen gemacht war, so weit durch die Luft, wie er konnte. Wir alle rannten hinterher und purzelten beim Versuch, die Scheibe zu erhaschen, kreischend und lachend übereinander.

Falls ich den Knochen zu fassen bekam, verhielt ich mich mucksmäuschenstill und versuchte, zu dem Steinkreis zurückzulaufen, ohne dass jemand mich aufhielt. Doch sobald die anderen bemerkten, dass ich die Scheibe hatte, riefen sie: »Schnell! Schnell! Fangt Mende! Haltet sie fest!« Wenn ich den Steinkreis ungehindert erreichte, sprang ich herum und schrie: *»Eyee langaa! Eyee langaa!* –

Ich hab's geschafft! Ich hab's geschafft!« Dann war ich die Siegerin und durfte den Knochen werfen. Wurde ich jedoch erwischt, musste ich ausscheiden. Wenn wir gedurft hätten, hätten wir die ganze Nacht lang *omot nwaid* spielen können. Aber nach ein paar Stunden holten unsere Eltern uns nach Hause. »Komm, Mende!«, riefen sie. »Komm, es ist Schlafenszeit.«

2
Vater und ich

Eines Tages, kurz nach Beginn der Regenzeit, bat mein Vater mich, ihn zu den Hirsefeldern zu begleiten. Hirse ist die wichtigste Feldfrucht der Nuba, ein Getreide, das auch bei Trockenheit gut gedeiht. Ich war damals erst etwa sechs Jahre alt, doch ich wusste schon, dass die Felder sehr weit entfernt unten in der Ebene lagen, wo der Boden fruchtbarer war.

»Ich bleibe ein paar Tage dort, um unsere Hirse zu säen«, erklärte er mir. »Dann muss ich zurück ins Dorf. Ich möchte, dass du während meiner Abwesenheit dort wartest und die Vögel vertreibst. Sonst picken sie alle Samenkörner auf, die wir gerade gesät haben. Ich werde nur einen Tag weg sein und hole dich dann wieder ab. Einverstanden?«

»Ja! Ja!«, rief ich und hüpfte auf und nieder. »Ich komme sehr gerne mit, Ba. Aber bitte, Ba, darf ich Uran mitnehmen?«

»Uran wird sich im Wald verlaufen, Mende, und dann wird sie vielleicht gefressen. Hier im Dorf kann ihr nichts passieren. In Ordnung?«

Obwohl ich Uran zurücklassen musste, war ich überglücklich, denn zum ersten Mal durfte ich eine lange Reise mit meinem Vater unternehmen. Ich vermisste ihn, wenn er fort war, und ganz besonders fehlten mir seine Geschichten. Am Vorabend unseres Aufbruchs packte meine Mutter Gemüse, Fleisch, Gewürze und Töpfe und Pfannen zum Kochen für uns zusammen. Im Morgengrauen luden wir alle Vorräte in Säcken auf den Rücken des Esels. Dann saß mein Vater auf und hob mich zu sich hinauf. Als wir losritten, winkten uns alle zum Abschied nach. Ich war sehr stolz und fühlte mich über den Rest der Welt erhaben.

»Wann kommst du zurück, Mende?«, fragte meine Freundin Kehko.
»Niemals wieder!«, entgegnete ich. »Ich werde den Rest meines Lebens mit meinem Vater auf den Feldern verbringen. Mach's gut.«
»Und wer spielt dann mit dir?«, rief Kehko uns nach.
»Niemand«, erwiderte ich von oben herab. »Schließlich gehe ich nicht weg, um zu spielen, sondern habe was Wichtiges zu tun, nämlich unser Feld vor den Vögeln zu beschützen.«
Bald ritten wir durch einen Wald und durch Hügel, die mir fremd waren. Allerdings war mein Vater mit seinem Speer, seiner Axt und einem dicken Knüppel gut bewaffnet, sodass ich mich nicht fürchtete. Unterwegs plapperte ich ununterbrochen.
»Bevor wir weggeritten sind, hast du gesagt, ich müsste die Felder bewachen, während du weg bist. Was soll ich denn tun, wenn die Geister kommen?«
Mein Vater schien eine Weile darüber nachzudenken. »Gute Frage«, meinte er schließlich. »Ich hätte Babo bitten sollen, ebenfalls mitzukommen. In den Wäldern wimmelt es nämlich von Geistern.«
»Wirklich? Dann bleibe ich nicht allein. Du musst mich wieder mit nach Hause nehmen.«
»Und wer soll die Vögel von den Feldern vertreiben?«
»Die Geister können die Vögel doch genauso gut verjagen wie ich«, entgegnete ich, zunehmend verzweifelt.
»Da bin ich nicht so sicher, Mende«, erwiderte mein Vater nachdenklich und schüttelte den Kopf. »Ich glaube, du könntest das viel besser.«
Ich fing laut zu weinen an und stieß dem Esel die Fersen in die Flanken. »Du kannst doch nicht von mir erwarten, dass ich mit Geistern allein bleibe«, schluchzte ich.
»Tritt den Esel nicht«, sagte mein Vater und unterdrückte ein Lachen. »Sonst läuft er so schnell los, dass wir beide runterfallen.«
»Das ist mir egal. Mir ist alles lieber, als allein mit den Geistern auf den Feldern zu sein.«
Irgendwann konnte mein Vater nicht mehr an sich halten. »Das war

nur ein Scherz, Mende«, kicherte er. »Im Wald gibt es gar keine Geister. Schau dich nur um. Siehst du hier etwa einen Geist? Nein.«
Nach einer Weile beruhigte ich mich etwas. Mein Vater versuchte, mich aufzumuntern, aber ich schwieg immer noch beharrlich.
»Sei still! Sprich nicht mit mir«, fuhr ich ihn irgendwann an. »Du liebst mich gar nicht und willst mich ganz allein mit den Geistern zurücklassen. Wenn sie mich anfassen oder anhauchen, sterbe ich.«
»Ich habe doch gesagt, dass das bloß ein Scherz war«, erwiderte mein Vater. »Warum glaubst du mir nicht?«
»Wart's nur ab, ich bleibe nicht allein dort«, gab ich zurück. »Ich komme mit dir ins Dorf.«
»Gut, dann warten wir es eben ab«, meinte mein Vater grinsend. »Du wirst dort bleiben, ob es dir nun passt oder nicht.«
Meinem Vater machte es Spaß, mich auf den Arm zu nehmen. Bestimmt gaben wir ein sehr seltsames Bild ab, wie wir streitend, lachend und weinend durch den Wald ritten. Je weiter wir kamen, desto fremdartiger wurde die Umgebung. Bald waren wir mitten im dichten Busch. Hin und wieder schlängelte sich ein Flussbett, das nicht ganzjährig Wasser führte, zwischen den Bäumen hindurch. Nach dem Regen verwandelten sich diese Flüsse für ein paar Tage in reißende Ströme, doch den Rest des Jahres über waren sie trocken.
Schließlich erreichten wir eine tiefe Rinne, in der das Wasser brodelte. Nachdem mein Vater die Strömung getestet hatte, kam er zu dem Schluss, dass eine Überquerung zu gefährlich war. Wir mussten warten, bis alles sich ein wenig beruhigte. Eine Stunde später entschied er, es noch einmal zu versuchen. Er band den Esel an einen Baum, setzte mich auf seine Schultern und wies mich an, mich mit beiden Händen gut festzuhalten. Dann watete er ganz langsam in die schäumende Strömung hinein. In jeder Hand hielt er einen langen Stock, mit dem er die Tiefe des Wassers und die Stärke der Strömung überprüfte, während er sich weitertastete. Ich saß auf seinen Schultern; das Dröhnen und Tosen war ohrenbetäubend. Als er tiefer hineinwatete, brach sich das Wasser an seiner Brust und umspülte bald auch meine nackten Füße.

»Halt dich gut fest, Mende!«, rief er, so laut er konnte. »Halt dich gut fest!«
»Warum sagst du mir, ich soll mich an dir festhalten?«, erwiderte ich laut, denn ich wollte nicht, dass mein Vater bemerkte, wie groß meine Angst war. »Ich bin noch klein. Warum hältst du mich nicht fest? Oder willst du, dass ich runterfalle und weggespült werde?«
Mein Vater konnte ein Auflachen nicht unterdrücken. »Sollen wir etwa in den Fluss fallen?«, fragte er.
»Natürlich nicht«, gab ich zurück.
»Und wie soll ich dich und diese Stöcke gleichzeitig festhalten?«
»Ich weiß nicht. Aber du musst mich beschützen. Ich bin deine Tochter, und ich bin noch klein. Ist es dir egal, wenn ich ins Wasser falle?«
»Wie viele Arme habe ich?«, entgegnete er. Doch ich musste so lachen, dass ich nicht antworten konnte. »Wie viele Arme habe ich?«, schrie er noch lauter. »Wie viele Arme?«, wiederholte er. »Warum sagst du nichts, Mende?«
»*Ore, Ba* – zwei, Papa«, stieß ich schließlich hervor. »Zwei Arme!«
»Ja, zwei Arme. Und wie soll ich dich und die Stöcke dann gleichzeitig festhalten?«
»Das weiß ich nicht, und es ist mir auch egal«, erwiderte ich. »Aber du musst dafür sorgen, dass ich nicht falle. Geh langsam. Und tritt nicht in ein Loch, sonst ertrinken wir beide.«
Das reißende Wasser hatte tiefe Löcher ins Flussbett gegraben, und mir war klar, dass mein Vater mit gutem Grund auf die Stöcke bestand. Doch als wir die Flussmitte erreichten, lachte ich so sehr, dass ich meine Angst vergessen hatte. Endlich kamen wir am gegenüberliegenden Ufer an. Mein Vater nahm mich von seinen Schultern und ließ sich – keuchend vor Erschöpfung und Gelächter – zu Boden sinken. Dann kehrte er um, um den Esel zu holen.
»Bleib vom Fluss weg«, ermahnte er mich, plötzlich ernst. »Er ist sehr gefährlich. Geh nicht zu nah ans Wasser. In Ordnung?«
Kurz darauf zerrte mein Vater den Esel an den Zügeln das gegenüberliegende Ufer hinunter. Allerdings war das Tier sehr störrisch, weigerte sich, auch nur einen Huf in das schäumende Wasser zu

setzen, und wieherte in Todesangst. Mein Vater stand im Fluss und versuchte, den Esel hineinzuziehen. Doch der blieb am Ufer stehen und zog in die andere Richtung. Der Anblick war so, dass ich mich von neuem vor Lachen am Boden wälzte.

»Was ist denn?«, fragte mein Vater in gespieltem Zorn. »Du findest das wohl komisch, was? Wenn der Esel ins Wasser stürzt, werden die Vorräte nass, und das Hirsemehl wird stromabwärts getragen. Was sollen wir dann essen? Wir werden verhungern. Oder wir müssen ins Dorf zurück, und alle werden uns verspotten. Anstatt dazusitzen und zu lachen, könntest du mir vielleicht helfen.«

»Soll ich etwa in den Fluss?«, rief ich und tat ebenfalls, als wäre ich böse. »Dann wird das Wasser mich mitreißen wie das Hirsemehl. Du interessierst dich wohl mehr für das Hirsemehl als für mich!«

»Du bist eine kleine Verrückte!«, brüllte mein Vater. »Warum habe ich nur so etwas wie dich als Tochter? Mit dir hat man nichts als Scherereien.«

Schließlich gelang es meinem Vater, nach langem Gezerre und begleitet von Flüchen, den Esel über den Fluss zu ziehen. Dann nahm er mich, keuchend und klatschnass, in die Arme, und wir lachten und lachten. Der erste Fluss war am schwierigsten zu überqueren gewesen, denn wir befanden uns noch hoch oben in den Bergen, wo das Wasser tief und reißend ist. Doch je näher wir der Ebene kamen, desto seichter wurden die Bäche, und am späten Nachmittag hatten wir den Rand des Waldes erreicht. Vor uns lag eine riesige, baumlose Ebene, die sich, so weit das Auge blickte, in alle Richtungen erstreckte. Da ich die Berge gewöhnt war, gefiel es mir hier nicht; ich fühlte mich in dieser gewaltigen kahlen Einöde einsam und schutzlos.

»Ich finde es nicht schön«, sagte ich zu meinem Vater. »Alles ist so flach und leer. Wir werden uns verirren.«

»Ich weiß, mir geht es genauso«, erwiderte er. »Aber die Erde ist fruchtbar, und deshalb müssen wir hier unser Getreide anbauen.«

Mein Vater hatte am Rand seiner Felder eine kleine rechteckige

Hütte aus trockenem Hirsestroh gebaut. Drinnen befand sich eine Feuerstelle mit vier großen Steinen für den Kochtopf. Zu beiden Seiten der Feuerstelle standen Betten aus Raffiablättern, und am anderen Ende der Hütte, weit weg von der Tür, gab es noch ein großes Bett aus Hirsestroh, um abends darauf zu sitzen und Geschichten zu erzählen.
Wir brachten unsere Sachen in die Hütte und richteten uns ein. Dann zündete mein Vater ein Feuer an, damit wir uns nach der langen, feuchten Reise aufwärmen und uns süßen Tee kochen konnten. Er nahm die Decke ab, die er um die Schultern getragen hatte, und legte sie zum Trocknen auf das Dach. Ich hatte nur ein Höschen an. Also zog ich es aus und folgte seinem Beispiel. Anschließend setzte ich mich ihm gegenüber ans Feuer, und wir wärmten uns an den Flammen. Nachdem wir eine Weile geplaudert hatten, räumte ich die Hütte auf. Danach aßen wir etwas von dem Proviant, den Umi für uns vorbereitet hatte, und dann war es Zeit zum Schlafen. Mein Vater legte sich auf eines der kleinen Raffiabetten neben dem Feuer, und ich kuschelte mich an ihn. Da die Reise sehr anstrengend gewesen war, schliefen wir sofort ein.
Am nächsten Morgen weckte mich mein Vater mit einem Frühstück aus Hirsebrei mit Milch. Dann machten wir uns an die Arbeit. Mein Vater bohrte mit einem langen, schweren Stock, der eine Metallspitze hatte, Löcher in die Erde. Ich folgte ihm, warf ein paar Samenkörner in jedes Loch und stampfte anschließend die Erde mit den nackten Füßen fest. Der Boden war feucht vom Regen und sehr weich. Bei der Arbeit fing mein Vater zu singen an. Links und rechts von uns sah ich andere Nuba, die dasselbe taten wie wir. Am Morgen des dritten Tages bereitete mein Vater wieder ein Frühstück zu. Und nach dem Essen führte er ein ernstes Gespräch mit mir.
»Heute muss ich zurück ins Dorf«, sagte er freundlich.
»Ohne dich bleibe ich nicht hier«, entgegnete ich.
»Doch, das wirst du«, erwiderte er ruhig. »Du bleibst hier, wie wir es abgesprochen haben, um die Vögel von den Feldern zu vertreiben.«

»Ich habe solche Angst«, wimmerte ich. »Ich kann nicht allein hier bleiben.«
»Schau mich an, Mende«, sagte er ziemlich streng. »Du weißt, warum ich dich überhaupt mitgenommen habe …«
Ich unterbrach ihn, bevor er den Satz beenden konnte. »Aber du hast mir vorher nichts von den wilden Tieren und den Geistern erzählt. Das hast du erst auf dem Weg hierher gesagt.«
»Augenblick, ich bin noch nicht fertig. Und jetzt hör mir gut zu.« Mein Vater war sehr ernst, was bei ihm nur selten vorkam. »Ich habe dir erklärt, warum du mitkommen solltest, und du wirst nur einen Tag hier allein sein. Dann bin ich wieder da. Das mit den Geistern und den wilden Tieren war nur ein Scherz. Das weißt du doch genau.«
»Schon gut«, erwiderte ich und brach in Tränen aus. »Aber ich finde Scherze über wilde Tiere und Geister nicht sehr lustig.«
»Und was soll ich jetzt deiner Ansicht nach tun? Du kannst auf keinen Fall mitkommen, weil ich dich hier brauche, damit du auf die Felder aufpasst. Wenn die Sonne untergeht, läufst du hinüber zu Onkel Jerongir und übernachtest dort. Du weißt ja, dass seine Felder ganz in der Nähe sind. Nun gehe ich, und du bleibst hier, also widersprich mir nicht und hör mit der Heulerei auf.«
Inzwischen war ich in heller Verzweiflung. »Ich werde die dämlichen Vögel nicht vertreiben«, jammerte ich. »Ich lasse sie das ganze Saatgut fressen. Du wirst schon sehen.«
»Meinetwegen«, entgegnete mein Vater. »Aber falls die Vögel das ganze Saatgut aufpicken, kannst du was erleben, wenn ich zurück bin.«
Mit diesen Worten sprang er auf seinen Esel, stieß ihm die Fersen in die Flanken und trabte auf den Wald zu. Doch ich sprang auf und stürmte, schreiend und unter Tränen, hinter ihm her.
»Ba! Ba! Lass mich nicht allein. Nimm mich mit. Nimm mich mit zurück ins Dorf. Du kannst mich nicht hier lassen! Die Tiere und die Geister werden mich fressen!«
Inzwischen war mein Vater richtig wütend. Ich verschwendete seine wertvolle Zeit, und er hatte noch einen langen Weg vor sich.

»Kehr um, Mende!«, brüllte er mich an. »Los, kehr um!«
Aber ich rannte ihm weiter nach. Als er den Esel fester trat, damit er schneller lief, beschleunigte ich ebenfalls mein Tempo. So ging es eine Weile, während mein Vater immer zorniger und ich immer hysterischer wurde. Schließlich hielt mein Vater an. Als ich ihn eingeholt hatte, beugte er sich herunter und hob mich mit einem Arm hoch. Einen Moment lang war ich überglücklich, weil ich glaubte, dass er mich nun mitnehmen würde. Doch er wendete den Esel und kehrte den Weg zurück, den er gekommen war.
»Dass ich dich ins Dorf mitnehme, kannst du dir aus dem Kopf schlagen«, sagte er zu mir. »Du bleibst hier und beaufsichtigst die Felder. Ganz gleich, wie du dich aufführst, du wartest hier.«
Während des ganzen Rückwegs weinte ich und trat meinen Vater gegen das Schienbein, aber es war vergebens. Als wir wieder bei der Hütte waren, setzte er sich unter einen Baum und nahm mich auf den Schoß.
»Mende«, sagte er sanft und streichelte mir das Haar. »Bitte hör mir zu. Du hast doch verstanden, was ich dir erklärt habe. Wenn du mitkommst, picken die Vögel alle Samenkörner auf, und wir müssen wieder von vorne anfangen. Dann wird die Hirse nicht rechtzeitig reif. Möchtest du das wirklich?«
»Nein«, murmelte ich und ließ den Kopf hängen.
»Also musst du hier bleiben und tapfer sein. Morgen komme ich wieder, wie ich versprochen habe.«
»Gut, Ba.«
»Und diesmal lächelst du, wenn ich losreite«, meinte er und grinste mich an. Als er auf seinen Esel stieg, hörte ich auf zu weinen und zwang mich zu einem Lächeln.
»Auf Wiedersehen, bis morgen«, sagte er und trabte den Pfad entlang.
»Auf Wiedersehen, Ba. Komm bald zurück«, rief ich ihm nach.
Als er hinter einer Wegbiegung im Wald verschwand, fühlte ich mich sofort völlig einsam und hatte große Angst. Aber ich wusste, dass ich ihm nicht wieder nachlaufen durfte. Also setzte ich mich unter den Baum und warf Steine nach den Vögeln, wenn ich welche

entdeckte. »Haut ab, ihr blöden Vögel!«, brüllte ich. »Haut ab! Haut ab!« Doch den ganzen Tag lang hatte ich das Gefühl, dass in der Nähe im finsteren Wald Tiere umherschlichen.
Bei Sonnenuntergang eilte ich zu den Feldern meines Onkels Jerongir. Ich rannte so schnell, dass meine Füße den Boden kaum berührten. Mein Onkel gab mir ein wenig Ziegenmilch und Hirsebrei. Anschließend war ich so müde, dass ich sofort einschlief. Am nächsten Tag machte ich mich bei Morgengrauen wieder auf den Weg zu den Feldern meines Vaters. Den ganzen Vormittag lang vertrieb ich die Vögel, aber aus dem Augenwinkel beobachtete ich immer den Pfad hinter mir, weil ich wusste, dass mein Vater auf diesem Weg zurückkehren würde. Ich wartete und wartete, aber er erschien nicht. Am frühen Nachmittag sah ich eine Frau aus unserem Dorf den Pfad entlang auf mich zukommen.
»Warum ist mein Vater noch nicht da?«, rief ich der Frau in heller Angst entgegen. »Er hat mir versprochen, heute Vormittag zurück zu sein.«
»Oh, ich soll dir ausrichten, dass er es nicht geschafft hat«, erwiderte sie. »Er kommt morgen erst.«
Mein erster Gedanke war, dass mein Vater mich getäuscht hatte. Doch je länger ich darüber nachdachte, desto mehr wuchs meine Überzeugung, dass er durch etwas aufgehalten worden war. Also warf ich weiter mit Steinen und brüllte die Vögel an.
Am späteren Nachmittag hörte ich aus dem Wald hinter mir plötzlich ein schreckliches Jaulen. Ich wirbelte herum. »Aoooh. Aoohhh«, hallte es wieder und wieder durch die Bäume. Ein Schauder lief mir den Rücken hinab, denn ich kannte dieses Geräusch sehr gut. Es war der Schrei eines wilden Hundes, eines Tieres, vor dem man sich in Acht nehmen musste. Wildhunde jagen in Rudeln, greifen alles an, was sich bewegt, und haben eine besondere Vorliebe für kleine Nubakinder. Ich drehte meinen Kopf hin und her, um festzustellen, woher das Geheul kam. Vor Angst zitterte ich am ganzen Körper.
Plötzlich regte sich etwas zwischen den Bäumen, und ein Wildhund kam in Sicht. Wie gebannt beobachtete ich ihn, als er blitz-

schnell über den Zaun und auf unser Feld sprang. Ich wusste, dass die restliche Meute irgendwo in der Nähe sein musste, und ich befürchtete, er könnte mich hören und mich angreifen, falls ich mich von der Stelle rührte. Auf der anderen Seite war mir klar, dass er mich riechen würde, wenn ich einfach sitzen blieb, und irgendwann fing ich vor lauter Todesangst zu laufen an. Das Erste, was mir in den Sinn kam, war der hohe Baum in der Mitte des Feldes. Ich rannte und rannte, das Herz klopfte mir bis zum Halse, und die Furcht trieb mich weiter.

Als ich den Baum endlich erreicht hatte, sprang ich auf die untersten Äste und kletterte in atemberaubender Geschwindigkeit nach oben. Da ich so viele Stunden lang auf den Bäumen im Dorf gespielt hatte, war das Klettern kein Problem. Doch ich spürte, wie meine Gliedmaßen unbeherrschbar zitterten, denn ich hatte immer noch Angst, die Hunde könnten mich gehört oder gesehen haben. Ich wusste, dass Hunde nicht auf Bäume klettern konnten, aber ich stellte mir vor, wie das Rudel unten abwartete, bis ich einschlief oder aus einem anderen Grund herunterfiel, damit es sich auf mich stürzen konnte.

Als ich den Wipfel des Baumes erreicht hatte, drehte ich mich um und hielt Ausschau nach dem Wildhund. Er schlich langsam und in geduckter Haltung über das Feld auf mich zu. Als er ziemlich nah herangekommen war, machte er plötzlich einen Satz. Ein Vogel stieß einen Schmerzensschrei aus, während der Rest des Schwarms aufgeregt davonlief – diese Vogelart kann nämlich nicht fliegen. Der Vogel gab ein scheußliches Quaken von sich, als der Wildhund die Zähne in seinen Hals schlug und ihn mit den Pfoten festhielt. Dann rannte der Wildhund davon, sprang über den Zaun und verschwand, den Vogel im Maul, im Wald. Es hätte auch mich erwischen können, dachte ich.

Es dauerte eine lange Zeit, bis ich den Mut fand herunterzuklettern. Als ich es endlich wagte, rannte ich, so schnell ich konnte, zu meinem Onkel. Es kümmerte mich nicht mehr, ob die Vögel die Samenkörner fraßen, die wir ausgesät hatten. Als ich Onkel Jerongir entdeckte, stürzte ich auf ihn zu und warf mich ihm in die Arme.

Ich weinte zwar nicht, denn schließlich handelte es sich ja um Onkel Jerongir, nicht um meinen Vater, doch er bemerkte sofort, wie aufgelöst ich war.
»Was ist passiert, Mende?«, fragte er. »Was ist los?«
»Onkel Jerongir, die wilden Tiere waren da! Die wilden Tiere waren da!«
»Sie sind nicht deinetwegen gekommen, Mende, sondern wegen der Vögel.«
»Aber ich hatte solche Angst, Onkel, dass ich davongelaufen und auf einen Baum geklettert bin.«
Onkel Jerongir hielt sich den Bauch vor Lachen. Nachdem er sich wieder ein wenig beruhigt hatte, warf er einen Blick auf den Schatten eines nahe gelegenen Baumes. Da dieser sich mit dem Sonnenstand bewegte, konnten wir so einigermaßen genau die Zeit ablesen.
»Tja, es wird schon spät«, meinte mein Onkel kichernd. »Du brauchst nicht mehr zurück zum Feld, die Vögel schlafen jetzt sowieso. Du hast einen ordentlichen Schreck gekriegt, was? Also bleib hier, du kannst ja morgen wieder hin.«
Ich ging in Onkel Jerongirs Hütte und trank ein wenig Ziegenmilch. Da ich zu aufgewühlt war, um etwas zu essen, legte ich mich sofort schlafen. Doch ich hatte die ganze Nacht Albträume von Wildhunden, die mich in meinem Bett angriffen. Am nächsten Morgen begleitete mich Onkel Jerongir zu den Feldern meines Vaters, um sich zu vergewissern, dass sich dort keine wilden Tiere herumtrieben. Nachdem er fort war, verbrachte ich noch etwa eine Stunde damit, nach Vögeln und anderem Getier Ausschau zu halten. Dann hörte ich endlich ein Rufen aus dem Wald.
»Mende! Mende! Mende!« Es war mein Vater.
Ich war so erleichtert. Er führte den mit Vorräten beladenen Esel den Pfad entlang auf mich zu. Gerade wollte ich ihm entgegenlaufen und ihn umarmen, als mir einfiel, dass ich ihm eigentlich böse war. Also blieb ich kurz vor ihm stehen und ließ den Kopf hängen.
»Mit dir rede ich nicht mehr!«, rief ich ihm zu. »Ich habe dich gewarnt!« Dann brach ich in Tränen aus. »Ich habe dir gesagt, die

wilden Tiere würden kommen und mich fressen. Wenn ich nicht auf einen Baum geklettert wäre, um mich zu retten, wäre ich jetzt nicht mehr da.«
»Ich glaube dir kein Wort, Mende«, erwiderte mein Vater lachend. »Hier gibt es keine wilden Tiere. Das sagst du nur, um mir ein schlechtes Gewissen einzureden, weil ich nicht schon gestern zurück war.«
»Wenn du mir nicht glaubst, frag Onkel Jerongir. Er weiß, dass es die Wahrheit ist. Oder komm mit, dann zeige ich dir das Blut auf dem Boden.«
Plötzlich wirkte mein Vater sehr besorgt. »Wessen Blut?«, fragte er.
»Mein Blut«, antwortete ich und zeigte auf meinen linken Arm. »Das Tier hat mich in den Arm gebissen.«
Ich war in eine kleine Decke gewickelt, weil es noch ziemlich kühl war. Mein Vater sprang vom Esel und wollte meinen Arm untersuchen. Doch ich riss mich los und behauptete, er hätte mir wehgetan. Dann rannte ich, gefolgt von meinem Vater, über das Feld. Als ich mich umsah, stellte ich zufrieden fest, dass er vergessen hatte, den Esel festzubinden, der sich nun in Richtung Wald davonmachte.
»Meinen Arm zeige ich dir nicht«, schrie ich. »Es tut zu weh. Aber komm und schau dir das Blut an.«
Nach einer Weile holte mein Vater mich ein, und wir erreichten die Stelle, wo der Wildhund den Vogel getötet hatte. Mein Vater packte mich an den Schultern und wirbelte mich herum.
»Mende, hör auf zu heulen und Theater zu machen und erzähl mir genau, was passiert ist. Schau, deine Mutter und die ganze Familie ist hier, um dich zu besuchen.«
Ich blickte in die Richtung, in die er deutete, und sah, wie meine Familie den Pfad entlang näher kam. Ich war so froh, dass sie da waren. Aber ich war noch nicht fertig mit meinem kleinen Spiel. »Hier ist das Blut«, verkündete ich und wies auf den Boden. Mein Vater blickte auf die winzige angetrocknete Blutpfütze und den großen Haufen Federn daneben. Ich hatte vergessen, dass die Federn mich verraten würden. Mein Vater lachte und lachte, dass ihm die Tränen

übers Gesicht liefen. Es dauerte eine Weile, bis er wieder Luft holen konnte.
»Na, Mende, seit wann bist du denn ein Vogel?«, neckte er mich. »Los, zeig mir deine Federn! Dann kannst du ja nach Hause ins Dorf fliegen.«
Laut lachend fielen wir einander in die Arme. »Ich wollte dich reinlegen, weil du gestern nicht gekommen bist«, sagte ich.
»Es tut mir Leid, aber ich musste ein paar wichtige Dinge erledigen. Und jetzt geh und begrüße deine Mutter und deine Brüder und Schwestern. Sie sind eigens so weit gelaufen, um dich zu sehen.«
An diesem Abend schoss mein Vater mit Pfeil und Bogen einen der großen huhnähnlichen Vögel, wie der Wildhund einen gerissen hatte. Wir rupften den Vogel, nahmen ihn aus und grillten das Fleisch über dem Feuer. Dann veranstaltete die ganze Familie ein fröhliches Festmahl. Wir blieben noch eine Woche auf den Feldern, und mein Vater erlegte auch ein paar Hasen. Haseneintopf war eines meiner Lieblingsgerichte. Doch von diesem Tag an protestierte ich immer erst mal lautstark, wenn mein Vater mich bat, ihn zu den Feldern zu begleiten. Ich behauptete, er würde mich dort nur allein lassen, damit ich von wilden Tieren gefressen würde. Und dann erinnerten wir uns lachend an diesen Tag.

3
Hochzeiten und Todesfälle

Kurz nach meinem Schrecken mit dem Wildhund erlebte ich wieder eine Überraschung, die allerdings kein so glimpfliches Ende nahm.

Eines Tages erschien ein Mann namens Musa, um mit meinem Vater die Hochzeit mit meiner Schwester Kunyant zu erörtern. Obwohl Musa kurz nach ihrer Geburt mit ihr verlobt worden war, hatten sich die beiden noch nie gesehen. Die Männer zogen sich ins *holua*, ins Männerhaus, zurück und verhandelten über die Einzelheiten. Meine Mutter kochte Essen, das Babo ins Männerhaus brachte. Nachdem sie etwa drei Stunden lang geredet hatten, ging Musa wieder, und mein Vater kam zurück, um meiner Mutter alles zu erklären.

»Musa war hier, um die Einzelheiten der Hochzeit mit Kunyant zu besprechen«, verkündete mein Vater.

»Und was genau hat er gesagt?«

»Er findet, dass der richtige Zeitpunkt jetzt gekommen ist. Dann hat er mir mitgeteilt, wie viele Kühe und Ziegen er uns bezahlen will, und wir haben uns auf einen angemessenen Preis geeinigt.«

In unserem Stamm muss der Bräutigam einen Brautpreis an die Familie der Braut entrichten – für gewöhnlich ein paar Kühe und Ziegen und einige Säcke Hirse. Wenn er das Mädchen heiraten will, muss er sich das etwas kosten lassen.

Als Kunyants und Musas Hochzeitstag näher rückte, beschloss ich, mir alles ganz genau anzusehen, um so viel wie möglich im Voraus zu erfahren. Das ganze Dorf war eingeladen. Am späten Vormittag trafen die ersten Gäste ein. Die Familie des Bräutigams erschien

zuletzt und trug große Schalen mit Datteln und Zuckersäcke als Geschenke für unsere Familie auf den Köpfen. Außerdem hatten sie Kunyants Hochzeitskleid mitgebracht, ein wunderschönes blaugelbes Gewand. Alle Mädchen zogen sich in eine Hütte zurück, um Kunyant für die Hochzeit anzukleiden. Ich wollte mich ihnen anschließen, aber sie schlugen mir die Tür vor der Nase zu und meinten, ich sei noch zu klein, um dabei zu sein.
Kunyants Freundinnen verbrachten Stunden mit den Vorbereitungen, und als meine Schwester aus der Hütte kam, sah sie atemberaubend schön aus. Ihr ganzer Körper war eingeölt und schimmerte schwarz, und die Mädchen hatten alle Haare von ihren Beinen und Armen entfernt. Sie trug ihr blaugelbes Hochzeitskleid und hatte sich Augen und Augenbrauen schwarz geschminkt. Außerdem war sie über und über mit Perlen behängt.
Ehrfürchtig beobachtete ich, wie sie sich zu ihrem Mann auf das Bett setzte, das als Hochzeitsbank vor das Haus gestellt worden war. »Ist diese schöne Frau wirklich meine Schwester Kunyant?«, fragte ich mich.
Ein Mann spielte den *ond*, und ich weiß noch, dass alle Mädchen und Jungen das Brautpaar umringten, sangen und in die Hände klatschten. Dann jubelten sie Kunyant und Musa zu, als die beiden zusammen tanzten und einander anlächelten. Das Fest dauerte den ganzen Tag und die ganze Nacht. Irgendwann schlief ich ein, und mein Vater trug mich ins Bett.
Nach der Hochzeit zogen Kunyant und ihr Mann zu uns, denn in unserem Stamm leben die Jungvermählten im ersten Jahr immer mit der Familie der Braut zusammen. Eine Woche vor der Hochzeit war Musa zu uns gekommen und hatte sich in unserem Hof eine Stelle gesucht, wo er für Kunyant und sich eine neue Hütte bauen konnte. Ein paar Tage später kehrte er mit einigen Freunden zurück. Zuerst errichteten sie ein rundes Gerüst aus Holz, das sie mit Rindenstreifen zusammenbanden. Anschließend wurde ein kegelförmiger Rahmen für das Dach gezimmert und darauf gestellt. Wände und Dach wurden mit trockenem Hirsestroh gedeckt. Normalerweise hätte man das Ganze dann mit Ton oder Lehm ver-

schmiert, doch sie sparten sich diese Mühe, weil die Hütte ja nur ein Jahr lang halten musste.
Am Tag nach der Hochzeit schlief ich lang. Als ich von draußen laute Schreie hörte, schreckte ich hoch. *»Aye, Aye, Aye, Aye!«* Zunächst hatte ich ein wenig Angst, weil ich nicht wusste, was geschehen war. Da mein Vater nicht da war, konnte ich mich nicht zu ihm ins Bett flüchten. Nach Kunyants Hochzeit war er nämlich für einen Monat ins Männerhaus übergesiedelt, weil sich in unserer Hütte Kunyants Freundinnen drängten. Sie waren gekommen, um dem Brautpaar beim Kochen, Putzen, Kleiderwaschen und Wasserholen zu helfen, damit sie sich ein wenig wie in den Flitterwochen fühlten. Die Schreie wurden lauter und lauter.
»Umi«, fragte ich ängstlich, »was ist das für ein Lärm?«
»Deine Tanten singen für Kunyant das *illil*«, erwiderte sie. »Wenn du eines Tages heiratest, werden sie es auch für dich tun.«
Eigentlich wollte ich noch mehr erfahren, aber meine Mutter forderte mich auf mitzukommen und es mir selbst anzusehen. Ich folgte ihr nach draußen zu der Stelle, von der der Radau kam. Neben der Hütte von Musa und Kunyant hatte sich eine Gruppe von Frauen versammelt. Sie wiederholten ständig den gleichen Singsang und deuteten auf ein Laken, das an einem Zaun hing. Meine Mutter hatte die letzte Woche damit verbracht, eine wunderschöne neue Matratze aus Raffiabast für Kunyant und Musa zu flechten, und am Vorabend der Hochzeit hatte sie ein weißes Hochzeitslaken auf das Brautbett gelegt. Nun war dieses Laken am Zaun befestigt und hatte in der Mitte einen großen roten Fleck, der für mich aussah wie Blut. Was hatte das zu bedeuten? Entsetzt dachte ich, dass Kunyant in der Nacht gestorben sein könnte. Aber als ich mich umblickte, sah ich nur glückliche Mienen. So konnte sie wohl nicht tot sein, oder?
»Komm, Mende«, sagte meine Mutter. »Komm und schau es dir an.« Sie nahm mich an der Hand und führte mich näher zum Zaun.
Ich stand vor dem mit Blut befleckten Laken und betrachtete meine Mutter. »Was ist das, Umi?«, flüsterte ich.

»Sieh es dir nur gut an. Wenn du erst verheiratet bist, wirst du wissen, was das ist«, erwiderte sie. »Deine Tanten werden sich auch mit dir freuen, wenn dein Laken so einen Fleck hat.«

Ich machte mir große Sorgen um Kunyant und wollte unbedingt zu ihr, aber die Tür zu ihrer Hütte war geschlossen. Meine Mutter erklärte mir, dass Kunyant und Musa drinnen waren und dass ich nicht hineindürfte. Im Laufe des Tages steigerte sich meine Angst ins Unermessliche.

»Ich habe Angst, Kunyant könnte tot sein«, meinte ich schließlich zu meiner Mutter. »Kann ich zu ihr? Bitte.«

»Nein, das geht nicht. Es ist nicht erlaubt«, entgegnete meine Mutter.

»Warum darf ich sie nicht sehen, Umi«, flehte ich unter Tränen. »Sie ist doch meine Schwester.«

»Wenn Kunyant herauskommt, kannst du sie sehen«, versprach meine Mutter.

Kurz vor Sonnenuntergang beobachtete ich, wie Musa die Hütte verließ und zum Männerhaus ging. Als meine Mutter sich Kunyants Hütte näherte, sprang ich auf und folgte ihr. Niemand würde mich auch nur eine Minute länger von meiner großen Schwester fern halten. Meine Mutter bückte sich und sprach durch die Tür leise mit ihr.

»Kunyant, wie geht es dir? Ist alles in Ordnung? Ich bin es, Umi. Komm raus in den *shal* und rede mit uns.«

Doch niemand antwortete. Ich hielt es nicht mehr aus. Als ich bemerkte, dass die Tür der Hütte einen Spalt weit offen stand, schlüpfte ich blitzschnell an meiner Mutter vorbei und lief hinein. Sie versuchte vergeblich, mich zurückzuhalten. Ich hob den Kopf und sah Kunyant in seitlicher Haltung auf dem Bett liegen und leise in sich hineinschluchzen. Sie war erst etwa dreizehn Jahre alt, also eigentlich noch viel zu jung zum Heiraten. Ich stürzte zu ihrem Bett. Sie trug einen *gurbab*, ein buntes Umschlagtuch, das an einer Schulter zusammengeknotet wird, und ich zupfte an dem dünnen Baumwollstoff. »Kunyant, Kunyant, was hast du? Komm raus in den Hof, damit wir uns unterhalten können.«

»Mende, ich kann mich nicht bewegen«, weinte sie. »Setz dich einfach zu mir und halte meine Hand.«
Da ich nicht wusste, was Kunyant fehlte, rief ich nach meiner Mutter. Meine Schwester hatte solche Schmerzen, dass es uns nicht gelang, sie im Bett aufzusetzen. Obwohl wir alles taten, um sie zu trösten, weinte sie immer weiter. Ich war entsetzt. Eigentlich hätte meine große Schwester am Tag nach ihrer Hochzeit doch glücklich sein müssen, aber stattdessen schluchzte sie vor Qual.
»Wie geht es dir? Tut es sehr weh?«, fragte meine Mutter und umarmte sie. »Hör zu, du darfst nicht mehr weinen. Nach ein oder zwei Wochen lassen die Schmerzen nach, und alles ist wieder in Ordnung.«
Kunyant verbrachte die ganze Woche in der Hütte. Meine Mutter kochte für sie, und ich brachte ihr das Essen. Auch Kunyants beste Freundin Mardiah blieb die Woche über bei ihr. Mardiah war so alt wie Kunyant und sollte auch bald heiraten. Die meiste Zeit unterhielten sich die beiden leise. Anfangs versuchte ich zu lauschen, aber Mardiah schimpfte mit mir und jagte mich weg.
»Geh zu deiner Mutter, damit wir in Ruhe reden können«, schrie sie mich an.
»Wessen Schwester hat denn gerade geheiratet?«, gab ich zurück. »Meine oder deine? Sie ist meine Schwester, und ich will bei ihr sein.«
Mardiah fing an zu lachen, und ich sah, dass sogar Kunyant grinste.
»Mende, davon verstehst du nichts«, sagte Mardiah. »Und jetzt verschwinde und spiel mit Kindern in deinem Alter.«
Meine Mutter hatte den Streit gehört und rief mich zu sich. »Was ist denn jetzt schon wieder los?«, erkundigte sie sich.
»Mardiah hat gesagt, ich soll abhauen und mit Kindern in meinem Alter spielen, aber ich will bei meiner Schwester sein.«
Meine Mutter nahm mich auf den Schoß. »Schau hinaus«, meinte sie und streichelte mir das Haar. »Alle deine Freundinnen vermissen dich. Mardiah hat Recht. Du solltest wirklich mal wieder mit ihnen spielen.«
»Gut, Umi«, erwiderte ich. Doch bevor ich loszog, rief ich Mardiah

zu: »Siehst du! Meine Mutter umarmt mich und nimmt mich auf den Schoß, und deshalb gehe ich spielen. Aber du hast mich angebrüllt. Wenn du freundlich zu mir gewesen wärst, hätte ich vielleicht auf dich gehört.«
»Halt den Mund und verschwinde«, schrie Mardiah zurück. »Zufällig bin ich ein paar Jahre älter als du, und deshalb musst du tun, was ich sage.«
Also ging ich spielen. Doch ich verstand immer noch nicht, was mit Kunyant geschehen war und woher all das Blut stammte. Bestimmt hatte ihr jemand wehgetan. Und dieser Jemand musste ihr Mann Musa gewesen sein. Ich war sehr bestürzt und ärgerte mich, weil niemand sich die Mühe machte, mir die Zusammenhänge zu erklären.
Nach etwa fünf Wochen war Kunyant wieder auf den Beinen, holte Wasser und ging auf die Felder. Ich war froh, dass sie so gesund und zufrieden wirkte wie früher, sie schien endlich Gefallen an der Ehe zu finden, und mit der Zeit vergaß ich all meine Sorgen über Hochzeiten und blutige Laken. Ein paar Monate später stellte ich zu meiner Überraschung fest, dass Kunyants Bauch dick und rund wurde, und dank meiner Erfahrung mit Uran konnte ich mir den Grund dafür denken. Aber um sicherzugehen, fragte ich trotzdem meine Mutter.
»Kunyant hat ein Baby im Bauch«, erwiderte meine Mutter.
»Wie Uran, als sie Kätzchen bekommen hat?«
»So ähnlich, doch sie wird wahrscheinlich nur ein Baby kriegen, nicht vier wie Uran.«
In den nächsten Monaten wirkte Kunyant häufig, als wäre sie stolz und glücklich über ihre Schwangerschaft, und erlaubte mir sogar, den Kopf auf ihren großen, runden Bauch zu legen. Dann wieder traute sie sich nicht aus ihrer Hütte. »Ich möchte nicht, dass Ba mich mit diesem dicken Bauch sieht«, sagte sie. »Es ist mir peinlich.«
Eines Tages bekam Kunyant plötzlich Krämpfe, und meine Mutter verkündete, der Tag der Geburt sei nun da. Unsere Tanten fanden sich in der Hütte ein, um ihr zu helfen. Alle Männer, auch Musa,

wurden ins Männerhaus geschickt, und mich scheuchte man zum Spielen nach draußen. Da ich nichts verpassen wollte, setzte ich mich einfach vor Kunyants Tür. Am späteren Abend gellten immer wieder Schreie aus der Hütte, und ich hörte, wie meine Tanten Kunyant aufforderten, zu pressen und stark zu sein. Sobald das Weinen des Babys an mein Ohr drang, sprang ich auf und rannte zum Männerhaus.

»Das Baby ist da, Musa! Das Baby ist da!«, rief ich.

»Ist es ein Junge oder ein Mädchen, Mende?«, fragte Musa und stürzte schon aus der Tür.

»Das weiß ich nicht. Ich habe es nur schreien gehört.«

Musa und ich liefen zu Kunyants Hütte. Ich fand das winzige Baby wunderschön. Erschöpft streckte Kunyant den Arm nach ihm aus und drückte es lachend und weinend an sich. »Mein Baby. Mein Baby. Mein kleines Töchterchen«, schluchzte sie. Das Baby hatte die Augen geschlossen. Dann reichte Kunyant Musa das Baby, der es hochhielt, damit wir alle es bewundern konnten. »Das ist mein erstes Kind«, verkündete er stolz. »Auf dass es noch viele weitere werden.«

Meine Mutter nahm das Baby auf den Schoß und rieb ihm den Nabel und die Nabelschnurreste mit Sesamöl ein, das sie am Morgen gemacht hatte. Als ich das neue Leben betrachtete, das in Kunyants und Musas Hütte entstanden war, war ich überglücklich.

»Ich werde das Baby überallhin mitnehmen«, rief ich laut. »Es ist so hübsch.«

»Du wirst dir einen Bruch heben«, entgegnete Kunyant mit einem schwachen Lächeln. »Also sei still und lass die Finger von meinem Baby.«

Ein paar Minuten später jedoch bemerkte ich, dass meine Mutter besorgt das Gesicht verzog. Sie hatte Kunyant das Baby zum Stillen gegeben, doch es wollte nicht an der Brust saugen. Als die Minuten vergingen, wurden die Atemzüge des Babys immer flacher. Wenig später war es tot. Die arme Kunyant brach schluchzend zusammen, und ich weinte mit ihr. Musa wirkte bestürzt, und ich sah im Schein des Feuers, dass ihm Tränen in den Augen standen. Doch

die älteren Frauen schienen den Tod des Babys gleichmütig hinzunehmen. Wahrscheinlich hatten sie es zu oft erleben müssen, dass ihre Kinder bei der Geburt gestorben waren.
»Keine Angst, Kunyant, weine nicht«, versuchte meine Mutter sie zu trösten. »Dein Baby ist ein Vogel im Paradies geworden. Bald wirst du ein anderes haben, *insha'allah*, so Gott will.«
Meine Mutter wusch das tote Baby, wickelte es in ein winziges weißes Leichentuch und nahm es mit. Nach der Beerdigung war das Baby bald vergessen. Es gab keine Begräbniszeremonie, und es war fast, als hätte es das Kind nie gegeben.
»Warum musste das Baby sterben?«, fragte ich meine Mutter später mit leiser, trauriger Stimme.
»Allah hat entschieden, dass es geboren wurde, und er hat beschlossen, dass es sterben soll«, erwiderte sie ruhig. »Es war sein Wille.«

4
Schule der Lügen

Kurz nach dem Tod von Kunyants Baby kam ich in die Schule, denn inzwischen war ich etwa acht Jahre alt. Da es eine staatliche Schule war, mussten wir keine Gebühren bezahlen, doch die Lehrer verlangten ständig Geld, um angeblich Stifte, Bücher oder Kreide zu kaufen. Allerdings bekamen wir die Dinge, für die sie das Geld ausgaben, nie zu Gesicht. Wenn wir kein Geld mitbrachten, schlugen sie uns und schickten uns nach Hause. Manchmal konnte ich eine Woche oder länger nicht in die Schule gehen, da man mir verboten hatte wiederzukommen, bevor ich das Geld hätte.

»Die Lehrer wollen dauernd Geld«, meinte mein Vater kopfschüttelnd. »Wofür brauchen sie es? Was machen sie nur damit?«

Mein Vater war ein gütiger, fürsorglicher Mensch, und es war ihm wichtig, dass wir in der Schule Erfolg hatten. Wenn die Lehrer wieder Geld forderten, verbrachte er die ganze Woche damit, Seile aus der Rinde des Affenbrotbaums zu drehen und sie auf dem Markt im Dorf zu verkaufen. Damit der Baum keinen Schaden nahm, schnitt er im einen Jahr die Rinde von der einen und im nächsten die von der anderen Seite ab. Dann rollte er die Rinde auf dem Oberschenkel zu Fäden für ein Seil. An einem guten Tag stellte mein Vater so zwei Seile her, die etwa einen Dollar einbrachten. Wenn er genug Geld verdient hatte, durfte ich wieder in die Schule. Und falls etwas übrig blieb, kauften wir davon Zwiebeln, Zucker, Öl und Tee.

Die Schule war ein neues Abenteuer – ich brannte vor Neugier auf das, was mich dort erwartete. Ich bekam ein grünes Kleid, das ein Mann aus dem Dorf auf einer Nähmaschine genäht hatte. Mein

Vater hatte mir Ledersandalen gemacht, und so ging ich mit den ersten Schuhen und dem ersten Kleid meines Lebens los. Da ich die ersten acht Lebensjahre meistens mehr oder weniger nackt herumgelaufen war, fühlte ich mich sehr merkwürdig.
Meine beste Freundin Kehko kam ebenfalls in die Schule. In der Nacht vor dem ersten Schultag konnten wir vor lauter Aufregung kaum schlafen. Der Schulweg dauerte zu Fuß etwa eine Stunde, und wir nahmen Essenspakete mit. Am ersten Tag hatte ich Hirsepudding mit Milch dabei. Manchmal waren es auch Mais, Joghurt oder Nüsse. Im ersten Schuljahr begann die Schule um acht und endete kurz nach zwölf, sodass wir den ganzen Nachmittag lang Zeit hatten, zu Hause im Dorf Wasser und Brennholz zu holen. Im zweiten Jahr jedoch hatten wir den ganzen Tag Unterricht, und mein Vater musste das Wasser und das Brennholz mit seinem Esel besorgen. Wenn ich nach Hause kam, reichte die Zeit gerade noch, um beim Putzen und Kochen zu helfen.
Die Schule bestand aus sechs Gebäuden mit dicken Steinmauern und Strohdächern. Noch nie zuvor hatte ich Häuser gesehen, die nicht aus Lehm bestanden. Auch die Lehrer hatten ein Steinhaus mit verschiedenen Zimmern und einer Küche. Doch da es in den Nubabergen keine Elektrizität gab, mussten sie sich nachts mit Kerosinlampen behelfen. Die Schule war von einem hohen Holzzaun und einem gepflegten Rasen umgeben. In der ersten Woche brachte man uns nichts weiter bei, als die Schule ordentlich und sauber zu halten.
Die Klassenzimmer waren sehr spartanisch mit Holztischen und langen Bänken ausgestattet. Die Lehrerin verfügte zwar über eine Tafel und Kreide, doch zu Fensterscheiben hatte es nicht gereicht. Wenn es, wie meistens, heiß war, sorgte daher eine Brise von draußen für Belüftung. Die Schulbücher, der Großteil davon ziemlich alt, mussten wir miteinander teilen. Hinter der Schule gab es eine Art Toilette, eine Grube mit einem Holzdeckel, der ein Loch in der Mitte hatte. Auf der Toilette stank es so schrecklich, dass die meisten Mädchen sie nur im äußersten Notfall benutzten. Außerdem gab es dort Unmengen von Fliegen und noch schlimmerem Getier.

Also nahmen wir uns zusammen bis zur Mittagspause und liefen dann los, um uns im Gebüsch zu erleichtern.
Unsere Lehrer waren keine Nuba, sondern Araber. Meine Arabischlehrerin hieß Fatimah. Sie war sehr groß und trug ein wunderschönes weißes Gewand und einen Schleier. Meine Koranlehrerin hieß Miriam und schien keine reinblütige Araberin zu sein. Den Sportunterricht erteilte ein Araber namens Amruba. Außerdem hatten wir noch einen arabischen Direktor, der Osman hieß. Ich hatte das Gefühl, dass ihm die Schule wirklich am Herzen lag, denn er schickte sogar seine eigenen Kinder dorthin. Taysir, eine seiner Töchter, war in meiner Klasse.
Zuerst mussten wir alle achtundzwanzig Buchstaben des arabischen Alphabets auswendig lernen. Dann brachte man uns die arabischen Zahlen bei, und anschließend lasen wir im Koran, dem heiligen Buch des Islam. Mehr lernten wir im ersten Jahr nicht.
Manchmal forderten uns die Lehrer auf, eine Axt mit in die Schule zu bringen, und wir wurden zum Holzhacken in den Wald beordert und angewiesen, einen neuen Zaun zu bauen oder das Dach der Schule zu reparieren.
Wir alle waren froh über den unterrichtsfreien Tag, und zudem wussten wir, dass Tiere in die Schule eindringen würden, wenn wir den Zaun nicht instand hielten. Dann hätten die Kühe den Rasen abgeweidet, und die Ziegen hätten alle Schulbücher aufgefressen. Ziegen fressen nämlich alles.
Am Ende des ersten Schuljahrs fanden zwei Prüfungen statt. Zu meinem Erstaunen schnitt Kehko in der ersten Prüfung als Beste und ich als Zweitbeste der Klasse ab. Ich hatte sogar Taysir, die Tochter des arabischen Schuldirektors, geschlagen. Ihre Familie stammte aus El Obeid, einer großen Stadt weit entfernt von den Nubabergen, und ich konnte es kaum fassen, dass es einem Dorfmädchen wie mir gelungen war, sie zu übertreffen. Schließlich war ich nur die Tochter eines armen Nubabauern, während sie aus einer gebildeten arabischen Familie kam und einen Vater hatte, der Schuldirektor war. Nach den Prüfungen wurde eine Versammlung abgehalten. Ich war so stolz, als ich vortrat, um mein Zeugnis ent-

gegenzunehmen, aus dem hervorging, dass ich die Zweitbeste in der Klasse war.
Als ich meinen Eltern zu Hause mein Zeugnis zeigte, lobten sie mich, wie klug ich doch sei. Natürlich konnten meine Eltern das Zeugnis nicht lesen, da es in Arabisch verfasst war, sodass ich es ihnen vorlesen und in die Sprache der Nuba übersetzen musste. Unten auf die Seite hatte meine Lehrerin geschrieben: »Du bist ein sehr kluges kleines Mädchen. Möge Allah dir dabei helfen, deine Träume wahr zu machen.« Für meinen Vater hatte sie eine Mitteilung hinzugefügt: »Sie haben eine ausgesprochen intelligente Tochter. Lassen Sie sie zur Schule gehen und ermutigen Sie sie zum Lernen.«
Mit der Zeit jedoch kam ich dahinter, dass die Schule auch ihre Schattenseiten hatte. »Ihr dürft kein Nuba mehr sprechen«, verkündete unsere Lehrerin zu meinem Entsetzen schon am ersten Tag. »Nuba ist eine dumme Sprache, weil niemand sie versteht. Das Arabische ist da weit überlegen.« Anfangs konnten wir kaum Arabisch, aber wenn wir den Lehrern auf Nuba antworteten, wurden wir sofort bestraft. Mit ein wenig Glück wurde man von der Lehrerin nur in die Wange gekniffen oder geohrfeigt, doch jeder Lehrer hatte auch eine lange Rute. Damit auf den Po geschlagen zu werden war noch einigermaßen erträglich, aber am Rücken tat es ziemlich weh.
Die Lehrer verboten uns, unsere Nubanamen zu benutzen, und gaben uns arabische. Ich hieß nun nicht mehr Mende, sondern Zainab. Meine beste Freundin Kehko wurde Fatiyah genannt. Und bald kam es noch schlimmer, denn es wurde uns sogar untersagt, in der Pause miteinander Nuba zu sprechen, und wir mussten uns stets mit den arabischen Namen anreden.
Die Lehrer ernannten in jeder Klasse ein Kind zum Klassenpolizisten. Unsere Lehrerin entschied sich für Mohamed, der der klügste Junge in unserer Klasse war – allerdings nicht so klug wie Kehko und ich. Für die Jungen gab es zwar eigene Prüfungen, aber wenn ich die Noten verglich, waren unsere immer besser. Die Lehrerin veranstaltete ein großes Theater um den sagenhaft schlauen

Mohamed, bis er schließlich anfing, die Nase hoch zu tragen. Ich verabscheute ihn abgrundtief.
Kehko, ich und ein Junge namens Anur bildeten eine Dreierbande. Wenn die Lehrerin das Klassenzimmer verließ, heckten wir ständig Streiche aus und stifteten Aufruhr. Ich konnte Mohamed von Anfang an nicht leiden, weil er zu verhindern versuchte, dass wir unseren Spaß hatten. Außerdem verpetzte er uns bei der Lehrerin, wenn wir Nuba sprachen. Es dauerte also nicht lange, bis ich Streit mit Mohamed bekam. Meine Chance, es ihm heimzuzahlen, war gekommen, als er mich um Hilfe bei den Hausaufgaben bat. Immer wenn er mich etwas fragte, antwortete ich einfach nicht. »Ich kann dich nicht verstehen. Lass mich in Ruhe«, sagte ich nur.
»Warum magst du mich nicht?«, fragte Mohamed mich eines Tages.
»Weil wir beide Nuba sind, aber du dir von Arabern verbieten lässt, Nuba zu sprechen, und uns meldest, wenn wir es trotzdem tun. Du bist ein Idiot und kapierst überhaupt nichts.«
»Aber die Lehrerin hat es mir doch befohlen«, erwiderte Mohamed gekränkt. »Was bleibt mir anderes übrig? Du brauchst also nicht so gemein zu mir zu sein.«
»Das weiß ich«, entgegnete ich. »Aber warum behältst du nicht einfach für dich, was du siehst?«
»Tja, vielleicht ginge das«, meinte Mohamed zweifelnd. »Aber wenn du in der Schule schon unbedingt Nuba sprechen musst, dann tu es leise, damit ich dich nicht melden muss. Oder warte, bis keine Lehrer in der Nähe sind. Und sei vorsichtig auf dem Schulhof. Die anderen Klassen haben auch Polizisten.«
Seit diesem Tag gab ich mir Mühe, netter zu Mohamed zu sein, denn mir war klar, dass er in einer schwierigen Lage steckte.
In meinem dritten Schuljahr kam Unterricht in Erdkunde, Geschichte, Biologie und Kunst dazu. Biologie war mein Lieblingsfach, weil ich dort viel über die Schönheit der Natur lernte. Wenn ich abends von der Schule nach Hause kam, erzählte ich meinem Vater alles, was ich gelernt hatte. Wahrscheinlich kannte er das alles schon von meinen älteren Schwestern und Brüdern, doch er tat trotzdem so, als interessierte es ihn brennend.

Ich war sehr fleißig, weil ich unbedingt eine gute Schülerin sein wollte. Gleichzeitig jedoch ahnte ich, dass die arabischen Lehrer uns schlecht und falsch behandelten. Offenbar hatten sie nicht die geringste Achtung vor der Kultur und der Tradition der Nuba, und es war fast, als blickten sie auf uns herab, weil wir keine Araber waren wie sie. Sie taten so, als wären wir ihnen unterlegen. Und manchmal hatte ich den Eindruck, dass sie uns für Wilde hielten.

5
Schlangen und Suchtrupps

Und dabei waren wir keine Wilden, sondern stolz auf unsere Traditionen und unsere Kultur. In den Nubabergen war es von großer Bedeutung für einen Mann, ein Krieger zu sein. Unsere Männer waren stark und furchtlos, weil sie sich häufig gefährlichen Situationen stellen mussten. Oft zum Beispiel mussten wir Kinder zum Holzhacken in den Wald. Wir hatten eine Axt dabei, die aber nicht zur Selbstverteidigung gedacht war. Wenn wir einer Schlange begegneten, liefen wir schnell davon und riefen *»Oiyee! Oiyee!«*, um die anderen zu warnen. Und wenn uns dann ein Mann zu Hilfe eilte, zeigten wir ihm, wo die Schlange war.

Dabei spielte es keine Rolle, ob dieser Mann aus unserem Dorf stammte, denn jeder männliche Nuba hielt sich viel auf seine Tapferkeit zugute. Eine kleine Schlange schlug er mit einem Stock tot. Handelte es sich um eine große, suchte er sich einen Stein, schlich sich langsam an, während wir aus sicherer Entfernung zusahen, und zermalmte sie damit. Manche Schlangen waren so lang wie ein erwachsener Mann und so dick wie sein Oberschenkel und entsprechend träge. Die kleinen Schlangen hingegen bewegten sich blitzschnell. In der Regenzeit gab es sogar noch mehr Schlangen als gewöhnlich. Eigentlich waren sie wunderschön, aber es war zu gefährlich, sie sich aus der Nähe anzusehen.

Obwohl ich häufig miterlebt habe, wie jemand Opfer eines Schlangenbisses wurde, ist mir ein Zwischenfall besonders im Gedächtnis geblieben. Ich war etwa acht Jahre alt und wurde zum ersten Mal Zeugin, wie ein Mensch starb.

Meine Mutter war mit einer ihrer Tanten, die Nhe hieß, in den Wald gegangen, um Raffia zu schneiden. Nach etwa einer Stunde schnürte meine Mutter ein dickes Bündel zusammen und wollte es ins Dorf tragen. Sie hatte sich mit Nhe am großen Affenbrotbaum verabredet, einem beliebten Treffpunkt, weil man dort unter den Ästen im kühlen Schatten sitzen konnte. Nachdem meine Mutter eine lange Zeit gewartet hatte, fing sie an, sich Sorgen zu machen. »Nhe! Nhe! Nhe!«, rief sie durch die Bäume. »Nhe, wo bist du?« Doch nur ihre eigene Stimme hallte durch den Wald. Schließlich machte sie sich auf die Suche, aber sie konnte ihre Tante nirgendwo entdecken. Da ihr Wasserkürbis inzwischen fast leer war, blieb ihr nichts anderes übrig, als ins Dorf zurückzukehren. Der Weg vom großen Affenbrotbaum dauerte normalerweise eine Stunde, doch meine Mutter schaffte es in gut dreißig Minuten. Nach ihrer Ankunft warf sie das Raffiabündel in den Hof; ich hörte, wie es krachend zu Boden fiel. Ich lief ihr entgegen und ahnte sofort, dass etwas geschehen war.

»Ist Nhe schon wieder da?«, fragte sie mich.

»Nein«, erwiderte ich. »Ich dachte, sie ist bei dir.«

»Ja, das war sie auch. Aber ich habe unter dem großen Affenbrotbaum auf sie gewartet, und sie ist nicht gekommen. Also dachte ich, sie wäre wieder ins Dorf zurückgegangen.«

Inzwischen wirkte meine Mutter sehr besorgt. Ich schürte mit ein paar trockenen Hirsestängeln das Feuer und setzte einen starken Kaffee mit Zucker auf. Als der Kaffee fertig war, erschien auch mein Vater, und meine Mutter berichtete ihm, dass Nhe verschwunden sei.

»Bestimmt ist ihr etwas zugestoßen«, meinte er, nachdem meine Mutter ihm alles erzählt hatte. »Sie würde nie allein im Wald herumlaufen, und außerdem hattet ihr euch am Baum verabredet. Und sie kann sich unmöglich verirrt haben. Nhe kennt sich ausgezeichnet im Wald aus. Vielleicht ist sie von einer Schlange gebissen worden. In diesem Teil des Waldes wimmelt es von ihnen.«

Dann sagte meine Mutter etwas, das ich überhaupt nicht verstand.

»Oder die Miliz hat sie mitgenommen.«

»Mag sein«, erwiderte mein Vater mit einem nachdenklichen Nicken. »Allerdings hat die sich schon seit Ewigkeiten nicht mehr hier blicken lassen und auch niemanden überfallen.« Er stand auf und nahm seine Axt, seinen Speer und einen langen, dicken Knüppel. »Aber wir sollten auf alles gefasst sein«, fügte er hinzu und ging los, um seine alte Flinte aus dem Männerhaus zu holen.

»Was ist die Miliz, Umi?«, fragte ich meine Mutter leise. »Dieses Wort habe ich noch nie gehört.«

»Die Miliz? Das sind böse Menschen, Araber, die uns Nuba überfallen. Immer wenn es früher einen Krieg oder Kämpfe gegeben hat, war die Miliz schuld daran. Wir haben Angst, die Miliz könnte Nhe entführt haben. Aber mach dir keine Sorgen, Mende. Dein Vater wird dich beschützen.«

Inzwischen hatte sich ein Suchtrupp versammelt, weshalb ich keine weiteren Fragen mehr stellen konnte. Die Männer sahen aus, als zögen sie in die Schlacht. Mein Vater hielt seine alte Flinte in der Hand und trug einen Munitionsgürtel um die Taille. Auch alle meine Onkel waren gekommen, und sie waren ebenfalls mit Gewehren und Speeren bewaffnet.

»Nhe ist in den Wald gegangen, um mit meiner Frau Raffia zu schneiden«, erklärte mein Vater, der auf einem Schemel stand, damit alle ihn sehen konnten. »Aber sie ist noch nicht zurück. Sicher ist ihr etwas zugestoßen. Wahrscheinlich ist sie von einer Schlange gebissen worden oder hat sich bei einem Sturz verletzt. Allerdings besteht auch die Möglichkeit, dass die Miliz sie verschleppt hat. Also haltet Augen und Ohren offen und seid auf der Hut.«

Mein Vater versuchte mich daran zu hindern, mich dem Suchtrupp anzuschließen. Doch ich erhob ein solches Gezeter, weil ich nicht allein und ohne jemanden, der mich vor der Miliz beschützte, zurückbleiben wollte, dass er irgendwann nachgab. Am großen Affenbrotbaum angekommen, fingen wir alle an zu rufen: »Nhe! Nhe! Wo bist du?« Wir spitzten die Ohren, aber niemand antwortete.

»Wo hast du sie zuletzt gesehen?«, fragte mein Vater meine Mutter.

»Wir haben uns da drüben getrennt«, erwiderte sie und zeigte mit dem Finger.

»Alle mal herhören«, sagte mein Vater. »Wir müssen sie suchen.

Seid vorsichtig und aufmerksam. Wer Nhe findet, ruft die anderen. Wer in Schwierigkeiten gerät, ruft auch die anderen. Und falls jemand Fußabdrücke entdeckt, die nicht von Nhe stammen, ruft er ebenfalls. Wenn wir sie in einer halben Stunde nicht aufgespürt haben, treffen wir uns wieder am Affenbrotbaum. Einverstanden?«
Als mein Vater mir befahl, am Affenbrotbaum zu warten, da es zu gefährlich für mich sei mitzukommen, wagte ich nicht zu widersprechen. Doch schon ein paar Minuten später schrie meine Mutter: »Ich habe sie! Nhe ist hier! Sie ist am Leben!«
Ich rannte auf die Stelle zu, von der die Stimme meiner Mutter kam. Nhe lag rücklings auf dem Boden. Sie hatte schreckliche Krämpfe, ihre Arme und Beine zuckten, und ihr Kopf wurde hin und her geschleudert. Dabei stieß sie ein rhythmisches Stöhnen aus.
Mein Vater kniete sich neben sie. »Was ist passiert? Sag uns, was passiert ist! Sprich mit uns, Nhe!« Doch Nhe konnte ihn entweder nicht verstehen oder war nicht in der Lage zu antworten.
Ich hatte immer gefunden, dass Nhe eine schöne Frau war. Nun aber war ihr Gesicht angeschwollen wie ein Ballon, sodass ich sie zunächst gar nicht erkannt hatte. Hilflos starrte ich sie an und brach schließlich in Tränen aus. Mein Vater untersuchte ihren Körper und entdeckte bald, was er suchte: zwei Einstiche von einem Biss mit gewaltigen Zähnen in Nhes Oberarm. Der Teil eines Giftzahns war abgebrochen und steckte in der angeschwollenen Haut, die allmählich schwarz anlief.
»*Kung anyam* – ein Schlangenbiss!«, rief mein Vater aus. »Genau das habe ich befürchtet.«
Ich bemerkte, dass mein Vater auch zu weinen angefangen hatte. Er war zwar ein sehr tapferer Mann, aber auch gütig und empfindsam, und jetzt machte er sich Sorgen, dass Nhe sterben könnte. Er suchte das umliegende Gebüsch ab, bis er ein großes Loch im Boden fand: den Schlangenbau. Mit einem langen Stock stocherte er in den Bau hinein, traf aber nicht auf Widerstand. Also nahm er seine Flinte, steckte sie in das Loch, und es gab einen gewaltigen Knall, als die uralte Waffe losging. Das Loch füllte sich mit Rauch, und mir stieg der scharfe Geruch von Schießpulver in die Nase.

Dann versuchte mein Vater, Nhe etwas Wasser in den Mund zu träufeln, doch ihre Kiefer waren fest zusammengekrampft. »Ich schaffe es nicht, ihr etwas zu trinken zu geben«, sagte er und sah uns verzweifelt an. »Vielleicht gelingt es uns ja, ihr das Wasser mit einem Löffel einzuflößen, wenn wir sie ins Dorf zurückbringen.«

Mein Vater und einige andere Männer eilten im Laufschritt los, um ein Bett aus dem Dorf zu holen, das sie als provisorische Trage benutzen konnten. Als sie zurück waren, legten sie Nhe vorsichtig auf das Bett. Vier Männer hoben sie auf die Schultern und machten sich auf den Rückweg. Hin und wieder wechselten sie sich beim Tragen ab, weil es sehr anstrengend war. Zu Hause bereitete mein Vater eine Medizin zu. Er kochte ein paar Blätter aus dem Wald, die er in unserer Hütte aufbewahrte, zu einem wässrigen Brei und beschmierte damit den Schlangenbiss, wo die Wunde am schlimmsten geschwollen war.

»Nhe, spürst du das? Hörst du mich?«, fragte mein Vater immer wieder.

Doch sie antwortete nicht und stöhnte nur.

Jeder in unserem Stamm wusste, wie man Schlangenbisse mit traditionellen Medikamenten behandelte. Mein Vater hatte bereits begonnen, mir beizubringen, mit welchen Blättern aus dem Wald sich welche Krankheit heilen ließ. Er versuchte, Nhe mit einem Löffel etwas zu trinken zu geben, doch es gelang ihm wieder nicht, ihr den Mund zu öffnen. Im Laufe des Nachmittags schwoll ihr gesamter Körper an. Wenn mein Vater sie berührte, versank sein Finger in ihrem Fleisch wie in einem Schwamm. Am Abend war Nhe so dick geworden, dass man sie auf ein größeres Bett legen musste. Ihre Augen waren in dem aufgedunsenen Gesicht nicht mehr zu sehen. Dann, als es dunkel wurde, begann sie zu bluten. Zuerst aus dem Mund, dann aus den Augen, den Nasenlöchern, den Ohren und den Genitalien. Sogar unter ihren Fingernägeln quoll Blut hervor. Es war so grausig, dass ich es nicht mehr mit ansehen konnte. Nhe hatte offenbar nicht mehr lange zu leben. Gegen Morgen hörte Nhe auf zu stöhnen, und es herrschte gespenstische Stille. »Nhe stirbt bald«, sagte mein Vater, der neben ihr saß, und blickte uns an. Wenige Minuten später war sie tot.

Die Trauerzeremonie begann. Die Frauen weinten und klagten, und die Männer feuerten Schüsse in die Luft ab. Noch nie hatte ich den Tod eines Menschen miterlebt, und es war schrecklich gewesen. Die Frauen nahmen Nhe mit in die Hütte, um sie zu waschen. Anschließend wickelten sie sie von Kopf bis Fuß in ein weißes Leichentuch. Vier junge Männer brachten Nhes Leiche weg, denn sie wussten, dass mein Vater zu erschöpft und zu erschüttert war, um ihnen zu helfen. Auf dem Weg in die Hügel wechselten sie sich beim Tragen ab, da sie eine weite Strecke zurücklegen mussten. Ihr Ziel war das *tilling*, der Ort der Toten. Keine Frau durfte an der Beerdigung teilnehmen. Es war Aufgabe der Männer, Nhe zur letzten Ruhe zu betten.

Nach der Beisetzung versammelte sich das ganze Dorf, um eine neue Hütte aus Holzpfählen mit einem Dach aus frischen Hirsehalmen zu bauen. Die Männer hielten sich den ganzen Tag darin auf, während die Frauen das Essen vorbereiteten. Der Leichenschmaus dauerte drei Tage. Am dritten Tag töteten die Männer einige Ziegen, indem sie ihnen die Kehle durchschnitten. Die Frauen bereiteten *mulla* – Ziegeneintopf – und *ngera* – Hirsepfannkuchen – zu. Die letzte Mahlzeit verlief ruhig, und die Menschen beteten zu Allah, er möge Nhe ins Paradies aufnehmen.

Ich war als Muslimin geboren, so wie fast alle Leute in unserem Dorf Moslems waren. Im Islam kommt ein guter Mensch nach seinem Tod zu Allah ins Paradies, und ich war sicher, dass auch Nhe nun dort weilte. Als ich noch klein war, brachten meine Eltern mir bei, fünf Mal täglich zu beten und mich dabei nach Osten zu wenden, wo Mekka liegt. Mekka ist die heiligste Stätte des Islam, denn der Prophet Mohammed ist dort geboren. Das erste Gebet, *subr*, fand bei Morgengrauen statt, das zweite, *duhur*, gegen Mittag und das dritte, *assur*, am Nachmittag. Das vierte Gebet, *mahgreb*, sprach man kurz vor dem Abendessen und das letzte vor dem Zubettgehen.

Mein Vater lehrte mich, die fünf täglichen Gebete aus dem Koran, unserem heiligen Buch, aufzusagen. Wenn die ganze Familie gemeinsam betete, stand er ein Stück vor mir und meiner Mutter. Am Ende des Gebets verneigten wir uns und berührten in Demut vor Allah mit der Stirn den Boden. Mein Vater warnte mich, ich würde im Höllenfeuer schmoren, wenn ich nicht betete, was eine sehr beängstigende Aussicht war. Unsere Familie versuchte die fünf täglichen Gebete einzuhalten, auch wenn wir im Wald waren oder auf den Feldern arbeiteten. Hin und wieder ging mein Vater in die Dorfmoschee und betete mit den anderen Männern. Die Moschee war auch nur eine gewöhnliche Lehmhütte, bloß ein wenig größer als die anderen. Es gab einen nebenamtlichen Imam, einen islamischen Geistlichen, der die Männer beim Gebet anleitete.

Besonders gern mochte ich den muslimischen Feiertag *eid*, der ein wenig an das westliche Weihnachtsfest erinnert. Im Monat vor *eid* fasteten alle von Sonnenaufgang bis Sonnenuntergang, und abends gab es dann ein großes Festmahl. Während dieser Zeit trugen wir unsere besten Perlen und putzten uns möglichst hübsch heraus. Am Ende dieses Monats wurde einen Tag lang *eid* gefeiert. Das Fest fand im Hof des *kujur*, des Dorfschamanen oder Medizinmanns, statt. Vorne saß der Imam mit den wichtigsten Gläubigen, den alten Männern. In der zweiten Reihe beteten die jüngeren Männer und die Jungen. Die Frauen und wir Mädchen saßen hinten.

Der *kujur* war ein Relikt der alten Zeit und des Glaubens, der hier geherrscht hatte, bevor der Islam in die Nubaberge kam. Eines Tages erzählte mein Vater mir alles über den »alten Glauben«, die ursprüngliche Religion der Nuba. Er sagte, zur Zeit des Vaters seines Vaters habe der *kujur* als heiliger Mann gegolten. Wenn im Dorf eine Entscheidung gefällt werden musste, habe man immer zuerst den *kujur* gefragt, denn man glaubte, dass die Götter durch diesen Mann zu den Nuba sprachen. Damals habe es nicht nur einen Gott, sondern viele gegeben. Den Gott der Hügel, den Gott der Sonne, den Gott des Mondes, den Gott des Regens, den Gott des Waldes und den Gott des Windes. Als die alte Religion durch den Islam abgelöst worden sei, habe der *kujur* an Bedeutung verloren.

Eines Tages wurde mir klar, dass die alte Religion im Dorf nicht völlig in Vergessenheit geraten war. Viele Wochen lang hatte es nicht geregnet, und alle hatten Angst vor einer Missernte. Eines Abends kam eine alte Frau in alle Hütten und verkündete, sie werde »mit dem *kujur* über den Regen sprechen«. Sie bat alle Frauen, sich am nächsten Morgen mit einer Hand voll Samenkörner bereitzuhalten, damit der *kujur* diese segnen könne. Früh am nächsten Morgen sah ich die alten Frauen zum Haus des *kujur* gehen. Sie verbrachten etwa zwei Stunden dort, und ich hörte, wie der *kujur* Gebete rief und Zaubersprüche murmelte. Und dann begann es ganz plötzlich zu regnen.
Die Menschen stürzten aus ihren Hütten und starrten ungläubig zum Himmel. Ich fing mit den anderen Kindern an herumzuhüpfen, zu tanzen und das Regenlied zu singen. Dann beobachtete ich, wie die alten Frauen aus dem Haus des *kujur* kamen. Inzwischen denke ich, dass diese alten Frauen es eigentlich ablehnten, zu Allah, dem neuen Gott, zu beten, und immer noch dem alten Glauben anhingen. Da sie nun dem ganzen Dorf bewiesen hatten, dass der *kujur* es immer noch regnen lassen konnte, wirkten sie sehr selbstzufrieden. Sie stolzierten durch das Dorf, schwangen ihre breiten Hüften und straften alle mit Nichtachtung. Ich verstand die Welt nicht mehr. Einerseits war ich Muslimin und glaubte nicht an den *kujur* und die alte Religion. Doch andererseits hatte ich mit eigenen Augen gesehen, wie der *kujur* Regen machte. Ich ging zu meinem Vater und bat ihn, mir das zu erklären.
»Ba, hat der *kujur* wirklich Regen gemacht?«
»Ja, der *kujur* hat Regen gemacht«, erwiderte mein Vater und lächelte mich an. »Aber natürlich hat der *kujur* das nur mit Allahs Hilfe geschafft.«
Ich fand, dass mein Vater sich sehr schlau aus der Affäre gezogen hatte. Obwohl er nie eine Schule besucht hatte, hielt ich ihn für einen weisen Mann. Die Menschen in meinem Dorf waren zwar offiziell Moslems, doch in Wahrheit existierten beide Religionen friedlich nebeneinander.

6
Geisterringer

Meine liebste Zeit im Jahr war die der Erntefeiern, wenn sich alle Nubastämme zu einem großen Ringerwettbewerb versammelten. Ich durfte erst mit neun Jahren beim Ringen zusehen, weil meine Mutter fand, dass ich davor noch zu klein war. Der *kujur* entschied mithilfe der Position der Sterne und des Mondes, wann genau die Ringkämpfe stattfinden sollten. Nie werde ich jene Tage vergessen, als ich zum ersten Mal dabei sein durfte. Unser Stamm, die Karko, war an der Reihe, die Rolle des Gastgebers zu übernehmen, was bedeutete, dass alle anderen Stämme zu den Kämpfen auf unser Gebiet kommen mussten. Nach den Wettkämpfen würden wir sie alle zu uns ins Dorf zum Essen einladen. Ich hoffte, dass wir genug Geld auf dem Markt im Dorf verdienen würden, damit wir es uns leisten konnten, für alle unsere Gäste süßen Reis zu kochen, was für uns ein wirklicher Luxus war. Meine Mutter kochte den Reis, bis er weich war, und gab dann Milch und Zucker dazu. Das Gericht ähnelte dem europäischen Reispudding oder Milchreis.

Als der Tag der Wettkämpfe näher rückte, begann meine Mutter, mit Nadel und Faden neue Perlenbänder zu knüpfen. Wir hatten zu Hause eine ganze Kürbisschale voller Perlen, von denen sich der Großteil schon seit Generationen in der Familie befand. Zum Glück musste sie nur für mich welche knüpfen, denn Kunyant und Shokan waren schon verheiratet und würden deshalb nicht zu den Ringkämpfen gehen. In der Nacht vor dem Wettkampf konnte ich vor lauter Aufregung nicht schlafen. Sobald ich sah, dass die Sonne am Horizont aufging, sprang ich aus dem Bett und lief mit meinen Freundinnen zum Wasserholen. Für gewöhnlich brauchten wir für

den Hin- und Rückweg jeweils eine Stunde, aber an diesem Morgen rannten wir die ganze Strecke.
Als ich wieder zu Hause war, machte ich mich rasch fertig. Meine Mutter ölte meinen ganzen Körper ein, bis meine Haut weich war und schimmerte. Ich hatte mich für rote, gelbe, blaue und weiße Perlen entschieden, da das meine Lieblingsfarben waren. Zuerst schlang ich mir zwei schlichte Perlenschnüre um die Taille. Dann streifte ich Perlenschnur um Perlenschnur über meine Handgelenke, bis sie den ganzen Unterarm bedeckten. An den Oberarmen, dicht unterhalb der Schultern, trug ich hübsch gemusterte Bänder. Anschließend verbrachte meine Mutter eine Ewigkeit damit, mir dicke Perlenbündel ins Haar zu flechten. Über meine Schultern und meine Brust verliefen dicke Streifen aus roten und weißen Perlen wie zwei Schärpen. Ein weiteres breites gelbweißes Perlenband hing mir den Rücken hinab bis zu den Oberschenkeln.
Meine Mutter hatte eine wundervolle Überraschung für mich, denn sie hatte heimlich noch ein Band angefertigt. Wahrscheinlich hatte sie viele Nächte lang im Schein des Feuers daran gearbeitet, wenn ich schon schlief. Als sie ihr Geschenk aus seinem Versteck nahm und es mir stolz überreichte, war ich überglücklich, drehte und wendete und musterte es von allen Seiten. Ich war sicher, dass es sich um das schönste Schmuckstück der Welt handelte. Es war ein breiter Gürtel aus roten, weißen und gelben Perlen, an dem viele Perlenschnüre baumelten und den ich um die Taille tragen konnte.
Als ich endlich fertig war, waren meine Brust, mein Po und meine Scham unter einer Masse von Perlen mehr oder weniger verborgen. Da wir keinen Spiegel hatten, konnte ich nicht feststellen, wie ich aussah. Aber meine Mutter sagte, ich sei wunderschön. Inzwischen bliesen die Männer laut in ihre Kuhhörner, und ich spürte, wie sich Aufregung im Dorf breit machte. Die Männer der Karko, unseres Stammes, würden im Ringkampf gegen Abgesandte aller umliegenden Nubastämme antreten: die Fennee, die Shimii, die Keimii, die Maelii und die Kunuk. Da wir die Gastgeber waren, mussten diesmal die Mannschaften der anderen Stämme den vielleicht tagelan-

gen Fußmarsch in unser Gebiet auf sich nehmen. Im nächsten Jahr würde dann ein anderer die Rolle des Gastgebers übernehmen. Jeder Nubajunge sehnt sich schon von frühester Kindheit an danach, Ringer zu werden, und kämpft mit seinen Freunden, noch ehe er richtig laufen kann. Als junger Mann war mein Vater ein großer Meister im Ringen, ein *kuul*, gewesen. Doch Kwandsharan, mein ältester Bruder, hatte das Ringen von Anfang an verabscheut. Mein Vater hatte zwar eine Weile versucht, ihn zu ermutigen, aber er hatte einfach keine Lust dazu. Mit Babo hingegen war es eine ganz andere Sache – er war fest dazu entschlossen, für unseren Stamm anzutreten, wenn er einmal groß war. Der Tag, an dem ich zum ersten Mal einen Ringkampf sehen sollte, war auch Babos Debüt, denn er war vor kurzem in die Jugendmannschaft der Karko aufgenommen worden. Seit vielen Wochen trainierte Babo schon mit den anderen Jungen im Dorf, und mein Vater erteilte ihm Unterricht.

»Nein, nicht so!«, rief er und trat vor, um es ihnen zu demonstrieren. »Wenn du ihn umwerfen willst, musst du dein Bein hierhin stellen und ihn auf diese Weise zu Fall bringen.« Mit einem Krachen stürzte einer der Jungen zu Boden. Wenn ich mit meiner vormittäglichen Hausarbeit fertig war, sah ich den Jungen häufig beim Training zu und feuerte Babo vom Rand des Spielfeldes an.

»Beine zurück, Babo!«, schrie ich, so laut ich konnte. »Lass sie hinten! Wenn du gegen meinen großen Bruder kämpfen willst, solltest du vorsichtig sein!«, brüllte ich dann seinem Gegner zu. »Er ist sehr stark, und er wird dich besiegen!«

»Sei still. Du sagst das nur, weil er dein Bruder ist«, entgegnete der andere Junge. »Und deshalb hältst du zu ihm. Schau nur zu, wie ich ihn fertig mache.«

»Achtung, Babo! Er will dir das rechte Bein wegziehen!«, rief ich. »Du musst ihn daran hindern!«

Wenn es dem Gegner gelang, Babo in den Schwitzkasten zu nehmen oder einen sonstigen Ringergriff anzuwenden, wurde ich richtig böse. »Was hast du vor«, kreischte ich. »Willst du meinem Bruder den Hals brechen? Pass bloß auf. Wenn du Babo wehtust,

kriegst du Prügel von meinem Vater. Wir gehen zu deinen Eltern und sagen ihnen, dass du schummelst.«
»Babo und ich kämpfen fair«, erwiderte der Junge wütend. »Und du willst uns bei deinem Vater verpetzen. Kann Babo sich denn nicht selbst verteidigen?«
»Natürlich kann er das«, gab ich zurück. »Du bist einfach ein schlechter Ringer. Ich muss meinem Vater erzählen, dass du betrügst.« Wahrscheinlich wollte ich den Jungen nur provozieren und ihn ablenken, damit Babo ihn besiegte.
Doch nach einer Weile hatte auch Babo meine Einmischungen satt. »Nein, Mende«, sagte er. »Es ist ein fairer Kampf. Und außerdem trainieren wir nur. Bei den Wettkämpfen stehen wir auf einer Seite und treten gegen die Jungen aus den anderen Stämmen an.«
Während ich mich am Morgen des Wettkampfes herausputzte, bereitete sich Babo darauf vor, für unseren Stamm zu kämpfen. Als ich fertig war und aus der Hütte kam, hörte ich ihn über den Hof rufen: »He, schaut euch Mende an! Sie ist wunderschön. Sie ist das schönste Mädchen im ganzen Dorf. Ist das wirklich meine kleine Schwester Mende?«
»Ja, sie ist es«, rief ich zurück. »Und du bist heute bestimmt der Beste, und ich werde klatschen und singen, wenn du an der Reihe bist.«
Meine Freundinnen kamen, um mich abzuholen, und wir alle bewunderten einander. Mit ihren Perlen und der eingeölten Haut sahen sie hinreißend aus; allerdings fand ich, dass ihre Perlenschnüre längst nicht so hübsch waren wie meine. Ich verabschiedete mich von meiner Mutter und meinem Vater und ging los. Wir nahmen einen Pfad, der sich in die Berge hinaufschlängelte. Nach drei oder vier Stunden erreichten wir einen Teil unseres Stammesgebiets, wo ich noch nie zuvor gewesen war. Inzwischen waren unendlich viele Menschen zusammengekommen, die alle in dieselbe Richtung gingen. Die älteren Mädchen in unserer Gruppe trugen Kürbisflaschen mit heißer Suppe auf dem Kopf. Sie war für die Jungen und Männer bestimmt, die heute ringen sollten. Wir alle waren furchtbar aufgeregt, fragten uns, ob unser Stamm wohl gewinnen würde, und

erzählten einander von dem Essen, das wir zu Hause gekocht hatten. Dann stießen wir auf einige Mädchen von einem anderen Stamm.
»Schaut euch die Mädchen an!«, rief ich meinen Freundinnen zu. »Seht nur, ihr Haar. Ist es nicht wunderschön? Bei den nächsten Ringkämpfen frisiere ich mein Haar auch so.«
»Aber das geht doch nicht, Mende«, widersprach Kehko lachend. »So tragen es nur die Shimii. Dann würden alle denken, dass du eine Shimii bist und keine Karko.«
»Das ist mir egal«, entgegnete ich und schleuderte dabei mein Haar zurück, dass die Perlen klapperten. »Ich werde meine Mutter bitten, es trotzdem zu tun. Wenn sie sich weigert, laufe ich davon und gehe zu den Shimii.«
Als wir unser Ziel endlich erreichten, bot sich uns ein beeindruckendes Bild. So weit das Auge blickte, strömten Menschenmassen zum Kampfplatz. Die Ringkämpfe sollten auf einer Ebene stattfinden, die auf drei Seiten von Hügeln umgeben war. Von überall her erklangen Kuhhörner. Die Ringer scharten sich in der Mitte der Ebene. Sie waren splitternackt und hatten sich von Kopf bis Fuß mit einer aus Asche hergestellten weißen Farbe bemalt, sodass sie aus der Ferne grau und gespenstisch wirkten. Selbst ihr Haar war mit Asche bedeckt.
Als ich näher kam, bemerkte ich, dass mit pechschwarzer Farbe geometrische Muster auf ihre Gesichter aufgepinselt waren. Jeder Ringer hatte sich einen mit vielen kleinen Steinen gefüllten Kürbis über das Gesäß gebunden. Wenn die Männer mit den Füßen stampften, gaben die klappernden Steinchen in den Kürbissen ein unheimliches Grollen von sich. Die geisterhafte Aufmachung wurde durch einen kunstvollen Kopfschmuck aus Holz, Stoff, Tierhäuten und Federn abgerundet. Ich hatte bereits gewusst, dass die Nubakrieger sich so ausstaffierten, wenn sie in die Schlacht zogen, um die Herzen ihrer Feinde mit Angst zu erfüllen. Und nun war mir auch klar, wie das funktionierte.
Langsam drängten wir uns in die erste Reihe vor. Als wir dort ankamen, hatten die Ringer begonnen, rund um den Kampfplatz zu

laufen, sodass die mit Steinen gefüllten Kürbisse im Stakkatorhythmus klapperten. Die Männer hatten Speere in der Hand und schlugen damit auf Schilde aus Tierhäuten. Beim Rennen stießen sie tiefe, gutturale Laute aus, die von den männlichen Zuschauern erwidert wurden; diese schlugen gleichzeitig einen ohrenbetäubenden Wirbel auf ihren Trommeln.

Staubwolken erhoben sich in die heiße Luft, als die Kämpfer, nur wenige Meter entfernt, an uns vorbeiliefen. Fast hätte ich ihre angespannten, schimmernden Muskeln berühren können. Das Hämmern der Speere auf die Schilde, das Stampfen nackter Füße auf dem heißen Boden, schrilles Pfeifen, das Blasen von Kuhhörnern und das laute Klingeln der Glocken an den Knöcheln der Ringer gellten mir in den Ohren. Klebriger Schweißgeruch, der köstliche Duft der Suppe und beißender Staub stiegen mir in die Nase. Um mich herum ertönten die aufgeregten Schreie von tausend jungen Mädchen und tausend Männern, die die Ringer begeistert zu körperlichen Höchstleistungen anstachelten.

Als ich näher hinsah, bemerkte ich, dass manche Ringer Narben am Körper hatten, die sich als erhabene schwarze Linien von der weißen Schminke abhoben und Tiere, Vögel, Schlangen oder Krieger darstellten. Die Ringer eines Stammes waren als riesige, gefährliche Adler gekleidet. An ihrem Rücken waren gewaltige Vogelschwingen befestigt, und sie trugen einen hohen Kopfschmuck aus Federn, sodass sie aussahen, als wollten sie sich jeden Moment in die Lüfte erheben, um ihre Gegner auf dem Kampfplatz anzugreifen. Diese Ringer hatten etwas Wildes und Tödliches an sich.

Allerdings ging es trotz des Lärms und des augenscheinlichen Durcheinanders verhältnismäßig geordnet zu. Die Berge bildeten ein natürliches Amphitheater, in dessen Mitte die Wettkämpfer, umringt von den Zuschauern, im Kreis liefen. Junge Männer mit Speeren und Stöcken standen der Menschenmenge gegenüber, um sie in Schach zu halten. Wenn ein Zuschauer sich zu weit nach vorne drängte, stieß einer dieser »Ordner« ihn wieder zurück. Ich beobachtete, dass einige der Ringer inzwischen ihre Gegner auswählten. Der Ringer stellte sich dazu neben die Laufenden und forderte den Mann heraus, gegen den er antreten wollte. Dann baute er sich vor seinem Gegner auf, nahm eine Hand voll Sand und ließ diesen langsam durch die Finger beider Hände rinnen – bei den Nuba die traditionelle Herausforderung zum Kampf.

»*Heya! Heya!* – Lass uns kämpfen, lass uns kämpfen!«, rief er.

Bald standen sich die Ringer überall auf dem Kampfplatz paarweise gegenüber. Sie gingen in die Hocke, beugten sich in der Taille vor, dass ihre Hände fast den Boden berührten, wiegten sich hin und her und ließen die Muskeln spielen. Etwa zehn Minuten lang verharrten sie in dieser Stellung und versuchten, die Stärken und Schwächen ihres Gegners abzuschätzen. Für gewöhnlich suchte sich ein Ringer einen Gegner von ähnlichem Alter und Körperbau aus. Doch wenn ein klein gewachsener Mann von einem größeren herausgefordert wurde, konnte er nach den ungeschriebenen Regeln des Ringkampfes von einem passenderen Gegner aus seiner Mannschaft vertreten werden.

Von unserem Stamm waren etwa fünfzig Ringer gekommen, und die anderen fünf Stämme hatten ähnlich große Mannschaften – es mussten insgesamt ungefähr dreihundert Ringer gewesen sein. Ein Ringer hatte den Kampf gewonnen, wenn es ihm gelang, seinen Gegner zu Boden zu werfen, und am Ende des Tages wurde ein ganzer Stamm zum Sieger erklärt. Also gewann der Mann, der die meisten Gegner besiegte, nicht für sich, sondern für seinen Stamm. Wenn zwei Männer aus verschiedenen Stämmen dieselbe Anzahl an Gegnern bezwungen hatten, mussten sie in einer Endausscheidung gegeneinander antreten. Wir Nuba kämpften zum Vergnügen, um unsere Tradition zu pflegen, um unser Gemeinschaftsgefühl zu stärken und zur Feier der Erntezeit. Preise gab es nicht, und niemand bekam Geld oder einen persönlichen Vorteil. Aber natürlich wurde der Sieger mit Aufmerksamkeiten überschüttet. Die Mädchen stürmten auf ihn zu, nahmen sich die Perlen vom Hals und hängten sie ihm um.

Während der ersten Runde konnte ich Babo nirgendwo entdecken, weshalb ich annahm, dass er noch nicht an der Reihe war; doch in letzter Minute bemerkte ich ihn in einiger Entfernung. Als ich mich mit meinen Freundinnen zu ihm durchdrängte, stellte ich fest, dass sein Gegner stark war und auch älter als Babo zu sein schien. Aber ich hatte keine Angst, dass er meinem Bruder wehtun könnte. Nachdem sie etwa fünf Minuten lang gekämpft hatten, warf Babo seinen Gegner plötzlich über die Schulter, sodass dieser zu Boden stürzte. Wir alle jubelten vor Freude und riefen *»Bire! Bire! Bire!«*, das bedeutet in unserer Sprache »eins«, weil es Babos erster Sieg war. Dann warteten wir auf den nächsten Herausforderer, doch als dieser aus den Reihen der gegnerischen Mannschaft trat, wurde mir ziemlich mulmig. Er war zwar kaum größer als Babo, aber so stämmig und breit gebaut, dass Babo neben ihm wie ein kleiner Junge wirkte. Babo war zwar stark und gelenkig, aber ich glaubte nicht, dass er in diesem Kampf eine Chance hatte.

»Nein! Nein, Babo!«, rief ich. »Kämpf nicht gegen ihn! Er ist viel größer als du. Er ist zu dick. Such dir jemanden in deiner Größe, der so dünn ist wie du.«

Meine Freundinnen unterstützten mich. »Halt ihn auf! Halt ihn auf, Mende!«, drängten sie. »Sonst wird er noch schwer verletzt.« Mein Bruder war bei den Mädchen im Dorf offensichtlich sehr beliebt.

Als Babo unser Geschrei hörte, lächelte er uns nur zu. »Keine Sorge«, erwiderte er in aller Gemütsruhe. »Ich werde gewinnen.«

»Aber du kannst nicht gegen diesen dicken Mann kämpfen, Babo«, rief ich. »Vergiss nicht, was Mama gesagt hat. Du darfst nur gegen einen dünnen Mann antreten, der so groß ist wie du.«

Bei diesen Worten brachen die Zuschauer in Gelächter aus. »Keine Sorge«, wiederholte Babo, diesmal mit ein wenig mehr Nachdruck. »Ich werde ihn schlagen!«

Als sie zu ringen begannen, wagte ich gar nicht hinzuschauen. Ich hielt mir die Augen zu und spähte nur hin und wieder zwischen meinen Fingern hindurch. »Ich kann mir das nicht ansehen! Ich habe solche Angst!«, meinte ich zu meinen Freundinnen. »Erzählt mir, was passiert! Erzählt mir, was passiert!«

»Sei still, Mende«, erwiderten sie lachend. »Gar nichts passiert.

Also nimm die Hände von den Augen. Warum schaust du dir den Kampf nicht an und hast deinen Spaß?«
Etwa zwanzig Minuten lang umklammerten sich die Gegner. Als ich sie beobachtete, ertappte ich mich, wie ich jede von Babos Bewegungen nachahmte. Wenn er sich bückte, duckte ich mich auch tief zu Boden. »Sei vorsichtig! Mach ihn fertig!«, brüllte ich immer wieder, aber ich weiß nicht, ob er mich hörte. Häufig sah es aus, als würde der dicke Mann Babo gleich zu Boden werfen, doch irgendwie gelang es ihm immer, sich zu befreien. Und dann, ganz plötzlich, packte Babo den dicken Mann an den Beinen und schleuderte ihn hoch über seine Schultern. Peng, und der dicke Mann krachte auf die Erde.
Eine Sekunde lang herrschte atemlose Stille. Ich glaube, die Leute trauten ihren Augen nicht. Dann stürzten alle unter Jubelrufen auf Babo zu.
»Ore! Ore! Ore!«, johlte die Menge. »Zwei, zwei, zwei.«
»Mein Bruder ist so stark! Er ist so tapfer! Er hat den dicken Mann besiegt!«, schrie ich und hüpfte um ihn herum. »Er ist der Beste!«

Dann stimmten die Karko einen Siegesgesang an:

»Babo cherio – condore shine,
Mende net – condore shine,
Kunyant net – condore shine,
Kwandsharan net – condore shine,
Babo kuul – Hussain do.«

»Babo, ein Junge – auf dem Kampfplatz,
Mendes Bruder – auf dem Kampfplatz,
Kunyants Bruder – auf dem Kampfplatz,
Kwandsharans Bruder – auf dem Kampfplatz,
Shokans Bruder – auf dem Kampfplatz,
Babo, der Meister – Sohn von Hussain.«

Als das Lied zu Ende war, rannte ich Babo entgegen und nahm mir die Perlen vom Hals. Erschöpft, aber lächelnd, senkte Babo den Kopf, damit ich sie ihm umlegen konnte. Ich war so glücklich und so stolz auf ihn, dass mir Freudentränen die Wangen hinunterliefen. Viele andere Mädchen schenkten Babo auch ihre Perlen. Dann wurde Babo von einem seiner Kameraden auf die Schultern gehoben und im Triumphzug rund um den Kampfplatz getragen. Die ganze Mannschaft der Kako reichte ihn von Schulter zu Schulter weiter, weil jeder ihn einmal tragen wollte.
Die Ringkämpfe dauerten noch etwa zwei Stunden, aber Babo war zu erschöpft, um ein drittes Mal anzutreten. So begeistert war ich über Babos Sieg, dass ich gar nicht mitbekam, welcher Stamm schließlich gewann. Als alles vorbei war, schüttelten die Kämpfer einander die Hand, und manche entschuldigten sich bei ihren Gegnern, weil sie sie zu hart geworfen oder sie verletzt hatten. Als ich an Babos Hand zwischen ihnen herumschlenderte, hörte ich einen von ihnen zum anderen sagen: »He, du bist sehr stark – hast mich umgeworfen!« Sie hatten sich die Arme um die Schultern gelegt und lachten. Dann kam der dicke Mann und legte den Arm um Babo. Ich war froh, dass ihm nichts fehlte, denn er war ziemlich schwer gestürzt.
»Du weißt ja, dass du ziemlich kräftig bist«, meinte Babo lächelnd. »Ich dachte, du würdest mich werfen.«
»Ich auch«, erwiderte der dicke Mann lachend. »Aber jetzt werde ich vernünftig essen und viel trainieren, damit ich so dünn werde wie du und dich beim nächsten Mal schlage.«
Dann hob der dicke Mann Babo vom Boden hoch. »Schau«, meinte er grinsend. »Du bist so leicht, dass ich dich mit einem Arm halten kann. Wie hast du es nur geschafft, mich zu besiegen? Was ist dein Geheimnis?«
»Tja, ich finde, eigentlich habe ich gar nicht so gut gekämpft«, erwiderte Babo langsam. »Ich kann es eigentlich besser. Doch du hast einen schweren Fehler gemacht. Natürlich verrate ich dir nicht, was es war.«
»Bitte, Babo, erklär mir, wie du es geschafft hast, mich zu werfen.«

»Wenn ich es dir sage, wirfst du mich beim nächsten Mal.«
Aber der dicke Mann bettelte so lange, bis Babo sich erweichen ließ. »Gut, pass auf«, meinte er. »Als du mir ein Bein stellen wolltest, hast du einen Schritt vorwärts gemacht, sodass deine Beine ungeschützt waren, und das ist dir zum Verhängnis geworden. Ich habe blitzschnell zugeschlagen, dir die Beine weggetreten und dich über die Schulter geworfen.«
»Aha«, kicherte der dicke Mann. »Jetzt habe ich dich doch dazu gebracht, es mir zu verraten. Und beim nächsten Mal werde ich den Trick gegen dich anwenden.«
»Meinetwegen. Allerdings ist dir offenbar nicht klar, dass in meinem Dorf ein ausgezeichneter *kuul* lebt, einer der größten Meister unseres Stammes. Ich werde ihn bitten, mir vor unserer nächsten Begegnung noch viele weitere geheime Tricks beizubringen.«
Natürlich meinte Babo damit unseren Vater, doch das behielt er wohlweislich für sich. Der dicke Mann hieß Shadal. Bevor wir uns verabschiedeten, lud Babo Shadal ein, uns bald im Dorf zu besuchen.
Wir machten uns auf den Heimweg, und immer wenn wir Mädchen aus anderen Dörfern begegneten, nahmen wir sie am Arm. »Kommt, kommt mit uns«, sagten wir. »Kommt zum Essen zu uns nach Hause.«
Obwohl sie anderen Stämmen angehörten, sprachen wir alle Kaakbii, eine gemeinsame Sprache. Es gab zwar einige regionale Abweichungen, doch so machte es noch mehr Spaß, mit ihnen zu plaudern. Da Babo mit den anderen Ringern der Karko in unser Dorf zurückkehren würde, ahnten die Mädchen nicht, dass er mein Bruder war.
»Hast du gesehen, was heute passiert ist?«, meinte eines von ihnen mit erstaunt aufgerissenen Augen. »Ein dünner Junge hat einen wirklich dicken Mann besiegt! Ich war so begeistert, dass ich ihm meine Perlen gegeben habe.«
»Klar haben wir das gesehen!«, erwiderten meine Freundinnen lachend und zeigten auf mich. »Der dünne Mann heißt Babo, und das hier ist seine Schwester.«

»Er ist dein Bruder?«, wunderten sie sich und sahen mich an. »Er ist wirklich ein sehr, sehr guter Ringer. Sicher wird er einmal ein großer *kuul.*«
Obwohl alle sehr hungrig waren, verriet ich den Mädchen nicht, was wir für sie gekocht hatten, weil ich sie mit dem süßen Reis, der zu Hause auf sie wartete, überraschen wollte. Als die Sonne gerade über dem Wald unterging, erreichten wir den Rand des Dorfes.
»Sie sind vom Ringen zurück!«, riefen die Leute und eilten uns entgegen. »Willkommen! Willkommen!«
Zuerst gingen wir zu uns, aber den Mädchen war es peinlich, sofort mit dem Essen anzufangen. »Seid nicht so schüchtern. Greift zu«, drängte ich sie. »Fühlt euch hier wie zu Hause. Vielleicht komme ich eines Tages in euer Dorf, und dann bin ich euer Gast.« Nachdem der süße Reis verspeist war, besuchten wir nacheinander alle meine Freundinnen. Überall aßen wir noch etwas, bis wir pappsatt waren. Anschließend gingen wir zum Haus des *kujur*. Als er herauskam, trug er ein weites regenbogenfarbiges Gewand und viele Perlen. Auf seinem Kopf saß ein weicher Filzhut, und er hatte einen Spazierstock in der Hand. Seine Augen hatten sich nach innen gedreht, und er zitterte und bebte. Dann begann er in der Sprache der von Geistern Besessenen zu sprechen. Da wir uns alle ein wenig vor dem *kujur* fürchteten, saßen wir mucksmäuschenstill da, um ja nicht seine Aufmerksamkeit zu erregen. Einige der Ältesten unseres Stammes konnten die Sprache des *kujur* verstehen.
»Dieses Jahr wird es sehr viel Regen geben«, übersetzte einer von ihnen. »Niemand wird hungern. Doch in wenigen Tagen wird jemand im Dorf sterben. Seid vorsichtig und lasst in euren Hütten kein unbeaufsichtigtes Feuer brennen. Das ist sehr gefährlich, und ich sehe, dass euch dadurch etwas Schlimmes zustoßen könnte.«
Danach mussten die Mädchen aufbrechen. Wir verabschiedeten uns am Rand des Dorfes voneinander, und dann traten sie mit den Erwachsenen aus ihrem Stamm den Rückweg an. Sie würden die ganze Nacht lang im Licht des Mondes gehen. Als Babo später nach Hause kam, nahm er mich auf den Schoß und drückte mich fest an sich. Ich sagte ihm, wie stolz ich auf ihn sei.

»Der dünne Mann ist immer stärker als der dicke, Mende, weil der dicke innen hohl ist«, erwiderte er grinsend. »Der dicke Mann ist wie ein Ballon. Ein Nadelstich, und er platzt. Aber ich habe gehört, was du gerufen hast: ›Kämpf nicht gegen den dicken Mann! Mama hat gesagt, du darfst nur gegen einen dünnen Mann kämpfen‹«, äffte Babo mich lachend nach. »Die anderen haben es auch mitbekommen, die Mädchen ebenfalls. Es war mir sehr peinlich.«
Einen Monat später bekam Babo Besuch von Shadal. Meine Mutter kochte eine köstliche Mahlzeit, und Babo und mein Vater gingen mit Shadal zum Essen ins *holua*. Anschließend erzählte Shadal Babo, er habe das Geheimnis entdeckt, warum Babo so ein guter Ringer sei: Babos Vater sei ein berühmter *kuul*. Selbst in Shadals Stamm, bei den Keimii, war mein Vater noch immer als ausgezeichneter Ringer bekannt. Viele Stunden lang lauschten Babo und Shadal den Ringergeschichten meines Vaters, und von diesem Tag an waren sie die besten Freunde.
Ein paar Monate nach dem Ringkampf hatten wir wieder Besuch. Einer der ältesten Freunde meines Vaters war ein Mann vom Stamm der Shimii. In ihrer Jugend waren die beiden große Ringmeister gewesen und hatten oft gegeneinander gekämpft. Da der Abend kalt war, saßen wir alle drinnen in der Hütte am Feuer und ließen uns Ringergeschichten erzählen. Irgendwann erkundigte sich mein Vater nach einem anderen Ringer vom Stamm der Shimii, der auch mit ihm befreundet war. Doch unser Gast machte ein trauriges Gesicht und berichtete, der Mann sei kürzlich bei einem Überfall auf das Dorf der Shimii getötet worden. Ich spitzte die Ohren. Ich hatte zwar schon oft vom »Krieg« gehört, glaubte jedoch, dass er irgendwo weit, weit weg stattfand, denn schließlich war es in unserem Dorf ja ruhig und friedlich.
»Es ist sehr traurig«, fuhr der Freund meines Vaters fort. »So viele Menschen aus unserem Stamm sind umgekommen.«
Mein Vater nickte und starrte ins Feuer. »Dieser Krieg ist eine schreckliche Sache«, sagte er leise. Mein Vater und sein Freund schwiegen eine Weile. Doch dann bemerkte ich, dass mein Vater weinte. Ich sprang auf und wischte ihm mit der Hand die Tränen

vom Gesicht. »Ba, warum weinst du?«, fragte ich ihn. »Was ist los? Was ist passiert?«
Mein Vater strich mir nachdenklich übers Haar. »Mende«, sagte er dann. »Du hättest eigentlich nichts davon erfahren sollen. Ich wollte dich nicht damit belasten. Beim Überfall auf die Shimii sind ein paar unserer besten Freunde gestorben.«
»Ba, erzähl mir, was passiert ist.«
»Soll ich das wirklich tun?«, erwiderte mein Vater bedrückt. »Es ist schrecklich. Willst du es tatsächlich hören?«
Mein Vater bat seinen Freund, es mir zu erklären, weil er schließlich bei dem Überfall auf die Dörfer der Shimii dabei gewesen war. Aber unser Gast wollte nicht, da ihm die Erinnerungen noch immer zu schaffen machten. Also musste mein Vater es übernehmen.
»Eines Tages, vor etwa zwei Jahren, schlichen sich die Araber nachts, als alle schliefen, heimlich in ein Dorf der Shimii. Sie drangen in die Häuser ein und schnitten allen Männern und Frauen die Kehle durch. Wenn sie mit Gewehren angegriffen hätten, hätten die Shimii sie wenigstens gehört und sich verteidigen können. Doch die Araber kamen unbemerkt in der Nacht und töteten lautlos mit ihren Messern. Dann zündeten sie die Hütten mit den Toten darin an. Soll ich wirklich weiterreden, Mende?«, fragte er mich.
»Ja, Ba.« Ich kannte den Krieg nur aus Gerüchten und wollte nun endlich erfahren, was geschehen war.
»Die Bewohner eines benachbarten Shimiidorfes sahen das Feuer und kamen ihren Brüdern sofort zu Hilfe, denn sie ahnten nichts vom Überfall der Araber und glaubten, es wären nur ein paar Hütten in Brand geraten. Sie wussten nicht, dass die Araber ihnen mit Gewehren im Wald auflauerten. Als sie losliefen, um ihre Freunde, Brüder und Cousins zu retten, eröffneten die Araber das Feuer auf sie. Hunderte von Shimii wurden getötet. Während einige Araber die Männer erschossen, entführten andere die jungen Frauen und die Kinder. Viele Mädchen wurden vergewaltigt. Weißt du, was das bedeutet, Mende? Es heißt, dass die Araber sich den Shimiimädchen aufgezwungen haben. Einige davon waren noch klein, sogar

jünger als du. Es ist unfassbar«, fuhr mein Vater mit tränenüberströmtem Gesicht fort. »Doch sie vergewaltigten sie, bis das Blut floss. Anschließend brachten sie die meisten mit dem Messer um. Alle Mädchen in deinem Alter, denen es nicht gelang zu fliehen, wurden entweder vergewaltigt oder getötet oder von den Arabern als Sklavinnen verschleppt. Selbst wenn die Familie eines Mädchens den Angriff überlebt hat, hat sie ihre Tochter nie wiedergesehen.«
Auch ich hatte angefangen, leise zu weinen. »Warum haben ihre Väter nicht nach ihnen gesucht?«, fragte ich. »Warum haben sie sie einfach den Arabern überlassen?«
»Wo hätten die Väter denn zu suchen anfangen sollen? Die Araber haben die Mädchen weit, weit weg gebracht, damit sie für sie arbeiteten. Sie betrachteten sie als ihr Eigentum und nahmen sie in manchen Fällen sogar zur Frau. Kannst du mir folgen, Mende? Verstehst du, was ich meine?«
Ich hatte jetzt zwar eine etwas klarere Vorstellung von den Ereignissen, begriff aber immer noch nicht, worum es eigentlich ging. Mein Vater erzählte, alle Leute in unserem Dorf hätten Angst gehabt, wir könnten auch überfallen werden, als sie von dem Blutbad hörten. Schließlich waren die Shimii unsere Nachbarn. Aber mein Vater meinte, bis jetzt hätten wir Glück gehabt.
»Als die Shimii bemerkten, dass die Araber sich zwischen den Bäumen versteckten, gingen ihre Krieger mit Gewehren und Speeren zum Gegenangriff über«, sprach mein Vater weiter. »Die Araber wurden überrumpelt und ergriffen die Flucht. Bei Morgengrauen war der Kampf vorbei. Die überlebenden Shimii sahen sich in dem niedergebrannten Dorf um. Hunderte von Menschen waren wie Tiere mit dem Messer abgeschlachtet worden.
Viele Männer hatten ihre Frau verloren, die Familie eines kleinen Shimiijungen war vollständig ausgerottet worden. Deshalb stellten die Ältesten der Shimii eine Truppe zusammen, um die Araber zu verfolgen. Wir Nuba können sehr schnell laufen und haben ein großes Durchhaltevermögen. Als die Shimii die Araber am nächsten Tag einholten, griffen sie sie an. Doch die Araber besaßen moderne Gewehre, die viele Kugeln gleichzeitig abfeuern können. Die

Shimii hingegen hatten nur Speere und ein paar alte Flinten aus der Zeit der *hawaja*. Sie hatten keine Chance. Niemand hat diesen Tag je vergessen«, sagte mein Vater und blickte auf. »Aber glaub nicht, dass es zum ersten Mal geschehen ist, Mende. In der Vergangenheit haben häufig Kämpfe stattgefunden, und viele Menschen sind von den Arabern getötet oder gefangen genommen worden.«
Dann sah mein Vater mir in die Augen und meinte: »Mende, im Sudan gibt es keine Gerechtigkeit. Die Araber töten die Nuba, weil sie alle Schwarzen ausrotten und den Sudan für sich allein beanspruchen wollen. Wir waren die ersten Bewohner des Sudan, und sie kamen von weit her, um uns das Land wegzunehmen. Inzwischen herrschen sie über uns und sind die Reichen im Lande. Wir Nuba haben in unserem eigenen Land keine Rechte. Doch mit Allahs Hilfe werden wir im Sudan bleiben können. Und der Tag wird kommen, an dem wir alle gleich sein werden.«
So weit ich zurückdenken konnte, war unsere Gegend friedlich gewesen, und der Krieg schien uns nicht zu berühren. Hin und wieder hatte ich einen Mann in Armeeuniform gesehen, der seine Familie in unserem Dorf besuchte. Aber es wurde nicht gekämpft. Manchmal bemerkte ich ein Flugzeug über uns am Himmel. Ich hielt die Hand schützend über die Augen, blickte ihm nach und fragte mich, wohin es wohl flog. Damals wusste ich noch nicht, dass diese Flugzeuge auch etwas mit dem Krieg zu tun hatten. Es waren Bomber, die die Menschen im Süden des Sudan und in anderen Teilen der Nubaberge angriffen. Ich ahnte nicht, dass sie mit ihren Bomben auf Dörfer, Schulen, Kirchen und Krankenhäuser zielten.
Als mein Vater mir diese Geschichte erzählte, war ich gerade neun Jahre alt, und seine Worte machten mir Angst. Ich vermutete, dass er mich lange Zeit vor der Wahrheit geschützt hatte, und ich war sicher, dass er gegen die Araber kämpfen würde, wenn sie kamen, um unser Dorf zu überfallen. Genau wie die Shimii würde er versuchen, seine Familie und seinen Stamm zu verteidigen.

7
Die Beschneidung

Erst als ich etwa elf Jahre alt war, erfuhr ich, was es mit dem Blut auf Kunyants Hochzeitslaken wirklich auf sich gehabt hatte. Denn eines Tages eröffnete mir meine Mutter, dass ich beschnitten werden sollte. In unserer Tradition steht die Beschneidung für den Eintritt ins Erwachsenenalter. Jungen wurden mit etwa zwölf Jahren beschnitten, Mädchen sogar noch früher.

Als ich meine Mutter bat, mir zu erklären, was eine Beschneidung war, ging sie mit mir in die Hütte und schloss die Tür. Dann setzte sie mich aufs Bett, forderte mich auf, die Beine zu spreizen und zeigte mir, wo man in meine Vagina hineinschneiden und wo man sie wieder zusammennähen würde, sodass nur ein winziges Loch übrig blieb. Ich war starr vor Angst. Da ich es mir schrecklich und sehr schmerzhaft vorstellte, sagte ich meiner Mutter, ich hätte beschlossen, darauf zu verzichten. Den ganzen Monat lang brach ich jedes Mal in Tränen aus, wenn sie dieses Thema ansprach. Als mein Vater bemerkte, wie aufgebracht ich war, nahm er mich auf den Schoß und strich mir liebevoll über Haar und Augenbrauen.

»Wein nicht, Mende. Alle gleichaltrigen Mädchen im Dorf lassen es machen, also bist du nicht die Einzige.«

Meine Mutter setzte sich neben uns und nahm meine Hand. »Ba hat Recht, Mende. Und es ist gut für deine Gesundheit. Wenn du es nicht tust, kannst du niemals heiraten.«

Irgendwann schafften sie es, mich zu überzeugen, dass es das Beste für mich war. Und da ich meinen Eltern vertraute, beschloss ich, es so schnell wie möglich hinter mich zu bringen. Meine Mutter suchte die Beschneiderin auf und vereinbarte mit ihr, dass es in drei Tagen geschehen sollte. Dann jedoch erzählten mir einige ältere

Freundinnen, die bereits beschnitten waren, wie schrecklich es sei und dass ich mich lieber weigern solle. In Tränen aufgelöst kam ich nach Hause zu meiner Mutter.

»Ich will es doch nicht machen lassen«, schluchzte ich. »Muss es denn sein? Die anderen Mädchen sagen, es wäre entsetzlich. Bitte zwing mich nicht dazu.«

»Glaub ihnen kein Wort«, erwiderte meine Mutter. »Und hab keine Angst. Ich sorge dafür, dass die Frau bei dir besonders vorsichtig ist.«

Drei Tage später, kurz vor Morgengrauen, erschien die Beschneiderin bei uns. Kunyant und Shokan waren ebenfalls gekommen, weil sie wussten, dass ich heute beschnitten werden sollte. Die Frau setzte mich auf einen kleinen Holzschemel und drückte mir die Beine so weit wie möglich auseinander. Anschließend hob sie unter mir ein Loch in der nackten Erde aus. Ich war wie gelähmt vor Angst, als sie eine Rasierklinge hervorholte und sie mit etwas Wasser abwusch. Dann kauerte sie sich wortlos zwischen meine Beine.

Als ich spürte, wie sie meine Schamlippen umfasste, stieß ich einen markerschütternden Schrei aus, denn sie hatte mit einer raschen Abwärtsbewegung in mich hineingeschnitten. Ich weinte, trat um mich und versuchte, mich loszureißen. Die Schmerzen waren schlimmer als alles, was man sich in seinen schrecklichsten Albträumen ausmalen kann. Aber meine Schwestern und meine Mutter hielten mich fest und zwangen mir die Beine auseinander, damit die Frau weiterschneiden konnte. Ich fühlte, wie das Blut über meine Oberschenkel und auf den Boden strömte. Die Frau packte mein Fleisch, trennte es ab und warf es in das Loch im Boden, das sie gegraben hatte. Ich glaubte, ich würde sterben.

»Nein! Nein! Umi, sag ihr, sie soll aufhören!«, kreischte ich. Aber meine Mutter umklammerte mich weiter. »Es tut mir Leid, es tut mir Leid, es tut mir Leid«, flüsterte sie mir mit Tränen in den Augen zu.

Offenbar hatte mein Vater meine Schreie gehört, denn er verstieß gegen sämtliche Stammesregeln, als er in die Hütte gestürzt kam. Er setzte sich, umarmte mich und sagte mir immer wieder ins Ohr:

»Bitte wein nicht, Mende. Ich weiß, dass es wehtut. Bitte sei tapfer und wein nicht.«
Doch das Schlimmste war noch nicht ausgestanden. Offenbar hatte die Frau das Fleisch um meine Vagina nun abgeschnitten, doch sie griff wieder nach unten, und ich spürte, wie sie etwas packte und mit der Rasierklinge daran herumsäbelte. Die Schmerzen waren, wenn das überhaupt möglich sein konnte, sogar noch stärker als zuvor. Ich schrie, sträubte mich und versuchte, sie wegzustoßen. Aber ich wurde so gut festgehalten, dass ich mich nicht befreien konnte. Schließlich zog sie mit blutverschmierten Armen noch etwas aus mir heraus und warf es in das Loch. Ich erinnere mich, dass ihre Miene zufrieden war – für sie war alles in bester Ordnung.
»Koch etwas Wasser auf dem Feuer«, sagte die Beschneiderin ohne eine Spur von Mitleid zu meiner Mutter.
Während ich nach Luft schnappend, zitternd und schluchzend dalag, sah ich, dass sie einen dicken Baumwollfaden in eine Nadel fädelte. Dann legte sie die Nadel in den Topf mit kochendem Wasser, holte sie ein paar Sekunden später wieder heraus und beugte sich erneut zwischen meine Beine.
»Nein!«, schrie ich und sträubte mich. »Nein! Nein! Nein!«
Doch wieder wurde ich festgehalten, während die Frau begann, die geschundenen Überreste meiner Vagina zusammenzunähen. Es ist mir nicht möglich, die Schmerzen in Worte zu fassen, und ich weiß noch, wie ich, benommen von diesen schrecklichen Qualen, dachte: »Meine Mutter hat mir versprochen, dass es nicht wehtut. Sie hat mich angelogen. Sie hat mich angelogen. Sie hat mich angelogen.«
Als die Frau fertig war, war ich vor Erschöpfung und Schmerzen kaum noch bei Besinnung. Die Beschneiderin füllte das Loch im Boden mit Erde und stampfte diese mit dem Fuß fest. Von meiner Vagina war nur noch ein Loch übrig, das etwa so groß war wie die Spitze meines kleinen Fingers. Alles andere war verschwunden. Die ganze grausige Prozedur hatte etwa eine gute Stunde gedauert. Nach der Beschneidung bezahlten meine Eltern die Frau mit einem Sack Hirse.

Gleich nachdem sie fort war, kamen meine Tanten, um für mich das *illil* zu singen. *»Aye, aye, aye, aye«*, riefen sie und tanzten um mich herum. Anschließend erschienen alle unsere Verwandten, und es fand zur Feier des Tages ein großes Festmahl statt. Meine Mutter forderte die Kinder auf, für mich zu tanzen und zu singen, um mich von meinen Schmerzen und meinem Verlust abzulenken, aber ich nahm sie kaum wahr. Drei Tage lang schwebte ich in einer Art Koma. Wegen der Schmerzen konnte ich nicht schlafen, aber es gelang mir auch nicht, richtig wach zu werden. Auch meine Eltern fanden keinen Schlaf, weil ich vor lauter Schmerzen die ganze Nacht lang weinte. Ich glaube, sie gaben sich alle Mühe, mich zu trösten und ihre Beteiligung an dem Gemetzel wieder gutzumachen, aber ich kann mich kaum noch daran erinnern. Am zweiten Tag waren die Schmerzen sogar noch schlimmer. Jede Bewegung tat unbeschreiblich weh. Wahrscheinlich hatte ich eine Infektion.
»Warum habt ihr mir das angetan?«, fragte ich meine Mutter und meinen Vater, wenn ich kurz einen klaren Moment hatte. »Ihr habt mich angelogen und behauptet, es wäre nicht so schlimm und es würde nicht wehtun. Ihr habt mich angelogen.«
»Es ist gut für deine Gesundheit und viel sauberer so. Und außerdem bleibst du auf diese Weise Jungfrau«, wiederholte meine Mutter ständig. Ich merkte ihr an, dass sie es selbst nicht wirklich glaubte.
Meine erste deutliche Erinnerung ist, dass ich am dritten Tag pinkeln musste. Da ich mich wegen der Schmerzen nicht hinkauern konnte, musste meine Mutter mich stützen, während ich aufrecht stand. Doch sobald die ersten Tropfen kamen, spürte ich ein Stechen und Brennen zwischen den Beinen. Zitternd und weinend klammerte ich mich an meine Mutter.
»Ich kann nicht pinkeln«, wimmerte ich. »Es tut zu weh.«
Meine Mutter brachte mich zurück in die Hütte und badete das, was von mir übrig war, mit warmem Tee. Als sie den Tee über mich träufelte, fühlte ich, wie sich der Harndrang wieder regte, und ich konnte ein paar Tröpfchen ausscheiden.
Während ich dalag und genas, hatte ich genug Zeit, über das

Geschehene nachzudenken. Soweit ich es beurteilen konnte, bestand zwischen einer Beschneidung und einer Hochzeit kaum ein Unterschied. Bei beiden Anlässen blutete man, hatte Schmerzen und konnte nicht aus dem Bett aufstehen. Deshalb beschloss ich, hier und jetzt, niemals zu heiraten. Man hatte mich durch Täuschung dazu gebracht, mich beschneiden zu lassen. Zu einer Hochzeit würde mich niemand verleiten.

Ich war wütend auf meine Mutter und meinen Vater und auch auf meine Schwestern Kunyant und Shokan. Sie hatten mir weisgemacht, dass eine Beschneidung eine gute Sache war, und mir versprochen, dass es nicht wehtun würde. Als ich versucht hatte, die Frau daran zu hindern, hatten sie mich festgehalten. Die Frau hatte mich verstümmelt, ohne auch nur den Versuch zu unternehmen, vorsichtig zu sein, und ohne mir ein freundliches Wort zu schenken. Nach einer Woche erschien sie wieder bei uns, und als ich sie sah, weigerte ich mich, mit ihr zu sprechen. Sie war gekommen, um mir die Fäden zu ziehen, doch ich ließ sie nicht in meine Nähe.

»Finger weg von mir!«, schrie ich ihr entgegen. »Wage es bloß nicht, mich anzufassen! Hau ab! Verschwinde!«

Meine Reaktion schien sie ein wenig zu bestürzen, und sie erklärte mir, sie wolle mir nur die Fäden ziehen und habe nicht vor, mir wehzutun.

»Genauso, wie du mir beim letzten Mal nicht wehgetan hast«, höhnte ich. »Du fasst mich nicht mehr an. Meine Mutter zieht die Fäden, du nicht.«

Ich bemerkte, dass meine Mutter, die neben uns stand, vor Scham am liebsten im Erdboden versunken wäre. Doch das war mir gleichgültig. Ich wollte diese grausame Frau nicht in meiner Nähe haben. Schließlich wurde der Beschneiderin klar, dass sie meine Schwestern und meine Mutter gebraucht hätte, um mich festzuhalten, damit sie auch nur einen Blick auf mich werfen konnte. Meine Mutter entschuldigte sich für mein schlechtes Benehmen. »Keine Sorge. Ich ziehe die Fäden selbst. Überlass es nur mir.«

Die ganze Woche lang benetzte meine Mutter die Fäden mit warmem Tee und Öl, um sie aufzuweichen. Doch jedes Mal, wenn sie

sie ziehen wollte, flehte ich sie an aufzuhören. Meine Mutter war sehr liebevoll und fürsorglich. Wenn es zu sehr schmerzte, weichte sie die Fäden noch einmal ein und versuchte es eine Stunde später erneut. Es dauerte drei Wochen, bis alle Fäden entfernt waren, und meine Eltern wirkten während dieser Zeit sehr bedrückt und schuldbewusst.

Nach der Beschneidung waren schon einige Mädchen in unserem Stamm an Infektionen gestorben. Andere überlebten die erste Geburt nicht, da ihre Vagina viel zu eng war, um das Kind durchzulassen. Allerdings geschah es noch häufiger, dass das Baby aus diesem Grund bei der Geburt umkam. Wahrscheinlich war auch Kunyants erstes Kind deshalb gestorben. Es dauerte mindestens zwei Monate, bis ich meinen Eltern verzeihen konnte, dass sie meine Beschneidung zugelassen hatten. Inzwischen weiß ich, dass sie befürchteten, ich würde niemals heiraten können, wenn ich nicht beschnitten war. Kein Nubamann hätte ein Nubamädchen zur Frau genommen, das nicht »eng« war, da das ihre Jungfräulichkeit garantierte. Meine Eltern waren wirklich davon überzeugt, dass sie das Beste für mich taten.

8
Mein Traum

Inzwischen war ich eine sehr gute Schülerin. Ich war etwa elf Jahre alt und hatte andere Pläne, als mein ganzes Leben im Dorf zu verbringen. Stattdessen wollte ich Ärztin werden, auch wenn ein Wunder nötig war, damit ich lang genug in der Schule bleiben konnte, um meinen Traum zu verwirklichen. Zum Medizinstudium würde ich weit weg in eine große Stadt ziehen müssen. Doch ich betete zu Allah, er möge diesen Traum wahr werden lassen.

Eines Tages sprach ich meinen Vater auf dieses Thema an. »Ba, ich habe mir überlegt, dass ich gerne Ärztin werden möchte, wenn ich groß bin«, sagte ich. »Als alter Mann kannst du nicht mehr zur Jagd gehen und auf den Feldern arbeiten. Das wäre viel zu anstrengend. Wenn ich Ärztin werde, verdiene ich genug Geld und kann dann im Alter für dich sorgen. Das ist mein größter Wunsch. Was hältst du davon?«

Mein Vater versprach mir, alles dazu beizutragen, dass mein Traum Wirklichkeit wurde. Meinen Entschluss, Ärztin zu werden, hatte ich nach dem Zwischenfall mit meinem Bruder Babo gefasst. Eines Tages war Babo schwer krank geworden, hatte starke Bauchschmerzen und urinierte Blut und Schleim. In unserem Dorf gab es keinen Arzt, weshalb wir nur die Wahl hatten, uns an den *kujur* zu wenden oder Babo zu Hause zu behandeln. Wenn jemand wirklich schwer erkrankte, musste man ihn nach Dilling, die nächste große Stadt, bringen, doch der Fußmarsch dorthin dauerte mindestens einen Tag. Da alle Männer und auch meine Mutter auf den Feldern die Ernte einbrachten, war niemand da, der mit Babo nach Dilling ins Krankenhaus hätte gehen können.

Am dritten Tag jedoch fühlte sich Babo so schlecht, dass meine

Großmutter beschloss, ihn auf einen Esel zu setzen und sich zu Fuß auf den Weg nach Dilling zu machen. Mein ältester Bruder Kwandsharan und mein Großvater erboten sich, sie zu begleiten, weil es sehr weit war. Ich weinte bitterlich. Der Zustand meines Lieblingsbruders war so schlecht, dass er eigentlich nicht reisefähig war. Ich versuchte meine Großmutter zu überreden, mich mitzunehmen, aber sie erwiderte, ich sei noch zu klein. Also folgte ich ihnen zum Rand des Dorfes und blickte ihnen nach, bis sie in den Hügeln verschwunden waren.

Zwei Tage später hatten wir immer noch nichts von ihnen gehört. Offenbar war der Weg nach Dilling wegen der schweren Regenfälle mehr oder weniger unpassierbar, doch am dritten Tag kam endlich ein Mann in unser Dorf. Erschöpft und von Kopf bis Fuß mit Schlamm bespritzt, erschien er in unserem Haus. Inzwischen war meine Mutter von den Feldern zurück. Während er uns alles berichtete, machte sie ihm etwas zu essen. Babo habe starkes Nasenbluten bekommen und sei wegen des Blutverlusts kreidebleich gewesen; die Ärzte meinten, er sei sehr krank. Als mein Vater an diesem Abend nach Hause zurückkehrte und von meiner Mutter erfuhr, was geschehen war, entschied er, sofort nach Dilling aufzubrechen. Wir alle – meine Mutter, Kunyant, Shokan und ich – wollten mitkommen. Aber mein Vater sagte, wir müssten bleiben und bei der Ernte helfen.

»Ba, bitte nimm mich mit!«, schluchzte ich. »Lass mich nicht zurück. Das darfst du nicht! Babo ist mein bester Freund. Du kannst mich nicht hier lassen, wenn er im Krankenhaus liegt.«

»Hör zu, das geht nicht«, erklärte meine Mutter. »Es ist zu weit, und man muss viele Flüsse überqueren. Also ist es unmöglich. Ich weiß, dass er dein Bruder ist und dass du ihn liebst. Wir möchten alle gerne mit. Aber wir brauchen dich hier, damit du uns bei der Ernte hilfst.«

Doch ich ließ mich nicht umstimmen. Je mehr meine Eltern darauf beharrten, dass ich nicht mitdurfte, desto lauter wurde mein Geschrei. Schließlich gab mein Vater nach. »Amnur«, meinte er zu meiner Mutter. »Lass es gut sein, sie ist ja völlig außer sich. Wenn wir sie nicht mitnehmen, wird sie so weinen, dass sie vielleicht auch noch krank wird. Also soll sie mitkommen. Ich bitte Onkel Jerongir, uns seinen Esel zu leihen.«

Am nächsten Morgen machten wir uns sehr früh auf den Weg. Onkel Jerongir hatte uns nicht nur seinen Esel geliehen, sondern beschlossen, uns zu begleiten. Es war die schrecklichste Reise, die ich je mitgemacht hatte. Ein stürmischer Wind peitschte uns den Regen ins Gesicht und beugte die Bäume bis hinunter zum Boden. Ständig blieb der Esel im Schlamm stecken, weshalb ich nicht auf ihm reiten konnte. Doch das schlimmste Hindernis waren die Flüsse, die sich in reißende Ströme verwandelt hatten. Einige davon waren so tief, dass mir das Wasser über dem Kopf zusammenschlug. Beim Überqueren hielt mein Onkel meinen einen Arm und mein Vater meinen anderen fest, sodass ich mehr oder weniger über den Fluss gehoben wurde.

Obwohl wir um sechs Uhr morgens aufgebrochen waren, hatten wir Dilling um acht Uhr abends noch immer nicht erreicht. Dann kamen wir an einen Fluss, der von den Regenfällen so angeschwollen war, dass wir ihn unmöglich überqueren konnten. In der Ferne waren die Lichter von Dilling zu sehen, aber uns blieb nichts anderes übrig, als hier unser Nachtlager aufzuschlagen. Wir suchten uns eine Stelle hoch am Flussufer unter einem Baum. Ich war so müde, dass ich den Kopf auf den Schoß meines Vaters legte und sofort einschlief.

Am nächsten Morgen bei Sonnenaufgang hatte sich das Unwetter verzogen. Der Wasserspiegel des Flusses war gesunken, und wir konnten hindurchwaten. Eine Stunde später trafen wir in Dilling ein. Ich war noch nie im Leben in einer Stadt gewesen. Auf der Hauptstraße sah ich mich ehrfürchtig um. Fast alle Häuser waren aus Stein gebaut und hatten glänzende verzinkte Dächer. Die Straße unter unseren Füßen bestand aus einem harten, schwarzen Material. Mein Vater erklärte mir, dass man darauf Autos hin und her fahren konnte. Die meisten Leute waren Araber, und alle trugen schöne Kleider. Ich war sicher, dass es nirgendwo auf der Welt eine noch größere und eindrucksvollere Stadt gab.

Mein Vater war schon ein paar Mal in Dilling auf dem großen Markt gewesen und kannte deshalb den Weg zum Krankenhaus. Dort teilte uns ein arabischer Pförtner mit, wir müssten einen Einlassschein kaufen, um in das Gebäude zu dürfen. Darauf erwiderte mein Vater, wir hätten kein Geld und seien den ganzen Tag und die ganze Nacht gelaufen, um hierher zu kommen. Mein Vater sprach sehr schlecht Arabisch, aber wenn man genau hinhörte, verstand man jedes Wort. Trotzdem behauptete der Pförtner, er wisse nicht, wovon er redete. Ich kochte vor Wut, denn mir war klar, dass der Mann meinen Vater nur demütigen wollte. »Versuch du mal, Nuba zu sprechen!«, dachte ich mir. »Dann werden wir ja sehen, wer sich blamiert.«

Stattdessen musste ich für meinen Vater vom Nuba ins Arabische übersetzen, als er seine Worte noch einmal wiederholte. Da mein Arabisch inzwischen recht gut war, konnte der Pförtner kein Unverständnis mehr vortäuschen. Er warf sich mächtig in die Brust, machte sich eine Weile wichtig und verkündete schließlich, er werde nur meinen Vater hineinlassen. Onkel Jerongir und ich müssten draußen bleiben, bis wir das Geld für die Einlassscheine aufgetrieben hätten. Ich konnte nicht fassen, dass man mich nach diesem schrecklichen Gewaltmarsch nun daran hinderte, Babo zu sehen. Da saß ich nun, auf den Stufen vor dem Krankenhaus, und Tränen der Wut flossen mir die Wangen hinunter.

Doch schon bald kamen ein paar Leute zusammen, und ich wurde gefragt, was denn geschehen sei. Ich antwortete, mein Bruder liege im Krankenhaus und müsse wahrscheinlich sterben, und trotzdem verwehre der Krankenhauspförtner mir den Eintritt. Während ich schluchzend meine traurige Geschichte erzählte, zeigte ich auf den Pförtner, dem die Sache offenbar recht peinlich war. Denn er kam aus seinem Zimmer und erkundigte sich überfreundlich, warum ich weinte, obwohl er das natürlich längst wusste. Er wollte nur vor den anderen Leuten gut dastehen. Dann öffnete er mit übertriebener Großzügigkeit die Tür und ließ Onkel Jerongir und mich hinein. Ich nahm mir nicht die Zeit, mich bei ihm zu bedanken, sondern lief sofort los, um Babo zu suchen.

Babo lag in einem Bett, eine Nadel im Arm, und über seinem Kopf hing ein Beutel mit einer Flüssigkeit, die wie Wasser aussah. Es schien ihm sehr schlecht zu gehen. Ich stürzte auf ihn zu, doch dann bemerkte ich, dass seine Augen halb offen standen und dass nur das Weiße zu erkennen war. Als ich ihn umarmte, reagierte er nicht, und einen schrecklichen Moment lang hielt ich ihn für tot. Aber mein älterer Bruder Kwandsharan, der neben ihm saß, hatte meine Gedanken offenbar erraten. »Keine Sorge, Mende«, meinte er. »Babo schläft nur.«
»Warum sind seine Augen halb offen, wenn er nur schläft?«, fragte ich erschrocken.
Kwandsharan klärte mich auf, dass Babo immer mit halb offenen Augen schlief. Inzwischen war ein arabischer Arzt erschienen und führte ein ernstes Gespräch mit meinem Vater. Ich spitzte die Ohren. Babo litt an einer schweren Durchfallerkrankung, und als er ins Krankenhaus gekommen war, hatte man gedacht, dass es zu spät wäre, ihn zu retten. Am ersten Tag hatte man ihn an den Tropf gehängt und dann drei Tage lang um sein Leben gekämpft. Doch nun war er über dem Berg. Ich blieb so lange wie möglich bei Babo und umarmte ihn. Für mich sah es nicht aus, als ob es ihm besser ginge. Seine Haut war trocken und bleich, und sein Mund war ganz schuppig wie die Haut eines Fisches.
Später, als Babo aufwachte, halfen wir ihm hinunter in den Krankenhausgarten, damit er frische Luft schnappen konnte. Seine ersten Worte waren, dass er unbedingt nach Hause wolle. Er sagte, im Krankenhaus röche es schlecht und er hielte die vielen kranken Menschen nicht aus. Allerdings war es nach Ansicht der Ärzte noch viel zu früh, um ihn zu entlassen. In dieser Nacht schliefen wir im Krankenhausgarten auf dem Boden. Vor dem Einschlafen führte mein Vater ein kurzes Gespräch mit mir. »Weißt du, Mende, es muss Allahs Wille gewesen sein, dass du uns begleitet hast. Ohne dich hätten wir den Pförtner nie dazu gebracht, uns die Tür zu öffnen.«
Drei Tage später hatte sich Babo einigermaßen erholt und durfte das Krankenhaus verlassen. Wir setzten ihn auf den Esel und machten

uns auf den Rückweg ins Dorf. Für Babo war die Reise sehr anstrengend, denn er war immer noch geschwächt vom Durchfall. Er wäre immerhin fast gestorben, und in diesem Augenblick wurde mir klar, dass er viel früher hätte behandelt werden können, wenn es in unserem Dorf einen Arzt gegeben hätte. Der beschwerliche Weg nach Dilling wäre ihm erspart geblieben. Deshalb war es für mich sonnenklar, dass wir im Dorf einen eigenen Arzt vom Volk der Nuba brauchten, und so keimte in mir der Gedanke, selbst Ärztin zu werden.

Nachdem ich mit meinem Vater darüber gesprochen hatte, stand meine Entscheidung fest, und ich verdoppelte meine Anstrengungen in der Schule. Inzwischen war ich in der fünften Klasse, und wir hatten mit dem Englischunterricht angefangen. Zuerst lernten wir das Alphabet und einfache Wörter wie »Hut«, »Katze« und »Hund«. Nuba war unsere Muttersprache, und wir hatten auf dem Markt ein paar Brocken Arabisch aufgeschnappt. Also war Englisch die erste richtige Fremdsprache, die man uns in der Schule beibrachte. Außerdem war Englisch auch die Sprache der *hawajas*, weshalb sie mir sehr exotisch erschien und ich es aufregend fand, sie zu lernen.

Ständig redete ich mit meinem Vater darüber, dass ich Ärztin werden wollte, denn ich wusste, dass ich seine Zustimmung und seine Unterstützung brauchte, wenn ich die Chance haben wollte, meinen Traum zu verwirklichen. »Ich denke, das ist eine gute Idee, Mende«, sagte er zu mir. »Wenn du es schaffst, kannst du kranke Menschen heilen. Das ist eine wichtige Lebensaufgabe.« Ich wusste, dass er mit diesen Worten ausdrücken wollte, ich sollte zurückkehren und Ärztin in unserem Dorf werden. Und genau dazu war ich auch entschlossen.

Mir war klar, dass ich nach der Dorfschule die Oberschule in El Obeid, einer weit entfernten Stadt, würde besuchen müssen, wenn ich meine Ausbildung fortsetzen wollte. Nur Kwandsharan war auf dieser Schule gewesen, und es würde meinen Vater viel Geld kosten, mich dorthin zu schicken. Mir war ebenfalls klar, dass er mindestens eine Kuh jährlich würde verkaufen müssen, damit ich an dieser Schule lernen konnte. Aber mein Vater befürwortete meinen Traum und ermutigte mich, ohne jemals an mir zu zweifeln. Als ich etwa zwölf Jahre alt war, kam ich in die sechste Klasse. Inzwischen hatte ich Unterricht in acht Fächern: Arabisch, Englisch, Erdkunde, Geschichte, Biologie, Mathematik, Kunst und Koranstunde. Meine Leistungen wurden immer besser, und mittlerweile teilten Kehko und ich uns den ersten Platz in den Prüfungen. Mohamed, der Klassenpolizist, war meist Dritter. Wir alle wussten, dass eine gute Schulbildung der Schlüssel zur Verwirklichung unserer Träume war. Doch sechs Monate später wurden all diese Träume vernichtet. Sechs Monate später überfielen die arabischen Reiter unser Dorf.

II
In die Sklaverei

9
Allahu Akhbar!

Es war gegen Ende der Trockenzeit, wenn das Wetter schön ist und die Sonne von einem endlosen, wolkenlosen afrikanischen Himmel brennt. Ich war inzwischen zwölf Jahre alt und ging in die sechste Klasse. Und an diesen einen Tag erinnere ich mich, als wäre es gestern gewesen.

Um jene Jahreszeit fand der Sportunterricht immer am frühen Morgen statt, weil es dann noch verhältnismäßig kühl war.

Nach der Pause hatten wir Arabisch, Koranstunde und anschließend Englisch, mein Lieblingsfach. An diesem Tag lernten wir Satzkonstruktionen, zum Beispiel: »Der Vogel flog über den Baum.« Oder: »Die Katze sprang über den Hund.« Nach der Englischstunde kamen Erdkunde und Biologie dran, und dann läutete es zum Unterrichtsschluss. Ich machte mich mit meiner besten Freundin Kehko auf den Heimweg. Beim Gehen spielten wir ein Spiel: Ich schlug nach ihr und flüchtete mich dann zwischen die Bäume, worauf sie mich verfolgte. Irgendwann purzelten wir lachend zusammen auf den Boden.

Endlich zu Hause, warf ich meine Schulbücher in eine Ecke der Hütte. Uran kam und schmiegte ihren Schwanz an mich. Ich sah nach, ob sie noch Milch hatte, und klopfte dann auf meinen Schoß, damit sie hinaufsprang. Meine Eltern waren noch nicht zurück, und ich nahm an, dass sie auf dem Feld arbeiteten, denn schließlich hatten wir Erntezeit. Also fing ich mit der Hausarbeit an: Hütte putzen, Hof fegen, Geschirr spülen. Anschließend kam Kehko, und wir gingen zusammen Wasser holen.

Als wir zurückkamen, war meine Familie schon zu Hause. Ich gab meiner Mutter den Wasserkrug und molk unsere Ziegen im Hof.

Nachdem ich einen Kürbis mit schaumiger Milch gefüllt hatte, trank ich erst selbst etwas, da ich nach dem langen Fußmarsch durstig war. Den Rest goss ich in Urans Schälchen.
Nach dem Essen saß ich mit meiner Mutter, meinem Bruder Babo und unseren Onkeln am Feuer. Es war eine kalte Nacht, der Himmel wolkenlos. Mein Vater erzählte die Geschichte, warum wir Nuba nie Affen jagten. Obwohl ich sie schon etliche Male gehört hatte, gelang es ihm doch immer wieder, uns alle zum Lachen zu bringen: Es gab Massen von schwarzen, haarigen Affen im Wald rings um unser Dorf, und mein Vater meinte, sie sähen deshalb so menschlich aus, weil sie wirklich einmal Menschen gewesen seien – allerdings keine guten. Und deshalb habe Allah sie in Affen verwandelt, und das war der Grund, warum wir sie nicht töteten und verspeisten.
Nach der Geschichte zogen sich Babo und Ajeka zum Schlafen ins Männerhaus zurück, und wir gingen in unsere Hütte. Wir unterhielten uns noch ein bisschen, aber es war schon nach acht, und meine Eltern hatten einen langen Tag auf dem Feld hinter sich. Also kroch ich zu meinem Vater ins Bett, und bald schliefen wir tief und fest.
Plötzlich, mitten in der Nacht, wachte ich erschrocken auf. Ich fuhr im Bett hoch und bemerkte, dass mein Vater und meine Mutter ebenfalls wach waren. Wir alle spitzten die Ohren, um festzustellen, was uns geweckt hatte. In der Ferne hörten wir leise, gedämpfte Stimmen. Lautlos stand mein Vater auf und ging zur Tür. Er schob den hölzernen Riegel zurück und streckte den Kopf hinaus. Meine Mutter und ich schlichen hinter ihm her. Wir sahen Flammen und hörten verängstigte Schreie. Am anderen Ende des Dorfes brannte es.
In der Erntezeit geschah es häufig, dass die wärmenden Feuer in den Hütten der Leute nachts auf die Strohdächer übersprangen. Wir nannten die Erntezeit *karangit* – Kältezeit –, denn niemals sonst im Jahr war es so kühl und windig. Wenn es irgendwo brannte, eilte das ganze Dorf selbstverständlich zu Hilfe. Doch als wir auf den Hof liefen, bemerkten wir Menschen, die vom Feuer weg und

auf uns zu stürmten. Sofort wusste mein Vater, dass etwas nicht in Ordnung war. Da die Leute noch zu weit entfernt waren, verstanden wir nicht, was sie riefen. Dann aber erkannten wir, dass sie von anderen Menschen mit brennenden Fackeln in der Hand verfolgt wurden. Wir beobachteten, wie sie eine dieser Fackeln in das Dach einer Hütte stießen, das sofort in Flammen aufging. Als die Leute in Panik aus der brennenden Hütte stürzten, zerrten die Männer sie zu Boden und erstachen sie mit ihren langen Messern.

»Die Mudschaheddin!«, schrie mein Vater. »Überfall! Die Mudschaheddin sind im Dorf!«

Ich begriff immer noch nicht, was geschah. Aber mein Vater packte mich am Arm, und wir rannten los. Plötzlich fielen meinem Vater Babo und Ajeka ein. »Babo! Ajeka! Was ist mit euch?«, rief er und warf einen verzweifelten Blick auf das Männerhaus und zurück auf die herannahenden Angreifer. Ich sah, dass er fieberhaft überlegte, ob er die Jungen warnen oder fliehen sollte. Aber er fällte rasch eine Entscheidung: »Kommt weiter! Rennt, rennt!«, schrie er und trieb uns wieder zur Eile an. »Sie müssen sich selbst retten.«

Meine Mutter brach in Tränen aus, und auch ich schluchzte heftig. Dennoch blieb uns nichts anderes übrig als zu fliehen. An die Hände meines Vaters und meiner Mutter geklammert, begann ich um mein Leben zu rennen. Doch die Angreifer waren überall. Sie zerrten die Menschen aus ihren Hütten und brachten sie um. Geschossen wurde noch nicht; sie töteten unsere Nachbarn einfach, indem sie ihnen wie Tieren die Kehle durchschnitten. Ich sah einen Vater, der versuchte, seine Tochter zu retten, doch einer der Männer packte ihn von hinten und stieß ihm ein Messer in die Kehle. Mein Vater griff meinen Arm so fest, dass es schmerzte, und trieb mich, hetzte mich, drängte mich, schneller zu laufen.

Trotz Rauch und Flammen erkannte ich, dass wir auf die nahe gelegenen Berge zuhielten. Ich hatte das Gefühl, dass wir schon seit einer Ewigkeit rannten, als endlich die Bäume am Fuße der Hügel in Sicht kamen. Wenn wir es bis dorthin schafften, würden wir uns in den Wald flüchten können. Aber plötzlich blieb mein Vater wie angewurzelt stehen. »Mudschaheddin!«, schrie er und wies auf die

Hügel. »Noch mehr Mudschaheddin!« Eine lange Reihe von Reitern versperrte uns am Waldrand den Fluchtweg. Alle Leute um uns herum waren ebenfalls im Begriff, ihnen direkt in die Arme zu laufen. »Mudschaheddin!«, wiederholte mein Vater, um sie zu warnen. »Mudschaheddin!« Und dann stießen die zerlumpten Reiter ein markerschütterndes Kriegsgeschrei aus und preschten auf uns zu.

Wir drehten uns um und wollten in die entgegengesetzte Richtung fliehen, als hinter uns ohrenbetäubende Schüsse ertönten. Panik und Chaos brachen aus, als die Menschen versuchten, den Reitern zu entkommen und Schutz vor den Kugeln zu suchen. In dem Durcheinander verlor ich die Hand meiner Mutter; mein Vater rief verzweifelt nach ihr: »Amnur! Amnur! Amnur!« Aber niemand antwortete. »Wir können nichts tun«, schrie mein Vater. »Komm, Mende! Lauf, lauf! Wir müssen weiterlaufen!«

Also rannten wir den Weg zurück, den wir gekommen waren. Inzwischen war ich völlig erschöpft, meine müden Beine wollten mir kaum noch gehorchen, und die kalte Nachtluft brannte mir in den Lungen. Da bemerkte mein Vater, dass eine riesige Herde panischer Rinder direkt auf uns zustürmte. Er versuchte, uns wohlbehalten durch die vor Angst wie wahnsinnig tobenden Tiere zu lotsen. Eines von ihnen stieß mich um, und ich stürzte zu Boden. Reglos und zu einer Kugel zusammengerollt lag ich da, während die Hufe der Rinder über mich hinwegdonnerten. Die Hand meines Vaters hatte ich nun auch verloren. Ich glaubte, meine letzte Stunde sei gekommen.

Es erschien mir wie eine Ewigkeit, aber irgendwann waren die Rinder endlich verschwunden, und ich lebte noch.

Wimmernd und starr vor Angst lag ich im Staub. Die Tränen strömten mir übers Gesicht, und ich hoffte und betete, dass mein Vater mich finden würde. Aber stattdessen packte mich plötzlich ein Mann von hinten und hielt mich fest. Eine Bande von Mudschaheddin war gekommen, um unser Vieh zu stehlen, und nun hatte einer der Männer mich gefangen genommen.

Ich versuchte immer wieder, nach meinem Vater zu rufen, der

bestimmt irgendwo in der Nähe war. Doch der Mann hielt mir fest den Mund zu. Ich erwartete, dass er mich nun schlagen oder noch Schlimmeres mit mir anstellen würde, doch er zerrte mich hoch. Verwundert drehte ich mich um.

»Komm mit«, zischte er. »Ich will dir helfen. Ich beschütze dich und bringe dich zu deiner Familie zurück. Sonst töten dich die anderen. Komm jetzt.«

Ich sah, wie er sich umwandte und einem seiner Begleiter etwas ins Ohr flüsterte. Dann begannen die beiden zu lachen. Im Licht der Flammen stellte ich fest, dass jeder von ihnen einen gekrümmten Dolch und eine Pistole im Gürtel trug. Man führte mich fort durch das brennende Dorf.

Nach einer Ewigkeit erreichten wir den Wald. Etwa dreißig andere Jungen und Mädchen saßen dort unter den Bäumen. Obwohl sie völlig verstört und verängstigt wirkten, war ich so froh, sie zu sehen, denn ich erkannte viele der Jungen und Mädchen aus meinem Dorf. Wenigstens war ich jetzt nicht mehr allein.

»Du bleibst hier, bis alle anderen Angreifer weg sind«, sagte der Mann zu mir. »Hier bist du in Sicherheit.«

Ich setzte mich und blickte mich um. Im Wald stand eine große Anzahl Pferde angebunden herum. Vier Männer bewachten uns. Sie sahen ähnlich aus wie der Mann, der mich hergebracht hatte. Doch im Grunde wollte ich nichts mehr wissen. Dauernd musste ich an meinen Vater, an meine Mutter und an Babo denken, und ich fragte mich, ob ich sie je wiedersehen würde. Immer weitere Kinder wurden gebracht. Viele schluchzten, außer sich vor Kummer. Andere saßen wie erstarrt, mit großen, leeren Augen da. Die jüngsten waren etwa acht Jahre alt, die ältesten wie ich schätzungsweise zwölf. Durch die Bäume drang noch Kampfeslärm zu uns herüber, doch er klang weit weg und gedämpft.

Wir warteten bis kurz vor Morgengrauen. Eines der Mädchen wohnte im Dorf ganz in unserer Nähe. Sie hieß Sharan und war erst acht. Da ich befürchtete, sie könnte zu laut schluchzen und damit die Wachen verärgern, holte ich sie zu mir, um sie zu beruhigen. Ich versuchte sie zu trösten, als sie nach ihrer Mutter weinte.

Ein kleiner Junge schilderte schluchzend, was geschehen war. Seine Familie war in alle Richtungen auseinander gelaufen, um den Flammen zu entkommen. In dem Tumult war seine kleine, erst achtzehn Monate alte Schwester in der brennenden Hütte zurückgelassen worden. Ein anderer Junge berichtete, er habe nichts von dem Überfall geahnt, bis die Mudschaheddin die Tür der Hütte aufbrachen. Er sah, wie seine Mutter seine kleinen Zwillingsschwestern unter dem Bett hatte verstecken wollen. Doch die Angreifer packten sie und schnitten ihr die Kehle durch. Die beiden Babys töteten sie ebenfalls. Der Junge hatte unter seinem Bett gekauert und seine Mutter und seine Schwestern in ihrem Blut liegen sehen. Dann hatten die Angreifer ihn aus der Hütte gezerrt und von seiner Familie weggeschleppt.

Als die Nacht zu Ende war, hatte ich mehr schreckliche Geschichten gehört, als ein Mensch ertragen kann. Ich erinnerte mich an das, was mein Vater mir von dem Überfall auf den Stamm der Shimii erzählt hatte, und daran, was mit den Mädchen dort passiert war. Und jetzt hatte ich auch in unserem Dorf Mädchen gesehen, die man zu Boden geschleudert hatte, und Männer, die auf ihnen lagen. Da ich wusste, dass diese Mädchen vergewaltigt worden waren, rollte ich mich zu einer Kugel zusammen und machte mich so klein wie möglich. Aber verglichen mit dem, was mir bevorstand, wäre es rückblickend betrachtet vielleicht besser gewesen, die Männer hätten mich vergewaltigt und im Wald zurückgelassen.

Als der Morgen gerade am Himmel über den Bäumen dämmerte, kam eine lange Reihe von Männern vom Dorf her auf uns zumarschiert. Alle waren mit Messern, manche auch mit kleinen Pistolen oder mit Gewehren bewaffnet. Manche waren bis zu den Handgelenken mit Blut beschmiert, wieder andere hatte blutige Gürtel, wo sie die Dolche hineingesteckt hatten, oder Blutflecken zwischen den Beinen. Sie alle wirkten berauscht von Grausamkeit und Blutdurst.

Ich suchte zwischen den Angreifern nach dem Mann, der mich hergebracht hatte. Als ich ihn endlich entdeckte, sah ich ihm direkt in die Augen. Doch er erwiderte nur meinen Blick, und ich stellte

fest, dass er lachte. Dann hob er die Hand und winkte mir spöttisch zu.
Die Männer, es waren etwa hundert, gingen an uns vorbei in den Wald und stellten sich mit dem Rücken zum Berg und dem Gesicht zu uns in Fünferreihen auf. Ihr Anführer warf sich vor ihnen in Positur und begann, Befehle zu brüllen. Ich verstand nicht genau, was er sagte, doch alle antworteten in einem donnernden Chor: *»Allahu Akhbar! Allahu Akhbar! Allahu Akhbar«* – Gott ist groß! Gott ist groß! Gott ist groß! Immer wieder schrien sie es, sodass das Echo ringsum im Tal widerhallte.
Ich war verwundert und hatte Angst. Wenn mein Vater im Dorf eine Ziege oder ein Huhn tötete, pflegte er zu sagen, dass es nicht *halal*, das heißt nicht für den Verzehr durch einen Gläubigen geeignet sei, wenn man dabei nicht Allah anrief und *Allahu Akhbar* sagte. Aber warum brüllten diese Männer *Allahu Akhbar*, nachdem sie unser Dorf niedergebrannt, unsere Frauen vergewaltigt und alle umgebracht hatten? Hielten sie solche Taten etwa für *halal?* Wir waren doch Moslems so wie sie. Wie konnte so etwas möglich sein?
Ungefähr eine Stunde lang saßen wir im Dämmerlicht da und warteten, während die Männer Siegesschreie ausstießen. Als sie fertig waren, kamen sie den Hügel hinunter auf uns zugestürmt. Die Schnellsten von ihnen stürzten sich auf die ältesten Mädchen in unserer Gruppe. Die Übrigen machten sich über die jüngeren Mädchen und schließlich auch über die Jungen her. Ein Mann kam und packte Sharan. Sie bettelte unter Tränen, bei mir bleiben zu dürfen. Doch der Mann warf sie einfach auf sein Pferd wie einen Sack und ritt mit ihr davon in den Wald.

10
Im tiefen Wald

Der Mann, der mich gefangen hatte, nahm mich an der Hand und zerrte mich zu seinem Pferd. Als er mich nach meinem Namen fragte, antwortete ich, dass ich Mende hieße. Eigentlich wollte ich es ihm nicht sagen, aber ich wagte nicht, mich zu weigern. Ich wurde auf den Sattel geworfen, dann sprang er hinter mir auf. Das Pferd war riesig, viel größer als der Esel meines Vaters. Als wir losritten, griff ich nach dem Sattel und klammerte mich fest, als ginge es um mein Leben. »Wohin reiten wir?«, rief ich dem Mann hinter mir zu. »Du hast versprochen, mich zu meiner Familie zurückzubringen!«

»Jetzt reiten wir erst mal los«, entgegnete er mit einem wölfischen Grinsen. »Du erfährst noch früh genug, wohin es geht.«

Unser Weg führte uns durch dichten Wald, weit weg von den Dörfern der Nuba, und ich sah andere Reiter mit Kindern vor sich im Sattel an uns vorbeipreschen. Wir waren noch nicht weit gekommen, als der Mann anfing, mich überall zu betatschen. Ich spürte, wie er meine Brüste berührte, obwohl ich eigentlich noch gar keine richtigen hatte – ich war ja erst zwölf. Er drückte fest zu, aber ich konnte ihn nicht abwehren, weil ich mich am Sattel festhalten musste.

»Hör auf! Es tut weh!«, schrie ich. »Bitte, hör auf!«

»He! Ich passe doch nur auf, dass du nicht fällst, wenn das Pferd stolpert«, antwortete er.

»Ich halte mich am Sattel fest, ich brauche deine Hilfe nicht!«

Wir folgten einem steinigen Flussbett, das sich durch den Wald schlängelte. Wie er mir erklärte, sei der Weg sehr uneben und gefährlich, sodass er mich umklammern müsse, um mich zu beschützen. Meine Brüste waren klein und empfindlich, und er grapschte weiter daran herum. Tiefer im Wald angelangt, schob er die Hand zwischen meine Beine. Ich spürte einen stechenden Schmerz und stieß einen Schrei aus, aber er hörte einfach nicht auf. Als ich ein kleines Mädchen gewesen war, hatte meine Mutter mir eingeschärft, ich dürfe nicht zulassen, dass ein Mann meinen Körper berührte, bevor ich verheiratet sei. Anderenfalls, so warnte sie mich, würde ich im Höllenfeuer brennen. Doch als ich da saß und mich verzweifelt am Sattel festkrallte, hatte ich keine Hand frei, um mich zur Wehr zu setzen. Also blieben mir nur meine Tränen.

Nachdem ich es etwa zwei Stunden lang erduldet hatte, bat ich den Mann anzuhalten, da ich pinkeln müsse. Inzwischen drang Sonnenlicht durch die Bäume, und ich musste dringend. Er zügelte sein Pferd und stellte mich auf den Boden. Ich duckte mich hinter einen Baum, aber noch ehe ich angefangen hatte, bemerkte ich, wie er sich von hinten anschlich, und hörte seinen schweren Atem. Mir war klar, dass er mich beobachtete. Ich war so starr vor Angst, dass ich mich nicht einmal umdrehen konnte, um festzustellen, was er tat. Und im nächsten Moment sprang er mich an. Ich schrie auf und kippte zur Seite, doch er drehte mich gewaltsam auf den Rücken. Er hielt mich so fest, dass ich keine Luft mehr bekam. Dann warf er sich auf mich, und ich hätte mich am liebsten übergeben, als er mir die Zunge in den Mund stieß. Ich versuchte mich zu sträuben, indem ich die Kiefer fest zusammenpresste. Aber da biss er mich so kräftig in die Lippe, dass ich das Blut in meinem Mund schmeckte. Danach wollte er mir die Beine auseinander zwingen. Immer wenn ich sie wieder zusammendrückte, schlug er mir heftig ins Gesicht. Ich fühlte, dass er seine Hand zwischen meine Beine stieß, um die Finger in mich hineinzuschieben. Ich versuchte ihn wegzuschubsen und die Beine fest zusammenzunehmen. Doch er schlug mich immer weiter. Weil ich beschnitten war, tat es unerträglich weh. Ich spürte, wie mein Fleisch einriss und mir das Blut zwischen den Beinen hinunterlief.

Dann wälzte er sich auf mich und drückte mir die Schenkel auseinander. Ich nahm etwas Hartes wahr. Er war ein großer Mann, und sein Körper, der auf mir lag, roch nach Schweiß. Er wollte sich in mich hineinzwängen, aber nach der Beschneidung war ich unten sehr eng, und es gelang ihm nicht, die Öffnung zu erweitern. Dann, ganz plötzlich, stöhnte er laut auf und sackte auf mir zusammen. Eine schiere Ewigkeit lag er keuchend da und rollte sich schließlich zur Seite. Eine Weile blieb er mit geschlossenen Augen und schwer atmend auf dem Waldboden liegen. Ich krümmte mich zusammen und konnte nur noch wimmern und weinen.

Seine Kleider hatten zwischen den Beinen einen nassen Fleck, und zunächst fragte ich mich, ob er sich in die Hose gemacht hatte – aber er war doch ein großer, erwachsener Mann. Ich wusste nicht, was geschehen war. Und ich hoffte und betete, dass er einen Herzanfall oder etwas Ähnliches erlitten hatte und jetzt vielleicht sterben würde. Ich hatte solche Schmerzen, dass an Flucht nicht zu denken war. Also lag ich einfach blutend und weinend da und glaubte, mein Leben wäre zu Ende. Der harte Gegenstand, den er mir zwischen die Beine gestoßen hatte, war ganz sicher sein Messer oder seine Pistole gewesen, und er hatte mich bestimmt umbringen wollen. Es war ein Wunder, dass ich überhaupt noch lebte.

Schließlich näherten sich einige seiner Kameraden und hielten an, als sie uns bemerkten. Möglicherweise befürchteten sie ja, ihrem Freund könnte etwas zugestoßen sein – oder sie hatten vor, mir ebenfalls wehzutun; ich wusste es nicht. Der Mann setzte sich auf und wischte an dem nassen Fleck an seiner Hose herum. Danach zerrte er mich auf die Füße und schubste mich wieder zum Pferd. Das Gehen tat schrecklich weh, und noch schlimmer war es, auf dem Pferd zu sitzen. Doch wir ritten in scharfem Tempo weiter durch den Wald.

Kaum waren fünf Minuten vergangen, fing er erneut an, meine Brüste zu betatschen. Er packte mich am Kinn und drehte mir gewaltsam den Kopf herum, damit er mich küssen konnte. Ich erinnere mich daran, wie sich sein Gesicht an meinem anfühlte, an meine schmerzhaft geschwollene Lippe, daran, wie sehr ich mich ekelte, und an den Geschmack, als meine Lippe wieder zu bluten begann. Und ich habe auch seine widerwärtigen Hände auf meinen

Brüsten und die Tränen nicht vergessen, die mir die Wangen hinunterliefen.
»Warum weinst du? Das ist doch schön«, sagte er immer wieder.
»Nein! Es ist schrecklich!«, schluchzte ich. »Ich habe Schmerzen!«
»Aaahhh. Es ist gut für dich. Warte nur ab.«
Als er mich wieder küssen wollte, biss ich ihn mit dem Mut der Verzweiflung in die Lippe, damit er endlich aufhörte. Doch anstatt zurückzuzucken, zog er mich noch fester an sich.
»Ja! Das ist schön«, keuchte er mir ins Ohr. »Aber beiß mich nicht so fest. Küss mich!«
Ich drohte ihm, noch fester zu beißen, damit er mich in Ruhe ließ. Aber er wiederholte nur, es gefiele ihm. Bald würde ich es auch angenehm finden. Vier oder fünf Stunden lang ritten wir so weiter, und ich versuchte die ganze Zeit vergebens, ihn abzuwehren. Und obwohl ich bald wieder dringend pinkeln musste, wollte ich ihm keinen Anlass mehr geben anzuhalten.
Schließlich erreichten wir eine Lichtung, wo uns die anderen Reiter schon erwarteten. Als ich mich umblickte, sah ich, dass viele Mädchen weinten. Einige von ihnen schienen sogar noch größere Schmerzen zu haben als ich. »Ich kann nicht zur Toilette, es tut so weh«, schluchzte eine von ihnen. »Der Mann hat mich da unten geschnitten.«
Da entdeckte ich Sharan, die auf mich zugelaufen kam. Angstvoll flüsternd berichtete auch sie mir, der Mann, der sie auf dem Pferd mitgenommen hatte, habe versucht, sie zu küssen und zu berühren. Sharan war acht Jahre alt und keinen Tag mehr.
Die Männer vergewisserten sich, dass alle den Ritt durch den Wald gut überstanden hatten. Ich hörte, dass sie sich lachend auf Arabisch unterhielten und auf die einzelnen Mädchen zeigten. Dann rief einer »meinem« Reiter zu: »Was ist mit dir, Attif? Wie gefällt dir der Ausflug? Hattest du Spaß?«
»Ahhh«, stöhnte Attif genüsslich. »Mir gefällt das so gut, dass es meinetwegen ewig dauern könnte.«
Nachdem sich alle versammelt hatten, ritten wir weiter und erreichten den Rand einer großen Stadt. Wir machten einen Bogen

darum und kamen in ein Lager, das aus etwa zwanzig khakifarbenen, in Reih und Glied aufgestellten Zelten bestand. In einer langen Kolonne näherten wir uns dem Lager und wurden am Tor von Männern in Militäruniformen empfangen. Der Anführer der Angreifer blieb stehen, um mit ihnen zu sprechen.

»Alles hat geklappt«, meldete er grinsend. »Es lief genau nach Plan.«

Als die Mudschaheddin nacheinander an den Soldaten am Tor vorbeiritten, riefen sie ihnen Begrüßungen zu.

»Wie war der Ritt, Bruder?«, lachte einer der Soldaten. »War's gut?«

»Oh, ja, Bruder. Wir hatten eine sehr angenehme Reise!«, entgegnete der Reiter.

»Offen gestanden wünschten wir, sie hätte zehn Tage gedauert«, fügte einer seiner Kameraden hinzu. »Die Mädchen waren schwierig zu öffnen. Du weißt ja, dass es bei den Nubamädchen ist wie bei den Araberinnen. Sie sind auch beschnitten!«

»Also hast du was dazugelernt, Bruder!«, erwiderte der Soldat lachend. »Aber diese Mädchen sind noch so klein, dass es sowieso schwierig gewesen wäre.«

Nach unserer Ankunft im Lager wurden wir getrennt. Die Mädchen kamen in ein Zelt, die Jungen in ein anderes.

Etwa eine halbe Stunde später erschien ein Soldat und brachte uns Brot, Linsensuppe und ein paar geröstete Erdnüsse. Aber wir waren zu ausgelaugt und verängstigt, um etwas zu essen. Ich legte mich auf den Boden und versuchte zu schlafen. Doch die Schmerzen waren inzwischen fast so schlimm wie damals bei meiner Beschneidung. Viele, selbst Neun- oder Zehnjährige, waren vergewaltigt worden, waren jedoch noch viel zu jung, um das Geschehene zu begreifen. Und mittlerweile ahnten wir alle, dass wir unsere Familien nie wiedersehen würden.

Am ersten Abend hatte ein Wachmann Dienst, der ein wenig Mitleid mit uns zu haben schien. »Weint nicht«, sagte er. »Ihr habt großes Glück. Ihr werdet alle an einen schönen Ort gebracht und braucht euch also keine Sorgen zu machen. Und jetzt schlaft ein bisschen.«

Inzwischen war es spät, und wir schliefen ein. Doch wir hatten die ganze Nacht schreckliche Albträume, und immer wieder wachte eine von uns schreiend auf.
In den ersten Tagen im Lager durften wir das Zelt nicht verlassen. Auch die Nubajungen, die mit uns gefangen genommen worden waren, bekamen wir nicht zu Gesicht.
Am dritten Tag jedoch kam ein Mann zu uns, der – wie ich heute weiß – die Uniform eines Offiziers trug. Er wurde von einem Araber in einer Galabiya begleitet, dem traditionellen langen Gewand dieser Gegend. Der Mann ging im Zelt herum und musterte alle Mädchen. Dann zeigte er auf drei oder vier und sagte dem Offizier, dass er sie haben wolle. Etwa eine Stunde später erschien ein Soldat, holte die Mädchen ab und brachte sie weg. Da wir nicht wussten, dass sie für immer gingen und dass wir sie nie wiedersehen würden, umarmte sie niemand zum Abschied. Und sie kehrten nie zurück.
Am nächsten Tag, nach Sonnenuntergang, gewährte uns der Wachmann zwei Stunden im Freien, damit wir frische Luft schnappen konnten. Die Jungen wurden ebenfalls aus ihrem Zelt gelassen. Der Wachmann forderte uns zwar auf, miteinander zu spielen, doch niemand war in der Stimmung dazu. Ich entdeckte Ajok, meinen Freund aus unserem Dorf, und Sharan und ich setzten uns zu ihm. Inzwischen klebte Sharan an mir wie eine Klette. Ich fragte Ajok, wo die anderen Jungen steckten, denn es schienen inzwischen weniger geworden zu sein.
»Sie wurden gestern abgeholt«, erwiderte Ajok leise.
»Ein paar Mädchen sind auch weggebracht worden«, meinte ich. »Weißt du, wo sie sind?«
Ajok antwortete, er habe keine Ahnung, glaube aber nicht, dass sie wiederkommen würden. Bevor wir zum Schlafen in unsere Zelte geschickt wurden, erkundigte er sich noch: »Was ist denn mit deiner Lippe passiert? Bist du vom Pferd gefallen?«
»Nein, ich bin nicht gefallen«, entgegnete ich. »Der Mann auf dem Pferd hat mich gebissen!«
»Warum? Wolltest du dich etwa mit ihm prügeln?«, fragte Ajok

erstaunt. »Du bist klein, und er ist groß. Du hattest keine Chance gegen ihn.«
Er hatte Recht.
Am nächsten Morgen fragte uns der Wachmann, ob wir ins Bad wollten, um uns zu waschen. Die Vorstellung, sich zu säubern, war wundervoll, aber wir befürchteten, dass es sich nur um einen Trick handelte und dass die Soldaten uns überfallen würden. Also gingen wir als Gruppe. Sharan gehörte dazu und außerdem ein paar ältere Mädchen, die mutig genug waren, mich zu begleiten. Das Bad entpuppte sich als Zelt, das ein wenig kleiner war als unseres. Wir standen auf einer hölzernen Plattform, schöpften Wasser aus einem großen Steinbecken und übergossen uns damit. Es war ein wunderbares Gefühl, die Berührungen dieser Männer von unseren Körpern abzuwaschen. Zum ersten Mal seit Tagen fühlten wir uns wenigstens ein bisschen sauberer, von innen ebenso wie äußerlich.
»Seht zu, dass ihr euch auch anständig wascht!«, forderte eine der Wachen uns durch die Zeltwand auf. »Ihr könnt euch ruhig Zeit lassen. Macht euch richtig sauber, sonst werdet ihr noch krank.«
Wir hatten unsere Höschen mitgenommen, um das Blut herauszuschrubben. Der Wachmann hatte uns ein paar alte Armeehemden gegeben, die so groß waren, dass wir sie als Kleider über den nassen Höschen tragen konnten. Die Soldaten hatten dieselben Hemden an, nur mit dem Unterschied, dass unsere abgetragen und verschossen waren. Aber wenigstens waren sie sauber.
Am nächsten Tag fanden wir heraus, warum wir uns hatten waschen sollen – nämlich, damit wir einen vorzeigbaren Eindruck machten. Früh am Morgen kam der Offizier wieder in unser Zelt, diesmal in Begleitung von zwei anderen Arabern. Sie sahen sich um und fingen an, zehn Mädchen auszuwählen. Zu den ersten, die sie aussuchten, gehörte Kumal, eine Freundin von mir, die im Nachbardorf wohnte. Ich hatte sie bei den Ringkämpfen kennen gelernt und zum Essen zu uns nach Hause eingeladen. Irgendwann zeigten sie auch auf mich, und ich wusste, dass ich nun fortmusste und nie

wiederkommen würde. Als ich mich zu Sharan umdrehte und sie zum Abschied umarmte, brach sie in Tränen aus und wollte mich nicht weglassen.
»Pass auf, Sharan, wie die anderen Mädchen werde auch ich nicht zurückkehren, wenn ich erst einmal weg bin«, sagte ich leise, umfasste ihr Gesicht mit beiden Händen und blickte ihr in die Augen. »Selbst du wirst dieses Zelt irgendwann verlassen müssen. Sie werden dich ebenfalls holen kommen. Ich weiß nicht, wohin man uns bringt, aber zurückkommen werden wir auf keinen Fall. Bitte wein nicht mehr. Verabschiede dich jetzt von mir. Und sei tapfer und stark.«
Ein Soldat führte uns zehn ins »Büro«, ein weiteres Zelt am anderen Ende des Lagers. Während wir warteten, hörten wir, dass der Offizier ein langes Gespräch mit den beiden Arabern führte. Schließlich kamen die drei scherzend und lachend aus dem Zelt. Offenbar waren sie mit dem Ergebnis ihrer Unterhaltung sehr zufrieden. Die Araber schüttelten dem Offizier die Hand und sagten: »*Shokran* – vielen Dank.« Sie teilten uns in zwei Fünfergruppen auf. Als der Wachmann ihnen mitteilte, wir müssten die Uniformhemden ausziehen, bevor wir das Lager verließen, baten die Araber ihn, eine Stunde lang auf uns aufzupassen, während sie Kleider für uns besorgten.
Wir saßen in der Morgensonne, warteten auf die Rückkehr der Araber, und ich ließ die vergangenen Ereignisse an mir vorüberziehen. Zuerst der Überfall auf das Dorf. Dann unsere Gefangennahme. Anschließend der albtraumhafte Ritt durch den Wald ins Lager der Soldaten. Und nun reichten uns die Soldaten an die beiden Araber weiter. Ich konnte nicht fassen, dass das alles wirklich mit mir geschah. In den beiden Stunden, die wir warteten, wurde kaum ein Wort gewechselt, denn wir waren erschöpft und voller Angst. Schließlich kamen die Araber mit Kleiderbündeln wieder. Die Sachen waren neu und direkt aus dem Laden, und die Männer sagten uns, dass es fünf Höschen und fünf Kleider seien, jeweils eines für jede von uns.
»Schaut, ich habe euch doch gesagt, dass ihr an einen schönen Ort

gebracht werdet«, meinte der Wachmann zu uns. »Jetzt bekommt ihr sogar hübsche neue Kleider. Seht ihr? Ich hatte also Recht.« Wir gingen ins Bad, wo wir alle Kleider anprobierten, bis jede etwas fand, das einigermaßen passte. Immerhin waren wir froh, uns bedecken zu können, und zwar nicht nur mit Uniformhemden. Dann bedankten sich die Araber bei dem Wachmann und überreichten ihm ein paar zusammengerollte Geldscheine. »Hier, das ist dafür, dass Sie so gut aufgepasst haben.« Danach drehten sie sich zu uns um. »Mitkommen«, befahlen sie.

11
Nach Khartoum

Vor dem Lagertor wurden wir von zwei Kleinlastern erwartet. Einer der Araber half uns fünfen auf die Ladefläche seines Wagens. Bevor wir abfuhren, warnte er uns, er würde uns im »Rückspiegel« beobachten, für den Fall, dass eine von uns versuchen sollte, »Dummheiten zu machen«. Aber wir verstanden nicht, was er damit meinte. In den Nubabergen gab es keine Spiegel und Rückspiegel schon gar nicht. Wenn man sich in unserem Dorf neue Perlen ins Haar flechten oder sich sonst verschönern wollte, fragte man einfach ein anderes Mädchen, ob man auch gut aussah.
Als der Wagen über die Straße holperte, sah ich mir meine vier Leidensgenossinnen an. Inzwischen kannte ich ihre Namen: Ashcuana, Kumal, Kayko und Ammo. Ich war die Älteste; die anderen waren in der Schule ein Jahr unter mir.
Wir erreichten eine größere Straße, und der Laster beschleunigte, sodass der Wind uns das kurze Haar ins Gesicht wehte. Ein paar Minuten später kamen wir an einen Fluss, und nun wusste ich, wo wir waren. Am Ufer desselben Flusses hatte ich vor einem Jahr übernachten müssen, als ich mit meinem Vater und meinem Onkel meinen Bruder Babo im Krankenhaus hatte besuchen wollen. Damals hatte der Fluss Hochwasser geführt und war unpassierbar gewesen.
Ich erinnerte mich noch so gut daran. Babos Krankheit. Die mühevolle Reise. Onkel Jerongir, der uns erst seinen Esel geliehen und uns dann angeboten hatte, uns zu begleiten. Wie alle versucht hatten, mich am Mitkommen zu hindern. Wie mein Vater schließlich eingelenkt hatte. Die Auseinandersetzung mit dem Pförtner im Krankenhaus. Wie wir Babo mit nach Hause genommen hatten.

Tränen stiegen mir in die Augen. Wo waren sie alle jetzt? War von ihnen noch jemand am Leben?
Aber zumindest wusste ich jetzt, wo wir uns befanden. Offenbar lag das Lager der Armee direkt am Stadtrand von Dilling. Um diese Jahreszeit war der Fluss ausgetrocknet. Der Araber lenkte den Laster über das harte Flussbett, und eine halbe Stunde später fuhren wir die Hauptstraße von Dilling entlang. Ich erkannte einige der Gebäude von meinem letzten Besuch wieder. Damals war ich an der Hand meines Vaters und meines Onkels zu Fuß die Hauptstraße entlang gegangen, ein kleines Mädchen, halb wahnsinnig vor Sorge um seinen Bruder, der im Krankenhaus lag. Nun wurde ich von einem Araber auf der Ladefläche eines Lasters entführt, und der Mann behandelte uns wie fünf Stück Vieh.
Weil ich die Älteste war, betrachteten die übrigen Mädchen mich als eine Art Anführerin. Sobald mir klar wurde, dass wir in Dilling waren, begann ich, Fluchtpläne zu schmieden. Ich erklärte den anderen – die das Dorf noch nie verlassen hatten –, dass diese Stadt Dilling heiße und dass ich schon einmal hier gewesen sei. Somit würde ich den Rückweg in unser Dorf sicher wiederfinden. Dann erläuterte ich meinen Fluchtplan: »Wenn wir in der Stadtmitte sind, wird der Verkehr so dicht, dass der Mann langsamer fahren muss. Auf mein Zeichen springen wir ab«, sagte ich. »Und dann rennen wir los.«
Anfangs hatten die Mädchen Angst, aber ich machte ihnen klar, dass es unsere einzige Chance war. Also stellten wir uns auf die Ladefläche des Lasters und warteten verzweifelt auf eine Gelegenheit zur Flucht. Leider herrschte nur wenig Verkehr, und wir wurden rasch durch die Stadt gefahren. Wenn der Araber abbremsen musste, achtete er stets darauf, den Wagen nicht völlig zum Stehen zu bringen. Und plötzlich fiel Ashcuana auf, dass die Augen des Mannes uns ständig im Rückspiegel beobachteten.
»Mende!«, zischte sie. »Du hast vergessen, dass er dieses Ding hat, mit dem er uns anschauen kann. Er kann uns hier hinten sehen. Wenn wir abspringen, merkt er es!«
In diesem Moment wurde der Wagen langsamer, um einem entge-

genkommenden Laster auszuweichen. War das unsere Chance? Doch als der Araber den Wagen an den Straßenrand lenkte, beugte er sich gleich aus dem Fenster und rief zu uns nach hinten: »*Salaam Alaikum*! Alles in Ordnung? Was treibt ihr denn da hinten?« Offenbar ahnte er, dass wir etwas im Schilde führten. Mein Plan war zum Scheitern verurteilt. Enttäuscht ließen wir uns zurück auf die Ladefläche fallen, und bald verschwand Dilling hinter uns in einer Staubwolke. Der Laster holperte und polterte über eine unbefestigte Straße, die geradewegs in den riesigen, brettebenen Busch hineinführte. Nun wusste ich, dass wir uns mit jeder Umdrehung der Räder immer weiter von den Nubabergen entfernten.

Während der Laster weiterzuckelte, saßen wir im heißen, staubigen Wind. Es war so laut, dass wir kaum miteinander sprechen konnten. Also blieb jede von uns mit ihren traurigen Gedanken allein. Nach zwei oder drei Stunden Fahrt waren wir durchgeschwitzt und durstig. Auf der Ladefläche standen zwar ein paar Flaschen Wasser, aber wir befürchteten, zur Toilette zu müssen, wenn wir etwas tranken. Nach unseren jüngsten Erfahrungen war uns der Gedanke nicht geheuer, bewacht von einem Araber im Busch pinkeln zu gehen.

Der Laster hatte einen harten Holzboden und Seitenwände aus Metall, und wir wurden ständig herumgeschleudert. Das wäre schon unter gewöhnlichen Umständen schlimm genug gewesen, doch dass wir alle starke Unterleibsschmerzen hatten, machte es noch unerträglicher. Ich merkte den anderen an, dass sie noch mehr litten als ich. Je später es wurde, desto kräftiger trat der Fahrer aufs Gas. Wir klammerten uns an die metallenen Seiten des Lasters, wenn er ausscherte, um den Schlaglöchern auszuweichen. Aber die Sonne erhitzte rasch das Metall, bis es zu heiß zum Anfassen war. Also legten wir uns hin und drängten uns eng zusammen, damit wir nicht so durchgerüttelt wurden.

Der Araber fuhr die ganze Nacht durch, ohne anzuhalten. In der Wüstennacht fallen die Temperaturen jäh, und durch den eisigen Fahrtwind war uns bald bitterkalt. Wir trugen nur unsere dünnen

Sommerkleider und schmiegten uns aneinander, um uns zu wärmen. Schließlich waren wir so durchgefroren, dass ich auf das Dach des Führerhauses hämmerte, doch der Mann wies nur auf eine schwarze Leinenplane, die in einer Ecke des Lasters lag.

»Wenn ihr friert, nehmt das da«, schrie er, ohne zu stoppen. »Das ist die Regenabdeckung für die Ladefläche, die müsste den Wind abhalten.«

Wir zerrten an der schweren, steifen Plane, bis es uns gelang, sie ein Stück über uns zu ziehen und darunter zu kriechen. Nachdem wir so ein wenig Schutz vor dem schneidenden Wind gefunden hatten, kuschelten wir uns aneinander, um zu schlafen. Als sich das erste Morgenlicht am fernen Horizont zeigte, waren wir dennoch steif gefroren. Außerdem mussten wir inzwischen so dringend zur Toilette, dass wir es nicht mehr unterdrücken konnten. Also schlug ich wieder mit meiner eiskalten Faust auf das Dach der Fahrerkabine und forderte den Araber auf anzuhalten. Da er nun schon seit über achtzehn Stunden am Steuer saß, wirkte er völlig erschöpft. Endlich stoppte er am Straßenrand.

»Was ist?«, fragte er und kam nach hinten.

»Wir müssen alle pinkeln«, sagte ich ihm.

»Oh, pinkeln müsst ihr? Gut. Ihr geht einzeln, gleich hier am Wagen«, befahl er und zeigte auf eine Stelle neben dem Reifen. »Aber niemand verschwindet im Busch. Verstanden?«

Als wir vom Wagen springen wollten, waren wir zu durchgefroren, um uns zu bewegen, sodass er uns nacheinander herunterheben musste. Allen bereitete das Wasserlassen höllische Schmerzen. Er gab uns etwa fünf Minuten, und als er schon wieder losfahren wollte, platzte ich heraus, dass wir am Verhungern seien.

Er zog die Augenbraue hoch. »Hmmmm … Ihr habt also Hunger, was? Wenn ihr nichts esst, könntet ihr sterben, und das wäre gar nicht gut für mich. Sehr kostspieliger Fehler. Also ist es wohl das Beste, wenn wir in der nächsten Stadt anhalten und etwas zu essen kaufen.« Wovon um alles in der Welt redete er?, fragte ich mich. Wenn wir alle verhungerten, war das doch wohl eher schlecht für uns als für ihn!

Als die Sonne aufging, stellte sich heraus, dass wir durch eine flache, eintönige Wüstenlandschaft fuhren, die auf uns, die wir die anmutig geschwungenen Nubaberge gewohnt waren, sehr bedrückend wirkte. Nachdem die Sonne uns ein wenig aufgewärmt hatte, krochen wir unter der schwarzen Plane hervor und setzten uns darauf, um die Ladefläche zu polstern. Wir fuhren noch einige Stunden weiter, und wir hatten die Hoffnung auf eine Mahlzeit schon fast aufgegeben, als der Laster vor einer kleinen Hütte hielt. Es war eine Raststätte.

Aus der Küche hinten im Raum stiegen uns köstliche Düfte in die Nase. Der Wirt brachte uns einige Brotlaibe, ein bisschen Fleisch, Linsengemüse und Salat. Obwohl wir völlig ausgehungert waren, teilten wir das Essen gerecht zwischen uns auf, wie wir es auch zu Hause getan hätten. Der Mann aß allein an einem Nebentisch und knüpfte ein Gespräch mit dem Wirt an.

Als wir fertig waren, sah er uns an. »Hattet ihr genug? Oder wollt ihr noch etwas?«

Wir erwiderten, dass wir satt seien, baten ihn aber um einen Schluck Milch. Zu Hause tranken wir immer Milch zum Essen.

»Hier gibt es keine Milch«, entgegnete er und lachte uns aus. »Wir sind mitten in der Wüste. Woher, glaubt ihr, soll man hier Milch nehmen?«

Wir gingen wieder zum Laster. »So. Wisst ihr eigentlich, wohin wir fahren?«, fragte er, bevor er ins Führerhaus stieg. »Wir fahren in eine wunderschöne, sehr große Stadt, die Khartoum heißt.«

Wir alle hatten keine Vorstellung davon, wo Khartoum lag oder was eine Großstadt überhaupt war. Ich betrachtete den Schatten eines Baumes in der Nähe. Es war inzwischen fast Mittag, und wir waren schon seit über vierundzwanzig Stunden unterwegs. Nach der eiskalten Nacht wärmte uns jetzt die Sonne, und da unsere Mägen voll waren, schliefen wir alle ein.

Offenbar hatte ich mehrere Stunden lang geschlafen – unruhig zwar, weil der Wagen immer wieder über größere Bodenunebenheiten holperte –, doch als ich richtig aufwachte, war es schon früher Abend, und mir bot sich ein Anblick wie aus einer Traumwelt:

Weit weg in der Ferne erstreckte sich ein gewaltiges Lichtermeer, in vielen bunten Farben. Einige dieser Lichter flackerten, flammten auf und verloschen, und ich hatte noch nie etwas dergleichen gesehen.
»Schaut nur!«, rief ich und rüttelte die anderen wach. »Schaut. Der Mond scheint doch gar nicht. Warum ist es dann so hell?« Da wir in den Nubabergen keinen elektrischen Strom hatten, glaubten wir, dass einzig und allein der Mond in der Nacht Licht spendete.
Als wir näher kamen, stellten wir fest, dass das Licht von Aberhunderten von Gebäuden kam. Einige waren so hoch wie die Berge rings um unser Dorf. Wir fühlten uns, als wären wir in eine fremde Welt geraten, vergaßen für eine Weile unsere Sorgen und betrachteten ehrfürchtig diesen magischen Ort. Als wir ins Zentrum hineinfuhren, stellten wir uns hinten auf die Ladefläche und klammerten uns mit Leibeskräften an die metallenen Seiten, während der Fahrer sich durch den Verkehr kämpfte. Autos drängten sich, Stoßstange an Stoßstange, auf den Straßen. In den Nubabergen begegnete man höchstens dann und wann einem alten Laster. Die Autos hier waren hingegen so glänzend und so neu, dass sie uns wie Raumschiffe erschienen.
»Ist diese Stadt für die Menschen oder für die Autos gebaut?«, fragte Ashcuana. Es waren so viele Autos, dass keine von uns das beantworten konnte.
»Wo wohnen denn all die Autos?«, wollte eine andere wissen.
»Vielleicht in den großen Häusern«, mutmaßte ich. »Kann sein, dass sie deshalb so riesig sind.«
»Bringen die großen Autos die kleinen zur Welt?«, erkundigte sich Ashcuana. »Sind es deshalb so viele?«
Ich entdeckte einen jungen Mann, der sich auf einem Motorrad durch den Verkehr schlängelte, zeigte mit dem Finger und rief: »Schaut nur! Da ist ein ganz kleines. Wahrscheinlich heute erst geboren!«
Wir kamen zu dem Schluss, dass die Autos, die am Straßenrand standen, entweder schliefen oder krank waren und sich deshalb nicht bewegten. Für uns, nach zwölf Jahren in den Nubabergen,

war die Ankunft in dieser Großstadt gerade so, als wären wir auf dem Mond gelandet. Selbst die Luft roch anders. In den Nubabergen ist sie sehr sauber und frisch. Aber hier, im Stadtverkehr, brannten uns schon nach wenigen Minuten die Augen. Wir hielten uns die Nase zu und jammerten über den Gestank. Wir wussten nicht einmal, woher er kam. Von den Autos? Den Häusern? Oder gar von den Leuten? Nirgendwo konnten wir Felder oder Tiere entdecken. »Wo sind denn die Kühe?«, fragte Ammo. »Und die Ziegen? In dieser Stadt gibt es nur Menschen und Autos!« Wir fragten uns, wovon die Leute sich wohl ernährten.

Der Araber hatte Mühe, sich durch den Verkehr zu quälen. Entweder drückte er auf die Hupe oder er trat aufs Gas, wenn er eine Lücke im Verkehr entdeckte. Wir mussten uns festklammern, um nicht vom Wagen zu stürzen. Einige Häuser hatten viele Stockwerke, deren Fenster von einem hellen, gelben Licht erleuchtet wurden. Andere Gebäude, an denen wir vorbeikamen, waren mit bunten Lämpchen geschmückt. Die Straßenlaternen aber gaben uns die größten Rätsel auf. Wir fuhren an Reihen von schwarzen Masten vorbei, die aus dem Asphalt ragten und oben an winzige Sonnen erinnernde kleine Lichter trugen. Und wir wussten bei Gott nicht, was das war.

»Schaut nur!«, rief ich. »Da ist ein Baum, auf dem Lichter wachsen wie Früchte! Lasst ihn uns Lichterbaum nennen.«

»Schaut nur! Dieses Haus ist so hoch wie die Hügel bei uns«, jubelte Ashcuana, als wir an einem Gebäude vorbeifuhren, das offenbar ein Turm war.

»Schaut nur! Der Mann da hat gar keine Beine. Wie kann er überhaupt gehen?«, wunderte sich eine andere und zeigte auf einen Herrn, der westliche Hosen trug.

Niemand sah auch nur im Entferntesten aus wie ein Nuba. Merkwürdige Menschen in eleganten Kleidern drängten sich auf den Gehsteigen. Einige Frauen hatten wunderschönes langes Haar. Die Leute bemerkten, dass wir sie anstarrten und mit dem Finger auf sie zeigten, doch offenbar fanden sie die fünf kleinen schwarzen Mädchen in ihren billigen Kleidchen hinten auf dem

Kleinlaster nicht besonders interessant und wandten sich rasch wieder ab.
Schließlich hielten wir vor einem prächtigen Haus. Der Araber ging zur Tür, drückte irgendwo, und wir hörten ein Klingeln. Zu meinem Erstaunen hatte der Mann, der die Tür öffnete, das Äußere eines Nuba. Ich stellte fest, dass die Ärmel seines Hemdes klatschnass waren.
»*Salaam Alaikum*«, grüßte der Nuba in traditionellem Arabisch. »*Salaam Alaikum,* Herr.«
»*Alaikum wasalaam*«, gab der Araber die entsprechende Antwort. Doch dann: »Los. Hol die Taschen vorne aus dem Auto.«
Der Nubamann kam aus dem Haus und ließ die Tür offen. Hinter ihm lag ein großer Kleiderhaufen auf dem Boden, und ich erkannte eine riesige Wanne, in der er die Sachen offenbar gerade gewaschen hatte.
»*Salaam Alaikum, atfal* – hallo und willkommen, Kinder«, meinte er leise, als er sich dem Auto näherte. Er hatte ein sehr freundliches Gesicht, sah uns aber nicht in die Augen. Was tat dieser Nuba so weit weg von zu Hause?, fragte ich mich. War er freiwillig hier? Oder war er auch bei einem Überfall gefangen genommen worden? Er war etwa so alt wie mein Vater. Doch ehe wir ihm antworten konnten, fuhr der Araber den Mann an: »Beeil dich! Trödle nicht rum. Bring meine Taschen ins Haus!«
Dann wandte er sich zu uns. »Los, kommt mit rein.«

12
Sklavenhändler

Das Haus hatte zwei Eingänge, jeder von zwei Straßenlaternen beleuchtet. Wir wurden durch den rechten hineingebracht, der in einen Vorhof führte. Das Haus selbst stand ein Stück von der Straße zurückversetzt. Im Hof parkten zwei Autos. Darüber befand sich eine Überdachung aus Holzlatten, die fast völlig von einer gewaltigen, uralten Kletterpflanze überwachsen war.
Wir folgten dem Araber durch den Hof und betrachteten dabei ehrfürchtig das Dach mit der Kletterpflanze, die beiden funkelnden Autos darunter und das Haus, das sich vor uns erhob. Es war aus Backstein gebaut, und alle Fenster hatten Glasscheiben. Ein wunderschönes gelbes Licht schien aus sämtlichen Fenstern in den Hof. Alles sah aus wie in einem Märchenschloss, und ich mutmaßte, dass dieser Araber ein schwerreicher Mann sein musste. Ich ging hinter ihm her, eine Passage neben dem Haus entlang, die uns in den Garten brachte. Hier gab es eine Doppeltür, die äußere bestand aus Metall, die innere aus Holz. Der Mann öffnete beide, drehte sich zu uns und sagte: »Los. Rein da.«
Als die Letzte von uns im Haus war, schloss er die äußere Metalltür ab und machte die Holztür zu. Wir standen in einer Art Flur. Stufen führten in ein oberes Stockwerk, und eine Steintreppe ging nach unten. Wir waren noch nie in einem Haus mit mehreren Etagen gewesen. Das komplizierteste Gebäude, das wir kannten, war unsere Schule: ein Raum mit kahlen Steinmauern und Fenstern ohne Glas.
Der Araber brachte uns in einen Keller. Die Fenster waren winzig und lagen oben an den Wänden, und von der Decke baumelte eine nackte Glühbirne. Außerdem gab es einen alten Deckenventilator,

den der Mann beim Eintreten anschaltete. Wir drängten uns in einer Ecke zusammen. Ich blickte mich um und sah einen Matratzenhaufen und Stapel alter Möbel und Bücher. An einer Wand standen drei große weiße Kisten, die laute Summgeräusche machten. Ich hatte keine Ahnung, wozu sie dienten. Aber es müssen wohl Tiefkühltruhen gewesen sein.

»Joahir!«, rief der Mann nach oben. »Joahir, komm runter und hilf mir.«

»Abdul Azzim, bist du es?«, erwiderte eine Frauenstimme.

»Ja, ja! Und jetzt komm und hilf mir mit den Mädchen.«

Kurz darauf kam eine dicke Araberin angewatschelt. Zuerst eilte sie auf den Araber zu und umarmte ihn fest, woraus ich schloss, dass sie seine Frau war. Dann drehte sie sich um, und wir schauten schüchtern weg, als sie uns musterte. »Ausgezeichnet! Die Reise war wohl erfolgreich, was?«, begeisterte sie sich dann mit einem breiten Grinsen. »Gut gemacht! Hübsche Sklavinnen diesmal!«

Sie benutzte das arabische Wort *abid*, den Plural von *abda*, was Sklave bedeutet. Damals konnten wir jedoch alle noch nicht genug Arabisch, um dieses Wort zu verstehen. Dann rief Joahir nach oben, und eine ältere Frau kam hereingelaufen. Bei ihrem Anblick machte mein Herz einen Satz: Sie sah – ebenso wie der Mann da draußen – aus wie eine Nuba. Joahir befahl ihr, ein paar Matratzen aus der Ecke zu holen und sie für uns auf den Boden zu breiten. Währenddessen standen Abdul Azzim und seine Frau zusammen und redeten. »Ich bin den ganzen Tag und die ganze Nacht gefahren«, beschwerte sich Abdul Azzim. »Ich schaffe das nicht mehr allein. Ich brauche jemanden, der mir hilft, einen Assistenten oder so.«

Joahir nickte verständnisvoll. »Wo hast du diese Mädchen aufgetrieben?«, fragte sie dann. »Waren sie teuer?«

»Hör zu, ich bin müde. Lass mich zuerst duschen«, entgegnete Abdul Azzim. »Wenn Asha die Mädchen hier versorgt hat, erzähle ich dir alles.«

Offenbar war Asha der Name der älteren Frau, die wie eine Nuba aussah. Abdul Azzim und seine Frau zogen sich nach oben zurück. Asha blieb bei uns, um uns mit den Matratzen zu helfen. Sie empfahl uns, ein bisschen auszuruhen, bis sie wiederkäme. Kaum war sie weg, bestürmten mich die anderen Mädchen mit Fragen. »Wo, glaubst du, sind wir? Wem gehört dieses Haus? Was passiert jetzt mit uns?« Ich antwortete, wir seien wahrscheinlich in Khartoum, denn Abdul Azzim habe schließlich gesagt, wir würden dorthin fahren. Ansonsten wisse ich nur, dass wir in einem fremden Haus in einer fremden Stadt, Hunderte von Kilometern entfernt von zu Hause, eingesperrt seien.

Etwa zwanzig Minuten später kehrte Asha zurück und stellte Joghurt und Brot für uns auf den Boden, dazu fünf Löffel zum Essen. Wir waren ausgehungert, und als Asha bemerkte, dass wir nicht zugriffen, erkundigte sie sich nach dem Grund. Wir erwiderten, wir wüssten nicht, was wir mit den »glänzenden Metalldingern« anfangen sollten. Asha stieß ein dunkles, freundliches Gelächter aus, das direkt aus ihrem Bauch zu kommen schien. Dann griff sie nach einem der Löffel, nahm damit ein wenig Joghurt auf und steckte ihn in den Mund. Sie schluckte und grinste breit. »Köstlich!«, verkündete sie. »Nun probiert es selbst.«

Nachdem sie jeder von uns einen Löffel gereicht hatte, versuchten wir unser Bestes. Aber der Großteil des Joghurts landete nicht in unseren Mündern, sondern auf dem Boden und in unseren Gesichtern. Nach der ersten Kleckerei gaben wir es auf, rissen das Brot in Streifen und tunkten damit den Joghurt auf, wie wir es auch zu Hause taten. Asha hatte Recht. Es war wirklich köstlich. Sie hatte viel Zucker hineingegeben, und in wenigen Sekunden war alles vertilgt.

Nach dem Essen kam Abdul Azzim und erkundigte sich, ob eine von uns zur Toilette wolle. Wir mussten alle fünf. Also folgten wir ihm die Kellertreppe hinauf und durch den Hof in eine Außentoilette. Abdul Azzim erklärte uns, dass dort ein Seil von der Decke hinge. Wenn wir fertig seien, müssten wir an dem Seil ziehen, dann würde die Toilette durch Wasser gereinigt.

Noch nie hatte ich eine so schöne Toilette gesehen. Boden und

Wände waren mit glänzenden weißen Vierecken bedeckt, und im Boden befand sich nur ein kleines Loch zum Hineinpinkeln. Als ich mich hinkauerte, bemerkte ich etwas, das über mir baumelte. Es bestand aus Metall und erinnerte mich ein wenig an eine Schlange. Ich musste plötzlich an die Schlangen in unserer »Toilette« in den Nubabergen denken. Nachdem ich fertig war, zog ich an der Metallschnur, und zu meiner großen Überraschung stieß die Toilette ein lautes Gurgeln aus und spülte.

Schließlich wurden wir zum Schlafen zurück in den Keller geführt. Ich wollte gerade einnicken, als Asha leise ins Zimmer kam. Sie legte sich in ein Bett neben dem Lagerraum, bemerkte dann aber, dass ich noch wach war.

»Du schläfst ja nicht, *beti* – meine Tochter«, flüsterte sie freundlich.

»Ich bin so müde und möchte gerne schlafen, aber ich kann nicht, *khalti* Asha – Tantchen Asha«, erwiderte ich leise.

Asha setzte sich zu mir. »Wenn du ganz leise bist, können wir ein bisschen reden«, tuschelte sie. »Aber wenn sie uns sprechen hören, kommen sie runter und wollen wissen, warum wir noch wach sind. Also ganz, ganz leise. Einverstanden, meine Tochter?«

»Ja, Tantchen, ich bin ganz leise«, sagte ich. »Ich heiße Mende.«

»Woher bist du?«, fragte sie.

»Aus den Nubabergen«, antwortete ich.

»Ich auch«, entgegnete sie. »Von welchem Stamm?«

»Vom Stamm der Karko«, sagte ich.

»Die Karko kenne ich nicht«, meinte sie. »Aber es reicht, dass du eine Nuba bist und ich auch.«

Asha umarmte mich und hielt mich ein paar Minuten fest. Zum ersten Mal nach dem Überfall begegnete ich wieder einem Erwachsenen, der mir menschliche Wärme und Zuneigung entgegenbrachte. Dann hob ich den Kopf, um zu sehen, ob ich festzustellen konnte, aus welchem Stamm sie kam, aber es gelang mir nicht. »Woher bist du, Tante?«, erkundigte ich mich.

»Ach, meine Geschichte ist nichts für dich«, wiegelte sie ab. »Sie ist viel zu lang, und du bist ja noch ein Kind. Doch ich werde dir er-

zählen, wie lange ich schon in Khartoum in Abdul Azzims Haus bin: seit über zwanzig Jahren.«
»Über zwanzig Jahre!«, rief ich aus. »Was ist mit deiner Mutter und mit deinem Vater geschehen?«
»Lassen wir das«, entgegnete sie leise. »Warum sagst du mir nicht, wie es bei dir war?«
Ich wollte Asha alles schildern, was sich zugetragen hatte. Doch sobald ich daran dachte, liefen mir schon die Tränen die Wangen hinunter. Asha drückte mich fest an sich und sagte mir, ich solle nicht reden, sondern mich lieber richtig ausweinen.
»Ich weiß, ich weiß«, flüsterte sie, während ich lautlos vor mich hin schluchzte. »Du hast keine Ahnung, ob deine Mutter und dein Vater noch leben oder tot sind.«
»Wie kommst du darauf?«, fragte ich mit tränenerstickter Stimme.
»Weil es bei mir dasselbe ist«, antwortete sie. »Seit zwanzig oder dreißig Jahren habe ich nichts von meinen Eltern gehört. Ich weiß noch immer nicht, ob sie am Leben sind.«
Als ich Ashas Gesicht betrachtete, stellte ich fest, dass sie mich anlächelte. Aber auch ihre Wangen waren nass von Tränen. Also drückte ich sie genauso fest an mich wie sie mich zuvor, und wir weinten gemeinsam über den Verlust unserer Familien.
»Warum hast du deine Familie schon so lange nicht gesehen?«, brachte ich schließlich heraus.
»Tja, du weißt ja, was mit dir passiert ist. Und genauso war es bei mir, als ich gerade zehn Jahre alt war. Ich war noch sehr klein, wie du jetzt, und ich möchte diese Zeit am liebsten vergessen. Ich wurde gefangen genommen und hierher gebracht. Und seitdem bin ich hier. Ich weiß nicht, was ich dir sonst sagen soll. Ich kann dir nur raten, Geduld zu haben und alles zu tun, was man von dir verlangt. Wenn nicht, schlagen sie dich.«
»Wer wird mich schlagen?«
»Du wirst nicht lange hier bleiben. Bald wird man dich in ein anderes Haus schicken.«
»In was für ein anderes Haus?«
»Dieser Mann, Abdul Azzim, bringt viele Mädchen wie dich

hierher. Jede Woche sind es neue. Und dann kommen andere Araber und nehmen diese Mädchen mit zu sich nach Hause.«
»Wozu?«, erkundigte ich mich.
»Damit sie für sie arbeiten.«
»War das bei dir auch so?«
»Ja. Zuerst habe ich zwanzig Jahre lang bei Abdul Azzims Mutter und Vater gelebt. Nach ihrem Tod hat Abdul Azzim mich zu sich ins Haus geholt. Und jetzt bin ich seit etwa zwanzig Jahren hier.«
Asha küsste mich auf den Scheitel und brachte mich ins Bett. Als ich am nächsten Morgen aufwachte, grübelte ich immer noch über ihre Worte nach.
Abdul Azzim hatte im Keller eine große Kiste voller Kinderkleider und forderte uns am Morgen auf, uns etwas in unserer Größe auszusuchen. Danach mussten wir nach draußen, um zu duschen. Beim Duschen sollten wir auch unsere Kleider waschen und anschließend die neuen Sachen anziehen, die er uns gegeben hatte.
Im Waschraum hatten wir die erste richtige Begegnung mit einem Spiegel. Wir hatten keine Ahnung, woraus dieser bestand oder wie er funktionierte, aber wir vermuteten, dass es so war, als ob man in Wasser schaute. Wenn es in den Nubabergen viel regnete, konnte man in einem Tümpel einen Blick auf das eigene Spiegelbild erhaschen, doch das war längst nicht so deutlich wie in einem echten Spiegel. Wir standen da, schnitten Grimassen, streckten uns die Zunge heraus und konnten wieder ein wenig lachen. Dann betrachteten wir einander und erörterten, wer die Schönste von uns sei. Die anderen Mädchen meinten, ich sei die Schönste, weil ich das längste Haar und die hellste Haut hätte.
Nach dem Waschen hatten wir nichts mehr zu tun. Also bat ich Asha, uns ein paar kleine Steine zu besorgen, damit wir *kak*, das Steinspiel, spielen konnten. Aufgeregt setzten wir uns dann in einen Kreis und fingen an. Bald hallte der Keller von aufmunternden Rufen und Gelächter wider. Doch nachdem wir etwa eine halbe Stunde gespielt hatten, streckte Joahir verärgert den Kopf zur Tür herein.
»Was soll das?«, blaffte sie uns an.

Da ich die Älteste war, lag es an mir zu antworten. »Wir spielen nur das Steinspiel«, sagte ich leise.
»Was? Das Steinspiel? Wozu, glaubt ihr, dass ihr hier seid? Zum Spielen? Ich fürchte, zum Spielen habt ihr keine Zeit. Überhaupt keine. Ich habe Arbeit für euch. Los, kommt«, befahl sie uns. »Alles nach oben in den Garten.«
Es war schön, draußen in der Sonne und an der frischen Luft sein zu können, doch kurz darauf kam Joahir mit einem riesigen Sack voller Zwiebeln und einer großen Schüssel zurück. »Wenn ihr alle geschält habt«, erklärte sie uns, »müsst ihr sie in ganz dünne Scheiben schneiden. Dass sie mir nur nicht zu dick werden. Habt ihr das verstanden?«
Wir setzten uns im Kreis um den Sack. Nach ein paar Minuten Zwiebelschälen liefen uns allen die Tränen übers Gesicht. Ich rief Asha, die ich an einem Fenster sah, zu, sie solle uns doch Gesellschaft leisten. Aber sie erwiderte, sie hätte eine Menge zu tun, da an diesem Vormittag viele Gäste erwartet würden. Wenig später hörte ich sie vorne am Haus ankommen, dann drangen aus den oberen Zimmern Gelächter und laute Gespräche zu uns herunter.
Beim Zwiebelschälen beobachtete ich den alten Nuba, der den Hof fegte. Danach wusch er das Auto, und anschließend putzte er den Balkon, wo die Gäste später sitzen sollten. Als ich so dasaß, während sich Asha in der Küche und der alte Nuba im Haus zu schaffen machten, fielen mir Ashas Worte der vergangenen Nacht ein. »So werde ich auch enden«, dachte ich mir. »Ich werde für Araber arbeiten, so wie Asha und der alte Mann.«
Zum ersten Mal seit meiner Gefangennahme wurde mir klar, was die Zukunft offenbar für mich bereithielt. Ich fühlte mich elend und konnte immer noch nicht fassen, dass ich es war, der das passierte.
Nach etwa einer Stunde kamen die beiden Kinder von Abdul Azzim in den Garten gelaufen. Der Junge war ungefähr sieben Jahre alt, das Mädchen schätzungsweise fünf. Zuerst beschäftigten sie sich mit ihren Spielsachen, aber dann bemerkte uns das Mädchen. »Schau mal!«, meinte sie zu ihrem Bruder. »Findest du nicht, dass

diese Mädchen komische Haare haben?« Sie rannte auf mich zu und nahm eine meiner Haarlocken zwischen zwei Finger, ganz vorsichtig, als wäre sie ein Wurm oder sonst etwas Ekliges.
»Fass ihre Haare nicht an!«, schrie ihr Bruder und stürmte herbei. »Sie sind widerlich und stinken!«
Offenbar hatte Joahir sie gehört, denn sie beugte sich aus dem Fenster und rief zu ihnen hinunter: »Spielt nicht da drüben. Da ist es schmutzig! Außerdem werden euch die Zwiebeln in den Augen brennen. Geht und spielt im Vorgarten, wenn ihr schon unbedingt draußen sein müsst.«
Als wir mit dem ersten Sack Zwiebeln fertig waren, brachte Joahir uns einen zweiten. »Ich will, dass ihr heute all diese Zwiebeln schält«, sagte sie. »Morgen habe ich etwas anderes für euch zu tun.«
Zum Mittagessen brachte uns Asha Salat, Reis und Linsen. Sie setzte sich zu uns und plauderte und lachte die ganze Zeit, um uns aufzumuntern. Sie erklärte uns, das Essen, das wir vorbereiteten, sei für das muslimische Fest Ramadan bestimmt, das später im Jahr stattfände. Die Zwiebeln würden mit gehackten Chilischoten, Knoblauchzehen und Fleischstücken zum Trocknen in die Sonne gelegt.
»Was passiert in diesem Zimmer?«, fragte ich Asha. »Dort, wo all die Leute reden und trinken?«
»Oh, das ist ihr schönstes Zimmer«, erwiderte Asha. »Ich muss es sehr sauber halten. Dort empfängt Abdul Azzim seine Gäste. Ein großer Tisch und Stühle stehen darin, für zwölf oder mehr Menschen. Ziemlich viel Arbeit, das Essen für alle zu kochen.«
Kurz darauf führte Joahir einige der Gäste in den Garten. Sie traten aus der Hintertür, standen da und sahen uns bei der Arbeit zu. Es waren vier Frauen Mitte dreißig, die mich in ihren wunderschönen Kleidern an Prinzessinnen erinnerten. Sie hatten langes, sorgfältig frisiertes Haar und trugen goldene Armbänder und Halsketten. Trotz des Zwiebeldunstes stieg mir ihr Duft in die Nase. Damals glaubte ich, dass diese Frauen von Natur aus so rochen, obwohl es selbstverständlich an ihrem Parfüm lag.

»Das ist ja prima, Joahir«, flötete eine von ihnen. »Du bringst sie her, lässt sie für dich arbeiten, und sie erledigen alles, was du für den Ramadan brauchst. Hast du vielleicht ein Glück! Ich habe noch gar nicht mit den Vorbereitungen für Ramadan angefangen, und niemand nimmt mir die Arbeit ab. Du weißt ja, wie das Fleisch und die Zwiebeln stinken. Ich ertrage es nicht, sie anzufassen! Ich bräuchte auch ein paar *abid*, die das für mich machen.«

Als ich dieses Gerede hörte, wurde ich sehr wütend. Sie sprach von uns, als wären wir Tiere oder als hätte Allah sie als etwas Besseres erschaffen. Ich aber wusste, dass das nicht stimmte. Als ich ein kleines Mädchen war, hatte mein Vater mir erklärt, dass Gott uns alle gleich gemacht hatte. Ich wünschte ihn mir so sehr an meiner Seite, denn ich konnte mir gut vorstellen, was er den Frauen erwidert hätte: »Meine Tochter ist das Kostbarste auf der ganzen Welt. Wagt nicht, so über sie zu sprechen!« Diese Frauen mochten aussehen und duften wie Prinzessinnen, ihre Worte waren grausam und böse.

Als sie wieder weg waren, erklärte mir Asha, dass Abdul Azzim immer ein großes Fest veranstaltete, wenn er Mädchen wie uns ins Haus brachte. »Sie laden all diese Leute ein, damit sie sich die Mädchen anschauen und entscheiden können, ob sie eines von ihnen mitnehmen wollen. So war es bei mir vor vielen Jahren auch. Ich sage euch das nur, damit ihr später mal keinen Ärger bekommt, wenn man euch von hier fortholt«, sprach Asha weiter. »Und eines schreibt euch hinter die Ohren: Wenn sie euch etwas befehlen, tut ihr es. Ihr müsst allen ihren Anweisungen gehorchen.«

Am nächsten Tag erhielten wir den Auftrag, riesige Fleischbatzen in Streifen zu schneiden und sie an einem quer über den Hof gespannten Seil zum Trocknen aufzuhängen. Am dritten Tag brachte uns Joahir einen Sack Kichererbsen, die wir schälen sollten. Anschließend mussten wir sie in einem Mörser mit ein wenig Öl zu einem Brei zermahlen. Dieses Kichererbsenmus wurde als *humus* in Gläser abgefüllt und bis zum Ramadan im Kühlschrank aufbewahrt. Am Ende des dritten Tages waren meine Hände rot, voller Wasserblasen und wund gescheuert. Aber ich wusste, dass es

zwecklos war, sich zu beschweren. An diesem Abend befahl uns Joahir, ein zweites Mal zu duschen.
»Aber wir haben doch schon heute Morgen geduscht«, protestierte ich, ohne nachzudenken. »Wir sind zu müde, um noch mal zu duschen.«
»Ich sagte, ihr müsst jetzt duschen!«, zischte Joahir mit blitzenden Augen. »Also los. Und danach zieht ihr saubere Kleider an.«
Nach dem Duschen brachte uns Asha etwas zu essen in den Keller. Unsere Abendmahlzeit bestand aus Brot, Marmelade und ein wenig Milch. Als Asha sich zu uns setzte, merkte ich ihr an, dass sie sich Sorgen machte.
»Gib ihr keine Widerworte, Mende«, flüsterte sie. »Du musst ihr gehorchen. Wenn sie dir befiehlt zu duschen, dann tu es. Und damit basta. Oder willst du, dass sie dich schlägt?«
»Nein, Tantchen Asha«, erwiderte ich und schüttelte den Kopf. »Natürlich will ich nicht geschlagen werden. Aber wir waren so müde.«
»Asha, noch nie in meinem Leben habe ich so hart arbeiten müssen«, klagte Ashcuana und zeigte ihre geröteten, blutigen Hände vor. »Warum schindet sie uns so?«
»Ich weiß, ich weiß«, entgegnete Asha. »Glaubt mir, wenn ihr meine Kinder wärt, würde ich euch nicht so schuften lassen. Aber so sind diese Araber nun mal. Ihr müsst euch daran gewöhnen.«
Nach dem Essen setzte ich mich zu Ashcuana, um ihr das Haar zu flechten. Es war sehr kurz und borstig, aber wenn ich es zu festen Zöpfen drehte, würde es ein paar Tage lang so bleiben.
»Weißt du noch, wie wir bei unserer Ankunft das Holzding mit dem Licht darauf gesehen und es für einen Baum gehalten haben?«, meinte Ashcuana. »Es war kein Baum, sondern eine Lampe!«
»Ja«, antwortete ich lächelnd. »Und als wir durch die Stadt fuhren, dachten wir, dass große Autos kleine zur Welt bringen!«
Eine Weile plauderten wir so weiter, und bald krümmte sich Asha vor Lachen.
Jetzt war der Zeitpunkt, Asha eine Frage über den Keller zu stellen, die mich schon seit unserer Ankunft beschäftigte: »Warum ist

dieses große Zimmer unter der Erde? Nur Gräber sind unter der Erde, und die sind für die Toten da. Aus welchem Grund haben sie all diese Zimmer und Stufen gebaut, mit denen man hoch hinaufsteigen kann, und ihr Haus dann auf ein großes Grab gestellt?«
»Als ich im Haus von Abdul Azzims Vater lebte, steckten sie mich in den Keller, genau wie euch«, erwiderte Asha. »Und ich hatte ebenso große Angst wie ihr. Ich dachte, dass es da unten viele Geister gibt, weil ich das Loch im Boden für ein Grab hielt. Aber ich musste da unten bleiben, ganz allein, nicht zu fünft wie ihr Mädchen. Stellt euch vor, wie das für mich gewesen ist! Aber so bauen die Araber eben ihre Häuser.«
Wir wurden von Joahir unterbrochen, die einige Frauen und deren Männer in den Keller begleitete. Unser Geplauder und Lachen verstummte, und Asha stand wortlos auf und ging. Dann wiederholte sich die Szene vom Garten. Die Araberinnen kamen langsam näher und blieben stehen, um uns anzustarren.
»Oh ... diesmal hat Abdul Azzim aber sehr hübsche Mädchen mitgebracht«, meinte eine der Frauen zu Joahir. »Sie sehen viel besser aus als die letzten. Und sie scheinen auch sauber zu sein.«
»Ja«, antwortete Joahir lächelnd. »Wir sorgen dafür, dass sie morgens und abends duschen. Also zweimal täglich.«
»Ach, und das stört sie nicht? Ausgezeichnet. Ich überlege gerade, ob ich eine von ihnen nehmen soll. Was denkst du, Joahir?«
»Tja, das ist Ashcuana und das ist Ammo«, sagte Joahir und zeigte nacheinander auf uns. »Sie haben wirklich alberne, unaussprechliche Namen. Das da ist Mende, das kann man sich wenigstens merken. Aber es spielt sowieso keine Rolle. Wenn du eine nimmst, kannst du ihren Namen ja ändern. Also, welche gefällt dir am besten?«
»Ach, nicht jetzt, so schnell kann ich mich nicht entscheiden«, erwiderte die Frau kopfschüttelnd. »Ich rufe dich morgen an und gebe dir Bescheid.«
»Wenn du zu lange zögerst, schnappt sie dir jemand vielleicht vor der Nase weg«, warnte Joahir.
»Also gut«, meinte die andere Frau lachend. Sie musterte uns eine

Weile und wandte sich dann an Joahir: »Lass uns raufgehen, einen Kaffee trinken und darüber reden.«
Als sie die Treppe hinaufstiegen, hörte ich, wie Joahir nach Asha schrie: »Schnell, Asha, mach Kaffee für meine Gäste.«
»Ja, Herrin«, antwortete Asha. »Natürlich Herrin. Sofort.«

13
Verkauft

Als Asha nach unten kam, um sich schlafen zu legen, war ich noch mit Ashcuanas Haar beschäftigt. »Ihr seid noch wach?«, tadelte Asha sanft. »Immer noch nicht fertig?«
»Gleich ist es so weit«, erwiderte ich und blickte auf.
»Oh, es ist wirklich sehr hübsch«, meinte Asha. »Wie gerne würde ich mir auch von dir so die Haare flechten lassen, aber ich habe einfach nicht die Zeit.« Schweigend beobachtete sie uns eine Weile. »Mende, hör mir zu«, fuhr sie dann fort. »Ich habe gerade erfahren, dass du vielleicht morgen fortmusst.«
»Wohin?«, fragte ich und ließ vor Schreck die letzten Haarsträhnen auf Ashcuanas Kopf los.
»Du erinnerst dich doch an die Frauen, die vorhin im Keller waren. Nun, ich glaube, eine von ihnen wird dich mitnehmen.«
»Woher weißt du das?«
»Als ich ihnen den Kaffee ins Wohnzimmer brachte, habe ich ihr Gespräch belauscht«, erwiderte Asha. »Ich bin so lange geblieben, wie es ging, um mitzuhören. Joahir sagte zu einer der Frauen: ›Also, hast du dich entschieden? Welche möchtest du?‹ ›Wie heißt sie noch mal?‹, antwortete die Frau. ›Weißt du, ich kann mir die Namen einfach nicht merken. Es war die mit dem einfachsten Namen.‹ ›Meinst du Mende?‹, fragte Joahir. ›Ja, das ist sie. Sie scheint ein tüchtiges Mädchen und recht klug zu sein‹, sagte die Dame. ›Ja, sehr tüchtig‹, erwiderte Joahir. ›Sie war mir wirklich eine große Hilfe und hat das ganze Essen für Ramadan vorbereitet. Ich glaube, sie hat mehr Bildung als die anderen. Du hast eine ausgezeichnete Wahl getroffen.‹ ›Ja, das denke ich auch‹, antwortete die Dame. Und dann meinte Joahir: ›Also gut. Wenn Abdul Azzim zurück ist,

gebe ich ihm Bescheid. Die Einzelheiten musst du mit ihm besprechen. Am besten rufst du morgen an.‹«

»Ich gehe nicht weg«, sprudelte ich hervor und brach in Tränen aus.

»Tut mir Leid«, sagte Asha und umarmte mich. »Es tut mir so Leid für dich. Ich wollte es dir schon vorab beibringen, damit es nicht so ein Schock ist.«

»Mende kann aber nicht alleine weg«, protestierte Ashcuana, die inzwischen auch weinte. »Ich will mitkommen.«

»Ich weiß, Ashcuana«, seufzte Asha bedrückt. »Doch das geht nicht. Auch dich wird jemand mitnehmen. Vielleicht seht ihr euch nie wieder.«

Ich merkte Asha an, wie schwer es ihr fiel, uns das zu erklären. »Komm, Mende, Kopf hoch. Alles wird gut«, sagte sie und nahm mich an der Hand. »Schlaf bei mir im Bett. Du kannst dich die ganze Nacht an mich kuscheln. Hilft dir das ein bisschen?«

Asha nahm mich in ihre molligen Arme und wiegte mich sanft in den Schlaf. In jener Nacht träumte ich, dass ich bei meinem Vater in unserer Hütte schlief. Doch jedes Mal, wenn er mich umarmen wollte, entglitt ich ihm und entfernte mich immer weiter. Als Asha am nächsten Morgen aufstehen wollte, versuchte ich, sie zurückzuhalten. Ich glaubte, dass niemand mich wegholen könnte, wenn ich mich nur an ihr festklammerte. Aber sie befreite sich sanft aus meinem Griff, und als sie ging, sagte sie noch, dass dies ja noch nicht der Abschied sei.

Ich lag in Ashas Bett, fühlte mich einsam und verlassen und wünschte mir verzweifelt, bei Asha und den anderen Mädchen bleiben zu können. Und da das nicht möglich war, dachte ich an Flucht. Allerdings wusste ich, dass die Türen zum Haus und zum Garten und das Tor zur Straße immer verschlossen waren. Und was sollte ich tun, selbst wenn es mir gelang, aus dem Haus zu schlüpfen? Ich, ein kleines Nubamädchen, würde ganz allein in dieser riesigen arabischen Stadt sein, wo ich mich nicht auskannte und keine Freunde hatte.

Ich hörte, dass einige der übrigen Mädchen aufwachten. »Heute muss ich wahrscheinlich fort«, sagte ich leise.

»Was? Warum? Wohin denn?«, fragten sie.
»Joahir hat eine Dame gefunden, die mich mitnehmen will, damit ich bei ihr wohne«, murmelte ich. Bis jetzt hatte ich immer versucht, in Gegenwart der anderen Stärke zu zeigen, denn schließlich waren sie jünger als ich. Nun jedoch brach ich zusammen und weinte hemmungslos. »Ich will nicht weg«, schluchzte ich. »Ich will hier bleiben. Ich will euch nicht verlassen.«
Sie liefen auf mich zu, setzten sich zu mir auf Ashas Bett. »Keine Angst, Mende. Wein nicht«, sagten sie, streichelten mir das Haar und hielten meine Hände. »Vielleicht passiert es ja doch nicht. Woher weißt du, dass du wegmusst? Wer hat es dir erzählt?«
»Asha«, schluchzte ich. »Sie hat belauscht, wie Joahir mit einer der Damen darüber gesprochen hat.«
In diesem Moment hörten wir Schritte auf der Treppe. Alle Mädchen rannten zur Tür. Als klar war, dass es Asha mit dem Frühstück war, umringten sie sie und bestürmten sie mit Fragen.
»Wer hat euch gesagt, dass Mende fort muss?«, erkundigte sich Asha vorsichtig und stellte das Frühstückstablett ab. »War es Mende selbst? Nun, ja, ich glaube, dass sie heute geht. Aber wisst ihr, ihr alle müsst bald weg. Und dann bin ich wieder ganz allein. Das habe ich euch doch alles schon erklärt. Mir ist klar, wie schwer es euch fällt, und es tut mir sehr Leid. Aber wir sind machtlos dagegen.« Asha blickte zum Bett hinüber, wo ich saß. »Mende, erinnerst du dich an das, was ich dir gesagt habe?«
»Nein.«
»Ich habe dir gesagt, dass du alles tun musst, was sie dir befehlen. Wenn du nicht gehorchst, schlagen sie dich. Und wenn du nicht geschlagen werden willst, musst du gehorchen.«
»Ja, das hast du gesagt«, schluchzte ich.
»Mende, vielleicht werden wir uns nie wiedersehen«, meinte Asha leise zu mir, legte die Arme um mich und wiegte mich auf dem Bett hin und her. »Ich darf dieses Haus nicht verlassen. Und dir wird dein Herr sicher auch nicht erlauben, aus dem Haus zu gehen.«
Ein Rufen von oben unterbrach uns. »Asha, wo steckst du! Warum

bist du nicht in der Küche?«, schrie Joahir. »Bist du noch immer im Keller? Was machst du denn da unten?«
»Setzt euch und esst euer Frühstück«, flüsterte Asha streng. »Ja, Herrin. Entschuldigung, Herrin«, rief sie zu Joahir hinauf. »Ich bin im Keller und frühstücke, es dauert nicht mehr lang.«
Wir hörten Joahir oben herumpoltern. Dann rief Abdul Azzim ihr zu: »Joahir, kannst du nicht doch mitkommen? Ich habe in der Stadt etwas zu besorgen.«
»Nein, fahr nur allein«, erwiderte Joahir. »Ich muss diesen *abid* noch mehr Arbeit geben.«
Die Vordertür fiel zu, als Abdul Azzim das Haus verließ. Dann brüllte Joahir wieder die Treppe hinunter: »Asha, beeil dich! Und die Mädchen sollen sich fertig machen. Es gibt viel zu tun.«
Den restlichen Vormittag schälten wir Chilischoten, zermahlten sie und bestreuten sie mit Salz. Anschließend mussten wir die Fleischstreifen damit einreiben. Bald fraß sich das Chilimus in die Schnittwunden und Blasen in meiner Hand, und es tat höllisch weh. Abends dann saßen wir im Keller und aßen, als ich das Geräusch hörte, vor dem ich mich gefürchtet hatte: Es läutete an der Tür. Kurz darauf drang das vergnügte Geplauder von Frauen aus dem Wohnzimmer zu uns herunter. Ein wenig später kam Asha.
»Mende«, meinte sie sanft. »Die Frauen, die gestern schon da waren, sind wieder hier. Ich glaube, sie holen dich heute Abend ab.«
»Ich will nicht.«
»Sag das nicht«, erwiderte Asha leise. »Ich habe dir doch schon erklärt, dass du dich nicht weigern kannst. Du hast keine Wahl. Und mach nicht so ein finsteres Gesicht, Mende, sie könnten es dir übel nehmen.«
Bedrückt schweigend saßen wir im Keller. Die Mädchen um mich herum waren Nuba, von meinem Volk, und außerdem meine besten Freundinnen. Für kurze Zeit waren sie meine Familie gewesen, und ich hatte sonst niemanden, dem ich vertrauen konnte. Die Araberinnen verbrachten eine Ewigkeit im Wohnzimmer. Wollten sie mich heute wirklich mitnehmen?, fragte ich mich. Oder waren sie nur hier, um Joahir zu besuchen?

Schließlich brach Ashcuana das Schweigen. »Wenn sie dich holen, Mende, wann werden wir dich dann wiedersehen?« Es war die Frage, die uns alle beschäftigte.
»Vielleicht musst du dich für immer von Mende trennen«, entgegnete Asha nach einer Weile. »Und deshalb solltest du uns allen jetzt Lebewohl sagen, Mende. Es kann sein, dass du später nicht mehr die Möglichkeit dazu hast.«
»Nein, ich will mich nicht verabschieden«, erwiderte ich schluchzend. »Ich verabschiede mich, wenn die Frau kommt, um mich zu holen.«
»Wenn die Frau kommt, Mende, ist es zu spät dafür. Dann musst du einfach gehen«, erwiderte Asha. »Also tu es jetzt.«
Ich nickte und wandte mich an die anderen Mädchen. »Ihr wisst, dass ich euch möglicherweise nie wiedersehe, wenn sie mich mitnehmen«, sagte ich, und die Tränen liefen mir übers Gesicht. »Das hat Asha gerade erklärt. Ich liebe euch und ich will nicht weg.«
Wir alle weinten. Ich umarmte die Mädchen eine nach der anderen, zuletzt Ashcuana. In diesem Moment rief Joahir die Treppe hinunter: »Asha, bist du noch im Keller?«
»Ja, Herrin!«, antwortete Asha.
»Dann komm rauf und bring Mende mit!«
Asha nahm mich an der Hand und führte mich zur Treppe. Nun wusste ich, dass es so weit war, ich wurde abgeholt.
»Asha, du treibst dich in letzter Zeit ständig im Keller herum«, tadelte Joahir vorwurfsvoll. »Warum denn nur? Mit den anderen Mädchen hast du doch auch nicht so viel Zeit verbracht. Warum ausgerechnet mit diesen hier?«
Asha senkte nur den Kopf, starrte zu Boden und ließ die Schultern hängen.
»Du vernachlässigst sogar deine Arbeit, um bei ihnen zu sein. So kann das nicht weitergehen.«
»Nein, Herrin«, erwiderte Asha leise.
»Also gut. Und jetzt ab mit dir in die Küche. Dort steht ein Berg Abwasch für dich.«
Ich hatte Mitleid mit Asha. Sie war mindestens zehn Jahre älter als

Joahir, und in unserer Kultur wurden alte Menschen stets geachtet. Sie tat mir so Leid, als ich ihr nachblickte, wie sie in der Küche verschwand.

An der Wohnzimmertür wurde ich stehen gelassen. Drinnen saßen die drei Araberinnen, die ich vom Vorabend wiedererkannte, mit Joahir und Abdul Azzim zusammen. Niemand achtete auf mich; sie plauderten einfach weiter. Es war das erste Mal, dass ich den oberen Teil des Hauses zu Gesicht bekam. Der Boden wirkte wie eine schimmernde Wasserfläche, in der sich sogar die Menschen spiegelten. Zögernd machte ich den ersten Schritt in den Raum und setzte vorsichtig einen Fuß vor den anderen. An jeder Wand stand ein riesiges Holzsofa mit weißen Polstern. In den Ecken befanden sich Tische aus poliertem Holz mit je einem runden Spiegel darauf und einer Blumenvase. Neben jedem Tisch prangte eine hohe Stehlampe. Die Vorderseite des Hauses war mit einem prächtigen Balkon versehen. Er hatte silbrige Fliesen und ein weißes Metallgeländer. Zwei holzvertäfelte Türen führten hinaus auf diesen Balkon. Nun waren sie offen, um die Abendluft hereinzulassen. Durch eine weitere Tür kam man in ein großes Nebenzimmer. Als ich hineinspähte, sah ich einen riesigen Tisch aus poliertem Holz mit Stühlen darum herum, und auf allen Seiten Schränke mit Glastüren, die silbernes Geschirr und viele Reihen Gläser enthielten.

Zum ersten Mal wurde mir klar, wie reich Abdul Azzim und seine Frau wirklich waren. Und ich überlegte mir, wie diese Menschen mit ihren schönen Kleidern und ihren palastähnlichen Häusern nur so grausam sein konnten. Warum behandelten sie Asha, mich und die anderen Mädchen so schlecht, obwohl wir nichts besaßen? Wenn die vielen schönen Dinge und all das Geld mir gehört hätten, hätte ich es benutzt, um anderen Leuten zu helfen.

In diesem Moment standen die Damen auf, und Abdul Azzim wandte sich an mich. »Mende, du gehst mit dieser Dame«, sagte er und wies auf eine von ihnen. »Du musst ihr gehorchen, denn sie ist jetzt deine Herrin.«

Ich sah die Frau an, aber sie achtete nicht auf mich und plauderte weiter über das Wetter und den bevorstehenden Ramadan. Als sie

aufbrechen wollte, fiel Joahir noch etwas ein. »Ach, warte«, meinte sie. »Fast hätte ich es vergessen: Sie hat noch eine Garnitur Kleidung. Asha!«, rief sie. »Lauf runter und hol Mendes zweites Kleid.«
»Schon gut«, sagte ich. »Ich hole es selbst.« Ich hoffte, so meine Freundinnen noch ein letztes Mal sehen zu können.
»Nein, ich habe Asha befohlen, es zu holen!«, brüllte Joahir mich an.
»Ich habe gedacht, ich könnte mich noch von meinen Freundinnen verabschieden«, stammelte ich.
»Also hör mal, du hast, seit du hier bist, jeden Tag mit deinen Freundinnen verbracht«, fuhr Joahir mich gereizt an. »Soll das heißen, dass du trotzdem keine Zeit hattest, dich von ihnen zu verabschieden? Ich glaube dir kein Wort. Außerdem siehst du sie sowieso nicht wieder.«
Am liebsten hätte ich ihr die passende Antwort gegeben, doch da sah ich Asha in der Küchentür stehen. Sie hielt den Finger an die Lippen und zupfte sich heftig am Ohr, als wollte sie mir sagen: »Widersprich nicht. Lass sie einfach reden.«
Während Asha nach unten lief, um meine Sachen zu holen, folgte ich Joahir, Abdul Azzim und den drei Frauen zur Vorderseite des Hauses. Sie riefen nach ihrem Fahrer, und wir standen im Hof und warteten. Da kam Asha mit meinem Kleid aus dem Haus geeilt. Als sie es mir gab, nahm sie meine Hand und drückte sie fest. »Lebe wohl«, flüsterte sie.
»Lebe wohl, Tantchen Asha«, erwiderte ich leise. Meine so genannte Herrin stieg vorne ins Auto, ich setzte mich zu den anderen beiden Frauen nach hinten. Als wir abfuhren, riefen Abdul Azzim und Joahir den Araberinnen zum Abschied etwas nach. Von mir verabschiedete sich niemand.

14
Herrin Rahab

Auf der Fahrt durch Khartoum unterhielten sich die Frauen die ganze Zeit, doch keine wechselte auch nur ein Wort mit mir oder nahm mich überhaupt zur Kenntnis. Man gratulierte Rahab zu ihrer guten Entscheidung. Ich hörte wieder, dass die Frauen mich und die anderen Mädchen als *abid* bezeichneten. Aber ich hatte immer noch keine Ahnung, dass dieses Wort »Sklave« bedeutete.

»Ach, habt ihr es übrigens gesehen?«, sagte eine der Damen auf dem Rücksitz. »Die neue Halskette, die Joahir umhatte? Ich habe dich ins Knie gekniffen, damit du hinschaust.«

»Wie hätte mir die nicht auffallen können!«, erwiderte die Dame, die neben ihr saß. »Sie ist wunderschön. Doch sie hat sicher ein kleines Vermögen gekostet. Meinst du nicht, Rahab?«, fragte sie die Dame auf dem Vordersitz. Also war das der Name meiner so genannten Herrin.

»Natürlich«, antwortete Rahab von vorne. »Aber ihr wisst ja, wie viel Geld diese Leute haben. Wenn sie sich so etwas kaufen wollen, tun sie es einfach. Es ist kein Problem für sie.«

»Na, Rahab«, fuhr eine der beiden Damen fort. »Wenn erst alle mitbekommen, dass du dieses Mädchen im Haus hast, wirst du auch beneidet. Dhalia wird garantiert gelb vor Neid werden und sich gleich selbst eins besorgen.«

»Das kann sie ruhig tun, falls Abdul Azzim bis dahin noch welche hat«, entgegnete Rahab lachend. »Wenn sie keins mehr abkriegt, hat sie eben Pech gehabt.«

Schließlich setzten wir Rahabs Freundinnen ab. Dann fuhren wir schweigend weiter. In Gedanken versunken saß ich hinten im

Auto. Diese Leute behandelten mich, als wäre ich kein Mensch. Bis jetzt war ich immer noch von Nuba wie Asha, Ashcuana und den anderen umgeben gewesen, die freundlich und liebevoll zu mir waren und mich verstanden. Diese Frauen hingegen hatten sich benommen, als wären sie ganz allein auf der Welt. Nach einer Weile hielten wir vor einem großen Eisentor in einer hohen Backsteinmauer. Rahab stieg aus und schloss das Tor auf. Dann wandte sie sich zum ersten Mal an mich: »Los. Aussteigen und mitkommen.« Rahab verschloss das Tor hinter uns, und ich folgte ihr einen langen Kiesweg entlang, der durch einen wunderschönen Obsthain verlief. Wir betraten das Haus durch die Vordertür und gingen in ein riesiges, offenes Wohnzimmer. Die gesamte Vorderseite des Hauses bestand aus einer langen Glasfront. Rahab marschierte voran in einen anliegenden Raum, der sich als Küche entpuppte, und deutete auf einen Hocker in der Ecke. »Setz dich da hin und warte auf mich«, sagte sie.

Sie ließ mich eine Weile in der Küche allein. Ich sah mich um. Ein langer Holztisch und ein paar Stühle waren das Einzige, was ich erkannte. An der Wand hingen Reihen von Holzkisten mit Knöpfen daran. Wie ich bald erfahren sollte, handelte es sich um Einbauschränke, in denen Besteck und Kochutensilien verstaut waren. Unter einer großen, schimmernden, mit Knöpfen und Schaltern versehenen Metallfläche befand sich ein blauer Metallzylinder. Das, so sollte ich noch lernen, war der Gasherd. Ich erkannte nicht einmal den Teekessel, weil ich noch nie zuvor einen gesehen hatte. Mir fiel auf, dass sich in einer glänzenden Metallschale mit Beinen und Röhren darunter eine Unmenge schmutziger Tassen und Teller türmten. Aber damals hatte ich noch keine Ahnung, was ein Spülbecken war.

Rahab kehrte mit einem Araber zurück, vermutlich war es ihr Mann. »Hier ist sie«, verkündete sie und zeigte auf mich. Er stand nur da, betrachtete mich eine Weile und ging wieder. Rahab hatte eine Art weichen Pyjama angezogen, darüber trug sie einen Morgenmantel. Sie kehrte mir den Rücken zu, als sie sich ein Glas Wasser einschenkte. Ihre Haut war ein wenig heller als meine, und ich bemerkte, wie lang und seidig ihr das Haar über den Rücken fiel. Sie war ein wenig größer als ich, aber viel kräftiger gebaut. Für mich sah sie mit ihren hübschen Kleidern und dem wunderbaren Haar sehr schön aus.

Sie drehte sich um. »Mitkommen«, sagte sie. Ich folgte ihr wieder nach draußen und einen Weg neben dem Haus entlang. Dort stand ein kleiner Backsteinschuppen mit einer Holztür. Rahab fischte einen Schlüssel aus der Tasche ihres Morgenmantels und schloss auf. Dann streckte sie die Hand aus und machte Licht. An der Decke baumelte eine nackte Glühbirne. »Da rein, *yebit*«, meinte sie. *Yebit* ist ein gemeines arabisches Schimpfwort und bedeutet wörtlich »Mädchen, das es nicht wert ist, einen Namen zu tragen«. Ich war empört. Zum ersten Mal hatte mich jemand so angesprochen. Ich trat ein. Der Boden bestand aus schmutzigem Linoleum. In einer Ecke standen eine alte Holzkommode und ein kaputter Tisch. An einer Wand lehnte eine dünne Matratze.

»Leg das auf den Boden, *yebit*«, sagte Rahab und deutete auf die Matratze. »Hier wirst du schlafen. Am Morgen hole ich dich und erkläre dir, was du zu tun hast.«

Sie wandte sich zum Gehen. Doch bevor sie die Tür schloss, hielt sie noch einmal inne. »Ach, übrigens, das da ist ein Lichtschalter«, meinte sie und zeigte auf die Wand. »Wenn ich draußen bin, musst du das Licht ausmachen, und zwar, indem du den Schalter so nach oben drückst.«

Sie schloss die Tür, und ich hörte, wie der Schlüssel sich im Schloss drehte. Ich blickte mich in dem winzigen Raum um. Er war entsetzlich schmutzig, so als wäre er jahrelang nicht benutzt worden. Ich machte mich auf die Suche nach etwas, auf dem ich schlafen konnte, und fand in einer Ecke ein zusammengefaltetes Laken, das ich nahm, ausschüttelte und über die Matratze breitete. Dann setzte ich mich, zog die Knie unters Kinn, schlang die Arme um die Beine und rollte mich zusammen, so eng ich konnte. Es gelang mir nicht mehr, mich zu beherrschen, und ich weinte leise in mein Kleid.

Meine Gedanken überschlugen sich. Zuerst dachte ich an Asha und dann an die anderen Mädchen, die jetzt sicher aneinander geschmiegt in Abdul Azzims Keller schliefen. Ich stellte mir vor, wie meine Mutter und mein Vater in unserer gemütlichen kleinen Lehmhütte im Bett lagen. Mein Bruder Babo und Ajeka übernachteten sicher im Männerhaus. Kunyant und ihr Mann schlummerten nebenan in ihrem eigenen Haus. Und ich erinnerte mich an meine Katze Uran, wie sie sich in einer Ecke oder auf meinem Bauch zusammenrollte und schnurrte.

Doch dann stand mir der Überfall wieder vor Augen. Ob meine Familie überhaupt noch lebte und ob es unser Dorf noch gab? Wo war die arme Uran? Trauer überkam mich, doch am schlimmsten war das Gefühl einer absoluten Einsamkeit, wie ich sie noch nie zuvor empfunden hatte. Mein bisheriges Leben hatte ich umgeben von Liebe und Zuneigung verbracht. Und jetzt war ich mutterseelenallein. Schließlich gewann die Erschöpfung die Oberhand, und ich kroch unter das Laken. Es war die erste von vielen Nächten, in denen ich mich in den Schlaf weinte.

Allerdings dauerte es nicht lange, bis ich wieder aufwachte, denn die Kälte der Nacht drang in den Schuppen. Ich stand auf, zog mein zweites Kleid an und rollte mich wie eine Katze zusammen, um mich zu wärmen. Aber ich fror immer noch. Zu guter Letzt legte ich mich quer auf die Matratze, bog die untere Hälfte über mich und kuschelte mich hinein. Nichts half. Die Nacht war grauenvoll.

Früh am anderen Morgen wurde ich von Rahab geweckt, die die Tür aufschloss. »Los, Zeit zum Aufstehen. Hoch mit dir, *yebit*. Geh ins Bad und wasch dich.«

Am Ende des Weges, an der hohen Backsteinmauer, die rings um das Haus verlief, gab es eine Dusche und eine Toilette, so ähnlich wie bei Abdul Azzim. Ich duschte und versuchte mir den Schlaf aus den Augen zu waschen. Dann wollte ich in mein Zimmer zurückkehren, aber Rahab beobachtete mich durchs Küchenfenster.

»Bist du fertig im Bad, *yebit*?«, rief sie mir zu.

Ich nickte.

»Dann komm rein«, sagte sie.

Rahab saß mit ihrem Mann in der Küche am Frühstückstisch. Sie tranken Tee und aßen Plätzchen. »Guten Morgen«, meinte der

Mann, ohne von seiner Zeitung aufzublicken, als ich eintrat. Rahab schnalzte missbilligend mit der Zunge, weil er mich begrüßt hatte, und zeigte auf meinen Hocker. »Setz dich da hin«, befahl sie. Als sie mit dem Frühstück fertig war, gab sie mir ein altes Essgeschirr. »Das sind deine Sachen«, erklärte sie mir. »Davon wirst du essen und trinken.« Sie öffnete einen der Hängeschränke. »Und dort bewahrst du sie auf.« Über Nacht war ein kleiner Metalltisch neben meinem winzigen Hocker erschienen. »Hier isst du«, fuhr sie fort. »Hast du verstanden?«

Ich nickte.

»Und jetzt pass gut auf. Du wirst bei mir wohnen und für mich arbeiten. Du bleibst für den Rest deines Lebens hier. Verstehst du mich? Jetzt darfst du Tee trinken. Wenn du fertig bist, zeige ich dir genau, welche Arbeiten du tun musst.«

Allmählich dämmerte mir, was sie mit mir vorhatte. Ich sollte wie ein Tier, wie ein Hund, gehalten werden und in meiner Zimmerecke von meinem eigenen Geschirr essen. Als ich mit meinem Tee dasaß, begann sie mir zu erläutern, woraus meine Pflichten in ihrem Haus bestanden. Dabei fühlte ich mich wie eine welkende Blume. Am liebsten hätte ich mich in meiner Ecke zusammengerollt oder wäre im Boden versunken. Am liebsten wäre ich gestorben.

»Erstens habe ich zwei kleine Töchter, um die du dich kümmern musst. Ich erwarte, dass du sie sehr gut behandelst. Zweitens musst du das Haus putzen und dafür sorgen, dass alles immer blitzblank und sauber ist. Außerdem musst du den Hof und die Terrasse vor dem Haus fegen.«

Weiterhin sollte ich ihre Kleider waschen und »bügeln« – ich wusste nicht einmal, was ein Bügeleisen war. Doch da ich mich an Ashas Worte erinnerte, nickte ich nur und sagte zu allem »Ja, Herrin«.

Nachdem ich meinen Tee getrunken hatte, befahl sie mir, das Frühstücksgeschirr abzuwaschen. Sie zeigte mir, wie man die Wasserhähne benützte und den Stöpsel abzog, um das Wasser abfließen zu lassen. Dann machte sie mir vor, wie man die Seife mit klarem Wasser vom Geschirr spülte und es zum Trocknen aufstapelte. »Wenn ich dir einmal etwas erklärt habe«, fügte sie hinzu, »sage ich es dir kein zweites Mal. Also wirst du morgen aufstehen und zu arbeiten anfangen, ohne dass ich dich eigens dazu auffordern muss.«

Sie ließ mich am Waschbecken allein. Alles war so seifig, dass ich befürchtete, etwas fallen zu lassen, und es dauerte eine Ewigkeit, bis ich fertig war. Ich hatte solche Angst, ich könnte etwas zerbrechen, und jeden Moment rechnete ich damit, dass sie hereinkommen und mich anschreien würde, weil ich so lange brauchte. Ich zitterte am ganzen Leibe. Als ich alles gespült hatte, kehrte sie zurück und sah nach, ob die Sachen auch sauber waren.

»Ja«, sagte sie. »Gut. So ist es richtig. Also, die Tassen gehören hierhin, die Teller dahin und die Töpfe und Pfannen dorthin. Hier ist ein Geschirrtuch. Du trocknest jetzt alles ab und räumst es an seinen Platz. Verstanden?«

Nach dem Abtrocknen musste ich die Küche putzen. Ich war entsetzt darüber, wie schmutzig sie war. Der Küchenboden war klebrig von Verschüttetem, und selbst im Inneren der Schränke entdeckte ich angetrocknete Lebensmittelreste. Zu Hause in unserem Dorf hatte meine Mutter mich stets zu Ordnung und Sauberkeit angehalten. Auch wenn wir in einer Lehmhütte mit einem gestampften Boden lebten, wurde dieser jeden Tag gefegt. Außerdem hatte meine Mutter mir erklärt, dass ich heiraten würde, wenn ich einmal groß sei – und dann müsse ich meinem Mann ordentlich den Haushalt führen.

Obwohl ich gegen halb acht Uhr morgens mit der Küche angefangen hatte, war ich erst zur Mittagszeit fertig. Der Raum glänzte wie neu, als Rahab hereinkam, um alles zu begutachten. Sie wurde von zwei Kindern begleitet, die offenbar ihre Töchter waren. Eine schien etwa zwei zu sein, die andere ungefähr vier. »Mama, wer ist das?«, fragten die Mädchen, sobald sie mich sahen.

»Sie heißt Mende«, antwortete Rahab. »Sie wohnt jetzt bei uns.«

»Wird sie das Haus putzen und unsere Kleider waschen wie Sadhia? Kommt Sadhia nicht wieder, Mama?«, wollte die Ältere wissen.

»Nein, nein, nicht so wie Sadhia«, erwiderte Rahab. »Sadhia ist zu ihren Eltern zurückgekehrt und will bald heiraten.«

»Aber, Mama, warum ist es bei ihr anders als bei Sadhia, wenn sie auch putzt und unsere Kleider wäscht?«, bohrte das kleine Mädchen.
»Komm, mein Schatz, setz dich und trink ein Glas Milch«, antwortete Rahab und ließ die Töchter am Tisch Platz nehmen. »Nach dem Frühstück gehen wir ins Wohnzimmer, und dann erkläre ich euch alles.«
»Und wenn du mit dem Putzen fertig bist, iss das da«, meinte Rahab zu mir und wies auf die Schale mit Nüssen, die sie auf meinen Tisch gestellt hatte. »Danach komm zu mir, und ich sage dir, was du als Nächstes tun musst.«
Rahab nahm das kleinere Mädchen auf den Schoß und fütterte es mit Butter, Marmelade und Eiern. Ich fragte mich, wer Sadhia war. Wo mochte sie jetzt sein?
Nach dem Essen zeigte Rahab mir das übrige Haus. Es war ein langes, einstöckiges Gebäude, dessen eines Ende die Küche bildete. Ein riesiges Wohnzimmer erstreckte sich fast über die halbe Gesamtlänge. Daran grenzten ein kleinerer »Damensalon«, wo Rahab ihre Freundinnen empfing, und ein konservativ möbliertes Esszimmer. Am anderen Ende des Hauses lagen das Bad und die Schlafzimmer von Rahab und den Kindern.
Rahabs Haus war kleiner als das von Abdul Azzim, aber wunderschön eingerichtet. Die Sofas bestanden aus massivem Holz, und in allen Zimmern standen wertvolle Lampen und Vasen. Im großen Wohnzimmer gab es einen gewaltigen Fernseher, einen Videorecorder und eine Stereoanlage. Auch Rahabs Schlafzimmer verfügte über einen Fernseher, und im Damensalon hatte sie einen dritten. Rahab wies mich an, alle Zimmer, auch die Schlafzimmer, stets sauber und in Ordnung zu halten. Im ganzen Haus lagen dicke Teppiche, wie ich sie noch nie zuvor gesehen hatte, und anfangs dachte ich, dass es sich um die Felle mir unbekannter Tiere handelte.
Das Haus machte den Eindruck, als wäre es lange nicht sauber gemacht worden. Am schlimmsten war es in den beiden Schlafzimmern, wo das absolute Chaos herrschte. Ich fing mit dem Wohnzimmer an, doch nach der unruhigen, kalten Nacht war ich

bereits erschöpft. Es war unmöglich, die Arbeit zu schaffen, die mir für heute aufgetragen worden war. Am Nachmittag ging Rahabs Mann mit den Kindern aus. Rahab saß im Wohnzimmer, las Zeitschriften und telefonierte, während ich schweigend um sie herumputzte.

Aber dann schaltete sie den Fernseher ein. Wie gebannt sah ich von einer Zimmerecke aus zu, wie winzige Menschen sich in der schwarzen Schachtel mit der schimmernden Glasscheibe davor bewegten. Ich verstand nicht, wie sie da hineingekommen waren, aber ich konnte sehen, dass sie herumgingen, und ich hörte sie reden. Es fiel mir schwer, weiterzuputzen und nicht stehen zu bleiben und hinzustarren. Für mich war es wie Zauberei. Allerdings wusste ich, dass Rahab wütend werden würde, wenn sie mich ertappte. Und ich war sicher, dass sie mich nur auslachen würde, wenn ich sie bat, es mir zu erklären.

Später kehrten Rahabs Kinder nach Hause zurück. Die Ältere kam zu mir ins Wohnzimmer. »Mende, spiel mit uns«, sagte sie. »Komm, wir wollen spielen.« Sie hatte eine Kiste voller Spielsachen bei sich; die beiden setzten sich neben mich und begannen sie auszupacken. Also legte ich das Putzzeug weg und ließ mich neben ihnen nieder. Schließlich war ich selbst noch ein Kind, und ich hatte noch nie so schöne Spielsachen gesehen. Irgendwann nahm ich Usra, das kleinere Mädchen, in den Arm und drückte sie an mich. Doch schon im nächsten Moment kam Rahab mit wutverzerrtem Gesicht ins Zimmer gestürmt.

»*Yebit*«, kreischte sie mich an. »Finger weg, aber sofort! Wage es nicht, die Kinder anzufassen! Ich verbiete es dir. Hast du mich verstanden?«

Sie ging vor den beiden Mädchen in die Hocke. »Usra, Hanin, lasst euch nicht von ihr anfassen, in Ordnung?«

Dann wandte sie sich wieder an mich. »*Yebit*, du hast viel Arbeit und bist noch lange nicht fertig. Also hast du bestimmt keine Zeit zum Spielen, oder?«

Danach drehte sie sich zu ihren Töchtern um. »Komm, Hanin, mein Schatz. Komm mit. Komm, Usra. Es war ein langer Tag, und

ihr beide müsst euch jetzt ausruhen. Später dürft ihr noch ein bisschen fernsehen.«
Als Rahab die Kinder wegbrachte, wuchs meine Hoffnungslosigkeit. Kurz darauf kehrte sie zurück und baute sich, die Hände in die Hüften gestemmt, vor mir auf. »*Yebit*, ich erwarte, dass du heute mit der ganzen Arbeit fertig wirst, ganz gleich, wie lange es dauert. Kapiert?«
Ich nickte und putzte weiter. Obwohl die beiden Wohnzimmer und das Esszimmer recht schmutzig waren, hatte ich sie ziemlich bald geschafft. Nach dem Essen hielt die ganze Familie Mittagsschlaf. Davor hatte Rahab zu mir gesagt: »In der Küche steht etwas zu essen für dich, *yebit*. Nach dem Essen machst du den Abwasch.«
An meinem kleinen Tisch in der Küche stellte ich fest, dass sie einfach die Reste ihrer Mahlzeit auf meinen Teller gekippt hatten. Aber ich hatte solchen Hunger. Noch nie in meinem ganzen Leben hatte ich allein gegessen. In den Nubabergen aß man nicht allein, denn es verstieß gegen unsere Tradition der Gastfreundschaft. Wann immer ein Fremder im Dorf war, lud man ihn zum Essen ein. In unserem Dorf stellte man für einen Hund eine Schale in die Ecke und verfütterte ihm, was übrig geblieben war. Und genauso gingen diese Araber mit mir um.
Nach dem Essen erledigte ich den Abwasch. Als ich fertig war, war es still im Haus, da alle die Nachmittagshitze verschliefen. Plötzlich wurde mir bewusst, unter welcher Anspannung ich gestanden hatte, denn es war endlich einmal niemand da, der mich anschrie oder nachprüfte, ob ich meine Arbeit auch richtig gemacht hatte. Gegen sieben hörte ich Geräusche aus dem Kinderzimmer. Rahab kam ins Wohnzimmer und schaltete den Fernseher ein. Hanin und Usra setzten sich zu ihr.
Das Bad hatte ich mir für den Schluss aufgespart, wenn die Familie schon im Bett war. Anschließend ging ich in die Küche und verzehrte die Überreste ihres Abendessens. Danach spülte ich, trocknete ab und räumte alles weg. Es war inzwischen fast Mitternacht, und ich schlief praktisch im Stehen. Als ich gerade fertig wurde, kam Mustafa, Rahabs Mann, herein, um sich ein Glas Wasser zu

holen. Ich hörte, wie er auf dem Rückweg ins Schlafzimmer zu Rahab meinte: »Alle Achtung, das Haus ist ja wirklich sauber. Sogar die Küche sieht prima aus.«
»Tja, sie hatte ja auch die richtigen Anweisungen«, erwiderte Rahab selbstzufrieden. »Ich denke, sie ist eine sehr gute *abda*, findest du nicht?«
»Wie heißt sie noch mal?«, fragte Mustafa.
»Wie sie heißt? Ich vergesse ständig ihren Namen«, antwortete Rahab schläfrig. »Ich nenne sie *yebit*. Ach ja, jetzt hab ich's wieder: Sie heißt Mende.«
»Jedenfalls hat sie ganze Arbeit geleistet. Ich glaube, in ein paar Wochen, *Insha' Allah* – so Gott will –, wird sie alle Pflichten im Haus übernehmen. Du könntest ihr ja das Kochen beibringen.«
»Schon möglich. Das habe ich mir auch überlegt«, sagte Rahab. »Aber anfangs lasse ich sie nur Tee machen. Man kann ja nie wissen. Wahrscheinlich hat sie irgendwelche Krankheiten. Ich werde dafür sorgen, dass sie jeden Morgen und jeden Abend duscht. Wenn wir erst sicher sind, dass sie sauber und gesund ist, kann sie vielleicht auch für uns kochen.«
Dann kam Rahab im Morgenmantel in die Küche. »*Yebit*, bist du mit allem fertig?«, erkundigte sie sich.
Ich nickte.
»Gut, es ist Schlafenszeit. Schließlich musst du morgen früh aufstehen, weil es wieder viel für dich zu tun gibt. Komm mit«, befahl sie und ging, mir voraus, aus dem Haus. Als sie die Tür zu meinem Schuppen abschließen wollte, fiel ihr plötzlich noch etwas ein.
»Ach, fast hätte ich es vergessen«, sagte sie. »Du musst ja vor dem Schlafen noch duschen. Lauf schon los und fang an, ich besorge noch etwas für dich.«
Ich war so müde, dass ich beinahe in Tränen ausgebrochen wäre. Allein der Gedanke an eine Dusche überstieg meine Kräfte, und ich wusch mich, so schnell ich konnte. Rahab brachte mir Haaröl, Vaseline und einen kleinen Deostift. »Jeden Morgen«, meinte sie, »cremst du dich damit ein, ölst dir die Haare und reibst dir das da unter die Arme und an den Hals.«

Dann sperrte sie mich in meinen Schuppen. Ich schlüpfte in mein zweites Kleid, rollte mich zu einer Kugel zusammen und faltete die Matratze über mich. Ich hatte nicht einmal die Zeit zum Weinen, denn ich schlief vor Erschöpfung sofort ein. Und auch am nächsten Morgen um sechs schlief ich noch tief und fest, als Rahab mich wecken kam.

Das Erste, was ich nach dem Duschen in der Küche hörte, war: »*Yebit*, du kannst doch kein schmutziges Kleid anziehen! Warum hast du das Gleiche an wie gestern?«

»Ich habe nur zwei Kleider«, murmelte ich.

Sie verschwand in ihrem Schlafzimmer und kehrte kurz darauf mit drei alten Kleidern und einem Rock von sich zurück.

»Hier, die alten Fetzen kannst du haben. Und jetzt geh dich umziehen.« Rahab hatte die Sachen zwar als »alte Fetzen« bezeichnet, aber ich fand sie wunderschön. Natürlich passten sie mir nicht, denn ich war schließlich erst zwölf. Doch es gelang mir, den Rock an der Taille zusammenzuknoten, damit er nicht rutschte.

Rahab teilte mir mit, ich müsse jeden Morgen zuerst das ganze Haus putzen. Dann brachte sie mir bei, ihre Kleider im Garten mit der Hand zu waschen, und zeigte mir, wo ich sie zum Trocknen aufhängen sollte. Sie schärfte mir ein, meine eigenen Sachen getrennt von denen der Familie zu säubern, und demonstrierte mir außerdem, wie man die beiden großen Fässer hinter dem Haus ausleerte, die für das Abwasser bestimmt waren. Ich verabscheute diese Arbeit, denn aus jedem Behälter musste ich mindestens zehn Eimer stinkendes Schmutzwasser herausschöpfen.

Nachdem die Familie zu Mittag gegessen hatte, wurde ich in die Küche geschickt, um meine Mahlzeit einzunehmen. Da die Essensreste noch auf dem großen Tisch standen, setzte ich mich mit den gebrauchten Tellern zum Essen in meine Ecke. Im nächsten Moment kam Rahab herein. *»Yebit«,* schrie sie mich an, als sie sah, was ich da tat. »Du darfst nicht von unseren Tellern essen! Füll das Essen in deine eigene Schale. Das habe ich dir doch gestern gezeigt, nicht wahr? Oder bist du zu blöd dazu?«

Mit zitternder Hand leerte ich das Essen von ihren Tellern in meine

Schale. Sie hatte mich zum ersten Mal richtig angebrüllt, und es machte mir große Angst. Und so ging es weiter. Jeden Tag musste ich dieselbe Plackerei und dieselben Beschimpfungen erdulden. Bald stellte ich fest, dass ein Tag in den nächsten überging, ohne dass es mir richtig auffiel. Während der ersten Woche versuchten die Kinder immer wieder, mit mir zu spielen. Das kleine Mädchen, Usra, kam ständig zu mir, um sich das Haar streicheln zu lassen. Wie gerne hätte ich sie geküsst, umarmt und an mich gedrückt, wie ich es in den Nubabergen mit kleinen Kindern getan hatte. Ich sehnte mich nach menschlicher Zuneigung und Wärme, selbst wenn es nur die einer Zweijährigen war. Aber wenn ich dem älteren Mädchen, Hanin, über den Kopf streicheln wollte, wich sie zurück.
»Lass das«, fauchte sie mich an. »Meine Mama hat gesagt, du darfst mich nicht anfassen. Sie hat gesagt, du bist krank und ansteckend, und außerdem bist du schmutzig.«
»Ich bin nicht krank«, murmelte ich. »Ich bin nicht krank.« Ich war aufgebracht und tief in meinem Innersten verletzt und betrachtete mich von Kopf bis Fuß. »Ich bin sauber«, widersprach ich ihr. »Ich bin nicht schmutzig.«
»Tja, meine Mama sagt aber, du darfst mich nicht anfassen«, verkündete Hanin und kehrte mir den Rücken zu.
Nun behandelten mich schon die Kinder wie ein Tier – oder sogar noch schlechter, denn selbst Hunde wurden getätschelt und gestreichelt. Am liebsten wäre ich in Tränen ausgebrochen und hätte mir das Herz aus dem Leibe geschluchzt. Doch ich wusste, dass Rahab hereinstürmen und mich anbrüllen würde, wenn ich weinte.
Am Ende der ersten Woche forderte die Schinderei allmählich ihren Tribut. Ich war körperlich und seelisch ausgelaugt. Außerdem bekam ich nicht genug Schlaf. Noch nie hatte ich einen Tag ohne Liebe und Zuneigung verbringen müssen. Meine Nerven waren zum Zerreißen gespannt, da es mich so viel Mühe kostete, mir Trauer und Schmerz nicht anmerken zu lassen und nicht zu zeigen, wie sehr mich die Zurückweisungen kränkten. Ich fühlte mich unter Druck gesetzt, ständig kontrolliert und ausgebeutet.
Also war es nicht weiter überraschend, dass es schließlich zu einer

Katastrophe kam. Ich entfernte gerade mit einem Staubwedel die Spinnweben aus den Ecken, wie Rahab es mir gezeigt hatte. Doch plötzlich blieb ich mit dem Staubwedel am Rand einer Vase hängen, sodass diese krachend zu Boden fiel. Im ersten Moment stand ich nur wie angewurzelt da und starrte auf die Scherben und die überall auf dem Boden verstreuten Blumen, die in einer großen Wasserpfütze lagen. Ich wusste nicht, was ich tun sollte. Also verharrte ich einfach mit hochgezogenen Schultern und zitterte vor Angst vor dem, was mich erwartete.

»Bist du blind? Was hast du zerbrochen? Was hast du angestellt!«, hörte ich Rahab kreischen, als sie ins Wohnzimmer gestürmt kam.

»Ich … ich … ich …«, stammelte ich, ohne sie anzusehen. Aber ich fürchtete mich so, dass mir die Worte fehlten.

»Jetzt sehe ich, was du zerbrochen hast. Weißt du, wie viel diese Vase kostet?«, brüllte sie mich an. »Diese Vase war mehr wert als dein ganzer dreckiger Stamm.«

Sie packte mich an den Haaren und riss mir den Kopf zurück, und ich spürte einen stechenden Schmerz auf der Wange, als sie begann, auf mich einzuschlagen.

»*Mailesh* – es tut mir Leid. *Mailesh*, Herrin Rahab«, schluchzte ich. »Es tut mir so Leid. Bitte schlagen Sie mich nicht.«

»Du dumme Gans! Warum machst du nicht richtig die Augen auf?«, schrie sie mich an. »Warum passt du nicht besser auf? Ich warne dich. Wenn du noch mal etwas zerbrichst, kannst du was erleben.«

»Es tut mir Leid. Es tut mir Leid«, schluchzte ich. »Es tut mir Leid.«

»Hör auf zu heulen und mach den Dreck weg«, fuhr sie mich an und stolzierte hinaus. »Ich will nachher keine einzige Glasscherbe mehr finden. Wenn die Kinder hier spielen und sich schneiden, setzt es was.«

Auf Händen und Knien sammelte ich die Bruchteile der zerbrochenen Vase auf. Ich war starr vor Entsetzen. Zum ersten Mal im Leben war ich geschlagen worden, und ich musste daran zurückdenken, wie sanft und liebevoll meine Eltern mit mir umgegangen waren. Ich konnte mich nicht erinnern, dass mein Vater jemals einen von uns geschlagen hatte. Wenn es Schwierigkeiten gab, redete er mit uns und sorgte dafür, dass alle wieder zur Vernunft kamen. Nur meine Mutter hatte einmal die Hand gegen mich erhoben. Sie hatte mich gebeten, auf den Markt zu gehen und Salz zu kaufen, aber ich hatte mich geweigert.

»Lass mich in Ruhe, ich habe keine Lust«, hatte ich gereizt geantwortet.

»Was soll das?«, hatte meine Mutter erstaunt gefragt. »Du bist ein Kind, und ich sage dir, dass du gehen sollst. Für wen hältst du dich eigentlich? Soll ich etwa Babo schicken?« Aber ich hatte nichts erwidert und nur geschmollt. Es war das einzige Mal, dass meine Mutter die Geduld mit mir verloren und mir einen Klaps auf die Schulter versetzt hatte. Ich war sofort in Tränen ausgebrochen. Doch dann hatte meine Mutter mich auf den Schoß genommen und mich umarmt. »Es tut mir Leid, dass ich dich geschlagen habe«, sagte sie und wiegte mich hin und her. »Aber du bist ein Kind, und wenn ich dich bitte, auf den Markt zu gehen, solltest du eigentlich gehorchen. Für heute allerdings ist es gut. Ich gehe und hole das Salz selbst.«

Nachdem mein Schluchzen verebbt war, beeilte ich mich einzulenken: »Nein, alles ist wieder in Ordnung. Ich geh schon. Ich gehe zum Markt.« Denn ich wusste, dass ich Unrecht und meine Mutter Recht gehabt hatte.

15
Kein Ausweg

Während die Wochen vergingen, dachte ich immer häufiger an Flucht. Eines Tages leerte ich gerade das Schmutzwasser hinter dem Haus aus, als ich einen kaputten Stuhl bemerkte, der dort umgekippt auf der Seite lag. Ich probierte ihn aus und stellte fest, dass er mein Gewicht tragen würde. Da ich meine ganze Kindheit lang über Felsen gesprungen und auf Bäume gestiegen war, konnte ich gut klettern. Wenn ich mich auf den Stuhl stellte, würde ich es gerade schaffen, den oberen Rand der Gartenmauer zu erreichen. Dann konnte ich mich hochziehen, auf der anderen Seite wieder herunterspringen und mich vielleicht zur Straße schleichen. Doch was dann? Ich würde mutterseelenallein mitten in Khartoum stehen, wo überall nur Araber wohnten. Wer also würde mir helfen? Je länger ich es mir überlegte, desto klarer wurde mir, dass eine Flucht auf eigene Faust aussichtslos war; ich brauchte jemanden, der mich unterstützte.

Jede Woche kam ein Mann, der den Rasen mähte und den Garten und die Bäume rings um das Haus in Ordnung hielt. Rahab nannte ihn ihren *janiney*, den Gärtner. Bei unserer ersten Begegnung hatte ich ihn traditionell mit *assalam alaikum* begrüßt. »*Alaikum wassalam, biti* – hallo, meine Tochter«, hatte er lächelnd geantwortet. Er war zwar Araber, aber er wirkte wie ein armer Mann, und er war freundlich zu mir gewesen. Nachdem wir uns zwei Monate nur gegrüßt hatten, fand ich endlich den Mut, ein Gespräch mit ihm anzuknüpfen. Ich ging in den Obsthain, wo er den Rasen mähte.

Nachdem wir einander begrüßt hatten, versuchte ich ihn etwas zu fragen, was er wegen des Lärms, den der Rasenmäher machte, nicht verstehen konnte. Deshalb bückte er sich und schaltete das Gerät ab. Ich wiederholte meine Frage.

»Haben Sie eine Tochter, Onkel?«

»Ja, *biti*, ich habe eine. Sie ist etwa so alt wie du«, sagte er. »Möchtest du nicht, dass ihr Freundinnen werdet, damit ihr zusammen spielen könnt?«

»Ja! Ja, das wäre sehr schön«, antwortete ich mit einem schüchternen Lächeln. »Warum bringen Sie sie das nächste Mal nicht mit?«

»Gut, das tue ich. Aber vielleicht solltest du lieber zu uns kommen, wenn du mal frei hast. Vor dir war ein Mädchen namens Sadhia hier. Sie hat uns an ihren freien Tagen immer besucht. Ich habe auch eine Tochter in Sadhias Alter, und sie haben sich miteinander angefreundet. Warum machst du es nicht auch so?«

Jetzt wusste ich also, wer Sadhia war. Dann aber fielen mir Ashas Worte ein, man würde mir nicht erlauben, das Haus zu verlassen.

»Ich darf nicht raus, *ami janiney* – Onkel Gärtner. Könnten Sie Ihre Tochter nicht hierher mitbringen?«

»Warum darfst du nicht raus, *biti*? Sadhia war dauernd bei uns.«

Ehe ich ihm antworten konnte, hörte ich, dass Rahab nach mir schrie. »*Yebit!* Wo bist du? Wo steckst du denn?«

»Hier bin ich, *saieda* Rahab – Herrin Rahab«, erwiderte ich und rannte in den Hof, ohne mich vom *janiney* zu verabschieden. »Ich fege den Hof.«

Rahab kam aus dem Haus marschiert. »Fegst du oder schwatzt du?«, wollte sie wissen. »Oder führst du etwa Selbstgespräche? Lass das Fegen und komm rein!«

Mit gesenktem Kopf folgte ich ihr in die Küche. Als sie sich zu mir umdrehte, war ihr Gesicht rot vor Wut.

»Mit wem hast du geredet?«, fauchte sie. »Mach den Mund auf!«

»Mit dem *janiney*, Herrin Rahab«, murmelte ich.

»Und worüber habt ihr geredet? Kennst du ihn von früher?«

»Nein, ich habe ihn vor dem Haus getroffen. Er hat ›hallo‹ zu mir gesagt und ich zu ihm.«

»Lüg mich nicht an!«, brüllte sie. »Ihr habt Ewigkeiten geredet. Ich habe es genau gehört. Glaubst du, ich lasse mich von dir anschwindeln?«

Sie packte einen ihrer Schuhe, eine Sandale mit hölzerner Sohle, und schlug mich damit auf den Kopf. Ich schrie auf und hob schützend die Arme, aber sie drosch immer weiter auf mich ein.

»Also, erzählst du mir jetzt, was du gesagt hast?«, keuchte sie. »Oder willst du noch eine Tracht Prügel?«

»Ich habe ihn gefragt, ob er eine Tochter hat, mit der ich spielen könnte«, schluchzte ich. »Das war alles.«

»Und was hat er geantwortet?«

»Er sagte, wenn ich will, darf ich zu ihm nach Hause kommen, um seine Tochter zu besuchen«, murmelte ich.

»Ach, das ist ja prächtig«, höhnte sie. »Also nimmt er dich mit zu seiner Tochter. Wirklich nett von ihm. Du glaubst wohl ernsthaft, dass das geht.«

»*Mailesh* – es tut mir Leid«, wimmerte ich. »*Mailesh*, Herrin.« Da ich nicht wusste, was ich sagen oder tun sollte, damit sie mich nicht mehr schlug, blickte ich zu Boden. »Nein, ich gehe nicht zu ihm nach Hause, um mit ihr zu spielen, Herrin. Aber vielleicht kann er sie ja mitbringen, und wir spielen dann hier?«

»Sie mitbringen!«, tobte Rahab. »Für wen hältst du dich eigentlich? Denkst du etwa, du wärst meine Tochter? Meinst du wirklich, du könntest Spielgefährtinnen hierher einladen? Anscheinend weißt du nicht, wer du bist. Gut, dann erkläre ich es dir. Du bist eine *abda*, eine Sklavin. *Abda. Abda. Abda.* Weißt du, was eine *abda* ist? Nun, du bist eine *abda* – vergiss das niemals.«

»Nein, ich bin Mende«, erwiderte ich leise. Ich hatte keine Ahnung, was *abda* bedeutete. Doch in den Nubabergen ist Abda ein Mädchenname, und ich glaubte deshalb, dass sie meinen Namen verwechselt hatte.

Rahab lachte höhnisch auf. »Ja, mir ist klar, dass du Mende heißt. Aber du bist außerdem eine *abda*. Weißt du nicht, was das ist?«

»Nein, ich bin Mende«, wiederholte ich leise.

»Nein! Du bist eine *abda!*«, kreischte sie. »Also widersprich mir

nicht ständig. Und das heißt, dass du hier im Haus bleibst und tust, was ich sage. Verstanden? *Abda! Abda!* Eine *abda*, viele *abid*.«
Da fiel mir der Tag ein, an dem mein Vater mir in den Nubabergen von den Arabern erzählt hatte, die das Dorf der Shimii überfallen und die Mädchen als *abid* – als Sklavinnen – mitgenommen hatten. Nun war mir klar, warum Rahab mich so bezeichnete. Rahab nannte mich Sklavin.
»Es gut mir Leid, Herrin«, wimmerte ich. »Wenn Sie es verbieten, lasse ich es natürlich. Es tut mir Leid.«
»Du glaubst wohl, damit wäre die Sache erledigt«, höhnte sie. »*Mailesh, mailesh,* und damit ist alles vergessen. Du findest, ich sollte dir verzeihen, was? Tja, da bin ich aber anderer Ansicht. Außerdem ist mir gerade eine sehr gute Lösung für unser Problem eingefallen.«
Da ich nicht wusste, was ich antworten sollte, schwieg ich und blickte zu Boden. Ich spürte, dass an meiner Stirn, wo sie mich mit dem Schuh geschlagen hatte, eine dicke Beule entstand.
»Du gehst nicht mehr raus«, zischte sie. »Ich habe hier drinnen ein paar Kleider, die du waschen kannst. Und wenn ich dich noch mal ertappe, wie du mit diesem Mann sprichst, setzt es was.«
Damit ging Rahab zum Küchenfenster und beugte sich hinaus. »*Janiney! Janiney!* Wenn Sie mit der Arbeit fertig sind, kommen Sie bitte her. Ich muss etwas mit Ihnen bereden.«
Nach etwa einer Stunde erschien der Gärtner und klopfte an die Tür. Sie setzten sich auf eine der Bänke im Vorgarten. Ich schlich mich zum Küchenfenster, um sie zu belauschen. »*Janiney*«, sagte Rahab, »in ein paar Wochen fahre ich in Urlaub. Ich habe einen Mann gebeten, auf das Haus aufzupassen, und deshalb brauche ich Sie nicht mehr. Wie viel Geld bin ich Ihnen noch schuldig?«
»Oh, das kommt aber plötzlich«, meinte er erstaunt.
»Nein, gar nicht«, entgegnete Rahab. »Ich hatte nur vergessen, es Ihnen zu sagen.«
»Gut. Tja, ich werde Sie und die Kinder vermissen. Sie müssten mich bitte noch für die letzten beiden Wochen bezahlen.«
Rahab gab dem Gärtner sein Geld. Ich blickte ihm nach, als er den

Gartenpfad entlang verschwand, und die Tränen stiegen mir in die Augen. Ich weinte, weil er der Einzige war, der mir in diesem Haus wenigstens ein bisschen Freundlichkeit entgegengebracht hatte. Und nun war er fort. Je länger ich darüber nachdachte, desto heftiger flossen die Tränen. Also schloss ich mich auf meiner Toilette ein und weinte mich richtig aus. Wenig später kam Mustafa von der Arbeit nach Hause und trat mit zufriedener Miene ins Wohnzimmer.

»Aha! Heute war offenbar der *janiney* da«, verkündete er. »Er hat die Bäume im Garten sehr hübsch geschnitten. Der *janiney* ist wirklich tüchtig.«

»Lass mich mit dem dämlichen *janiney* in Ruhe«, fauchte Rahab.

»Was ist denn los?«, fragte Mustafa mit einem nervösen Kichern.

»Ich habe die Nase voll vom *janiney* und dieser *yebit!*«, zischte Rahab. »Das Mädchen legt es darauf an, mich verrückt zu machen.«

»Aber, aber, Liebling«, meinte Mustafa beschwichtigend. »Was ist denn los? Wer hat dich geärgert?«

»Ich hatte einen grässlichen Tag«, sagte Rahab. »Komm in die Küche, ich sterbe vor Hunger. Ich erkläre dir alles beim Essen.«

Als sie gingen, blieb ich lauschend am Bügelbrett zurück.

»Heute hatten die *yebit* und der *janiney* eine sehr interessante Unterhaltung«, begann Rahab. »Der *janiney* hat ihr angeboten, zu ihm nach Hause zu kommen, um mit seiner Tochter zu spielen. Und seine Tochter sollte sie hier besuchen.«

»Wirklich?«

»Ja. Und als ich sie danach fragte, wollte sie mir nicht die Wahrheit sagen, weshalb ich sie aus ihr herausprügeln musste.«

»Gut gemacht«, antwortete Mustafa. »Du musst sie bestrafen, damit sie sich benimmt. Hast du den *janiney* auch in seine Schranken gewiesen?«

Inzwischen wusste ich, was Rahabs Mann für ein Mensch war. Es war offensichtlich, wer in diesem Haus die Hosen anhatte. »Er ist wie ein Schaf«, dachte ich mir. »Und sie ist die Herrin. In den Nubabergen würde ein Mann so etwas niemals dulden.« Mustafa schimpfte oder schlug mich nie. Und ich glaube, insgeheim gefiel es ihm auch nicht, dass Rahab es tat. Aber er erhob nie Einspruch, sondern behandelte mich einfach wie Luft.

»Ja«, fuhr Rahab lachend fort, »dem *janiney* habe ich es ordentlich gezeigt. Ich habe ihn ausbezahlt und ihn rausgeschmissen.«

»Du hast ihm gekündigt? Nun ... ausgezeichnet«, meinte Mustafa. »Wenn der *janiney* geblieben wäre, hätte er uns sicher noch Scherereien gemacht.«

Die Wochen vergingen, und der Zwischenfall mit dem *janiney* schien vergessen. Für den Augenblick hatte ich jegliche Hoffnung auf Flucht aufgegeben, denn es ging nur noch ums nackte Überleben. Solange ich ununterbrochen schuftete und ansonsten nicht auffiel, war Rahab offenbar mit mir zufrieden. Also verhielt ich mich dementsprechend und machte mich so gut wie möglich unsichtbar. Dann, eines Tages, bat sie mich, ihr beim Zwiebelschneiden zu helfen. Es war eigentlich eine Kleinigkeit, doch mir wurde klar, dass die Familie diese Zwiebeln tatsächlich in einem Eintopf essen würde, den Rahab gerade kochte. Sie erlaubte mir also, ihre Lebensmittel zu berühren.

Am nächsten Tag befahl mir Rahab, einige Bohnen zu schälen, da sie viel für den Ramadan vorbereiten musste. Wir saßen in der Küche, als es an der Tür klingelte. Rahab hatte vier Besucher, drei Frauen und einen Mann. Sie kochte Tee für sie und brachte ihn ins Wohnzimmer.

»Wir haben gehört, du hast eine Sklavin gekauft«, sagte eine der Frauen mit gedämpfter Stimme. »Wir möchten sie so gerne sehen. Wo ist sie? Wie ist sie denn so?«

»Sie ist in der Küche«, erwiderte Rahab stolz. »Wollt ihr mitkommen und sie anschauen?«

Rahab führte die drei weiblichen Gäste in die Küche. Ich saß an meinem kleinen Tisch in der Ecke und schälte Bohnen. Als ich kurz den Kopf hob, blickte ich in geschminkte arabische Gesichter, die mich begafften wie ein Tier im Zoo. Dann bewunderte man die Küche.

»Ach, deine Küche ist so sauber«, meinte eine von ihnen. »Sie blitzt ja wie neu.«

»Ja«, erwiderte Rahab. »Ich habe ihr alles bis auf das Kochen beigebracht. Sie putzt den ganzen Tag, spült das Geschirr und wäscht auch unsere Kleider.«
»Hmmmm ... das ist ja prima. Das läuft also anders als bei normalen Dienstboten. Sie ist immer da, wenn du sie brauchst, was? Und sie fährt nie in Urlaub oder hat frei?«
»Nein«, entgegnete Rahab. »Kein Urlaub, keine Pausen. Sie ist immer hier. Sie gehört mir.«

16
Blutige Riten

Eines Morgens, als ich seit etwa sechs Monaten bei Rahab lebte, bekam ich einen großen Schrecken. Wie immer wachte ich auf, als ich hörte, wie Rahab die Tür aufschloss. Doch vor dem Duschen entdeckte ich zu meinem Entsetzen Blutflecken in meinem Höschen. Ich hatte keine Ahnung, woher das Blut kam, denn da ich da unten keine Schmerzen spürte, war es unwahrscheinlich, dass ich mich verletzt hatte. Also fragte ich mich, ob das Blut vielleicht aus mir herausfloss, und versuchte mit dem Finger nachzutasten, doch die Öffnung war zu klein dafür. Ich hatte Angst, aber ich wusste, dass die Arbeit auf mich wartete. Ich besaß nur zwei Höschen, und dieses hier sah so eklig aus. Deshalb zog ich mein anderes an und hoffte, dass die Sache damit erledigt war.

Aber etwa eine Stunde später bekam ich Bauchkrämpfe. Ich stürzte auf die Toilette, wo ich feststellte, dass es schon wieder geschehen war. Nun machte ich mir ernstlich Sorgen. Ich saß da und überlegte, ob ich vielleicht innere Blutungen hatte, sah mich im Bad um, konnte jedoch nichts finden, um den Fluss zu stoppen. Ich ging hinaus und entdeckte unter dem Guavabaum einen kleinen Stein. Im Bad versuchte ich, den Stein in mich hineinzuschieben, doch es tat viel zu weh. Also blieb mir nichts anderes übrig, als mein Höschen auszuwaschen und mich wieder an die Arbeit zu machen. Zu Hause, in meinem Dorf, hätte ich das Höschen einfach ausgezogen und es meiner Mutter gezeigt. »Schau, Umi«, hätte ich gesagt. »Da ist Blut in meinem Höschen. Was ist mit mir los? Stimmt etwas mit meiner Beschneidung nicht?« Und dann hätte meine Mutter sich mit mir hingesetzt und mir alles erklärt.

Ein wenig später stand ich am Spülbecken und erledigte den

Abwasch. Da kam Rahab in die Küche und stieß bei meinem Anblick einen Schrei aus.
»*Yebit!*«, rief sie. »Igitt! *Yebit*, was ist das?«
»Was soll denn sein, Herrin Rahab?«, fragte ich erschrocken. Ich hatte große Angst, ich könnte wieder mal etwas falsch gemacht haben.
»Hör mit dem Abwasch auf«, befahl sie mir streng. »*Yebit*, hast du etwa deine Periode?«
»Meine Periode?«, fragte ich leise. »Was ist denn eine Periode?«
»Schau dir dein Kleid an«, sagte sie. »Schau nur! Was ist das für ein Dreck?«
Als ich die Rückseite meines Kleides betrachtete, bemerkte ich einen großen feuchten Fleck. Ich schämte mich und fühlte mich wie ein Tier, das sich mitten in der Küche selbst beschmutzt hat.
»Du weißt nicht, was die Periode ist?«, fragte sie ungläubig. »Hast du noch nie zuvor geblutet?«
»Nein, es ist das erste Mal«, antwortete ich mit zitternder Stimme. »Vielleicht habe ich mich verletzt.«
»Nein, das ist keine Verletzung«, seufzte sie. »Warte einen Moment. Rühr dich nicht und setz dich nirgendwo hin.«
Rahab verschwand im Bad und kehrte mit etwas Watte zurück. Dann wies sie mich an, in mein Zimmer zu gehen, mich zu waschen und mich umzuziehen.
»Leg die Watte in dein Höschen, damit sie das Blut aufsaugt«, sagte sie. »Und zieh ein frisches Höschen an. Das, das du trägst, ist schmutzig.«
»Ich habe kein anderes«, flüsterte ich, den Tränen nah.
»Oh, kein anderes Höschen. Gut. Einen Moment.« Sie verdrehte die Augen und ging wieder hinaus. Diesmal kam sie mit zwei Höschen von sich wieder. Ich stand lange unter der Dusche, um mich nach dem Schrecken und der Demütigung richtig zu säubern. Immer noch wusste ich nicht, was mit mir nicht stimmte, aber wenigstens hatte ich jetzt etwas, um das Blut einzudämmen. Die Watte war wundervoll weich und flauschig. Ich rollte ein wenig davon zu einer winzigen Kugel und schob sie in mich hinein. »So«,

sagte ich mir, »jetzt kann das Blut wenigstens nicht mehr rausfließen.« Dann zog ich eines der Höschen an, die Rahab mir gegeben hatte, und kehrte zurück in die Küche.
»Hast du geduscht?«, fragte sie mich. »Hast du dich richtig sauber gemacht?«
Ich nickte.
»Gut«, meinte sie. Sie gab mir einen Deostift. »Hier, trag das auf. Und dann machst du den Abwasch fertig.«
Nach dem Abwasch befahl mir Rahab, ein paar Zwiebeln zu schneiden, weil wir immer noch mit den Vorbereitungen für den Ramadan beschäftigt waren. Nach etwa einer halben Stunde kam sie wieder in die Küche, um zu sehen, ob ich Fortschritte machte. Ich legte das Messer weg und wischte mir mit dem Handrücken die Zwiebeltränen aus den Augen.
»Pass auf, *yebit*«, sagte sie zu mir. »Nimm die Zwiebeln, das Messer und das Schneidebrett und setz dich raus in den Hof. Draußen geht ein angenehmes Lüftchen, das hilft.« Doch als ich aufstand, bemerkte ich, dass Rahab wieder meine Rückseite anstarrte.
»Was zum Teufel ist das?«, fragte sie mich in gereiztem Ton. »Du bist ja schon wieder schmutzig! Was hast du mit der Watte gemacht, die ich dir gegeben habe? Hast du sie gegessen? Wie hast du es nur geschafft, dich schon wieder mit Blut zu beschmieren? Muss ich dir denn alles erklären? Geh ins Bad und zieh dich noch mal um.«
Beim ersten Mal war Rahab fast nett zu mir gewesen. Aber jetzt schrie sie mich an und war wirklich wütend, als hätte ich es absichtlich getan.
»*Mailesh*, Herrin Rahab«, flüsterte ich. »Es tut mir Leid.« Ich legte das Messer weg und wollte die Küche verlassen.
»Warte, *yebit*«, hielt sie mich zurück. »Sag mal, wie viel Watte hast du denn benutzt? Hol sie und zeig es mir.«
Ich holte die Watte und zupfte wie zuvor eine winzige Kugel ab, die ich in die Küche brachte, um sie ihr zu zeigen. Als ich hereinkam, sah sie mich an.
»Wo ist die Watte, *yebit*?«, fragte sie. »Ich habe dir doch gesagt, du sollst sie mitbringen.«

»Das habe ich, Herrin Rahab«, erwiderte ich und hielt ihr die kleine Wattekugel auf der Handfläche hin.
Rahab betrachtete meine Hand und fing an zu lachen. »Du denkst wohl, du wärst eine Flasche, die man zukorken kann, damit es nicht mehr blutet.« Sie stand da und lachte mich aus, während ich im Boden versinken wollte.
»Aber ich weiß nicht, was ich mit der Watte machen soll«, murmelte ich, wieder den Tränen nah.
Rahab lachte so lange, bis ihr selbst die Tränen die Wangen hinunterliefen. Nach einer Weile dachte ich auch, dass es eigentlich recht komisch war, und lachte ein bisschen mit. Es war ein seltsames Gefühl. Nachdem ich sechs Monate in ihrem Haus gelitten hatte wie ein Hund, lachten wir plötzlich zusammen. Dann zeigte sie mir, wie man die Watte richtig anwendete.
»Schau her, du nimmst die Watte, zupfst ein großes Stück ab und faltest es drei Mal, damit ein Polster entsteht. Es muss groß genug sein, damit das Blut nicht hinausläuft. Du legst es in dein Höschen und wechselst es drei Mal täglich. Verstanden?«
Ich nickte.
»Und jetzt geh wieder ins Bad und mach es richtig. Wenn du fertig bist, wasch dir sehr gut die Hände, komm zurück und schneide die restlichen Zwiebeln.«
Da die Blutungen und die Bauchschmerzen am nächsten Tag nachließen, glaubte ich mich auf dem Weg der Besserung. Drei Tage später hörten sie ganz auf. Zunächst vermutete ich, dass die Watte Zauberkraft besaß und mich geheilt hatte. Doch nach einem Monat hatte ich schon wieder meine Periode. Ich sagte es niemandem und arbeitete einfach weiter. Dann, eines Tages, etwa zwei Monate später, hörte ich, wie Rahab sich bei ihrem Mann beklagte. Das war zwar nichts Neues, aber etwas, das sie sagte, ließ mich aufmerken.
»Mustafa, ich habe heute meine Periode, und die Schmerzen sind noch schlimmer als sonst. Kannst du in den Laden gehen und mir Watte und Schmerztabletten besorgen? Ich bleibe in meinem Zimmer und schlafe, bis es vorbei ist.«

Jetzt wusste ich also, dass nicht nur ich meine Periode hatte. Rahab hatte sie auch. Sie benützte ebenfalls Watte und nahm sogar Tabletten gegen die Schmerzen. Als mir klar wurde, dass auch Rahab das allmonatlich durchmachte, fühlte ich mich gleich viel besser. Anscheinend würde ich doch nicht an einer schrecklichen Krankheit sterben.

17
Morddrohungen

In diesem ersten Jahr schlug mich Rahab eigentlich jede Woche. Oft prügelte sie ohne jeden Grund auf mich ein, ohne dass ich gewusst hätte, was genau ich »falsch« gemacht hatte.
Manchmal ohrfeigte sie mich nur kräftig, aber gelegentlich verdrosch sie mich mit dem nächstbesten Gegenstand, der ihr in die Hände kam. Oft schlug sie mich mit ihrer Holzsandale auf den Kopf. Oder sie packte den Besen, mit dem ich gerade den Hof gefegt hatte, und bestrafte mich damit. In der Wahl ihrer Waffen war Rahab nicht anspruchsvoll.
Eines Tages befahl mir Rahab, die Terrasse vor dem Haus mit dem Schlauch abzuspritzen. Es war früher Abend, und sie wollte draußen Gäste bewirten. Da die heiße Jahreszeit gerade begonnen hatte, saß die Familie gern bis spätabends im Freien. Also ging ich vor das Haus und drehte das Wasser auf. Dann folgte ich dem Schlauch in den Garten bis zu der Fontäne an seinem Ende, das in einem Grapefruitbaum hing. Das Wasser plätscherte und funkelte in der Abendsonne. Für einen Moment fühlte ich mich an den Anfang der Regenzeit in den Nubabergen erinnert, wenn alle Kinder aus dem Haus liefen, jubelten, tanzten und das Regenlied sangen.
Ohne nachzudenken, sprang ich unter den Wasserstrahl, hüpfte herum und sang: »*Are kukure, Are kondu dukre* – der Regen kommt, zu viel Regen.«
Ich war wieder bei meinen Freunden in unserem Dorf und sang das Regenlied, und alle waren so glücklich, weil es in diesem Jahr eine gute Ernte geben würde. Ein paar sorglose Minuten lang befand ich mich tausend Meilen entfernt von diesem schrecklichen Haus und

wurde von meiner Familie geliebt und verhätschelt. Doch Rahab hatte meinen Gesang offenbar gehört, denn plötzlich wurde das Wasser abgedreht. Ich erstarrte, das Lächeln gefror mir im Gesicht, und ich landete unsanft in der Wirklichkeit. Kurz herrschte Stille. Dann trat Rahab hinter einem Baum hervor.

»Warum singst du nicht weiter?«, höhnte sie. »Anscheinend hast du dich großartig amüsiert.«

Schweigend stand ich da und ließ die Schultern hängen. Ich bemerkte, dass ich tropfnass war; meine Kleider waren völlig durchweicht, und ich fürchtete mich vor dem, was mir jetzt blühte.

»Los, hierher!«, brüllte sie mich an. »Und gib mir den Schlauch. Was hast du da übrigens für ein albernes Lied gesungen? Glaubst du, jemand hier versteht dein dummes Nuba-Geplapper?«

Ich nahm den Schlauch vom Baum, näherte mich ihr zögernd und starrte auf den Boden. »Weißt du, wie spät es ist?«, fuhr sie mich an. »Die Gäste kommen bald. Los, gib mir den Schlauch.«

Ich streckte ihr den Schlauch entgegen und dachte schon, dass sie die Terrasse vielleicht selbst abspritzen würde. Doch sie riss ihn mir aus der Hand und packte mich am Arm. Dann fing sie an, mich mit dem Schlauch auf den Rücken und die Schultern zu schlagen. Immer weiter prügelte sie auf mich ein, bis ich sie unter Tränen anflehte aufzuhören.

»Maul halten!«, kreischte sie. »Halt endlich dein Maul!«

Sie schlug und schlug mich, viel fester als je zuvor. Ich hörte, wie der Gummischlauch durch die Luft zischte. Mein dünnes, nasses Kleid war alles, was mir Schutz bot. Ich versuchte meine Schreie und die Tränen zu unterdrücken, da mein Weinen sie offenbar nur noch mehr in Rage brachte. Dann versetzte sie mir einen letzten, besonders kräftigen Schlag auf die Schultern und ließ meinen Arm los. Ich sackte zu Boden. Als ich ihr zu Füßen lag, versuchte ich stillzuhalten. Aber ich konnte nicht anders, als lautlos in das feuchte Gras zu schluchzen.

»Hör auf mit dem Gewimmer«, fauchte sie. »Ohne Prügel wüsstest du nicht, wie man sich benimmt. Wenn du dich nicht besserst, kaufe ich mir eine richtige Peitsche und peitsche dich aus wie einen

Esel. Hast du verstanden? Du bist sowieso nicht besser als ein Esel.«

Ich krümmte mich vor Schmerzen auf dem Boden, rollte mich zusammen und betete, sie möge endlich verschwinden.

»Jetzt geh und mach die Terrasse sauber, wie ich es dir befohlen habe«, zischte sie. »In zehn Minuten komme ich nachsehen. Wenn du dann nicht fertig bist, bringe ich dich um.«

Sie machte auf dem Absatz kehrt und stolzierte davon. Mühsam rappelte ich mich auf, griff nach dem Schlauch und begann eilig, die Terrasse abzuspritzen. In der heißen Jahreszeit wehte der *harmattan* jeden Tag – ein heißer, trockener Wind, der aus der Sahara kommt und gewaltige Staubwolken mit sich führt, die sich über alles senken. Die ganze Terrasse war mit einer dicken Schicht *harmattan*-Staub bedeckt. Ich zitterte so, dass ich den Schlauch kaum halten konnte. Dennoch arbeitete ich fieberhaft, denn ich glaubte wirklich, dass Rahab mich töten würde, wenn ich es nicht rechtzeitig schaffte.

Später, als alle Gäste plaudernd auf der Terrasse saßen, hatte ich Zeit, ins Bad zu gehen. Ich zog mein feuchtes Kleid hoch und betrachtete mich im Spiegel. Mein Rücken und meine Schultern waren überall mit offenen roten Striemen übersät. In dieser Nacht lag ich schlaflos in meinem Schuppen. Nur in Seitenlage konnte ich die Schmerzen aushalten. Ich weinte allein vor mich hin – daran hatte ich mich inzwischen gewöhnt. Irgendwie war es mir sogar ein Trost.

Ich ließ den Zwischenfall noch einmal Revue passieren. In den wenigen Augenblicken im Garten hatte ich mich so überglücklich gefühlt. Ich erinnerte mich an zu Hause und daran, wie ich mit den anderen Kindern gesungen und getanzt hatte, wenn der Regen kam. Meine Mutter und mein Vater standen in der Tür der Hütte und sahen uns lächelnd zu. Wenn ich später tropfnass nach Hause kam, neckte mich mein Vater, und meine Mutter setzte mich an ein warmes Plätzchen am Feuer. Nun wurde mir endgültig klar, dass ich fliehen musste, da Rahab mich sonst umbringen würde. In jener Nacht schwor ich mir zu entkommen, ganz gleich, was es auch kos-

ten mochte. Ich würde davonlaufen und in die Nubaberge zurückkehren.
Warum nur hassten uns die Araber so? Ich erinnerte mich an meine ersten Schultage, als die Lehrer uns geschlagen hatten, wenn wir Nuba sprachen. Nichts schien die Araber mehr in Wut zu versetzen, als wenn wir unsere eigene Sprache benützten. Wahrscheinlich lag es daran, dass sie sie nicht verstanden und sich deshalb bedroht fühlten. Selbst jetzt war meine Nubasprache das Einzige an mir, auf das Rahab keinen Zugriff hatte. Auch wenn sie mir den ganzen Tag auf Arabisch Befehle zubrüllte und mich auf Arabisch beschimpfte, während sie mich prügelte, konnte sie mir meine Nubasprache nicht nehmen. Sie war der kleine Winkel meiner Seele, der ihrem Einfluss entzogen blieb.
Leider war Rahab nicht die Einzige, die sich einen Spaß daraus machte, mich zu quälen. Eines Tages, gegen Ende meines ersten Jahres in Rahabs Haus, kamen zwei ihrer Freundinnen mit Ehemännern und Kindern zu Besuch. Rahab kochte Tee, während ich die besten Porzellantassen auf ein silbernes Tablett stellte. Die Kekse durfte ich nicht berühren, weil Rahab noch immer befürchtete, ich könnte Krankheiten übertragen; deshalb ordnete sie sie selbst auf einem wertvollen Teller an. »Wenn der Tee fertig ist, bring das Tablett ins Wohnzimmer, *yebit*«, befahl sie mir.
Fünf Minuten später schleppte ich das mit Geschirr beladene Tablett ins Wohnzimmer. Offenbar hatten die Kinder dort mit einem Springseil gespielt und ein Ende des Seils an ein Tischbein gebunden. Und als ich hereinkam, brachte einer der Jungen mich prompt damit zu Fall. Der Fußboden näherte sich wie in Zeitlupe, und ich versuchte noch, das Teetablett zu retten, indem ich den Sturz mit dem Bauch abfing. Aber natürlich flogen die Sachen trotzdem in alle Richtungen – Tassen, Zuckerdose, der Teller mit den Keksen und das Milchkännchen. Der heiße Inhalt der Teekanne ergoss sich über mich. Starr vor Schreck blieb ich einfach auf dem Boden liegen. Nach dem Bersten des Teegeschirrs herrschte eisiges Schweigen. Ich zitterte vor Angst, denn ich wusste, was mir jetzt blühte.

»Ha, ha, ha«, hörte ich eines der Kinder lachen. »Schau, sie hat alles kaputtgemacht«, sagte ein Junge und deutete auf mich.
»Geht nicht näher ran!«, warnte Rahab. »Und zieht eure Schuhe an, damit ihr euch nichts eintretet.«
Dann drehte sie sich zu mir um. »Du bist blind, *yebit!«*, brüllte sie mich an. »Du bist blind!« Blitzschnell sprang sie auf, griff nach dem Springseil und prügelte damit auf mich ein. Die ersten Schläge trafen mich am Kopf, und ich hob die Hände schützend vors Gesicht.
»*Mailesh, mailesh* – Entschuldigung, Entschuldigung«, stöhnte ich durch die Finger.
Rahab hatte kurz innegehalten, um Luft zu holen. Doch da hörte ich, wie eine der Besucherinnen sie anfeuerte, mich weiter zu schlagen. »Ja, ja! Gib's ihr!«, rief sie. »So ist es richtig. Diese Lektion wird sie nicht mehr vergessen.« Rahab verdoppelte ihre Anstrengungen und wandte sich nach den Schultern meinem Rücken zu. Ich rollte mich zu einer Kugel zusammen, während Rahab mich weiter prügelte und die weiblichen Gäste Beifall klatschten. Die Männer lachten.
»Schluss mit dem Geheule!«, keuchte Rahab. »Sei still! Ich will dich nicht mal mehr atmen hören.«
Ich hatte schreckliche Angst, dass sie mich nun wirklich umbringen würde, und malte mir aus, wie sie mich mit dem Springseil erwürgte, während die Gäste mich festhielten. Als sie endlich von mir abließ, beugte sich einer der männlichen Gäste zu mir herunter, lächelte mich an und sagte: »Also, bist du wirklich blind?«
Ich dachte, dass er freundlich zu mir sein wollte. »Nein«, schluchzte ich. »Ich bin nicht blind.«
Er warf den Kopf in den Nacken und brach in Gelächter aus, in das die anderen einstimmten. »Sie ist nicht blind«, johlte er. »Wahrscheinlich ist sie einfach nur dumm.«
»Ich habe das Seil nicht gesehen«, weinte ich. »Es war keine Absicht.«
»Maul halten«, zischte Rahab. »Sei still. Und jetzt steh auf und räum den Dreck weg, den du gemacht hast.«

Die Tassen lagen zerbrochen auf dem Boden. Es waren die guten Tassen, die nur benutzt wurden, wenn Besuch kam. Der ganze Teppich war voller Zucker und Kekskrümel. Der Großteil des Tees war auf mir gelandet und hatte mir die Handgelenke verbrüht. Auch die Milch hatte sich über den Teppich ergossen.
»Beeil dich! Nimm Seifenwasser«, befahl Rahab. »Ich möchte nicht, dass meine besten Teppiche nach saurer Milch riechen.«
Ich ging in die Küche und holte Kehrblech und Besen. Die größten Scherben musste ich mit der Hand aufheben, und als ich auf dem Teppich herumtastete, schnitt ich mich an einem dünnen Splitter tief in den kleinen Finger. Ich wusste, dass ich nicht zu putzen aufhören durfte. Aber mir war auch klar, dass ich meine Lage nur verschlimmerte, wenn ich auf den Teppich blutete. Also eilte ich in die Küche, leerte das Kehrblech in den Mülleimer und fing an, eine Schüssel mit warmem Seifenwasser zu füllen. Gleichzeitig reinigte ich meinen verletzten Finger unter kaltem Wasser. In diesem Moment kam Rahab in die Küche.
»Was machst du denn jetzt schon wieder?«, kreischte sie. »Wasch dein Blut nicht in unserem Spülbecken ab! Hier bereiten wir unser Essen zu. Geh und wasch dich in deinem Badezimmer. Und ich rate dir, dich zu beeilen. Sonst fängt die Milch im Teppich noch zu stinken an.«
Ich lief hinaus zu meiner Toilette und war froh, ein paar Minuten für mich zu haben. Zuerst reinigte ich meinen Finger unter fließendem Wasser und bandagierte ihn dann mit einem langen Wattestreifen. Dabei erinnerte ich mich an einen Tag in den Nubabergen, der inzwischen eine Ewigkeit zurückzuliegen schien. Ich war etwa neun Jahre alt und wollte gerade in unserer Hütte zu Bett gehen.
»Mende«, sagte meine Mutter. »Möchtest du noch etwas heiße Milch?«
»Gerne, Umi«, antwortete ich. Doch während meine Mutter die Milch warm machte, schlief ich ein.
»Komm, Mende, die Milch ist fertig«, meinte meine Mutter und weckte mich.
»Gut, ich komme«, erwiderte ich schläfrig.

»Komm, Mende«, sagte mein Vater und streichelte mir über das Haar. »Steh auf und trink deine Milch.«
Als meine Mutter sah, wie müde ich war, hob sie mich auf, trug mich zum Feuer und setzte mich auf einen Schemel. Dann nahm sie die Kürbisschale voll dampfender Milch und hielt sie mir an den Mund.
»Los, du Schlafmütze«, neckte sie mich lächelnd. »Trink die Milch, die ich für dich aufgewärmt habe.«
Dann reichte sie mir den Kürbis und warnte mich, ich solle vorsichtig sein. Die Milch war köstlich, und als ich mich satt getrunken hatte, wollte ich den Kürbis wegstellen. Aber er rutschte mir aus der Hand, und die heiße Milch ergoss sich über meine Beine. Als ich einen erschrockenen Schrei ausstieß, sprang meine Mutter auf und nahm mich auf den Schoß.
»Hast du dich verbrüht, Mende?«, fragte sie. »Wo? Am Bein?«
Mein Vater kam ebenfalls näher. »War es sehr heiß?«, erkundigte er sich. »Hast du dir wehgetan?«
»Nein, Ba, so heiß war es nicht, alles in Ordnung«, erwiderte ich. Trotzdem nahm er mich in den Arm, und ich durfte bei ihm im Bett schlafen.
Während ich darüber nachdachte, hob ich den Kopf und betrachtete mein Gesicht im Spiegel. Im Licht der nackten Glühbirne sah ich Tränenspuren schimmern. Gerade hatte ich mir kochend heißen Tee über den Arm geschüttet, und niemand hatte mir geholfen. Ich hatte mich in den Finger geschnitten, und keiner hatte mich getröstet. Stattdessen hatten sie mich geschlagen, beschimpft und erniedrigt. Sie alle hatten gejubelt und über meinen Schmerz, meine Angst und meine Verlegenheit gelacht. Am liebsten wäre ich gestorben. Doch ich ging in die Küche, brachte die Schüssel mit heißem Seifenwasser ins Wohnzimmer und fing an, den Teppich zu säubern.

18
Glaube, Hoffnung, Selbstbewusstsein

Manchmal ertappte mich Rahab, wenn ich mich im Gebüsch versteckte, tief in Gedanken versunken, und auf das Tor starrte, das zur Straße führte. Sie hatte mich meist schon einige Zeit beobachtet und begann dann, mich mit Vorwürfen zu überhäufen. »Na, *yebit*, woran denkst du? Ach, das brauchst du mir gar nicht zu verraten. Du willst fliehen. Tja, ich sage dir, was mit dir passiert, wenn du davonläufst. Dann bitte ich Abdul Azzim nämlich, mit den Männern loszugehen, deine Familie zu suchen und sie alle zu töten. Und wenn man dich zurückbringt, rasiere ich dir den Kopf und beschneide dich. Schließlich ist allgemein bekannt, dass alle Nuba *khuluf* sind – unrein. Und außerdem Ungläubige.«

Rahab und Mustafa hielten sich für fromme Moslems. Jeder Moslem besitzt eine Gebetsmatte, eine *muslaiyah*, und Rahab und Mustafa hatten ganz besonders schöne Exemplare, seidenweich und mit komplizierten islamischen Mustern verziert. Stolz erklärten sie mir, ihre *muslaiyahs* stammten aus dem weit entfernten Saudi-Arabien, dem heiligsten Land des Islam. Von einem Moslem wird erwartet, dass er mindestens einmal im Leben nach Mekka in Saudi-Arabien pilgert, wo der Prophet Mohammed geboren ist. Soweit ich wusste, planten Rahab und Mustafa, in absehbarer Zeit dorthin zu reisen. Vor jedem ihrer fünf täglichen Gebete nahmen sie die rituellen Waschungen vor und reinigten Arme, Gesicht und Füße. Dann wandten sie sich nach Osten und rezitierten leise und innig ihre Gebete.

Nachdem die Männer mein Dorf überfallen hatten und ich nach Khartoum verschleppt worden war, hatte ich lange keine Gelegenheit mehr gehabt zu beten. Doch vom ersten Tag in Rahabs Haus an wusste ich, dass ich unbedingt wieder damit anfangen musste. Ich sah mich um, doch ich konnte nichts entdecken, das sich als *muslaiyah* benutzen ließ. Nachdem ich im Bad meine rituellen Waschungen vorgenommen hatte, schloss ich die Tür meines Schuppens, zog das Laken von der Matratze und legte es auf den Boden. Mehr konnte ich nicht tun. Wo Osten war, musste ich erraten. So verrichtete ich mein erstes Gebet des Tages.

Danach schlüpfte ich in meinen Schuppen und betete, wann immer ich mich ein paar Minuten freimachen konnte, und ich fühlte, dass die Gebete mir viel Kraft gaben. Einige Wochen lang betete ich auf diese Weise, ohne dass Rahab etwas davon ahnte. Sie beschimpfte mich zwar, weil ich ständig »verschwand« oder »unpünktlich« war, doch ich verriet ihr nicht, was ich da trieb. Eines Tages jedoch ging ich beten und vergaß, zuvor nach Rahab Ausschau zu halten. Ich kniete mich hin, streckte die Hände mit nach oben gebreiteten Handflächen aus und bat Gott, mir bei der Flucht zu helfen und mich zu meiner Familie zurückzubringen. Noch während ich betete, hörte ich Rahab brüllen: »*Yebit*, wo steckst du?« Ich versuchte, so schnell wie möglich zu Ende zu beten. Aber plötzlich wurde die Tür aufgerissen, und Hanin kam in meinen Schuppen gestürmt. Als sie mich beim Beten sah, drehte sie sich um und rief: »Mama! Mama, sie ist hier drin und betet.«

Rahab näherte sich und blieb auf der Schwelle stehen. »Hmm ...«, meinte sie mit höhnischer Miene. »Jetzt versuchst du sogar schon, uns nachzuahmen. Meinst du wirklich, dass Gebete für Leute wie dich bestimmt sind? Für Schwarze? Das ist doch wohl ein Scherz.«

»Denkst du, ich hätte erst heute mit dem Beten angefangen?«, hätte ich ihr am liebsten geantwortet. »Ich tue das seit meiner Geburt. Du kannst mir zwar meine Mutter, meinen Vater und mein Zuhause nehmen, aber nicht meinen Glauben. Dazu müsstest du mich erst umbringen.«

Nach diesem Zwischenfall versuchte Rahab stets, mich am Beten zu hindern. »Du gehst doch nicht etwa beten?«, erkundigte sie sich dann. »Zum Beten hast du keine Zeit. Du verstehst doch sowieso

nicht, was du da tust. Wusstest du nicht, dass der Islam nichts für Schwarze wie dich ist?«
Jedes Mal, wenn ich ihr nicht gehorchte, indem ich meine Gebete sprach, spürte ich, wie der Widerstandsgeist in meinem Herzen wuchs, und ich war überzeugt davon, dass Allah mir half, indem er mir die Kraft gab, nicht vor dieser bösartigen Frau zu verzagen.
Wir sind doch beide Musliminnen, dachte ich häufig. Wir glauben an denselben Gott. Warum also legte sie mir ständig Steine in den Weg? Doch je länger ich darüber nachgrübelte, desto klarer wurde mir, dass ich bis jetzt ausschließlich von Moslems unterdrückt worden war. Die Angreifer hatten beim Überfall auf unser Dorf »*Allahu Akhbar* – Gott ist groß« gerufen. Der Sklavenhändler Abdul Azzim war ebenfalls Moslem – und dasselbe galt für Rahab und ihre Familie. All diese Leute hielten sich für gläubige Anhänger des Islam. Und dennoch hatten sie das Volk der Nuba, die Angehörigen meines Stammes, getötet, vergewaltigt, gefoltert und versklavt, obwohl auch wir Moslems waren.
Ich erinnerte mich an den Koranunterricht in der Schule, wo ich gelernt hatte, dass alle Moslems einander achten mussten. Es gebe keinen Unterschied zwischen Weißen und Schwarzen, und alle Menschen seien gleich und einander ebenbürtig. Im Koran stand, dass die Menschen sich lediglich durch ihr Verhalten voneinander unterscheiden, dadurch, wie gut und fromm sie waren und Gott anbeteten.
Eines Tages gelang es mir, einen alten Zuckersack aus der Speisekammer in meinen Schuppen zu schmuggeln, und ich benutzte ihn von nun an als *muslaiyah*. Er bestand aus braunem Rupfen, und es war auf Englisch das Wort »Zucker« darauf gedruckt. Jeden Tag bat ich Gott darum, mir zur Freiheit zu verhelfen und mich zu meiner Familie zurückzubringen. Und manchmal betete ich auch um Rache. »Bitte, Allah, lass mich fliehen. Bitte, Allah, mach, dass ich wieder nach Hause komme. Bitte, Allah lass mich meine Familie finden. Bitte, Allah, sorge dafür, dass Rahab stirbt. Und bitte, Gott, füg ihr zuerst genauso viel Leid zu, wie sie mir zufügt.«
Eines Morgens, ich war etwa seit einem Jahr im Haus, räumte ich

das Zimmer der Mädchen auf. Der Inhalt von Hanins Schultasche war über den ganzen Boden verstreut. Als ich die Sachen aufhob, hielt ich inne, blätterte eines ihrer Schulbücher durch und erinnerte mich an meine ersten Schultage. Ich dachte daran, dass meine Freundin Kehko und ich Klassenbeste gewesen waren. Ich war sehr fleißig gewesen, weil ich unbedingt Ärztin werden und in unserem Dorf eine Klinik eröffnen wollte. Inzwischen war ich etwa dreizehn Jahre alt, und die Bücher, die Rahabs sechsjährige Tochter in ihrem Zimmer herumliegen ließ, waren mein einziger Zugang zu Schulwissen. Diese Leute hatten mir meine Kindheit und meine Träume gestohlen.

Ich wusste, dass ich vorsichtig sein musste. Auf keinen Fall durften meine Tränen Flecken auf dem Buch hinterlassen, denn dann hätte Hanin mich bei Rahab verpetzt. Als ich weiter aufräumte, entdeckte ich einen kleinen Teddybären unter dem Bett, der mich an Uran erinnerte. Ohne nachzudenken, hob ich ihn auf und versteckte ihn unter meinem Rock. Später schmuggelte ich ihn in meinen Schuppen. Nun kuschelte ich mich jede Nacht an Uran und sprach mit ihr – eigentlich albern, weil Katzen gar nicht reden können. Doch für mich war Uran in der Lage dazu, und sie wurde meine beste Freundin.

»Weißt du noch, Uran, als du das erste Mal schwanger warst?«, flüsterte ich ihr in der Dunkelheit zu. »Und ich dachte, du hättest zu viele Mäuse gefressen. Aber in Wirklichkeit hast du Kätzchen erwartet.«

»Ja, das weiß ich noch sehr gut, Mende«, antwortete Uran. »Wie könnte ich das vergessen? Es ist ganz schön anstrengend, fünf Kätzchen im Bauch mit sich herumzuschleppen.«

»Und als die Babys dann kamen, warst du so stolz. Ich durfte sie in die Hand nehmen und streicheln.«

»Es waren Kätzchen, Mende, keine Babys. Ja, ich habe die ganze Nacht damit verbracht, sie sauber zu lecken, damit du sehen würdest, wie schön sie sind, wenn du am Morgen aufwachtest.«

»Dann hat Umi sie heimlich an andere Leute im Dorf verschenkt. Erinnerst du dich noch, wie wütend ich war?«, sagte ich leise und

lächelte, als ich daran dachte. Ich merkte, dass Uran ebenfalls schmunzelte.
»Und dann haben wir sie überall im Hof gesucht, weil deine Mutter uns überlistet hatte und wir glaubten, dass sie sich irgendwo versteckten«, erwiderte Uran. »Ja, das weiß ich noch sehr gut. Schließlich waren es meine Kätzchen. Aber wir haben das doch schon tausendmal besprochen. Vielleicht solltest du jetzt schlafen, einverstanden?«
Wenn es nicht zu gefährlich gewesen wäre, hätte ich noch zwei Teddys stibitzt, die meinen Vater und meine Mutter hätten darstellen können. Dann hätte ich meine ganze Familie um mich versammelt gehabt. Inzwischen lebte ich immer mehr in meinen Erinnerungen und Träumen; da die Wirklichkeit mit Rahab zu schrecklich war, um sich ihr zu stellen, schuf ich mir eine andere, glücklichere Welt.
Mit der Zeit entwickelte ich ein Regelwerk, das mir half, Prügel zu vermeiden, solange ich es befolgte. Wenn Rahab mir etwas befahl, musste ich mich als Erstes vergewissern, dass ich sie auch wirklich richtig verstanden hatte. Also hörte ich sehr aufmerksam zu und wiederholte dann die Anweisung. Zweitens erledigte ich jeden Auftrag, so schnell ich konnte. Ich machte keine Pause, um mit den Kindern zu sprechen oder zu spielen, und ließ mich auch sonst durch nichts ablenken. Drittens musste ich die Wahrscheinlichkeit eines Unfalls möglichst gering halten, denn es spielte keine Rolle, ob ich die Schuld hatte oder nicht, da ich ohnehin dafür geschlagen wurde. Und viertens gab ich Rahab nie Widerworte, ganz gleich, was sie auch zu mir sagte.
Zu guter Letzt vermied ich alles, was Rahab daran erinnert hätte, dass ich eine Nuba war. Ich benützte nie die Nubasprache, sang niemals Nubalieder, und ich verlor keine Silbe über mein früheres Leben. Nach dem Überfall war mir nur eine Perlenschnur geblieben, die ich um den Hals trug. Es waren wunderschöne weiße Perlen mit schwarzen Punkten an jedem Ende. Meine Mutter hatte sie mir geschenkt, und ich nahm sie nie ab. Doch eines Tages, in der Küche, entdeckte Rahab sie unter meinem Kleid.

»Was ist das, *yebit*?«, fragte sie. »Perlen? Nur Wilde tragen so was. Also, weg damit.«
»Ich nehme sie ab«, erwiderte ich. »Aber erlauben Sie mir bitte, sie zu behalten.«
Doch Rahab machte einen Schritt vorwärts, griff nach der Kette und versuchte, sie mir abzureißen. Als die Schnur standhielt, schnappte sie sich ein Küchenmesser und schnitt sie durch. Dann streckte sie mir die Kette entgegen und deutete auf die Schnur.
»Schau«, höhnte sie. »Schau, wie schmutzig sie ist.« Sie hielt sich die Perlen unter die Nase, schnupperte daran und verzog das Gesicht. »Sie stinken«, verkündete sie. »Sie stinken nach Schwarzen. Nach Wilden.« Mit diesen Worten wollte sie sie in den Mülleimer stecken.
»Bitte werfen Sie sie nicht weg«, flehte ich sie an. »Bitte. Lassen Sie sie mich behalten. Bitte.«
»Nein, *yebit*«, zischte sie. »Das kommt nicht in Frage.« Doch anstatt sie im Mülleimer zu versenken, änderte sie ihre Meinung. Sie zog ein Plastiktütchen aus einer Schublade, stopfte die Perlen hinein und schob sie sich in die Tasche. Wahrscheinlich ahnte sie, dass ich sie wieder herausholen würde, wenn sie sie in den Mülleimer warf. Die ganze Woche lang sah ich im Müll nach, doch ich fand sie nicht. Sie hatte mir das letzte greifbare Erinnerungsstück an meine Familie weggenommen.

Als die Jahre vergingen, entwickelten Rahabs Kinder und ich ein engeres Verhältnis zueinander. Da ich inzwischen das Essen kochte und sie versorgte, verbrachten sie viel mehr Zeit mit mir als mit ihrer Mutter. Sobald ich nicht da war, weinten sie nach mir. Wenn sie in ihrem Zimmer spielten, riefen sie: »Komm, Mende, komm und lies uns etwas vor.« Anfangs befürchtete ich, Rahab könnte meinen vertrauten Umgang mit den Kindern ablehnen. Schließlich hatte sie sie bei meiner Ankunft gewarnt, dass ich »schmutzig« und »krank« sei. Bald jedoch wurde ihr klar, dass ich gut mit ihnen zurechtkam. Und das bedeutete, dass sie mich nicht nur als Haushaltssklavin, sondern auch als Kindermädchen einsetzen konnte, was es ihr ermöglichte, mit ihren Freundinnen häufiger einen Einkaufsbummel zu unternehmen, zu Hause fernzusehen, Gäste zu bewirten und sich in Khartoums Gesellschaft zu bewegen. Ich erwiderte die Zuneigung, die die Kinder mir entgegenbrachten, und fühlte mich nach einer Weile mehr wie ein Mensch und vielleicht sogar ein bisschen wie ein Familienmitglied.

Dieses Gefühl verstärkte sich, als Rahab begann, mich auf Ausflüge mitzunehmen.

In den beiden Jahren, die ich nun bei ihnen lebte, hatte ich das Haus nicht verlassen. Doch eines Morgens meinte Rahab beiläufig, sie werde mit mir und den Kindern in den Park fahren. »Zieh die schmutzigen Sachen aus«, befahl sie mir. Damals war sie mit ihrem dritten Kind schwanger und brauchte vermutlich meine Hilfe, weil sie rasch ermüdete.

Als ich vom Umziehen zurückkam, kämmte Rahab den Kleinen gerade die Haare. Sie trugen hübsche Festtagskleidchen und winzige glänzende Schuhe. Wir gingen hinaus zum Auto. Hanin saß neben Rahab auf dem Beifahrersitz, Usra hinten. »Mach das Tor auf, *yebit*«, wies Rahab mich an.

Nachdem sie durch das Tor gefahren war, sagte sie mir, ich solle es wieder zumachen und mich neben Usra nach hinten setzen. Wir fuhren eine kleine Straße entlang, die auf beiden Seiten von eleganten Villen gesäumt wurde. Begeistert drückte ich die Nase am Fenster platt. Endlich sah ich, was sich außerhalb des Hauses befand, das in den letzten beiden Jahren mein Gefängnis gewesen war. Überall schlenderten Menschen ungehindert durch die Straßen. Die Sonne schien, und alle wirkten glücklich. Da wusste ich, dass mir die grundlegendsten Freiheiten verweigert wurden, die diese Leute genossen. Doch wenigstens durfte ich nun nach langer, langer Zeit aus dem Haus.

Nachdem wir etwa zehn Minuten lang gefahren waren, erreichten wir eine gewaltige Wasserfläche. Die Flüsse in den Nubabergen waren kleine reißende Bäche, die nur zur Regenzeit flossen. Nun jedoch fuhren wir am Ufer eines Gewässers entlang, das so groß war, dass ich weder einen Anfang noch ein Ende erkennen konnte.

Es war der Nil, der durch Khartoum verläuft. Ich bekam es mit der Angst zu tun, als der Wagen von der Hauptstraße abbog und auf den Fluss zuhielt. Und plötzlich fuhren wir auf einem Weg, der bis in den Himmel hineinragte, hoch über das Wasser hinweg. Ich war überzeugt, dass das Auto jeden Moment in den Fluss stürzen würde. Fasziniert und gleichzeitig in Todesangst starrte ich auf das Wasser unter uns. Doch als ich die anderen im Auto ansah, stellte ich fest, dass sie völlig ungerührt wirkten.
Dann entdeckte ich merkwürdige Dinger auf dem Fluss, die aus dem Wasser zu springen schienen und dabei ein lautes Platschen von sich gaben. Aus der Entfernung hielt ich sie für riesige Wassertiere. Natürlich waren es Motorboote, aber das wusste ich damals noch nicht, denn in den Nubabergen gab es keine Boote. »Der Fluss hier in Khartoum ist so groß wie ein Berg!«, dachte ich mir. »Und die Frösche, die darin leben, sind Riesen. Wenn wir hineinfallen, werden sie uns bestimmt fressen.«
Endlich hatten wir die Brücke wohlbehalten überquert und erreichten etwa eine halbe Stunde später den Park, wo uns eine von Rahabs Freundinnen erwartete.
»*Yebit*, du gehst und spielst mit den Kindern«, befahl mir Rahab. »Pass auf sie auf, damit keines von ihnen stürzt. Ich bleibe hier. Aber ich behalte dich im Auge.«
Rahab und ihre Freundin ließen sich im Schatten eines Baumes nieder. Ich ging los, um mit den Kindern Verstecken zu spielen. Nachdem ich die Sandalen ausgezogen hatte, lief ich zwischen den Bäumen durch das Gras. Es erinnerte mich an meine Spaziergänge im Wald in den Nubabergen. Natürlich gab es hier keine hohen Hügel, und auch die Bäume waren viel kleiner, aber wenigstens konnte ich mich ein bisschen wie zu Hause fühlen. Nachdem ich etwa eine Stunde lang die Freiheit ausgekostet hatte, kamen Rahab und ihre Freundin, und wir machten uns alle auf die Suche nach dem Abenteuerspielplatz.
Nach diesem Tag fuhren wir jeden Monat in den Park. Ich freute mich von ganzem Herzen auf diese Ausflüge, aber natürlich machte ich mir etwas vor, wenn ich mir einredete, dass ich nun zur

Familie gehörte. Ich war und blieb ihre Sklavin, und schon wenig später wurde mir das wieder auf drastische Weise vor Augen geführt.

In der Regenzeit drangen Schwärme von Moskitos ins Haus ein, sodass ich allabendlich Insektenvertilgungsmittel in den Schlafzimmern versprühen musste. Doch draußen in meinem Schuppen hatte ich nichts, um die Insekten abzuwehren. Und so wachte ich eines Tages in den frühen Morgenstunden auf und musste mich übergeben. Bald zitterte ich am ganzen Leibe vor Kälte.

Ich fiel in einen unruhigen Dämmerschlaf und wurde von schrecklichen Albträumen gequält. Wieder durchlebte ich den Überfall auf unser Dorf und sah meinen armen Vater vor mir, der mich zu retten versuchte. In meinem Fieberwahn träumte ich in allen drastischen Einzelheiten, dass Rahab mich totschlagen wollte, während ich vergeblich zu fliehen versuchte. Das Bett schien herumzuwirbeln, aber ich konnte nicht aufstehen. Als Rahab mich am Morgen wecken kam, fiel sogar ihr auf, dass etwas nicht stimmte.

»*Yebit*, was ist los?«, fragte sie.

»Ich bin krank«, flüsterte ich.

»Hast du dich übergeben? Ist das Erbrochene bitter?«

»Ja. Bitter und gelb.«

»Oh ... Du hast nur Malaria. Es ist nichts weiter. Ich gebe dir ein paar Tabletten.« Fünf Minuten später kehrte Rahab zurück. »Hier, nimm die«, sagte sie. »Dann schläfst du eine Stunde, und wenn es dir wieder besser geht, fängst du mit der Arbeit an.«

Ich schluckte die Tabletten. Doch sie waren sehr bitter, und ich musste sie sofort wieder erbrechen. Da ich so fror, breitete ich Laken, Decke und Matratze über mich. Aber nach einer halben Stunde glühte ich vor Hitze. Das Fieber tobte in mir, und ich musste drei Tage in meinem Schuppen liegen. Jeden Tag erkundigte sich Rahab, ob ich mich schon besser fühlte und wieder arbeiten könnte. Dauernd rief sie mich ins Haus und erzählte mir, das Essen sei fertig, doch ich hatte nicht den geringsten Appetit.

»Hör zu, es hat keinen Zweck, dich zum Arzt zu bringen«, teilte Rahab mir mit, als ich auch am zweiten Tag zu schwach zum

Aufstehen war. »Er wird dir nur dieselbe Medizin geben, die du schon von mir hast.«
Oft kamen die Kinder zu mir. »Komm, spiel mit uns, Mende«, riefen sie und zupften mich am Haar.
»Ich kann nicht, ich bin krank«, erwiderte ich. »Aber holt mir bitte etwas Wasser.«
Als ich so elend dalag, erinnerte ich mich daran, wie ich zu Hause in meinem Dorf einmal die Grippe gehabt hatte. Meine Mutter hatte Öl über dem Feuer erwärmt, es mit Tee und aromatischen Kräutern vermischt und mich am ganzen Körper damit eingerieben. Dann hatte sie aus Samen und Blüten aus dem Wald eine Suppe für mich gekocht, die dünn und leicht zu trinken, aber auch sehr nahrhaft war. »Wenn du nichts isst, wirst du nicht gesund«, sagte sie zu mir. Da es in unserem Dorf keinen Arzt gab, konnte sie mich nicht anderweitig behandeln lassen. Aber sie tat alles, was in ihrer Macht stand, damit es mir bald wieder besser ging.
Rahab hingegen machte kaum einen Finger krumm, als ich das erste Mal Malaria hatte – und das, obwohl man an dieser Krankheit sterben kann. Später erlitt ich noch einen zweiten, weitaus schwereren Malariaanfall. Außerdem bekam ich von ihren Schlägen häufig rasende Kopfschmerzen. Aber Rahab brachte mich nie zu einem Arzt und scherte sich auch sonst nicht um meine Gesundheit. Doch falls ich geglaubt haben sollte, dass sich ihre Misshandlungen nun nicht mehr steigern ließen, so wurde ich bald eines Besseren belehrt.

19
Mordversuch

Eines Tages veranstalteten Rahab und Mustafa wieder einmal ein großes Abendessen. Etwa ein Dutzend Familien waren eingeladen. Nachdem ich das ganze Haus geputzt hatte, verbrachte ich den restlichen Tag mit Rahab in der Küche und kochte. Es gab ein Curry aus Rindfleisch und Huhn mit Reis und viele verschiedene Salate. Außerdem musste ich frischen Saft aus Orangen, Grapefruits und Guavas auspressen. Gegen sieben kamen die ersten Gäste, und Rahab befahl mir, sie ins Wohnzimmer zu führen. Zuerst würden die Gäste auf der Terrasse ihre Drinks einnehmen, später sollte das Essen im Esszimmer serviert werden.

Als die Gäste endlich saßen, räumte ich die Küche auf. Doch ich wurde ständig von den dazugehörigen Kindern gestört.

»Gib mir Saft!«, »Ich will noch eine Cola.«, »Ich will Chips!«, forderten sie.

Nach einer Weile kletterten etwa zwölf Kinder auf den Möbeln herum und versuchten, sich etwas von den Arbeitsflächen zu nehmen. Es war unmöglich, die Küche zu putzen und gleichzeitig die Kleinen zu bändigen. Außerdem unternahmen die Eltern keinerlei Anstalten, ihren Nachwuchs in Schach zu halten, und schienen die Kinder sogar noch zu ermuntern. »Einfach wunderbar«, hörte ich jemanden sagen. »Rahabs Haus ist so groß, dass man die Kinder gar nicht mehr sieht.« Ihnen kam es nur darauf an, einen angenehmen und friedlichen Abend zu verbringen, ohne dauernd belästigt zu werden.

Als ich begann, den Gästen Tee zu servieren, tobten schließlich sämtliche Kinder in der Küche herum. Sie stiegen auf die Stühle und öffneten Schränke, um den Inhalt herauszuräumen. Am liebsten hätte ich es ihnen verboten, weil es gefährlich war. Doch als ich Hanin einmal untersagt hatte, von ihrem Bett zu springen, hatte Rahab mich gehört und war ins Zimmer gekommen. »Wage es nicht, meinen Kindern Vorschriften zu machen!«, brüllte sie mich an. »Wenn du siehst, dass Hanin etwas anstellt, dann komm und melde es mir.« Daraus hatte ich geschlossen, dass ich Rahabs Kindern nichts verbieten durfte. Doch ich nahm Hanin beiseite und sprach leise mit ihr.

»Bitte, Hanin, beruhige dich«, meinte ich. »Geh mit den anderen zum Spielen ins Wohnzimmer.«

»Nein, ich will nicht, ich will nicht!«, kreischte sie. »Ich will meinen Becher.«

»Einverstanden«, erwiderte ich. »Ich hole ihn dir.«

»Nein, ich will ihn selber holen.«

»Aber wenn du auf Tische und Stühle kletterst, fällst du noch und tust dir weh«, versuchte ich ihr zu erklären.

»Nein, nein, ich falle schon nicht runter.«

Ich gab mich geschlagen und wandte mich wieder zum Spülbecken um. Doch plötzlich ertönten ein Poltern und ein Schrei. Als ich herumwirbelte, stellte ich fest, dass Usra, Rahabs jüngere Tochter, vom Tisch gefallen war und sich am Boden den Kopf gestoßen hatte. Sie war Hanins Beispiel gefolgt und hatte ihren Becher holen wollen. Ich stürmte hin, um sie aufzuheben, und bemerkte, dass sie sich die Lippe verletzt hatte. Die Wunde war zwar nicht tief, blutete aber heftig, und Usra schrie wie am Spieß. Alle Kinder umringten uns, als ich Usra an mich drückte, um sie zu trösten. Einige weibliche Gäste kamen von der Terrasse hereingelaufen. Rahab war unter den Ersten.

»Was ist passiert? Was ist passiert?«, fragte sie hektisch. Sobald sie Usra sah, eilte sie auf sie zu. »Was ist mit meinem Baby passiert?«, schrie sie und nahm Usra auf den Arm. »Wie hat sie sich wehgetan?«

»Sie ist auf den Tisch geklettert«, begann ich, doch Rahab ließ mich nicht ausreden.

»Warum hast du sie nicht daran gehindert?«, brüllte sie.

»Das wollte ich ja«, erwiderte ich. »Aber sie hat nicht ...«
»Du hättest sie eben auf den Arm nehmen und freundlich mit ihr sprechen müssen! ›Hör zu, meine Kleine‹, oder so ähnlich, um ihr alles zu erklären!«
»Ich habe sie doch nicht gesehen«, rechtfertigte ich mich. »Ich war mit dem Abwasch beschäftigt ...«
Noch ehe ich meinen Satz beenden konnte, bekam Rahab einen Wutanfall. Sie kreischte mich an und untermalte jeden Satz, indem sie mich heftig vor die Brust stieß.
»Denkst du, das ist wichtig, *yebit*? Der dämliche Abwasch! Du findest das also wichtiger als mein Baby! Bist du denn total verblödet? Du hättest auf die Kinder aufpassen sollen, verdammt! Und nicht Geschirr spülen!«
Noch nie hatte ich Rahab so aufgebracht erlebt. Ich versuchte, vor ihr zurückzuweichen, aber der Platz reichte nicht. Und dann versetzte sie mir einen so heftigen Schubs, dass ich gegen meinen kleinen Tisch in der Ecke taumelte. Der Tisch war aus Metall und hatte scharfe Kanten. Ich prallte mit dem rechten Bein dagegen, und als ich stürzte, schnitt mir eine der Kanten tief in die Haut. Ich spürte einen scharfen, stechenden Schmerz. Dann lag ich auf dem Boden und betrachtete entsetzt mein Bein. Die Innenseite des Oberschenkels war bis zum Knie aufgeschlitzt. Kurz sah ich das geisterhaft bleiche Fleisch klaffen, dann spritzte das Blut in einem langen Strahl aus der Wunde.
Ich hörte mich selbst vor Schreck und Schmerz aufschreien.
Rahab packte mich am Arm und rief: »Mende! Mende! Oh, mein Gott, Mende! Sag etwas.« Doch ich stürzte bereits einen langen, dunklen Tunnel hinab. Zuletzt sah ich noch ihr entgeistertes Gesicht, als sie sich ihren Freundinnen zuwandte und meinte: »O mein Gott, wenn Mende stirbt, stecke ich in großen Schwierigkeiten.«
Offenbar war ich lange Zeit bewusstlos. Als ich wieder zu mir kam, lag ich in einem Bett. Mühsam schlug ich die Augen auf, aber ich fühlte mich immer noch wie im Traum. Ich sah Rahab auf und ab laufen, dann verlor ich erneut die Besinnung. Ein wenig später

wachte ich zum zweiten Mal auf und blickte mich benommen um. Rahab, Mustafa und eine ihrer Freundinnen standen vor meinem Bett und machten besorgte Gesichter. Neben mir stand eine Krankenschwester, die sich zu ihnen umwandte. »Sie wacht auf«, verkündete sie. »Sie wird wieder gesund.«

Rahab stürzte auf mich zu und packte mich am Arm. »Mende? Mende? Oh, *alhamdallilah* – gelobt sei Gott«, hörte ich sie sagen. Ich lächelte sie schwach an. Ich konnte noch immer nicht klar denken und versuchte mich daran zu erinnern, was geschehen war. Ich wusste noch, dass ich gefallen war und mich verletzt hatte. Doch ich begriff nicht, warum ich jetzt in einem Krankenhausbett lag. Das alles war sehr verwirrend. Außerdem war ich daran gewöhnt, dass Rahab mich quälte und nie auch nur die Spur von Reue oder Mitgefühl zeigte. Warum also freute sie sich jetzt so darüber, dass ich noch lebte? Ich war verletzt, und sie schien sich Sorgen um mich zu machen, und in meiner Benommenheit erinnerte sie mich einen kurzen Moment lang an meine Mutter. »Liebt sie mich wirklich?«, fragte ich mich. »So wie meine Mutter? Liebt sie mich wie Hanin und Usra?«

Ich dachte an einen Tag in den Nubabergen, als ich noch ein Kind gewesen war. Ich war mit meiner besten Freundin Kehko und zwei anderen Mädchen in den Wald gegangen, um Brennholz zu sammeln. Große Bündel trockener Zweige auf dem Kopf, machten wir uns auf den Rückweg ins Dorf. Seit wir laufen konnten, hatte man uns beigebracht, auf diese Weise Lasten zu tragen. Doch es ist schwierig, mit einem schweren Holzbündel auf dem Kopf aufzupassen, wo man hintritt. Wir waren noch nicht weit gekommen, als ich plötzlich einen scharfen Schmerz im Fuß spürte. Mit einem Aufschrei stürzte ich zu Boden, sodass das Holzbündel auf mir landete.

Meine Freundinnen kamen sofort zu mir gelaufen, denn sie befürchteten, ich könnte von einer Schlange gebissen worden sein. Doch als wir genauer hinschauten, sahen wir den großen Dorn, der aus meinem Fußrücken ragte. Obwohl der Dorn meinen Fuß durchbohrt hatte, blutete es kaum, weil er die Wunde verstopfte.

Die Arme um die Schultern von zwei Freundinnen gelegt, hinkte ich den Pfad entlang bis zum Fluss. Dann blieb Kehko bei mir, während die beiden anderen Hilfe holten.
Ich wusste noch, wie ich etwa zwei Stunden lang am Flussufer lag. Es wurde dunkel, und im Wald hinter uns waren allmählich die Nachttiere zu hören. Ich war sehr froh, dass Kehko bei mir war, und außerdem sehr erleichtert, als ich meinen Vater den Pfad entlangeilen sah. Meine Mutter saß auf dem Esel, den er führte. Sie beschlossen, den Dorn im Dorf zu entfernen. Während mein Vater eine provisorische Trage zurechtmachte, bettete meine Mutter meinen Kopf auf ihren Schoß. Ich erinnerte mich an ihre besorgte Miene, als sie mir übers Haar streichelte und mich küsste. »Mende, meine Kleine«, sagte sie immer wieder. »Alles kommt wieder in Ordnung. Keine Angst. Keine Angst. Aber du musst besser aufpassen, wenn du im Wald herumläufst.«
Ich fragte mich, ob Rahab mir nun ein wenig von dieser Liebe entgegenbrachte wie meine Mutter damals? Nein, sie ließ mich nicht lange in dem Irrglauben. Sobald die Krankenhausmitarbeiter hinausgegangen waren, setzte sie sich neben mich, um mir etwas ins Ohr zu flüstern.
»Ich warne dich. Hör gut zu, *yebit*«, zischte sie. »Wenn dich jemand fragt, was passiert ist, antwortest du, du seist auf einen Stuhl geklettert, um etwas in der Küche herunterzuholen, und dabei gestürzt. Wenn sie wissen wollen, wer ich bin, sagst du, dass du als bezahltes Dienstmädchen bei mir arbeitest. Und wenn sie sich nach deinen Eltern erkundigen, erklärst du ihnen, sie lebten in den Nubabergen und du seist hergekommen, um dir eine Stellung zu suchen. Verstanden?«
Kurz darauf verschwanden Rahab und die anderen, und ich war allein. Rückblickend betrachtet, kamen meine Gefühle bestimmt daher, dass ich noch ein Kind war und mich verzweifelt nach der Liebe und der Zuneigung einer Familie sehnte. Da ich beim Überfall von meinen Eltern getrennt worden war, suchte ich nun bei den einzigen anderen Erwachsenen in meiner Umgebung danach, ganz gleich, wie unmenschlich diese mich auch behandelten. Rahab

und Mustafa waren ein schlechter Elternersatz, eigentlich das Schlimmste, was man einem kleinen Mädchen nur antun konnte. Aber sonst hatte ich niemanden. Und tief in meinem Herzen nährte ich wahrscheinlich immer noch die Hoffnung, dass sie sich ändern, mich lieben und sich um mich kümmern würden.

In Wahrheit jedoch hätte Rahab sich des Mordes schuldig gemacht, wenn ich gestorben wäre. Auch wenn ich nur eine Sklavin war, hätte mein Tod für den Rest ihres Lebens auf ihrem Gewissen gelastet. Vielleicht wäre sie auch ernstlich in Schwierigkeiten geraten – ich weiß es nicht genau. Drei Tage hing ich jedenfalls im Krankenhaus am Tropf und wurde von einer reizenden Krankenschwester versorgt, die Nungha hieß und aus dem Süden des Sudan stammte. Sie war so schwarz wie ich und sah sehr afrikanisch aus. Rahab besuchte mich täglich, und beim dritten Mal kam es zur ersten Auseinandersetzung zwischen ihr und Nungha.

Nachdem Rahab sich nach meinem allgemeinen Befinden erkundigt hatte, sagte sie: »So, heute nehme ich sie mit nach Hause. Ich werde mich um sie kümmern, und die Medikamente kann sie auch dort schlucken.«

»Ich fürchte, das ist keine gute Idee«, erwiderte Nungha. Die Wunde ist sehr tief, und sie muss weiter Infusionen bekommen, weil sie viel Blut verloren hat. Außerdem müssen wir dreimal täglich den Verband wechseln.«

»Ach, das können wir doch genauso gut zu Hause tun«, beharrte Rahab.

»Der Arzt wird Ihnen sicher nicht gestatten, sie mitzunehmen«, entgegnete Nungha mit Nachdruck.

Ich merkte Rahab an, dass sie allmählich wütend wurde, und Nungha gefiel mir immer besser. Als Rahab immer weiter mit ihr herumstritt, verlor Nungha schließlich die Geduld. »Wer ist dieses Mädchen eigentlich?«, fragte sie. »Ist sie Ihre Tochter? Das kann nicht sein, denn sie sieht Ihnen überhaupt nicht ähnlich.«

»Nein, sie ist mein Dienstmädchen«, zischte Rahab. »Was geht Sie das eigentlich an? Sie arbeitet bei mir im Haushalt.«

»Ach, deswegen wollen Sie sie unbedingt mitnehmen«, gab

Oben: Typische Felslandschaft in der Nähe von Dilling/Nubaberge
Unten links: Heimkehr nach der Jagd
Unten rechts: Mädchen beim Wasserholen

Linke Seite: Mende und Damien bei der Arbeit am Buch
Links unten: Mende erinnert sich zeichnend
Rechte Seite: Mende in London
Rechts unten: Mende demonstriert kak, *das Steinspiel (Seite 30)*

Mende Nazer heute – strahlend und selbstbewusst

Nungha, inzwischen ebenfalls ziemlich aufgebracht, zurück. »Weil sie Ihr Dienstmädchen ist. Glauben Sie allen Ernstes, Sie könnten ihr zu Hause eine Infusion verabreichen? Würden Sie sie auch mitnehmen, wenn sie Ihre Tochter wäre? Das denke ich nicht.«
»Ich frage ja nur, weil ich Angst um sie habe«, meinte Rahab, um Nungha zu beschwichtigen. »Ich bin wirklich besorgt und kann nachts nicht schlafen, solange sie nicht wieder zu Hause ist.«
»Tja, aber es ist zwecklos, mich deswegen anzuschreien«, entgegnete Nungha. »Wenn Sie mit jemandem streiten wollen, wenden Sie sich an den Arzt. Was mich betrifft, verlässt dieses Mädchen das Krankenhaus erst, wenn der Arzt findet, dass sie wieder auf dem Damm ist. Und damit basta.«
Kurz darauf ging Rahab. Aber Nungha blieb, um ein wenig mit mir zu sprechen.
»Mende, mein Kind, wo ist deine Mutter?«, fragte sie mich und setzte sich zu mir aufs Bett.
»Meine Mutter ist in den Nubabergen«, antwortete ich. »Ich bin allein hergekommen, um für diese Dame zu arbeiten«, fügte ich hinzu, da ich mich an Rahabs Anweisungen erinnerte.
Es hatte mich erstaunt, dass Nungha sich gegen Rahab zur Wehr gesetzt hatte. Denn ich hatte noch nie erlebt, dass eine Frau, die so schwarz war wie ich, sich gegen eine Araberin behauptete. Sämtliche Schwarze, denen ich seit dem Tag des Überfalls begegnet war, hatten eine Todesangst vor Arabern – und sie waren alle Sklaven gewesen. Ich wusste, dass Nungha keine Nuba war, und fragte mich, woher sie wohl stammte.
»Woher bist du, Tantchen?«, wollte ich wissen.
»Na, du weißt ja, dass wir hier im Nordsudan sind«, erwiderte sie. »Ich bin aus dem Südsudan, vom Stamm der Shuluk. Kennst du die Shuluk?«
»Nein, Tantchen«, entgegnete ich.
»Eigentlich sind wir auch nicht anders als ihr. Du bist eine Nuba, ich bin eine Shuluk, und außerdem gibt es im Süden noch viele andere Stämme wie die Dinka und die Nuer. Mein Name klingt sogar

so ähnlich wie dein Stamm. Ich heiße Nungha, und du bist eine Nuba«, meinte sie lachend.
Nungha hatte ein lautes, herzhaftes Lachen, das aus ihrem Bauch aufzusteigen schien und ansteckend war. Ich lachte mit ihr. Es war so schön, gemeinsam mit jemandem aus ganzem Herzen zu lachen.
»Ich habe eine kleine Tochter von fünf Jahren und einen zwölfjährigen Sohn«, erzählte sie mir. »Hast du Verwandte in Khartoum?«
»Nein. Sie wohnen alle in den Nubabergen.«
»Überhaupt keine Cousins?«, sagte sie mit einem traurigen Lächeln. »Gut, dann werde ich deine Cousine sein. Wann hast du deinen freien Tag? Am Freitag?«
Ich erinnerte mich an Rahabs Warnung und nickte.
»Gut. Am Donnerstag, wenn du mit der Arbeit fertig bist, kommst du zum Krankenhaus, und anschließend gehen wir zu mir«, sagte sie. »Du kannst bis Samstagmorgen bei uns bleiben, und dann bringe ich dich wieder nach Hause.«
Ich liebte Nungha, und ich bewunderte ihren Mut, weil sie sich gegen Rahab gewehrt hatte. Ich liebte ihre Wärme. Ich liebte sie dafür, dass sie mich beschützte. Und deshalb ertrug ich es nicht, sie belügen zu müssen. Der Krankenhausaufenthalt war, bis auf die Ausflüge in den Park, das erste Mal in drei Jahren, dass ich Rahabs Haus verließ.
Am liebsten hätte ich Nungha die ganze Wahrheit gesagt. Doch ich befürchtete, dass Rahab mich dann aus dem Krankenhaus holen und umbringen würde. Drei Jahre hatte ich tagtäglich unter Rahabs Fuchtel gestanden. Sie hatte mich geschlagen, mich beschimpft, absichtlich meine Seele zerstört und jegliches Selbstwertgefühl in mir abgetötet. Ich war davon überzeugt, dass ich ihre Sklavin und sie meine Herrin war und dass sie absolute Macht über mich hatte. Ich glaubte fest daran, dass es allein in ihrer Hand lag, ob ich lebte oder starb.
Nach ihrem Streit mit Nungha erschien Rahab noch häufiger im Krankenhaus. Kaum betrat sie den Raum, kam Nungha stets in ihrer steif gestärkten Tracht herbeigeeilt, stand, die Hände in die Hüften gestemmt, an meinem Bett und starrte sie an. Die beiden

Frauen sahen einander eine Weile in die Augen, und man konnte förmlich spüren, wie es zwischen ihnen knisterte. Doch Nungha ging stets als Siegerin aus diesem Blickduell hervor – irgendwann wandte sich Rahab immer ab. Dann beugte Nungha sich über mich und streichelte mir das Haar.
»Mein liebes Kind, wie geht es dir denn heute?«, sagte sie. »Was soll ich für dich besorgen? Möchtest du Saft? Oder ein paar Süßigkeiten?«
»Ein wenig Saft bitte, Tantchen«, erwiderte ich. Natürlich lachte ich insgeheim, weil ich sah, dass Rahab vor Wut fast platzte. So, dachte ich mir, Nungha erinnert mich wirklich an meine Mutter. Sie bringt mir echte Liebe und Zuneigung entgegen, im Gegensatz zu dem Theater, das Rahab hier veranstaltet.
»Gut, Mende, ich hole dir etwas«, meinte Nungha und warf Rahab über die Schulter einen abfälligen Blick zu. »Keine Sorge, ich bin gleich zurück.«
Sobald Nungha fort war, zeigte Rahab ihr wahres Gesicht. Sie beugte sich über mich und zischte mir ins Ohr: »Hat diese Schwarze dir irgendwelche Fragen gestellt? Was hast du ihr erzählt?«
»Gar nichts«, antwortete ich. »Sie redet nicht mit mir, sie gibt mir nur meine Medikamente und pflegt mich.«
Ich wollte nicht gesund werden, denn mir gefiel es im Krankenhaus bestens, und ich betete darum, nie mehr fortzumüssen. Wie glücklich wäre ich gewesen, wenn ich hätte bleiben können, anstatt zu Rahab zurückzukehren. Allerdings ahnte Rahab, dass sich Schwierigkeiten zusammenbrauten, und deshalb schmiedete sie einen grausamen Plan, um mich zu täuschen. Eines Morgens, ich lag seit zwei Wochen im Krankenhaus, kam Nungha und zog mir vorsichtig die Fäden. Als sie fertig war, half sie mir, ein paarmal in der Station auf und ab zu hinken. »Du bist sicher müde, mein Schatz«, meinte sie schließlich. »Komm, leg den Kopf auf meinen Schoß und schlaf ein wenig. Da die Fäden jetzt raus sind«, fuhr sie fort und lächelte mich an, »darfst du in ein paar Tagen sicher nach Hause. Wir müssen abwarten, was der Arzt sagt.«
In diesem Augenblick erschien Rahab. Sie sah, dass ich den Kopf

auf Nunghas Schoß hatte und dass wir redeten und lachten. Sobald Nungha draußen war, betrachtete Rahab mich höhnisch.
»Ach, du hast jemanden gefunden, der dir das Haar streichelt und bei dem du dich ankuscheln kannst. Du glaubst wohl wirklich, dass sie dich mag. Dann werde ich dir mal was verraten. Du bist so dumm. Merkst du es denn nicht? Überleg mal. Sind etwa alle Schwestern so? Nein, nur sie. Sie behandelt dich ausgesprochen gut. Fragst du dich nie nach dem Grund? Tja, wenn du ihr erst richtig vertraust, gibt sie dir heimlich eine Spritze, und dann ist es vorbei mit dir. Und wenn du eingeschlafen bist, nimmt sie dir dein ganzes Blut ab und verkauft es an andere Patienten. Anschließend schneidet sie dir den Bauch auf«, fuhr sie fort und zeichnete mit dem Finger eine Linie auf meinen Unterleib, »nimmt alle Organe heraus und verkauft sie auch.«
»Nein!«, sagte ich mir. Das konnte nicht wahr sein. So etwas traute ich Nungha nicht zu. Aber Rahab klang so überzeugend, dass ich nicht wusste, was ich glauben sollte. Ihre Worte hatten mich sehr verstört.
»Mir ist aufgefallen, dass du dich mit ihr anfreundest und Vertrauen zu ihr entwickelst«, ergänzte Rahab. »Deshalb wollte ich dich ja auch nach Hause holen.«
Als Rahab fort war, lag ich still und bedrückt da. Ich konnte nicht fassen, dass es stimmte, was sie mir erzählt hatte. Doch immerhin hatte Rahab arge Zweifel in mir geweckt. Später kehrte Nungha zurück und meldete, der Arzt habe mich entlassen – allerdings nur, wenn ich mich gesund genug fühlte. Als ich das hörte, war ich völlig ratlos. Schließlich hatte Rahab behauptet, Nungha werde mich töten und meinen Körper verkaufen, wenn ich noch länger im Krankenhaus blieb. Doch die Alternative war, wieder zurück zu Rahab zu müssen. Trotz Rahabs Warnungen klammerte ich mich weinend an Nungha.
»Wein nicht, mein Schatz«, meinte Nungha und streichelte mir das Haar. »In zwei Wochen sehen wir uns wieder, und dann gehen wir zu mir und feiern.«
In diesem Augenblick sagte mir mein Instinkt, dass Nungha ein

gütiger, ehrlicher und mitfühlender Mensch war. Etwas anderes war gar nicht möglich. Ich war versucht, ihr die ganze Wahrheit zu sagen, mich ihr anzuvertrauen und alles in einem gewaltigen Wortschwall unter Tränen herauszusprudeln. Doch die Angst vor Rahab hinderte mich daran. Es gelang mir einfach nicht, sie zu überwinden und Nungha mein Herz auszuschütten. Am nächsten Morgen wurde ich aus dem Krankenhaus entlassen. Ich kehrte nie zurück, und ich sah Nungha nie wieder. Der Arzt hatte Rahab zwar mitgeteilt, ich müsse mich noch mindestens zwei Wochen lang schonen, doch sobald ich wieder im Haus war, befahl sie mir zu arbeiten, als wäre nichts gewesen.

»Du warst viel zu lange im Krankenhaus«, schimpfte sie. »Und der Arzt hat gesagt, dass es dir besser geht. Das Haus ist inzwischen furchtbar schmutzig. Also fang gleich mit der Küche an.«

Eines Nachts, ein paar Tage später, vergaß Rahab, die Tür zu meinem Schuppen abzuschließen. Das war ihr bis jetzt noch nie passiert. Als ich morgens aufwachte, schlief das ganze Haus noch, weshalb ich anfing, die Schmutzwasserfässer auszuleeren. Rahab wollte mich aus meinem Schuppen lassen und stellte fest, dass die Tür offen stand und dass der Raum leer war. Natürlich geriet sie sofort in Panik und glaubte, ich wäre geflohen. Dann jedoch wurde ihr klar, dass ich einfach allein aufgestanden war und mich an die Arbeit gemacht hatte. Wahrscheinlich überzeugte sie das endgültig, dass ich mich nicht mit Fluchtplänen trug.

Von diesem Tag an begann sie, mich öfter auf Ausflüge mitzunehmen. Wenn wir unterwegs waren, nannte sie mich manchmal sogar Mende, obwohl sie mich zu Hause weiterhin am liebsten als *yebit* bezeichnete. Außerdem beschimpfte sie mich nicht mehr ständig, und auch die Prügel wurden seltener. Inzwischen hatte Rahab zwei weitere Töchter, die Tuta und Abir hießen. Da beide erst Jahre nach meiner Ankunft im Haus geboren waren, war ich für sie nicht mehr aus ihrem Leben wegzudenken, und besonders Abir entwickelte ein enges Verhältnis zu mir.

Mit der Zeit verblassten die Erinnerungen an meine Familie. Heute schäme ich mich, das zu schreiben, doch nach drei Jahren bei Rahab dachte ich immer seltener an sie. An meinem ersten Tag hatte Rahab mir eröffnet, dass ich den Rest meines Lebens bei ihr verbringen würde, und inzwischen glaubte ich ihr. Wenn mir meine wunderbare, liebevolle Familie in den Sinn kam, löste das nur Trauer und Schmerz in mir aus. Vielleicht waren sie ja bei dem Überfall ums Leben gekommen? Vermutlich aus Selbstschutz verdrängte ich die Gedanken an sie mehr und mehr.

Ich fing an, mir einzureden, dass meine Zukunft, wenn man sie denn so bezeichnen wollte, nun hier in Khartoum lag. Jetzt hatte ich eine neue Familie, auch wenn ich ihre Sklavin war und ihnen gehorchen musste.

Es gab niemanden, an den ich mich wenden und mit dem ich über die Vergangenheit hätte sprechen können. Niemanden, der sich mit mir an das Lachen und die Zuneigung erinnerte und der mir bestätigte, wer ich wirklich war. Von meinem Leben als Nuba war mir nach dem Überfall nichts Greifbares geblieben.

Allmählich wuchs meine Überzeugung, dass die Araber allmächtig waren und dass Gott ihnen das Recht verliehen hatte, über uns, die schwarzen Bewohner Afrikas, zu herrschen. In meinem Alltag in Khartoum entdeckte ich täglich neue Beweise dafür. Im Park beobachtete ich viele junge schwarze Mädchen, so wie ich eines war. Einige waren eindeutig Nubas, und ich sah, dass ihre arabischen Herren sie herumkommandierten. Nach einer Weile glaubte ich fest, dass die Welt eben so erschaffen war: Die Araber versklavten die Schwarzen. Ich hielt die Araber für unbesiegbar. Doch all das sollte sich ändern.

20
Rache

Jeden Morgen beim Aufwachen hörte ich die Stiefel von Soldaten poltern, die am Haus vorbeiliefen. Wahrscheinlich befand sich in unserer Nähe ein Militärlager. Als ich eines Morgens durch das Tor spähte, sah ich junge arabische Rekruten in Reih und Glied vorbeimarschieren. Ihre Köpfe waren rasiert, und sie trugen alle weite weiße Hosen und Hemden. Sie erinnerten mich sehr an die Männer, die unser Dorf überfallen hatten.

»*Allahu Akhbar, yahoude* – Gott ist groß! Er ist bei uns.«
»*Allahu Akhbar, yahoude* – Gott ist groß! Er ist bei uns.«
»Wir sprechen fromm unsere Gebete! Er ist bei uns.«
»Wir sprechen fromm unsere Gebete! Er ist bei uns.«

Ich wusste nicht, wer diese Männer waren oder woher sie kamen, aber ich vermutete, dass sie für einen Krieg ausgebildet wurden. Im Laufe der Zeit erfuhr ich mehr darüber. Jeden Freitag, dem muslimischen Ruhetag, lief eine Sendung im Fernsehen, die »Sahad El Fidah« – Erlösung – hieß. Wenn Rahab und Mustafa nicht im Zimmer waren und den Fernseher angelassen hatten, schlich ich mich hinein und sah mir die Sendung an, die eine merkwürdige Faszination auf mich ausübte.
Es wurden Bilder der sudanesischen Armee und der Mudschaheddin gezeigt, die Seite an Seite kämpften und den Krieg gegen die schwarze Rebellenarmee aus dem Süden des Sudan gewannen. Man sah viele grausige Bilder toter Schwarzer, untermalt von patriotischen islamischen Liedern. Der Höhepunkt der Sendung hieß *Shuhada* – die Märtyrer; es wurden alle jungen Männer vorgestellt,

die in dieser Woche angeblich »zum Ruhme des Islam« im Dschihad, im heiligen Krieg, gegen die »Ungläubigen« im Südsudan gefallen waren. Familienfotos wurden eingeblendet, und die Mütter der Toten berichteten, wie froh sie seien, dass ihre Söhne im Kampf für Allah gestorben waren. Nun seien sie Märtyrer und würden direkt ins Paradies kommen.

Diese Sendung und die unzähligen Bilder toter Schwarzer trugen noch zu meiner Überzeugung bei, dass die Araber unbezwingbar waren. Doch dann, eines Nachts, änderte sich das schlagartig. Als ich in den frühen Morgenstunden schlafend in meinem Schuppen lag, wurde ich plötzlich unsanft geweckt: Die Luft erzitterte von einer Reihe ohrenbetäubender Zischgeräusche, und zwar direkt über meinem Kopf. Darauf folgten, ein paar Sekunden später, einige gewaltige Explosionen. Kurz darauf hörte ich die Sirenen der Rettungsfahrzeuge, die durch die Stadt jagten. Nachsehen, was geschehen war, konnte ich nicht – ich war ja eingesperrt.

Irgendwann schlief ich wieder ein. Aber am nächsten Morgen lauschte ich, als Rahab und Mustafa aufgeregt am Frühstückstisch darüber sprachen. Auch sie waren in der Nacht geweckt worden und nach draußen gegangen und hatten ein gewaltiges orangefarbenes Leuchten am Horizont gesehen. Offenbar hatte es irgendwo gebrannt, aber mehr wussten sie auch nicht.

Das Geräusch stammte von mehreren Cruise Missiles, die in geringer Höhe unser Viertel von Khartoum passiert hatten. Erst vor einer Woche waren die amerikanischen Botschaften in Kenia und Tansania von terroristischen Selbstmordattentätern in die Luft gesprengt worden, und Hunderte von Afrikanern und Amerikanern waren ums Leben gekommen. Der Sudan gehörte zu den beiden Ländern, denen man vorwarf, Osama bin Laden zu unterstützen, den Erzterroristen, der die Attentate geplant hatte. Der Raketenangriff auf Khartoum war die erste amerikanische Vergeltungsaktion für die Terroranschläge, neben dem Bombardement afghanischer Trainingslager für Terroristen. Der Angriff galt einer Fabrik, in der Osama bin Laden angeblich Waffen herstellen ließ.

Natürlich ahnte ich damals noch nichts davon. An diesem Abend kamen viele Freunde zu Rahab und Mustafa, um die Ereignisse der vergangenen Nacht zu erörtern. Ich musste allen Gästen Tee servieren. Auf meinen Wegen zwischen Wohnzimmer und Küche stellte ich fest, dass einige der Besucher verärgert waren und andere sehr besorgt wirkten.

»Die Amerikaner sind ein Übel!«, verkündete ein Mann. »Sie wollen alle Moslems auf der Welt töten.«

»Die Amerikaner sind Dummköpfe. Sie glauben wirklich, dass hier Waffen hergestellt werden!«, meinte ein anderer. »Oder dass diese Fabrik Osama bin Laden gehört. Sie sitzen gemütlich da draußen in ihren Kriegsschiffen und beschießen uns mit ihren Raketen. Nicht auszudenken, wenn eine davon sich verirrt hätte. Unsere Familien und unsere Kinder hätten umkommen können!«

»Wie viele Menschen sind denn gestorben?«, fragte jemand.

»Hunderte. Und in den Krankenhäusern liegen viele Verwundete«, erwiderte ein anderer.

»Das ist alles ziemlich schlimm. Ziemlich schlimm«, meinte Mustafa immer wieder und schüttelte den Kopf.

Ab und zu unterbrachen sie ihr Gespräch, um den Fernseher einzuschalten. Auf dem Bildschirm war eine große Fabrik zu sehen, die in Flammen stand. Auf dem Boden in der Asche lagen Flaschen mit Medikamenten und zerplatzten in der Hitze.

»Die Amerikaner sind ein böses, von Gott verlassenes Volk«, zischte Rahab, als die Nachrichten zu Ende waren. »Wisst ihr, warum sie das tun? Weil sie Allah nicht kennen. Sie glauben nicht an Gott und denken, sie könnten einfach Moslems umbringen, wie es ihnen in den Kram passt. Aber sie werden dafür bezahlen, denkt an meine Worte.«

Als ich später allein in der Küche stand, dachte ich über die Geschehnisse nach. »Irgendwo auf der Welt gibt es Leute, die stärker sind als die Araber«, sagte ich mir zufrieden. Ich konnte mir ein breites Grinsen nicht verkneifen. Zum ersten Mal erlebte ich, dass die Araber eine Niederlage einstecken mussten. Also waren sie doch nicht allmächtig! Sie waren nicht unbesiegbar. Ich saß da und betete lautlos zu Allah, die Amerikaner würden genug Raketen abfeuern, um Khartoum dem Erdboden gleichzumachen und alle Araber umzubringen. Es kümmerte mich nicht, dass ich in diesem Fall mit ihnen getötet werden würde. »Ich bete darum, dass die Bomben genau auf dein Haus fallen, Rahab, damit du endlich stirbst.«

Die ganze Nacht lag ich in meinem kleinen Schuppen wach und wartete darauf, dass amerikanische Raketen auf Khartoum niederregneten. Aber es kamen keine mehr. Am nächsten Tag zeigte das Fernsehen Bilder von aufgebrachten Menschenmengen, die auf den Straßen amerikanische Flaggen verbrannten und »Tod den Amerikanern!« und »Tod den Briten!« brüllten. Dann fingen die Leute an, Gebäude in der Innenstadt von Khartoum mit Steinen zu bewerfen und sämtliche Fenster einzuschlagen. Der Nachrichtensprecher meldete, es handle sich um die britische und die amerikanische Botschaft. Den ganzen Monat lang wimmelte es in Rahabs Haus von wütenden Gästen, die auf den Westen schimpften.

Genau genommen war der Raketenangriff eine präzise gesteuerte Operation gewesen. Die sechs Cruise Missiles hatten ausschließlich die Fabrik zerstört, und zwar am frühen Morgen, als dort nicht gearbeitet wurde, damit möglichst wenig Menschen ums Leben kamen. Nur ein knappes Dutzend Menschen hatte den Tod gefunden, hauptsächlich Wachmänner, die in der leeren Fabrik Nachtdienst gehabt hatten. Ich jedoch fand, dass die Amerikaner einen großen Fehler begangen hatten. Sie hatten bei weitem nicht genügend Araber umgebracht.

21
Rettet mich!

Rahab besuchte häufig ihre Mutter in einer weit entfernten Stadt namens Kassala. Für gewöhnlich blieb ich zu Hause und passte auf die Kinder auf, doch eines Tages beschloss Rahab, mich mitzunehmen. Ich war sehr aufgeregt, denn es war meine erste Gelegenheit seit vier Jahren, Khartoum zu verlassen. Mustafa fuhr uns zum Busbahnhof, und wir machten uns auf den Weg. Die Reise durch die ebene, verdorrte Landschaft dauerte sechs bis sieben Stunden, und ich erinnerte mich plötzlich wieder deutlich an die Fahrt mit Abdul Azzim, dem Sklavenhändler, von Dilling nach Khartoum.

Rahabs Eltern besaßen ein sehr großes Haus und waren offensichtlich sehr, sehr reich. Rahabs Mutter hatte Dienstmädchen, die über ihre eigenen Räume hinten im Haus verfügten. Nach unserer Ankunft wurde ich zu ihnen geschickt. Es gab eine Putzhilfe, eine Wäscherin und eine Köchin. Sie alle kamen aus Eritrea, einem benachbarten afrikanischen Land. Bald stellte ich fest, dass ich noch schwerer arbeiten musste als sonst, denn Rahabs Familie betrachtete meine Anwesenheit als gute Gelegenheit, ihren Dienstmädchen freizugeben. Also machte ich zusätzlich zu meiner eigentlichen Arbeit die der drei Dienstmädchen von Rahabs Mutter.

Nach einer Woche Urlaub kehrten die Mädchen zurück. Sie hatten zwar ähnliche Aufgaben wie ich, doch der Unterschied war, dass niemand sie zwang, bis zur Erschöpfung zu schuften, und dass sie für ihre Arbeit bezahlt wurden. Außerdem hatten sie Freizeit, um ihre Familie und ihre Freunde zu besuchen – und sie wurden niemals, niemals beschimpft. Ich hingegen plagte mich von früh bis spät und bekam keinen Pfennig dafür. Noch nie im Leben hatte ich auch nur einen einzigen freien Tag gehabt. Meine Familie hatte ich seit vier Jahren nicht mehr gesehen. Und zu allem Überfluss wurde ich ständig gedemütigt. Daraus schloss ich, dass ich mich in irgendeiner Weise von diesen Mädchen unterschied. Aber wodurch? Lag es daran, dass ich schwarz war, während sie ein arabisches Aussehen hatten? Oder vielleicht daran, dass ich eine Nuba war? Warum wurden sie wie Dienstboten behandelt und ich wie eine Sklavin? Und wer hatte überhaupt entschieden, dass sie Dienstboten sein sollten, während ich eine Sklavin war? Wer? Rahab? Das Schicksal? Gott?

Im Laufe der Tage wuchs meine Niedergeschlagenheit, denn unsere unterschiedliche Lebenssituation war allzu offensichtlich. Sie hatten schöne Kleider, ich nur alte Lumpen. Zu ihnen war man freundlich, mich brüllte man an. Sie wurden höflich um etwas gebeten, mich kommandierte man herum wie einen Hund. Doch ich verstand den Grund einfach nicht.

Eines Tages, früh am Morgen, standen die Dienstmädchen vor Arbeitsbeginn hinten auf dem Hof. Ich hörte ihren Gesprächen zu und lachte und plauderte mit ihnen. Wir machten so viel Lärm, dass ich nicht bemerkte, wie Rahab nach mir rief. Es wurde mir erst klar, als sie plötzlich in der Tür stand.

»Wo sind die Kinder?«, schrie sie mich, wieder einmal wütend, an. »Warum kümmerst du dich nicht um die Kinder, wie ich es dir gesagt habe?« Ohne meine Antwort abzuwarten, nahm sie dann ihren Schuh mit der hölzernen Sohle und schlug mich damit auf den Kopf. Eine Sekunde lang herrschte eisiges Schweigen. Ich kauerte auf dem Boden. Doch als Rahab wieder zuschlagen wollte, stellte sich eines der Mädchen schützend vor mich. Jaimaea, ein hübsches Mädchen aus Eritrea, war die ganze Zeit schon sehr nett zu mir gewesen.

»Was machen Sie denn da?«, fragte Jaimaea, und ihre Augen blitzten zornig. »Warum schlagen Sie sie? Ihre Kinder sind im Wohnzimmer und spielen mit den Kindern Ihrer Schwester. Ich habe sie gerade dort gesehen. Warum schlagen Sie sie also?«

»Das geht dich gar nichts an«, zischte Rahab. »Also misch dich nicht ein.«

»Nichts da. Das geht mich sehr wohl etwas an«, entgegnete Jaimaea herausfordernd. »Als Ihr Dienstmädchen muss sie zwar für Sie arbeiten, aber das gibt Ihnen noch lange nicht das Recht, sie zu schlagen.«

Rahab sah sich um, bemerkte all die Mädchen, die sich nun hinter mich gestellt hatten, und gab sich widerwillig geschlagen.

»Los, *yebit*!«, knurrte sie und machte auf dem Absatz kehrt. »Komm mit!«

Rahab brachte mich in den vorderen Teil des Hauses. Es war klar, dass sie vor Wut kochte – allerdings nicht mehr meinetwegen, sondern wegen Jaimaea. Als sie mir befahl, nach den Kindern zu sehen, merkte ich ihr an, dass sie bereits Pläne schmiedete.

»Hör mir gut zu«, zischte sie mir ins Ohr und packte mich am Arm. »Wenn diese Mädchen dir Fragen stellen, sagst du ihnen, dass du für mich arbeitest. Und dass ich dir viel mehr bezahle, als sie bekommen. Sei bloß vorsichtig. Wenn du dich verplapperst, bringe ich dich um.«

An diesem Abend aß ich wie immer mit den Dienstmädchen. »Alles in Ordnung, Mende?«, wollte Jaimaea sofort von mir wissen. »Warum hat diese Hexe dich geschlagen?«

»Weil ich vergessen habe, auf die Kinder aufzupassen«, erwiderte ich leise.

»Das ist doch kein Grund. Warum lässt du dir das gefallen?«

»Ich arbeite für sie«, murmelte ich und erinnerte mich an Rahabs Warnung. »Sie bezahlt mir sehr viel Geld, wahrscheinlich mehr, als ihr bekommt.«

»Und das soll ein Grund sein, um sich schlagen zu lassen?«, fragte Jaimaea bitter. »Mende, sie nennt dich *yebit*. Das ist ein sehr böses, gemeines Wort. Wusstest du das nicht, Mende? *Yebit* ist eine richtige Beleidigung. Kennt sie deinen Namen denn nicht?«

»Natürlich kennt sie ihn«, flüsterte ich. »Aber sie nennt mich immer *yebit*.«

»So eine blöde Kuh«, rief Jaimaea aus. »Sie bezahlt dich gut, damit sie dich schlagen und beleidigen kann? Hör zu. Wenn du wieder in Khartoum bist, kündigst du sofort. In Ordnung? Du suchst dir eine andere arabische Familie, für die du arbeiten kannst. Viele Leute brauchen ein Dienstmädchen, auch wenn sie dir vielleicht weniger bezahlen. Was willst du vom Leben, Mende? Willst du viel verdienen und dich misshandeln lassen? Oder lieber ein bisschen weniger, dafür aber keine Schläge und Beschimpfungen einstecken müssen?«

Bevor ich Jaimaea antworten konnte, kam Rahabs Schwester Amel herein. Sie sah Jaimaea an, und eine Weile herrschte angespanntes Schweigen, bis Amel schließlich das Wort ergriff. »Ich habe gehört, was du gerade gesagt hast. Warum lügst du Mende etwas vor? Warum machst du Rahab Scherereien?«

»Ich lüge nicht«, erwiderte Jaimaea ohne einen Anflug von Zögern oder Angst in der Stimme. »Ich sage Mende die Wahrheit. Mende ist Dienstmädchen, kein Besitz. Wenn sie arbeiten will, kann sie das tun. Aber wenn sie nicht bei Rahab bleiben möchte, hat sie jederzeit die Möglichkeit zu gehen.«

Bei diesen Worten wurde Amel richtig wütend. »Das geht dich überhaupt nichts an!«, brüllte sie. »Warum mischst du dich ein? Rahab hat mir erzählt, was vorhin passiert ist. Mende und Rahab sollen das unter sich ausmachen. Also halt du dich raus.«

»Nein, das werde ich nicht tun. Mende ist noch ein Mädchen«, entgegnete Jaimaea, die mich beschützen wollte. »Sie ist noch zu jung, um sich gegen Rahab durchzusetzen. Und deshalb behandelt Rahab sie auch so. Das muss aufhören.«

Zwischen Amel und Jaimaea kam es zu einem lautstarken Streit. Ich saß neben Jaimaea, machte mich ganz klein und wäre am liebsten im Erdboden versunken. Ich wusste, dass es Schwierigkeiten geben würde und dass ich sie würde ausbaden müssen. In diesem Moment kam Rahab herein. Ich war völlig verängstigt und starrte schluchzend zu Boden. Noch nie hatte jemand mit einem Mitglied von Rahabs Familie Klartext geredet und sich so offen für mich eingesetzt.

»Ich habe dir gesagt, du sollst dich da raushalten!«, kreischte Rahab Jaimaea an.

»Na und? Sie sind gemein und grausam«, schrie Jaimaea zurück. »Warum sollte ich überhaupt auf Sie hören? Sie behandeln Mende

schlecht, nur weil sie noch klein ist. Sie sind eine richtige Hexe. In Ihrem Haus würde ich keine Stunde lang bleiben.«
»Ein unverschämtes Ding wie dich würde ich unter meinem Dach sowieso nicht dulden«, zischte Rahab. »Und ich habe es nicht nötig, mir von einem dahergelaufenen Dienstmädchen so etwas an den Kopf werfen zu lassen.«
Doch Jaimaea ließ sich nicht beirren und sorgte dafür, dass ich neben ihr in der Küche sitzen blieb, indem sie fest den Arm um mich legte. Die anderen Mädchen standen auch auf unserer Seite. Amel und Rahab hatten sich uns gegenüber aufgebaut. Als der Streit sich hochschaukelte, wurde Rahab vermutlich klar, wie groß die Gefahr war, dass Jaimaea mich befreien würde. Je länger sie sich anbrüllten, desto wütender wurde Jaimaea über Rahabs Benehmen und umso mehr Angst hatte sie um meine Sicherheit.
Also war der einzige Ausweg für Rahab, Jaimaea so schnell wie möglich loszuwerden.
»Wir möchten nicht, dass jemand wie du für unsere Mutter arbeitet«, sagte Rahab schließlich kühl. »Hier gibt es viele Dienstmädchen, die Arbeit suchen. Offen gestanden finden wir es an der Zeit, dass du gehst.«
»Das trifft sich gut, denn in einem solchen Haus will ich sowieso nicht bleiben«, erwiderte Jaimaea. »Bezahlen Sie mich aus, und ich verschwinde.«
»Du kannst dir dein Geld morgen abholen. Es ist jetzt mitten in der Nacht.«
»Nein, ich komme morgen nicht wieder. Ich gehe erst, wenn ich mein Geld habe.«
»Gut, dann schlaf heute noch mal hier, und wir bezahlen dich morgen«, meinte Amel, um die Lage zu entspannen.
»Nein!«, schrie Rahab. »Sie bleibt keine Minute länger in diesem Haus.«
Rahab verschwand für ein paar Minuten und kehrte mit einem Bündel Geldscheine zurück. Nachdem sie Jaimaea den ausstehenden Lohn bezahlt hatte, befahl sie ihr zu gehen. Jaimaea hatte nicht einmal die Zeit, sich richtig von uns zu verabschieden, am aller-

wenigsten von mir. Als sie fort war, brachte Rahab mich ins Haus und verbot mir, mich noch einmal dem Dienstbotenquartier zu nähern. Ich durfte kein Wort mehr mit den Mädchen sprechen. Zwei Tage später reisten wir ab, und ich sah Jaimaea nie wieder.
Warum hatte ich Jaimaea nicht die Wahrheit gesagt, als ich die Gelegenheit dazu gehabt hatte? Aus welchem Grund hatte ich sie belogen und ihr meine wirkliche Lage verheimlicht? Weshalb hatte ich Rahabs Anweisungen gehorcht und geschwiegen? Warum täuschte ich ausgerechnet die Leute, die gut zu mir waren und etwas für mich tun wollten? Rückblickend betrachtet, kann ich es kaum noch erklären. Es ist schwer zu vermitteln, dass mir in den Jahren, die ich bei Rahab verbrachte, ein normales menschliches Verhalten mehr und mehr abhanden kam. Ich wurde in einem Maße unterdrückt, wie es sich die meisten Menschen gar nicht vorstellen können. Rahab hatte den letzten Rest von Selbstwertgefühl und Wissen um die eigene Identität in mir zerstört und mir eingeimpft, dass ich vollkommen wertlos war. Ich hatte Todesangst vor ihr. Und man darf nicht vergessen, dass ich noch ein Kind war.
Mich gegen all das aufzulehnen und mich gegen die Frau zu wehren, die ich »Herrin« nannte und die mich als »Sklavin« bezeichnete, war für mich inzwischen undenkbar. Es befand sich einfach außerhalb meiner Vorstellungskraft. Mittlerweile weiß ich, dass ich Jaimaea hätte vertrauen sollen. Dann hätte sie sicher versucht, mich zu retten. Aber damals war ich nicht in der Lage dazu. Vielleicht hätte sie sogar versucht, mich in die Nubaberge zurückzubringen, und mir bei der Suche nach meiner Familie geholfen. Dann wäre ich jetzt, während ich das schreibe, womöglich wieder bei meinem Volk in meinen Bergen. Stattdessen jedoch kehrte ich mit Rahab nach Khartoum zurück und sollte bald herausfinden, warum sie mich allen Ernstes als ihr persönliches Eigentum betrachtete.

22

Von Sklaverei und Keuschheit

Eines Abends, kurz nach unserer Rückkehr nach Khartoum, kamen drei von Rahabs Freundinnen zu Besuch. Wie immer servierte ich ihnen im Wohnzimmer Tee und Kuchen. Da zwei der Frauen noch nie in Rahabs Haus gewesen waren, veranstaltete sie mit ihnen eine kurze Besichtigungstour, und danach setzten sie sich wieder ins Wohnzimmer. Offenbar glaubte Rahab, dass ich mit den Kindern unterwegs war und nicht hören könnte, was sie sagte. Aber ich war in der Küche.

»Ach, dein Haus ist so hübsch und luftig«, meinte eine der Frauen zu Rahab. »Und außerdem so ordentlich. Selbst dein Hof ist sauber. Woher nimmst du nur die Zeit dafür?«

»Oh, das mache ich nicht selbst«, erwiderte Rahab lachend. »Das würde ich niemals schaffen. Das Mädchen, das euch den Tee gebracht hat, erledigt das für mich.«

»Was?«, rief die Frau erstaunt aus. »Dieses kleine Mädchen macht allein die ganze Arbeit? Sie hält ohne Hilfe alles so blitzblank und in Ordnung?«

»Ja«, entgegnete Rahab stolz. »Und wisst ihr was? Sie kümmert sich dazu noch um die Kinder, und meistens kocht sie auch.«

»Was? Das ist ja wunderbar!«, begeisterte sich die Frau. »Wo hast du sie her? So ein Dienstmädchen hätte ich auch gerne.«

»Klar«, ergänzte die andere. »Wir alle wünschen uns so ein Dienstmädchen. Wie viel bezahlst du ihr denn? Und wo findet man heutzutage so eine Perle?«

»Nein, nein«, sagte Rahab und senkte die Stimme zu einem verschwörerischen Flüstern. »Das Beste kommt erst noch: Ich muss ihr überhaupt nichts bezahlen. Keinen Pfennig. Sie kriegt kein Gehalt. Allerdings hat sie mich zunächst ein kleines Vermögen gekostet.«

»Verzeihung«, fragte die andere Frau überrascht. »Sagtest du gerade, sie kostet dich ein Vermögen, oder sie *hätte* dich ein Vermögen gekostet?«

»Ich habe sie teuer gekauft«, erwiderte Rahab.

»Ohhh ...«, antwortete die andere Frau. »Jetzt verstehe ich. Du hast viel für sie bezahlt. Sie ist eine *abda*, richtig? Tja, jetzt würde mich nur noch interessieren, wo wir uns auch so eine besorgen können.«

»Das soll ich euch wohl verraten?«, neckte Rahab. »Nun, wie genau willst du es denn wissen?«

»Komm schon, Rahab, erzähl es uns!«, flehte die Frau. »Wir sterben vor Neugier. Du kennst ja das Theater, das man sonst mit Dienstmädchen hat.«

»Also gut. Soll das heißen, dass ihr noch nie von Abdul Azzim gehört habt?«

»Nein, wer ist denn Abdul Azzim?«, fragten die beiden Frauen.

»Das ist der Mann, der die *abid* hierher nach Khartoum bringt. Ihr könnt auch eine bei ihm kaufen, wenn ihr wollt. Aber vergesst nicht, dass ihr euch das etwas kosten lassen müsst. Glaubt ihr, ihr könnt euch eine leisten?«

»Tja ... wie teuer ist das denn? Dein Mädchen zum Beispiel. Wie viel hat sie gekostet?«

»Hmmm ... da muss ich überlegen. Ziemlich viel, damals«, antwortete Rahab. »Aber ich habe den genauen Preis vergessen. Schließlich ist es schon ein paar Jahre her. Aber sie ist es wirklich wert. Am besten geht ihr zu Abdul Azzim und fragt ihn selbst.«

»Eigentlich spielt es ja keine Rolle, wie teuer es ist«, lenkten die anderen ein. »Immerhin muss man ihr ja nicht ständig Lohn bezahlen. Man investiert einmal und hat keine weiteren Kosten mehr, richtig? Du kennst ja diese Dienstmädchen. Ständig fordern sie Urlaub und wollen ihre Familie besuchen. Und diese *abda* bleibt die ganze Zeit bei dir?«

»Ja«, begeisterte sich Rahab. »Eines kann ich euch verraten: Es ist ein Segen, eine *abda* wie sie im Haus zu haben. Das Leben ändert sich von Grund auf.«
»Interessant ... Ja, wirklich eine ausgezeichnete Idee«, erwiderte die Frau. »Aber macht sie dir denn nie Schwierigkeiten? Tut sie tatsächlich einfach, was du ihr sagst?«
»Weißt du«, antwortete Rahab mit gedämpfter Stimme. »Das wundert mich am allermeisten. Ich habe überhaupt keine Scherereien mehr mit ihr. Vermutlich sind Schwarze zu so etwas geschaffen, gewissermaßen dafür geboren, wenn du verstehst, was ich meine. Diese Leute sind ja schon seit Jahrhunderten Sklaven, und sie beklagen sich nie. Sie haben sich anscheinend damit abgefunden.«
Dann plauderten die Frauen darüber, wie schön es wäre, nie wieder Hausarbeit machen zu müssen, und erörterten, was sie in diesem Fall mit der vielen Freizeit anfangen würden. Nach einer Weile hörte ich nicht mehr zu, denn ich hatte das langweilige Geschwätz über Wohnungseinrichtung und die Besuche bei Freundinnen schon viel zu oft über mich ergehen lassen müssen. Viel aufschlussreicher war, dass ich nun endlich das fehlende Teilchen des Puzzlespiels gefunden hatte. Aus Rahabs Worten konnte ich schließen, dass Abdul Azzim seinen Lebensunterhalt mit dem Verkauf von Mädchen wie mir an arabische Familien verdiente. Und daran schien sich bis heute nichts geändert zu haben. Abdul Azzim hatte mich an Rahab verkauft, und deshalb war sie überzeugt davon, mich zu »besitzen«.
Wie vom Donner gerührt saß ich in der Küche. Es ist ein Unterschied, ob man etwas nur vermutet oder es mit Sicherheit weiß. Als ich in jener Nacht in meinen Schuppen gesperrt wurde, lag ich noch stundenlang wach. Ich konnte es nicht fassen, dass es mein Schicksal sein sollte, Eigentum zu sein und den Rest meines Lebens als Sklavin zu verbringen.
In dieser Nacht betete ich zu Gott: »O Allah, bitte hilf mir. Bitte mach, dass ich mich an Rahab, den Männern, die uns überfallen haben, Abdul Azzim und allen anderen, die mich versklaven, rächen kann. Bitte, Allah, nur du kannst mir beistehen.«

Inzwischen hatte ich mehr Freiheiten, denn Rahab glaubte, dass ich jeden Gedanken an Flucht aufgegeben hatte. Dennoch war ich nicht sicher vor ihren Stimmungsschwankungen, und ihre Laune konnte jederzeit und ohne Vorwarnung in Wut umschlagen. Während der Schulferien gab sie mir den Schlüssel zur Tür meines Schuppens, damit ich aufstand und schon mal den Hof fegte, während die Familie ausschlief. Eines Morgens zur Frühstückszeit kam Rahab aus dem Haus: »*Yebit!* Nimm dieses Geld, geh in den Laden und hol mir ein paar Eier«, befahl sie.

Ich hatte schon ein paarmal einkaufen gehen dürfen, allerdings stets unter der Aufsicht eines der älteren Kinder. Jedes Mal, wenn ich brav mit den Einkäufen zurückkehrte, wuchs Rahabs Überzeugung, dass ich nicht versuchen würde zu fliehen. Diese kleinen Momente der Freiheit bedeuteten mir so viel, dass ich sie auf keinen Fall gefährden wollte, denn ich empfand es als paradiesisch, das Haus verlassen und eine Straße entlangschlendern zu können.

Nun aber ließ sie mich zum ersten Mal allein gehen. Unterwegs sah ich ein paar Kinder, die auf der Straße spielten. Ich lief schnell los, kaufte die Eier und eilte zurück zu ihnen. Die Kinder waren noch da und spielten Fangen. Ich war zwar schon sechzehn Jahre alt, hatte aber, seit ich zwölf war, nicht mehr die Möglichkeit zum Spielen gehabt. Eine Weile stand ich da und beobachtete sie, wie sie lachend herumtollten. Dann aber hörte ich Rahab nach mir rufen.

»*Yebit*, ich habe dich zum Eierkaufen geschickt und nicht zum Spielen! Komm sofort her!«

»Ich habe nicht gespielt«, erwiderte ich ihr, als ich durchs Tor trottete. »Ich wollte nur ein bisschen zuschauen.«

Anstelle einer Antwort schlug Rahab mich dreimal mit den Fingerknöcheln auf den Kopf. »Ich habe dich beim Spielen gesehen«, zischte sie. »Hanin wartet drinnen auf ihr Frühstück, und sie ist sehr hungrig. Geh und brat ihr ein paar Eier. Anschließend schneidest du Zwiebeln.« Ich merkte Rahab an, dass sie sehr schlechter Laune war. Nachdem ich in der Küche die Eier gebraten hatte, schnitt ich Zwiebeln und frittierte sie, wie Rahab mich angewiesen

hatte. Zum Umrühren benützte ich eine Schöpfkelle aus Eisen. Kurz darauf kam Rahab herein.
»Sind die Eier fertig?«, fragte sie und blieb in der Küchentür stehen.
»Ja, Herrin«, antwortete ich.
»Hanin!«, rief sie ins Wohnzimmer. »Hanin, komm und iss dein Frühstück.«
Hanin kam hereingelaufen und setzte sich an den Tisch, während Rahab nach dem Teller mit den Eiern griff.
»Was soll denn das sein?«, brüllte sie und starrte, rasend vor Wut, auf den Teller mit den gebratenen Eiern. »Ich habe dir gesagt, du sollst die Eier pochieren, nicht braten.«
Bevor ich antworten konnte, packte sie mich mit einer Hand am Arm, zerrte mit der anderen die Schöpfkelle aus der Pfanne und drückte mir das glühend heiße Ende gegen die Haut. Ich stieß einen Schmerzensschrei aus, als sich das Metall zischend auf meinen Unteram presste. Brutzelndes Öl rann mir den Arm hinab.
»Du dumme Gans!«, kreischte sie so laut, dass sie meine Schmerzensschreie übertönte. »Das war für heute ein Fehler zu viel! Zuerst ertappe ich dich beim Spielen, obwohl ich dich zum Eierkaufen geschickt habe. Und dann brätst du die Eier, anstatt sie zu pochieren. Ich werde dir eine Lektion erteilen, die du nie wieder vergisst.«
Mit diesen Worten riss sie die Schöpfkelle hoch und zog dabei eine Schicht meiner verbrannten Haut mit. Ich umklammerte die Innenseite meines Unterarms und fühlte mich, als würde ich gleich vor Schmerzen in Ohnmacht fallen.
»Und jetzt, *yebit*, pochierst du die Eier, wie ich es dir gesagt habe«, fauchte sie und kehrte mir den Rücken zu. »Und wenn du damit fertig bist, holst du den Schlüssel zu deinem Schuppen und gibst ihn mir. Ich will ihn zurück. Offenbar habe ich dir damit Flausen in den Kopf gesetzt. Du verlässt nie mehr allein das Haus.«
Den verletzten Arm angewinkelt wie einen gebrochenen Flügel, zwang ich mich, mit der heilen Hand nach den restlichen Eiern zu greifen. Ich brauchte dringend jemanden, der mir half, den Topf mit Wasser zu füllen und die Eier hineinzuschlagen. Doch Hanin

und Usra hatten bereits angefangen, die gebratenen Eier zu verspeisen. Rahab briet die Zwiebeln weiter. Ich brach in Tränen aus.
»Warum heulst du?«, fuhr sie mich an.
»Schauen Sie. Sie haben mir den Arm verbrannt«, schluchzte ich. »Ich kann die Eier nicht kochen. Es tut zu weh.«
»Stell dich nicht so an, *yebit*«, höhnte sie. »Du hast einen Fehler gemacht und dich danebenbenommen, also wirst du bestraft. Was hast du denn gedacht?«

Rahabs Aggressionen waren allerdings nicht mein einziges Problem. Inzwischen war ich sechzehn und hatte mich von einem heranwachsenden Mädchen in eine junge Frau verwandelt; ich wusste, dass ich recht anziehend war – schlank, dunkelhäutig und ziemlich hübsch.
Da von einem Araber erwartet wurde, dass er auf uns Nuba herabsah und uns verachtete, würdigte kein Besucher ein schwarzes Mädchen wie mich in der Öffentlichkeit auch nur eines Blickes – insbesondere nicht in Gegenwart seiner Ehefrau. Doch wenn die Ehefrau nicht hinschaute, sah die Sache schon ganz anders aus.
Eines Tages hatte Mustafa ein junges Paar zu Besuch. Die beiden hatten vor kurzem geheiratet, die Frau trug noch die komplizierten schwarzen Hennamuster von der Trauungszeremonie an Händen und Füßen. Rahab war für ein paar Tage verreist. Während ich für die Gäste Frühstück machte, hörte ich, wie sie Mustafa ihre Hochzeit schilderten. Da sie bald in die Flitterwochen fahren würden, wollten sie nur ein paar Tage bleiben. Ich fühlte mich ungewöhnlich gelöst und glücklich – wie immer, wenn Rahab nicht zu Hause war.
Später, als ich den Besuchern Tee servierte, bemerkte ich, dass der Araber mich anstarrte. Doch ich glaubte, dass er mich nur demütigen und beleidigen wollte. Nach einer Weile trat seine Frau hinaus in den Hof, um Räucherstäbchen zu verbrennen. Sie beugte sich über eine Duftlampe aus Ton, zündete das Sandelholz an, hüllte sich in eine Decke und atmete den süßlichen Duft ein. Die Räucherstäbchen sind dazu da, eine junge Ehefrau für

ihren Mann vorzubereiten und sie gut und verführerisch duften zu lassen.
Ich ging zu ihr hinaus, um ihr zu helfen, weil ihr die Decke ständig verrutschte. Doch da rief Mustafa mich ins Haus, damit ich mehr Tee kochte. Da ich erst welchen gemacht hatte, war ich ein wenig erstaunt. Beim Hineingehen sah ich, dass Mustafa Hanin nach draußen brachte, um ihr die Räucherstäbchen zu zeigen, sodass ich mit dem Araber allein im Haus zurückblieb. Gerade beugte ich mich über den Gasherd und zündete ihn an, als ich plötzlich vor Schreck zusammenfuhr. Jemand hatte sich in die Küche geschlichen und stand nun dicht hinter mir. Ich hörte ein schweres Atmen und wusste sofort, dass der Araber heimlich aus dem Wohnzimmer zu mir gekommen war.
Als ich mich umdrehen und ihn ansprechen wollte, wurde ich von hinten gepackt, und er presste seinen Körper an mich. Im nächsten Moment legte er mir einen Arm um den Leib und begann, mich zu betatschen. Während sein Arm mich umklammerte wie eine Schraubzwinge, befingerte er zuerst meine Brüste. Dann versuchte er, die Hand zwischen meine Beine zu schieben, und drückte seinen Unterleib gegen mich. Zunächst war ich wie gelähmt vor Angst, denn ich erinnerte mich an den Araber, der im Wald über mich hergefallen war. Inzwischen war der Mann schon dabei, die Hand unter mein Kleid zu stecken und mir das Höschen vom Leibe zu reißen. Endlich erwachte ich aus meiner Erstarrung; ich wand mich aus seinen Armen und stieß ihn weg. Aber er ließ nicht locker und wollte seinen Mund auf meinen drücken und mich wieder an seinen verschwitzten Körper ziehen.
»Zier dich nicht so. Du willst es doch auch!«, flüsterte er drohend.
»Sind Sie verrückt!«, schrie ich ihn verzweifelt an. »Was machen Sie da? Was soll das? Möchten Sie, dass ich Ihre Frau rufe?«
»Nein! Nein. Pssst«, erwiderte er und legte den Finger an die Lippen. »Schrei nicht, sonst gibt es Schwierigkeiten. Komm schon. Macht dir das denn keinen Spaß? Ich weiß, dass es dir gefällt.«
»Lassen Sie mich los!«, zischte ich und stieß ihn zurück. »Was haben Sie denn vor, dass Ihre Frau es nicht hören soll? Wenn Sie

Tee möchten, sagen Sie es mir; ich werde ihn Ihnen bringen. Sie dürfen nicht in die Küche.«
Er stand da und grinste mich an, und ich bemerkte, dass er Speichel in den Mundwinkeln hatte. Ich war wütend und hatte Angst, denn ich wusste genau, dass dieser Mann nicht wegen des Tees in die Küche gekommen war. Ich ahnte, was er wollte. Und mir war klar, dass es meine einzige Chance war, ganz laut nach seiner Frau zu rufen. Allerdings würde Rahab es bestimmt erfahren, wenn ich eine Szene machte, und fest stand, dass sie mir die Schuld an allem geben würde.
»Komm schon«, bettelte er. »Ich weiß, dass du Lust dazu hast. Es wird dir sicher gefallen. Was ist denn das Problem?«
»Das Problem ist, dass ich Ihre Frau rufen werde, wenn Sie jetzt nicht gehen«, erwiderte ich eisig. »Oder haben Sie vergessen, dass sie da draußen ist und dass Sie sie eben erst geheiratet haben?«
Offenbar hatte das seiner Leidenschaft einen Dämpfer versetzt, denn er wich zurück und wandte sich zum Gehen. Doch ich konnte sehen, dass er dabei jemandem im Wohnzimmer ein Zeichen mit nach unten gerecktem Daumen gab, und hörte Mustafa in brüllendes Gelächter ausbrechen, in das der Gast einstimmte. Fünf Minuten später servierte ich ihnen den Tee und knallte das Tablett auf den Tisch. Immer noch zitterte ich vor Angst und Wut. Als ich den Raum verlassen wollte, sah ich, dass Mustafa dem Mann die Hand ans Ohr legte und etwas hineinflüsterte. Nun war ich sicher, dass Mustafa und der andere Araber unter einer Decke steckten, und meine Angst steigerte sich. Am Abend brachte ich Hanin dazu, Mustafa zu bitten, ob ich bei ihnen im Zimmer schlafen dürfe, weil Rahab schließlich nicht zu Hause sei. Und so konnte ich mich ins sichere Kinderzimmer flüchten.
Am nächsten Tag kehrte Rahab zurück, und die Eroberungsversuche des Arabers fanden ein jähes Ende. Mustafa selbst belästigte mich nie, denn Rahab regierte den Haushalt mit eiserner Faust, und er hatte eine Heidenangst vor ihr. Niemals hätte er riskiert, mir zu nahe zu treten, solange die Gefahr drohte, dass er dabei erwischt werden könnte. Allerdings hatte er seinen Freund ganz offensicht-

lich dazu ermutigt, und es sollte nicht das letzte Mal sein, dass es zu derartigen Zwischenfällen kam. Inzwischen wusste ich jedoch, wie ich mich gegen solche Übergriffe verteidigen konnte. Der einzige Vorteil, Rahab zur Herrin zu haben, bestand darin, dass sie überall Angst und Schrecken verbreitete. Kein Mann hätte es je gewagt, sich mit ihr anzulegen oder ihren Zorn heraufzubeschwören. Und außerdem war es ihr durchaus zuzutrauen, dass sie es sofort der betreffenden Ehefrau weitererzählt hätte, hätte sie einen Mann dabei ertappt, wie er gerade ihre Nubasklavin vergewaltigte.

23
Nach London?

Eines Tages, ich war seit etwa sechs Jahren bei Rahab, rief sie mich ins Wohnzimmer. Sie hatte gerade ein langes Auslandsgespräch geführt. »*Yebit*, mach mir Tee«, befahl sie. »Anschließend will ich mit dir reden.« Als ich zurückkam, forderte sie mich auf, mich zu setzen. Da Rahab das sonst nie tat, wusste ich nicht, wie ich mich verhalten sollte. Also ließ ich mich vor ihr auf dem Teppich nieder.

»Nicht dorthin«, meinte sie lächelnd und klopfte auf einen Sessel neben sich. »Komm hierher zu mir. So, *yebit*, inzwischen weißt du sicher genau, was deine Pflichten in diesem Haus sind, richtig?«

»Ja, Herrin«, erwiderte ich.

»Gut«, sagte sie. »Also erzähl mal, was du hier zu tun hast.«

»Ich putze das Haus. Ich wasche die Kleider. Ich koche das Essen«, antwortete ich leise und blickte zu Boden. »Ich mache Tee. Ich bügle. Ich kümmere mich um die Kinder. Und ich reinige die Terrasse und den Hof.«

»Richtig. Und jetzt möchte ich dich nach London schicken. Weißt du, wo das ist?«

»Was haben Sie gesagt?«, fragte ich sie.

»Dass ich dich nach London schicken möchte, und zwar zu meiner Schwester. Du hast sie kennen gelernt, als sie mit ihrem Mann hier zu Besuch war.«

Vor lauter Überraschung fehlten mir die Worte. Rahab musterte mich, während ich zu Boden starrte und versuchte, das Gesagte zu begreifen.

»Hast du mich verstanden?«, erkundigte Rahab sich schließlich.

»Ja, Herrin«, erwiderte ich.

»Gut. In London wirst du im Haus meiner Schwester genau dieselben Arbeiten verrichten wie hier. Und du gehorchst meiner Schwester, wie du mir gehorchst, und tust alles, was sie sagt. Hast du das begriffen?«
»Ja«, murmelte ich, obwohl es nicht stimmte.
»Gut«, meinte sie, offensichtlich zufrieden mit sich. »Zuerst erledigen wir also die nötigen Schritte, und dann fährst du nach London. Ist das klar?«
»Ja«, flüsterte ich. »Aber wer macht dann hier sauber? Ich werde Hanin, Usra, Tuta und Abir verlassen müssen. Wer wird sich um sie kümmern?«
»Ich will mit Mende nach London!«, rief Hanin, die alles mitgehört hatte. »Ich will mit Mende zu unserer Tante.«
»Ich weiß, dass die Kinder dir fehlen werden«, sagte Rahab lachend. »Und du ihnen auch«, fügte sie hinzu und streichelte Hanin über den Kopf. »Aber meine Schwester Hanan hat Zwillinge zur Welt gebracht und ist sehr erschöpft. Sie braucht Hilfe, und deshalb sollst du zu ihr nach London fahren. Hast du das verstanden?«
Ich nickte.
»Gut. Jetzt kannst du wieder an die Arbeit gehen«, verkündete sie. »Nimm das leere Tablett mit.«
Ich kehrte in die Küche zurück und begann, das Teegeschirr abzuwaschen. Aber meine Gedanken überschlugen sich; ich wusste nicht, was ich davon halten sollte, und brauchte dringend ein wenig Zeit, um mir alles durch den Kopf gehen zu lassen.
Also stürzte ich mich in die Arbeit. Ich machte einen Eiersalat mit Nüssen zum Abendessen für die Familie, servierte und räumte anschließend den Tisch ab. Dann setzte ich mich an meinen kleinen Tisch in der Ecke und verzehrte die Reste, spülte das schmutzige Geschirr und putzte die Küche. Und endlich war die Zeit gekommen, mich in meinem Schuppen schlafen zu legen.
»Wo ist London?«, fragte ich mich, als ich auf meiner dünnen Matratze lag. »Wie komme ich dorthin?« An Rahab konnte ich mich mit meinen Sorgen nicht wenden, denn sie hätte mich nur als Idiotin hingestellt. Ich hatte auf die harte Art gelernt, dass es das Beste

war, nur zu nicken, wenn sie etwas sagte. Aber ich hatte große Angst. Nach sechsjähriger Erfahrung wusste ich, wie man als Sklavin in Rahabs Haus in Khartoum überlebte, wie man Schlägen aus dem Weg ging, die schlimmsten Beschimpfungen vermied und sich gegen sexuelle Übergriffe zur Wehr setzte. Und ich hatte Mittel und Wege gefunden, die wenigen Freuden in meinem Leben vor Rahab geheim zu halten. Kurz gesagt, ich kannte die Regeln, und nun sollte sich plötzlich alles ändern.

Außerdem hatte ich ein enges Verhältnis zu Rahabs Kindern aufgebaut, die mir Familie und Freundinnen ersetzten, sodass ich sie nicht verlieren wollte. Im nächsten Moment jedoch wurde mir klar, wie absurd diese Gedanken waren. »Was zum Teufel geht mir da im Kopf herum?«, fragte ich mich. »Ich bin traurig, weil ich mich von den Kindern trennen muss. Hanin, Usra, Tuta und Abir. Rahabs Kinder. Rahabs Familie. Und was ist mit meiner eigenen Familie? Mit Ba, Umi, Babo, Kunyant, Shokan und Kwandsharan und allen anderen? Was ist mit meinen Onkeln und Tanten und meinen Freundinnen zu Hause in den Nubabergen?«

Als ich so in der Dunkelheit saß, wurde mir klar, dass ich meine eigene Familie aufgegeben hatte und sie für tot hielt. Und diese Erkenntnis erschütterte mich bis ins Mark. Ich legte mich hin und beweinte meinen Verlust bis tief in die Nacht hinein.

Später, gegen Morgengrauen, erinnerte ich mich an alles, was mir zugestoßen war. Die Reiter hatten mich aus meinem Dorf nach Dilling verschleppt. Dann hatte Abdul Azzim mich nach Khartoum gebracht, und anschließend hatte Rahab mich in ihr Haus mitgenommen. Und mit jedem Mal hatte sich die Entfernung zwischen mir, meiner Familie und meiner Heimat vergrößert. Nun sollte ich wieder verpflanzt werden, nur dass ich diesmal den Sudan endgültig verlassen musste. »Hat Rahab mich an ihre Schwester verkauft?«, fragte ich mich zornig. »Oder hat sie mich einfach verschenkt?«

Auf merkwürdige Weise ließ die Nachricht, dass ich nach London fahren sollte, die Liebe zu meiner Familie wieder zum Leben erwachen. Ich hatte mich an die falsche Hoffnung geklammert, dass ich bei Rahab eine neue Familie gefunden hatte. Doch jetzt wurde ich weitergereicht wie ein Haushaltsgegenstand. Nur bei meiner wirklichen Familie hatte ich echte Liebe, Zuneigung und Vertrauen erfahren. Und nur dort lag mein wahres Zuhause. Ich musste unbedingt herausfinden, ob meine Eltern und Geschwister den Überfall überlebt hatten.

Meine letzten Gedanken in jenen frühen Morgenstunden waren voller Hass und galten der Flucht. Vielleicht würde ich ja in London die Gelegenheit bekommen, endlich wieder frei zu sein. Beim Einschlafen betete ich zu Allah, mir Nachricht von meiner Familie zu geben. Ich ahnte nicht, dass meine Gebete so rasch erhört werden würden.

24
Sie leben noch!

Ein paar Wochen später machte sich Rahab fein, um auf eine Hochzeit zu gehen. Sie trug ihre teuersten Schuhe, ein wunderschönes Kleid und viel Goldschmuck. Ich las den Kindern in ihrem Zimmer eine Fabel von Aesop vor. Es war die Geschichte, in der ein kleines Mädchen dreimal »Wolf!« ruft. Die ersten beiden Male kommt ihr Vater angelaufen, um sie zu retten, muss aber feststellen, dass sie nur um Hilfe geschrien hat, um sich wichtig zu machen. Als er seine kleine Tochter also das nächste Mal »Wolf« rufen hört, glaubt er, sie spiele wieder nur Theater. Doch dieses Mal kommt der Wolf wirklich und verschleppt das kleine Mädchen in den Wald.

Gerade waren wir bei der Moral der Geschichte angekommen, als es an der Tür läutete. Ich ging und machte Rahabs Besucherin auf. Als ich über ihre Schulter blickte, sah ich ein Auto voller Kinder in der Auffahrt. Und dann durchfuhr es mich wie ein Blitz aus heiterem Himmel: Im Fond des Autos bei den Kindern saß ein Nubamädchen, das ich sofort erkannte. Es war Kumal, eine meiner Freundinnen, die bei dem Überfall auf unser Dorf gefangen genommen worden waren. Im nächsten Moment entdeckte auch sie mich und zuckte bei meinem Anblick sichtlich zusammen. Kurz trafen sich unsere Blicke über die Auffahrt hinweg.

»*Yebit! Yebit!*« Rahabs Freundin rüttelte mich an den Schultern. »*Yebit!* Schläfst du? Ich habe dich gefragt, wo Rahab ist. Ist sie schon fertig?«

Rahab? Ich hatte keine Ahnung und lief zurück ins Haus. Da sie noch nicht ganz angezogen war, wies sie mich an, ihre Freundin zum Warten ins Wohnzimmer zu bringen. Nachdem die Dame im

Haus war, tat ich so, als würde ich die Tür hinter ihr schließen. Doch stattdessen schlüpfte ich hinaus und lief über die mit Kies bestreute Auffahrt zum Auto. Ich sah, dass Kumal mich fassungslos anstarrte, als ich mich zum Wagenfenster hinunterbeugte.

»Bist du es, Kumal?«, fragte ich. »Kumal, bist du es wirklich?«

Ich bemerkte, dass sie den Mund öffnete, um mir zu antworten, aber da ich sie nicht hören konnte, bedeutete ich ihr, das Fenster zu öffnen.

»Kumal! Bist du es, Kumal?«, wiederholte ich atemlos.

»Mende!«, rief sie. »Mende, das darf doch nicht wahr sein.«

Dann sprang Kumal aus dem Auto, und wir fielen uns in die Arme. Ich spürte, dass sie zitterte und bebte, als sie schluchzend an meiner Schulter lehnte, und mir ging es genauso.

»Ich kann es kaum glauben, dass du es wirklich bist«, sagte ich mit Tränen in den Augen.

»Oh, Allah, es ist so schön, dich zu sehen. So schön«, erwiderte sie mit zitternder Stimme.

»Wer ist diese Frau?«, erkundigte ich mich, nachdem ich mich ein wenig gefangen hatte. »Warum bist du hier? Ist sie Rahabs Freundin? Ich habe sie noch nie gesehen!«

»Ja, ja, sie ist Rahabs Freundin«, entgegnete Kumal ungeduldig und unter Tränen. »Aber ich will nicht über sie reden. Hör zu. Hast du schon etwas über deine Familie gehört? Weißt du, wie es ihnen geht?«

»Nein, kein Wort. Warum? Weißt du etwas? Oh, bitte sag es mir! Bitte!«

»Dann habe ich gute Nachrichten für dich. Pass auf ...«

»Aber woher?«, unterbrach ich sie und packte sie am Arm. »Woher weißt du es? Was weißt du?«

»Moment mal, Mende, beruhige dich. Wir müssen vorsichtig sein, falls sie uns beobachten. Also hör mir zu und reg dich nicht auf. Eines Tages hat mich Hallah, so heißt die Frau, losgeschickt, um Lebensmittel einzukaufen. Im Laden begegnete ich einem Mann, der aussah wie ein Nuba, und ich musste ihn ständig anstarren. Nach einer Weile sprach er mich an. Zuerst erkannte ich ihn nicht,

aber er fragte mich, woher ich käme. Ich antwortete, ich sei eine Nuba, und sagte ihm, aus welchem Dorf ich stamme.
Darauf packte er mich an der Schulter und rief: ›Bist du Kumal?‹ ›Ja, ich bin Kumal, und wer bist du?‹ Er nannte mir seinen Namen und sagte, er sei aus meinem Stamm. ›Erkennst du mich denn nicht, Kumal?‹, fragte er. ›Nach dem Überfall hielten dich alle im Dorf für tot. Ich bin aus Mendes Gebiet, Kumal. Aber ich habe dich bei den Ringkämpfen gesehen. Kennst du Mende? Sie war doch deine Freundin?‹
Und dann erzählte er mir alles über meine Familie. Als er sich nach dir erkundigte, erklärte ich ihm, ich hätte dich zuletzt im Armeelager in Dilling gesehen. Ich berichtete ihm, wir wären von zwei verschiedenen Arabern mitgenommen worden. Er erwiderte, er habe auch Nachrichten über deine Leute. Alle sind wohlauf, Mende. Deiner Familie geht es gut. Er bat mich, dir das auszurichten, falls ich dich jemals treffen sollte. Deine Mutter, dein Vater und alle anderen haben den Überfall überlebt.«
Oh, mein Gott! Meine Familie lebte! Oh, mein Gott! Oh, Allah, ich danke dir, ich danke dir, ich danke dir! Ich fühlte mich, als würde ich jeden Moment in Ohnmacht fallen, und wusste nicht, ob ich lachen oder weinen sollte. Doch Kumal stützte mich und sprach weiter.
»Hör zu, Mende! Das ist jetzt sehr wichtig. Er sagte mir, sein Name sei Shadal, und fragte mich, wo ich wohnte. Als ich erwiderte, es sei nicht weit, bot er mir an, mich zurückzubegleiten, damit er sich das Haus ansehen könne, denn er wolle einen Weg finden, mir bei der Flucht zu helfen. Also gingen wir zusammen los und hielten uns immer dicht am Gebüsch. Doch plötzlich sah ich Hallahs Auto auf der Straße auf uns zukommen. Ich hatte solche Angst, denn ich wusste, dass Hallah mich suchen gefahren war, ich war nämlich ziemlich lange weggeblieben. Also rief ich Shadal zu, er solle sich im Gebüsch verstecken. Er merkte mir an, wie sehr ich mich fürchtete, und wollte wissen, was los sei. Aber ich hatte keine Zeit, es ihm zu erklären, sondern lief einfach auf das Auto zu.

Als ich ankam, bemerkte ich, dass Hallah vor Wut kochte. Sie riss die Autotür auf, zerrte mich hinein und begann, gleich an Ort und Stelle auf mich einzuschlagen. ›Wo warst du?‹, kreischte sie dabei ständig. ›Wo warst du? Du dummes, faules, schwarzes Stück Dreck. Du warst über eine Stunde weg!‹ Seitdem durfte ich nicht mehr einkaufen gehen«, schloss Kumal leise. »Sie hat es mir nie mehr erlaubt. Und deshalb habe ich Shadal auch nicht wiedergesehen.«

Als sie ihren Bericht gerade beendet hatte, öffnete Rahab wie auf Kommando die Tür. »Mende? Mende! Wo bist du?«, schrie sie.

»Schnell, schnell!«, zischte Kumal. »Lauf! Sie ruft dich!«

»Nein«, entgegnete ich. »Ich gehe nicht. Ich will bleiben und mit dir reden.«

»Schlägt sie dich denn nicht?«, fragte Kumal entgeistert.

»Aber natürlich«, antwortete ich. »Doch das ist mir egal. Ich bleibe hier und rede mit dir.«

Das Wissen, dass meine Familie noch lebte, hatte mir innere Kräfte verliehen, wie nichts auf der Welt es vermocht hätte. Nun wusste ich, dass irgendwo da draußen in Khartoum Menschen aus unserem Stamm nach uns suchten. War dieser Shadal vielleicht derselbe Mann, den Babo beim Ringkampf besiegt hatte? Er schien zu wissen, wer ich war, und ich konnte mich nicht erinnern, je einem anderen Shadal begegnet zu sein.

»Ach, da bist du ja«, sagte Rahab, als sie mich entdeckte. »Kennst du dieses Mädchen?«

»Ja, Herrin«, erwiderte ich. »Sie heißt Kumal.«

»Ja, das stimmt, sie heißt Kumal«, bestätigte Hallah, die sich zu Rahab in die Auffahrt gestellt hatte. »Woher kennt ihr beiden euch denn?«

Ich wollte gerade antworten, als Rahab sich wieder zu ihrer Freundin umdrehte. »Liebes, du bist ja eine Ewigkeit nicht in Khartoum gewesen. Wann habe ich dich zuletzt gesehen?«

»Oh, das muss bei einer Hochzeit gewesen sein. Weißt du noch? Bei der von Fatima vor über einem Jahr.«

Da sie sich für den Augenblick nicht um uns zu kümmern schienen,

setzten Kumal und ich unser Gespräch auf Nuba fort. Selbst wenn sie uns reden hörten, würden sie uns nicht verstehen.
»Meinst du, du siehst Shadal wieder?«, fragte ich Kumal. »Könnte er meiner Familie eine Nachricht zukommen lassen, ihnen ausrichten, dass ich noch lebe, und sie bitten, nach Khartoum zu kommen, damit sie mir bei der Flucht helfen?«
»Ich versuche es. Aber Hallah lässt mich im Moment nicht raus. Wenn ich mir Mühe gebe, richtig nett zu ihr zu sein, erlaubt sie es mir vielleicht wieder. Ich tue mein Bestes, obwohl ich sie hasse wie die Pest.«
»Glaubst du, wir schaffen es, uns wiederzusehen?«
»Ich weiß nicht. Wie kommst du denn mit Rahab zurecht? Wenn du dich bei ihr einschmeichelst, nimmt sie dich vielleicht mit, wenn sie das nächste Mal Hallah besucht, und wir können uns treffen.«
»Ich strenge mich an, aber es klappt bestimmt nicht. Außerdem bin ich wahrscheinlich nicht mehr lange hier. Rahab will mich nach England schicken. Nach London.«
»Nach England! Warum? Wie willst du dorthin kommen? Was wirst du dort tun?«
»Ich weiß nicht genau. Rahab hat nur gesagt, sie schickt mich zu ihrer Schwester nach London.«
»Gut, pass auf«, meinte Kumal und schob mich möglichst weit weg von Rahab und Hallah zur anderen Seite des Autos. »Ich möchte dir eine Telefonnummer geben. Es ist die von meinem Cousin, der in *bilabarra* ist ... Er ist von unserem Stamm. Wenn du nach deiner Ankunft Hilfe brauchst, kann er bestimmt etwas für dich tun.«
Bilabarra bedeutet wörtlich »weit weg im Ausland«. Kumal wühlte in ihrer kleinen Umhängetasche und kramte einen Bleistiftstummel hervor. Doch sie hatte kein Papier, um die Nummer aufzuschreiben.
»Du hast sicher Durst«, sagte ich zu Kumal. »Ich gehe und hole dir ein Glas Wasser.«
Ich rannte ins Haus, griff nach einem Glas, kippte etwas Wasser hinein und nahm einen Papierfetzen aus dem Müll. Als ich wieder nach draußen gestürzt kam, saßen alle schon im Auto. Ich reichte

Kumal das Glas und drückte ihr gleichzeitig den Papierfetzen in die Hand. Während Kumal das Wasser trank, kritzelte sie die Nummer auf den Zettel und gab ihn mir mit dem leeren Glas zurück, als Hallah gerade den Motor anließ. Das Auto fuhr davon; ich rief Kumal das traditionelle Lebewohl der Nuba zu. Das Letzte, was ich von ihr sah, war ein kleines Gesicht, das sich rasch durch das Tor entfernte.

Ich ging hinein, saß lange Zeit in der Küche und wusste nicht, was ich denken oder fühlen sollte. Es machte mich wütend, dass Kumal wie ich eine Sklavin war. Doch andererseits war ich überglücklich, weil ich erfahren hatte, dass meine Familie noch lebte. So eine wunderbare Nachricht gab es auf der ganzen weiten Welt kein zweites Mal. Für mich war es das Allerwichtigste – wichtiger sogar, als wenn man mir soeben eröffnet hätte, dass ich ab sofort frei sei. Ohne eine Familie, zu der ich zurückkehren konnte, wäre die Freiheit für mich sinnlos gewesen. Wohin hätte ich mich wenden und mit wem zusammenleben sollen? Wer hätte mich geliebt und für mich gesorgt? Wo sonst hätte ich ein Zuhause gefunden?

25
Neues Jahrtausend, neue Sklavin

Als sich das Jahr 1999 seinem Ende näherte, war von meiner Reise nach England nicht mehr die Rede. Ich war froh, dass der Plan vergessen schien, denn in den Wochen seit meiner Begegnung mit Kumal war für mich alles anders geworden, und ich schöpfte wieder Hoffnung. »Vielleicht hat Kumal Shadal ja schon getroffen«, dachte ich. »Vielleicht ist er in die Nubaberge zurückgekehrt, um meiner Familie zu sagen, dass ich noch lebe. Vielleicht sind sie ja bereits in Khartoum und suchen nach Kumal und mir. Vielleicht planen sie jetzt in diesem Augenblick, wie sie uns am besten befreien können.«

Da der Silvesterabend vor der Tür stand, trafen alle Menschen Vorbereitungen zur Begrüßung des neuen Jahrtausends – das heißt alle außer mir. Während Rahab und Mustafa ausgingen und feierten, verbrachte ich die letzte Nacht des 20. Jahrhunderts mit Hausarbeiten. Ich wusste nicht einmal, dass ein Jahrhundert endete und ein neues begann. Am nächsten Morgen musste ich besonders früh aufstehen und mich um den großen Ausflug in den Park kümmern. Ich packte einen Picknickkorb und füllte einige Flaschen mit frisch gepresstem Fruchtsaft, die Mustafa in den Kofferraum der Limousine lud. Im Park wurden wir von einigen von Rahabs und Mustafas Freunden erwartet und verspeisten im Schatten eines großen Baumes unser Picknick. Anschließend wurde ich losgeschickt, um auf die Kinder aufzupassen.

Eine große Gruppe arabischer Jungen und Mädchen spielte Verstecken, und etwa ein Dutzend schwarzer Mädchen sah ihnen dabei zu. Ich glaube nicht, dass eine Nuba darunter war. Wir lächelten einander schüchtern zu, und mir fiel auf, dass einige der Mädchen erst zwölf oder dreizehn Jahre alt zu sein schienen. Sie wirkten ängstlich und verunsichert, was mich daran erinnerte, wie ich bei meiner Ankunft in Khartoum gewesen war. Es waren auch ein paar Mädchen dabei, die so alt wie ich oder ein wenig älter waren. Sie machten einen selbstbewussteren und lockeren Eindruck – der Lohn dafür, dass sie sich offenbar mit ihrem Schicksal abgefunden hatten. Wahrscheinlich nahmen sie mich auch so wahr.

Ich blickte mich im Park um und hoffte, Kumal oder vielleicht sogar Asha, die ältere Nubafrau, die in Abdul Azzims Haus für mich gesorgt hatte, irgendwo zu entdecken. Aber sie waren nirgends zu sehen. Dann hielt ich Ausschau nach Nungha, der gütigen Schwester im Krankenhaus, die versucht hatte, mich vor Rahab zu beschützen. Doch auch sie war nicht hier.

Also gab ich mir einen Ruck und sprach ein etwa zwölfjähriges kleines Mädchen an, das neben mir stand. Sie war gerade erst angekommen, und ich vermutete, dass sie vielleicht sogar eine Nuba war.

»Hallo, kleine Schwester«, sagte ich auf Arabisch.

»Hallo«, erwiderte sie scheu.

»Wo kommst du her?«

»Ich bin eine Nuba«, antwortete sie leise.

»Eine Nuba! Aus welchem Stamm?«

»Den Nunghi.«

»Den Nunghi!«, rief ich überglücklich aus. »Ich bin von den Karko. Dein Stamm lebt gleich neben meinem.«

Die Nunghi nahmen auch an den Ringkämpfen teil und waren unsere Verbündeten und Freunde. Allerdings sprachen sie als einziger Stamm unter unseren Nachbarn eine andere Sprache, weshalb wir die Unterhaltung in einfachem Arabisch fortsetzten. Das Mädchen beherrschte nur ein paar Brocken.

»Ich heiße Mende. Und wie heißt du, kleine Schwester?«

»Mein Name ist Katuna.«

»Katuna. Das ist aber ein hübscher Name. Wo ist deine Familie, Katuna?«

»Ich weiß nicht«, flüsterte sie. »Unser Haus hat gebrannt, und dann sind die Männer hereingekommen und haben mich mitgenommen.«
Sie erinnerte mich so sehr daran, wie ich bei meiner Entführung gewesen war. Als ich die Arme um sie legte und sie fest an mich drückte, bemerkte ich, dass sie leise zu schluchzen begann. Bald liefen auch mir die Tränen übers Gesicht. Ich hielt den Kopf gesenkt, denn Rahab durfte mich auf keinen Fall beim Weinen ertappen.
»Weine nicht«, sagte ich zu Katuna und umarmte sie. »Weine nicht. Alles ist gut. Alles ist gut.«
»Nein, ist es nicht«, protestierte sie. »Ich vermisse meine Mama. Sie fehlt mir so sehr.«
Als ich ihr sanft das Haar streichelte, stellte ich fest, dass sie eine hübsche hellrote Perlenkette um den Hals trug.
»Oh! Deine Perlen sind wunderschön«, meinte ich, um sie aufzuheitern.
»Gefallen sie dir?«, erwiderte sie mit zitternder Stimme. »Wo sind denn deine?«
»Ich habe keine. Und du solltest deine nicht mehr um den Hals tragen, Katuna. Nimm sie ab und versteck sie in deinem Zimmer, einverstanden? Sonst lassen sie sie dich sicher nicht behalten.«
Katuna lächelte, und ich streichelte weiter ihr schönes Haar. Wenn die Kinder sich lange genug mit Spielen beschäftigten, würde mir vielleicht die Zeit bleiben, Katuna Zöpfchen zu flechten. Dann jedoch ertastete ich eine dicke Beule an ihrem Hinterkopf. Vorsichtig teilte ich ihr Haar, um die Stelle zu begutachten, und entdeckte eine gerötete, verkrustete Wunde.
»Was ist denn da passiert, Katuna?«, fragte ich mitfühlend.
»Sie hat mich gestoßen. Da bin ich hingefallen und habe mir den Hinterkopf an der Wand angeschlagen«, entgegnete sie leise. »Es hat sehr geblutet.«
»Haben sie dich ins Krankenhaus gebracht?«
»Nein«, flüsterte sie. »Sie haben gar nichts gemacht, sondern mir

nur so ein weißes, weiches Zeug gegeben und mir gesagt, ich sollte es mir an den Hinterkopf drücken.«

»Und mehr nicht?«

Katuna schüttelte den Kopf. »Wenn ich mir jetzt die Haare öle, öle ich die Stelle immer mit, damit sie besser heilt. Aber es tut immer noch weh.«

Ich schlug Katuna vor, beim Reden ein bisschen spazieren zu gehen, damit Rahab oder ihre Herrin uns nicht belauschen konnten. Als wir durch den Park schlenderten, ertappte ich mich dabei, dass ich ihr dieselben Ratschläge gab wie Asha damals mir nach meiner Ankunft in Abdul Azzims Haus.

»Pass gut auf, Katuna«, begann ich freundlich. »Wenn sie dir etwas befiehlt, musst du ihr gehorchen. Wenn sie dich ruft, musst du sofort kommen. Wenn sie dir eine Anweisung erteilt, hör gut zu, damit du sie richtig ausführen kannst. Und widersprich ihr nie, ganz gleich, was passiert.«

»Warum? Warum soll ich mich so benehmen? Sie schlägt mich ja auch, wenn ich gar nichts falsch gemacht habe.«

»Ich weiß, Katuna, ich weiß. Doch wenn du ihr Widerworte gibst, wird sie das als Vorwand benutzen, um dich noch mehr zu schlagen. Also tu einfach, was sie will. Und sei immer ihrer Meinung, in Ordnung?«

»In Ordnung«, erwiderte sie bedrückt. »Ich werde es versuchen. Aber ich hasse sie. Sie ist so gemein zu mir.«

»Ich verstehe dich. Sie ist böswillig und grausam. Viele der Araber hier sind so. Aber du hast keine andere Wahl, Katuna. Du kannst ihr nicht entrinnen.«

Ich fragte mich, wie viele andere Mädchen wie wir sich heute wohl in diesem Park aufhielten? Bestimmt waren es Hunderte. Wie viele hatten eine Geschichte wie die unsere – oder sogar eine noch tragischere – erlebt? Gewiss alle. Hunderte gebrochener Herzen, geraubter Kindheiten und zerstörter Leben. Ich hatte nicht mehr viel Zeit, um mit Katuna zu sprechen, denn ich musste die Kinder holen und ihnen ihr Abendessen geben. Allerdings wusste ich auch nicht, was ich ihr sonst noch hätte sagen können. An diesem Abend blieben wir lang im Park. Kerzen wurden angezündet, um den Anfang des neuen Jahrtausends zu feiern. Aber was hatten Sklavinnen wie ich und Katuna von diesem neuen Jahrtausend zu erhoffen?

Kurz nach Neujahr beschloss Rahab, nach London zu reisen. »*Yebit,* ich fliege in etwa einer Woche. Du bleibst hier bei den Kindern. Meine Schwester Amel wird im Haus nach dem Rechten sehen. Hast du mich verstanden?«

»Ja, Herrin Rahab.«

»Und du wirst dich bei Amel gut benehmen, kapiert? Wenn sie dir etwas befiehlt, gehorchst du. Und du sorgst dafür, dass es den Kindern an nichts fehlt. Hast du das begriffen?«

»Ja, Herrin Rahab.«

Rahab blieb etwa einen Monat weg. Amel war viel netter als sie, schrie mich nie an und schlug mich auch nicht. Da Rahab nicht da war, kam nur selten Besuch, weshalb ich nicht die ganze Zeit in der Küche stehen musste. Außerdem baten mich die Kinder, bei ihnen im Zimmer zu schlafen, und so verbrachte ich einen wunderschönen Monat: Ich wurde nicht misshandelt. Ich durfte im Haus schlafen. Und ich hatte viel weniger Arbeit als sonst. Für mich war es fast wie ein Urlaub. Als Rahab zurückkehrte, brachte sie Taschen voller Geschenke mit. Mustafa bekam eine hinreißende blaue Krawatte mit einem passenden Nadelstreifenanzug. Für die Kinder waren haufenweise Spielsachen dabei. Auch für mich hatte sie ein Geschenk: eine Dreierpackung Unterhöschen. Eines war rot, das andere lila und das dritte blau. Ich fand sie sehr schön. Zum ersten Mal hatte sie mir etwas geschenkt, und ich fragte mich nach dem Grund. Am Abend erfuhr ich ihn.

»Erinnerst du dich noch daran, dass ich dich nach London schicken wollte?«, fragte Rahab, die zu mir in die Küche gekommen war.

»Ja, Herrin Rahab.«

»Tja, bald ist es so weit. Ich habe mit meiner Schwester darüber gesprochen, und sie kann es gar nicht erwarten, dich im Haus zu haben.«

»Ja, Herrin Rahab.«
Ich hatte diese Nachricht noch nicht richtig verdaut, als es an der Tür läutete. Ich öffnete und stand vor Abdul Azzim und Joahir, die ich seit meiner ersten Woche in Khartoum vor so vielen Jahren nicht mehr gesehen hatte.
»Hallo«, sagte Abdul Azzim grinsend. »Wie geht es dir? Schau«, meinte er dann, an Joahir gewandt, »wie groß sie geworden ist. Weißt du ihren Namen noch, Liebling?«
»Ihren Namen?«, erwiderte Joahir. »Nein, keine Ahnung. Moment, lass mich mal überlegen.«
»Mein Name ist Mende«, meinte ich leise.
»Ach ja, richtig. Mende«, rief Joahir aus. »Mende. Jetzt fällt es mir wieder ein, Liebling.«
Als ich sie ins Wohnzimmer führte, wagte ich eine Frage, die mir sehr wichtig war: »Wie geht es Asha?«
»Oh, du erinnerst dich noch an Asha«, entgegnete Joahir. »Nun, der geht es gut. Sie ist zu Hause bei den Kindern.«
»Natürlich erinnere ich mich an Asha. Sie war sehr nett zu mir.«
»Nun ja«, sagte Joahir mit einem herablassenden Lächeln, »deshalb sind wir auch so froh, dass sie sich um die Mädchen kümmert, wenn wir sie nach Khartoum bringen. Das macht es leichter für alle Beteiligten.«
Abdul Azzim sah noch genauso aus wie bei unserer ersten Begegnung im Lager der Soldaten und trug eine schlichte Galabiya und Sandalen. Joahir hingegen wirkte noch aufgetakelter als damals. Sie war in ein prunkvolles langes Kleid gehüllt und von Kopf bis Fuß mit Gold behängt. Nun stand ich also wieder vor dem Mann, der mich an Rahab verkauft hatte, und seiner schrecklichen Frau. Ich servierte ihnen im Wohnzimmer Tee und verdrückte mich dann so schnell wie möglich in die Küche.
»Und wie ist sie so, seit sie erwachsen ist?«, hörte ich Joahir Rahab fragen.
»Oh, einfach großartig«, antwortete Rahab lachend. »Sie ist sehr sauber und ausgesprochen fleißig. Inzwischen brauche ich sie nicht einmal mehr zu schlagen.«

»Das ist ja prima«, begeisterte sich Joahir und stimmte in ihr Gelächter ein. »Schließlich handeln wir nur mit erstklassiger Ware, richtig, Liebling?«
»Nun aber ernsthaft, Abdul Azzim. Ich möchte sie bald nach London zu meiner Schwester schicken«, fuhr Rahab fort. »Und deshalb wollte ich mit dir sprechen.«
»Obwohl sie so sauber und so fleißig ist, schickst du sie nach London?«, wunderte sich Abdul Azzim. »Das ist aber großzügig von dir. Du musst deine Schwester sehr gern haben.«
»Tja, wir können dir ja jederzeit eine Neue beschaffen, keine Angst«, sagte Joahir lachend. »Was für deine Schwester in London hingegen unmöglich wäre, richtig?«
»Absolut unmöglich. Und jetzt zum Geschäftlichen«, meinte Rahab. »Also, Abdul Azzim, sieh mich an. Woher weiß ich, dass die Neue so gut ist wie diese hier, wenn du mir eine besorgst?«
»Nun, soll ich sie etwa alle selbst ausprobieren und dir dann die Beste zurücklegen?«, erwiderte Abdul Azzim, und alle kicherten. »Schließlich werden sie nicht mit einem Garantieschein geliefert. Aber du wirst, so Gott will, wieder ein Mädchen wie sie finden. Mehr kann ich dir auch nicht versprechen.«
»Gut, und wann könntest du das für mich erledigen?«
»Tja, lass mich überlegen. Wann fahre ich wieder nach Dilling? Hmmm ... wahrscheinlich in etwa einem Monat. Ich kann nicht beschwören, dass es dort zurzeit Sklaven gibt. Aber wenn ich keine auftreiben kann, versuche ich es anderswo. Also in einem Monat. Wie findest du das?«
»In Ordnung. Aber bitte beeil dich. Ich habe zugesichert, sie in etwa einem Monat nach London zu schicken. Und wie soll ich hier ohne ein Mädchen auskommen?«
»Ach, zerbrich dir nicht den Kopf darüber, Rahab«, erwiderte Abdul Azzim. »Lass das nur meine Sorge sein.«
Also würde ich nach London reisen, während Abdul Azzim ein anderes Mädchen hierher brachte, das meinen Platz einnehmen sollte. All die Grausamkeiten, Schmerzen und Demütigungen fielen mir ein, die Rahab mir zugefügt hatte, und ich wusste, dass

sie mit dem nächsten Mädchen genauso umspringen würde. Ich konnte nicht mehr tun, als meiner Nachfolgerin beizubringen, wie sich am besten mit ihr zurechtkommen ließ. Denn diese Kunst beherrschte ich nach sieben oder acht Jahren bis zur Vollkommenheit. Es sah aus, als würde ich mit dem Unterricht alle Hände voll zu tun haben.

III
Reise in die Freiheit

26
Lügenmärchen

Lange grübelte ich darüber nach, warum Rahab beschlossen haben mochte, mich nach London zu schicken. Mit zwölf Jahren war ich als einsames kleines Mädchen in ihr Haus gekommen, verängstigt und leicht zu unterdrücken. Inzwischen jedoch war ich um die zwanzig und hatte mich zu einer jungen Frau entwickelt. Ganz sicher ahnte Rahab, dass sie mich bald nicht mehr durch Prügel würde einschüchtern können.

Außerdem fielen mir die Blicke auf, die mir viele männliche Besucher zuwarfen. Rahab bemerkte dieses Interesse auch, und je öfter es vorkam, desto wütender machte es sie. Mittlerweile war ich in die Kleider hineingewachsen, die sie mir gegeben hatte. Die Sachen waren zwar alt, aber ich wusste, dass sie an mir hervorragend zur Geltung kamen. Mein gutes Aussehen stachelte Rahabs Eifersucht noch weiter an, und die Krise spitzte sich zu, als sogar Mustafa mir immer mehr Aufmerksamkeit entgegenbrachte.

»Trag dieses Kleid nicht!«, zischte Rahab dann. »Los, zieh deine alten Sachen an.«

Wenn ich mein Haar ölte und zu Zöpfen flocht, wurde sie ärgerlich. »*Yebit*, bedecke dein Haar!«, schrie sie. »Setz deinen *hijab* (das muslimische Kopftuch) auf. Oder sollen alle Männer, die ins Haus kommen, dein Haar sehen? Willst du das?«

Keiner der Männer machte mir direkte Komplimente. Niemand sagte: »Oh, Mende, du siehst heute aber hübsch aus.« Sie durften nicht zugeben, dass sie mich, eine schwarze Nubasklavin, attraktiv fanden – aber ich bemerkte sehr wohl, wie sie mich anstarrten und sich mir bei jeder Gelegenheit in den Weg stellten. Mit der Zeit war ich sogar froh, dass Rahab mich nachts in meinen Schuppen

sperrte, denn ich befürchtete zunehmend, dass einer der Männer einen Übergriff wagen würde. Doch in diesem Fall hätte ich nur laut genug schreien müssen, damit Rahab mich hörte. Seltsamerweise hatte ich es wahrscheinlich ihrer Eifersucht und ihrem Kontrollzwang zu verdanken, dass mir das Schlimmste erspart blieb. Mustafa hatte eine Heidenangst vor ihr. Und auf unsere männlichen Besucher übte Rahab einen ähnlichen Einfluss aus.
Somit bin ich sicher, dass Rahab mich als Bedrohung empfand und mich unter anderem deshalb ins Ausland schicken wollte. Zwei Wochen nach ihrer Rückkehr aus London zogen wir los und ließen ein Foto von mir machen. Ich fand, ich blickte ziemlich traurig und hässlich von dem kleinen Stück Papier herunter. Dann besorgte mir Rahab einen Pass, und schließlich wollte sie ein britisches Visum für mich beantragen. Obwohl Rahab mir erklärt hatte, sie habe »gute Beziehungen zu den richtigen Stellen«, weshalb wir das Visum problemlos bekommen würden, erwies sich dieses Vorhaben als unerwartet schwierig. Vor unserem Besuch in der britischen Botschaft in Khartoum ging sie mit mir genauestens meinen Text durch.
»Hör gut zu, *yebit*«, verkündete sie. »Die Leute in der Botschaft werden dir viele Fragen stellen, und du musst ihnen genau das antworten, was ich dir jetzt erkläre. Verstehst du? Wenn nicht, bekommen wir große Schwierigkeiten.«
Ich nickte. »Ja, Herrin Rahab.«
»Gut. Wenn du also gefragt wirst, wie ich dich behandle, sagst du, sehr gut. Wenn sie dich fragen, was passiert, wenn du krank bist, erwiderst du, ich würde mit dir zum Arzt gehen. Wenn sie sich nach deinem Urlaub erkundigen, gibst du an, du verbringst ihn bei deinen Eltern. Verstanden?«
Ich nickte. Ich sollte Lügenmärchen erzählen, aber ich hatte keine Wahl.
»Wenn sie wissen wollen, für wen du in London arbeiten wirst, sagst du, bei einem Mr. Ali Bashir Gadalla, in Ordnung? Erwähne bloß nicht, dass Hanan oder Al Koronky deine zukünftigen Herren sind. Verstanden?«

»Ja, Herrin«, entgegnete ich leise. »Aber für wen werde ich wirklich arbeiten, Herrin? Für Ali Bashir Gadalla oder für Hanan und Al Koronky?«
»Das braucht dich nicht zu interessieren«, fuhr sie mich gereizt an. »Natürlich für Hanan, wie ich es dir erzählt habe. Doch wenn du das verrätst, lassen sie dich nicht einreisen. Also sag, es ist Ali Bashir Gadalla.«
»Ja, Herrin. Aber warum kann ich nicht fahren, wenn ich Hanans Namen nenne?«, beharrte ich.
»Hör auf zu fragen, *yebit!«*, zischte sie. »Das geht dich nichts an. Hast du jetzt begriffen, was du antworten sollst?«
»Ich sage, ich arbeite für Ali Bashir Gadalla«, flüsterte ich.
»Gut. Und vergiss nicht, was ich dir versprochen habe. Wenn du bei Hanan in London fleißig bist, nimmt sie dich bei ihrem nächsten Besuch mit in den Sudan. Und dann fahren wir mit dir zu deiner Familie. Also erhöhst du deine Chancen, deine Familie wiederzusehen, wenn du nach London gehst.«
Ich glaubte Rahab kein Wort. Nicht einmal Abdul Azzim, der Sklavenhändler, wusste, wo meine Familie war. Wie wollte Rahab mich dann zu ihr bringen? Ich war überzeugt davon, dass sie log, und ich wollte nicht nach London. Kumal hatte mir erzählt, dass meine Familie noch lebte, und seit der Begegnung mit ihr hatte sich alles für mich verändert. Inzwischen war mir klar, dass es hier Nuba gab, die versuchen wollten, uns zu befreien. Möglicherweise suchte meine Familie ja in diesem Augenblick schon nach mir. Wenn ich in Khartoum blieb, bestand vielleicht ein Funken Hoffnung. Eine Weile überlegte ich, ob ich mich einfach weigern sollte, nach London zu fahren. Dann jedoch malte ich mir aus, was mir in diesem Fall blühte. Rahab hatte noch immer absolute Macht über mich. Ich hatte weiterhin große Angst vor ihr und konnte nicht anders, als mich ihrem Willen zu beugen. Wenn sie mir befahl zu gehen, musste ich gehorchen.
Bei unserer Ankunft in der britischen Botschaft in Khartoums Innenstadt wurde Rahab aufgefordert, im Empfangsraum zu warten. Mich schickte man zu einem verglasten Schalter, hinter dem

ein *hawaja* – ein weißer Mann – saß. Als ich ihm das Geld für das Visum und das Formular hinschob, warf er nur einen kurzen Blick darauf. Es war das zweite Mal in meinem Leben, dass ich einen *hawaja* aus nächster Nähe sah. Das erste Mal war gewesen, als die beiden *hawajas* Hilfsgüter in unser Dorf in den Nubabergen geliefert hatten. Der Mann kritzelte etwas auf ein Stück Papier und reichte es mir. Dann sprach er auf Englisch mit mir, und ein Araber übersetzte.

»Zuerst will ich wissen«, begann er, »wer der Mann ist, bei dem Sie wohnen werden. Was ist er von Beruf, und wie lange planen Sie, in Großbritannien zu bleiben?«

»Er heißt Ali Bashir Gadalla«, erwiderte ich. »Aber ich weiß nicht, welchen Beruf er hat oder wie lange ich bleiben werde.«

»Das wissen Sie nicht?«

»Nein, das weiß ich nicht.«

Ich sah, wie der *hawaja* den Kopf schüttelte und ein paar Worte mit dem arabischen Dolmetscher wechselte.

»Was hat er gesagt?«, erkundigte ich mich aufgeregt.

»Er sagt, er sei verwundert. Es fände es seltsam, dass Sie zwar nach Großbritannien einreisen wollen, aber weder wissen, was der Mann von Beruf ist, noch, wie lange Sie bleiben werden.«

Dann forderte man mich auf, in einer Ecke des Raums zu warten. Etwa zwanzig Minuten später kam der Dolmetscher zu mir.

»Hier ist ein Schreiben für Sie«, meinte er. »Das müssen Sie an Ihren Arbeitgeber in Großbritannien schicken und ihn bitten, diese Fragen für uns zu beantworten. Wenn Sie die Antwort haben, kommen Sie wieder zu uns.«

»Wie ist es gelaufen, *yebit?«*, erkundigte sich Rahab, sobald ich aus dem Raum kam.

»Sie haben mir diesen Brief gegeben.« Wir stiegen ins Auto, und Rahab las das Schreiben. »Aha«, verkündete sie und fuhr los. »Ich muss das an meine Schwester in London schicken.«

»Und jetzt hör mir gut zu«, sprach sie weiter, nachdem wir eine Weile schweigend gefahren waren. »Ich habe vergessen, dir ein paar Dinge zu erklären. Wenn sie dich fragen, welche Arbeit du in Lon-

don tun wirst, dann antworte, es sei dieselbe Arbeit wie hier: Putzen, Kochen und Waschen. Erwähne nicht, dass du dich auch noch um die Kinder kümmerst, in Ordnung?«
»Ja«, erwiderte ich.
»Wenn sie fragen, wie lange du in London bleibst, dann sagst du, sechs Monate. Verstanden?«
»Ja. Sechs Monate.«
Zwei Tage später kam Rahab in die Küche und zeigte mir das Fax aus London. Es enthielt alle Informationen, die der Mann in der Botschaft verlangt hatte. Also fuhren wir ein zweites Mal hin und gaben das Papier einem anderen *hawaja* zu lesen. Nachdem er fertig war, stellte er mir weitere Fragen, die wieder ein Araber übersetzte. Alles klappte wunderbar, bis er sich nach meiner Arbeitsstelle in London erkundigte.
»Also, Ihr Arbeitgeber, Mr. Ali Bashir Gadalla, wie viel zahlt er Ihnen eigentlich pro Woche?«
Ich hatte keine Ahnung, was ich erwidern sollte, denn Rahab hatte diese Frage nicht mit mir eingeübt. »Ich weiß nicht«, entgegnete ich.
»Verzeihung, sagten Sie gerade, Sie wüssten es nicht?«
»Ja, ich weiß es nicht.«
»Sie fahren nach London, um sechs Monate lang für diesen Mann zu arbeiten, und wissen nicht einmal, wie viel er Ihnen bezahlt?«
»Nein, ich weiß es nicht.«
Ich sah, dass der *hawaja* mich kopfschüttelnd musterte. »Verstehe«, meinte er. »Wie viele freie Tage haben Sie pro Woche?«
»Ich weiß es nicht.«
»Okay. Und wie viele Stunden werden Sie täglich arbeiten?«
»Ich weiß es nicht.«
»Sie wollen mir also erzählen, Sie wüssten weder über Ihr Gehalt noch über Ihre freien Tage oder Ihre Arbeitszeiten Bescheid?« Inzwischen lachte er, schien mich aber nicht zu verspotten.
»Genau, ich weiß es nicht«, bestätigte ich und erwiderte schüchtern sein Lächeln. Er war sehr groß und hatte eine lange Nase und sand-

farbenes Haar. Seine Augen waren wunderschön blau und funkelten, wie ich es noch nie gesehen hatte, wenn er lächelte. Es erstaunte mich, wie nett und freundlich er war. Dann wechselte der *hawaja* ein paar Worte mit dem Dolmetscher, und die beiden brachen in Gelächter aus.

»Der Engländer sagt, er will Ihnen keine Fragen mehr stellen«, übersetzte der Araber. »Wenn er weiterfragt, würden Sie sowieso nur mit ›Ich weiß nicht, ich weiß nicht, ich weiß nicht‹, antworten.«

Man forderte mich auf, fünf Minuten zu warten. Dann gab mir der Engländer einen Brief.

»Der ist für Sie«, meinte er mit einem Lächeln. »Wir brauchen weitere Informationen. Und dann müssen Sie leider noch mal wiederkommen.«

»Ist das meine Reiseerlaubnis?«, erkundigte ich mich.

»Ich fürchte, nein«, erklärte der Araber. »Er sagt, er hätte noch nie jemanden so oft ›Ich weiß nicht‹ antworten hören.«

Das Gelächter war so ansteckend, dass ich mit einstimmte. Ich fragte mich, ob der Engländer mich vielleicht für ein hübsches Mädchen hielt, denn seine Blicke wiesen eindeutig darauf hin. Inzwischen war ich schon so lange bei ihm, dass Rahab besorgt durch den Türspalt spähte.

»Was ist passiert?«, fragte sie, als ich in den Empfangsraum zurückkehrte. Dann las sie den Brief. »Hmmm ...«, brummte sie kopfschüttelnd. »Oh, Allah. Dieser Engländer ist wirklich lästig. Wie kommt er nur auf die vielen Fragen? Tja, dann werden wir uns eben noch ein paar Antworten einfallen lassen müssen. Wahrscheinlich hattest du keine Ahnung, was du erwidern sollst.«

»Nein, ich konnte immer nur sagen, dass ich es nicht weiß.«

»Wie oft hast du das denn insgesamt gesagt?«, rief sie aus.

»Ich weiß nicht. Ich habe den Überblick verloren. Vielleicht fünf oder sechs Mal.«

Obwohl Rahab eigentlich wütend auf mich war, konnte sie sich ein Lachen nicht verkneifen. »Und wie hat der Engländer reagiert?«

»Er hat angefangen zu lachen«, meinte ich.
Rahab faxte auch den zweiten Brief nach London, am nächsten Tag erhielten wir die Antwort, und wir fuhren zum dritten Mal zur Botschaft. Bei meinem Anblick grinste der Engländer übers ganze Gesicht.
»Hallo«, begrüßte er mich lachend. »Hallo ›Ich weiß nicht‹. Wie geht es Ihnen, ›Ich weiß nicht‹?«
Schüchtern erwiderte ich sein Lächeln und reichte ihm den zweiten Brief. »Aha, Sie haben also alles mitgebracht. Ausgezeichnet. Dann lassen Sie uns mal schauen.« Der Engländer wechselte ein paar Worte mit dem Dolmetscher, und dieser wandte sich an mich.
»Er sagt: Gut gemacht, ›Ich weiß nicht‹. Alle Fragen perfekt beantwortet. Sie hätten kein einziges Mal ›Ich weiß nicht‹ sagen müssen – es steht alles hier im Brief.«
Dann gab mir der Engländer einen Papierstreifen. »Glückwunsch«, meinte er. »Sie fahren nach England. Nehmen Sie diese Nummer und warten Sie da drüben. Nach etwa einer Stunde bekommen Sie Ihren Pass mit Visum zurück.«
Am 18. Mai 2000 erhielt ich mein Visum, und etwa drei Wochen später teilte Rahab mir mit, ich würde in einer Woche nach London abreisen. Meine letzten Tage in Rahabs Haushalt begannen. Ich musste besonders hart arbeiten, alle Kleider der Familie waschen und bügeln und das ganze Haus von oben bis unten auf Vordermann bringen. Außerdem musste ich sämtliche Wände schrubben und die Fenster putzen, was kein Spaß war, weil die gesamte Vorderseite des Hauses aus einer riesigen Glasfront bestand. Ich polierte die Möbel, stöberte die Schlafzimmer, scheuerte Küche und Bad und wischte die Schränke aus.
Am Tag vor meinem Abflug gab Rahab mir eine ihrer alten Reisetaschen. Obwohl sie aus billigem Kunstleder war, fand ich sie sehr hübsch.
Ich packte meine wenige Habe: vier alte Kleider, zwei Röcke, drei Blusen, drei Höschen, meine orangefarbenen Schlappen und natürlich Uran. Mehr besaß ich nicht auf dieser Welt. Dann füllten

Rahab und ich zwei große Taschen mit Sachen, die ich für Hanan nach London mitnehmen sollte: unzählige sudanesische Gewürze, Tüten mit Nüssen und verschiedene sudanesische Würste. Nun war ich bereit für die Abreise nach England.

27
Nanus Geschichte

Als ich an diesem Abend in der Küche beschäftigt war, klopfte es an der Tür. Ich machte auf und stand vor Abdul Azzim und seiner Frau Joahir.

»Hallo, alles bereit für England?«, fragte Abdul Azzim grinsend.

»Ja«, erwiderte ich und ließ sie ins Wohnzimmer. Ich war sicher, dass sie nicht gekommen waren, um mir eine gute Reise zu wünschen.

Als sie ins Haus traten, bemerkte ich ein kleines schwarzes Mädchen, das sich ängstlich hinter ihnen versteckte. Sie schien etwa so alt zu sein wie ich bei meiner Ankunft in Rahabs Haus. Unsere Blicke trafen sich, und ihre Augen wirkten so kindlich, verschüchtert und verwirrt, dass ich es mein Lebtag nicht vergessen werde. Sie war die Sklavin, die mich ersetzen sollte.

»Komm rein, folge mir«, meinte Abdul Azzim, über die Schulter gewandt, zu dem Mädchen.

Während sie an mir vorbei und ins Wohnzimmer ging, versuchte ich zu erkennen, woher sie stammte. Sie war eindeutig eine Nuba, aber ich konnte nicht feststellen, ob sie zu meinem Stamm gehörte. Dann befahl Rahab: »*Yebit*, hol deinen Stuhl aus der Küche und bring ihn für dieses Mädchen her.«

»Setz dich, kleine Schwester«, sagte ich auf Arabisch und schob ihr den Stuhl hin.

»Danke«, erwiderte sie stockend.

Dann wies Rahab mich an, Tee zu kochen. »Komm, kleine Schwester«, forderte ich sie auf. »Komm in die Küche und hilf mir beim Teekochen.«

»Nein«, zischte Rahab. »Sie bleibt hier. Ich muss mit ihr reden.«

Als ich in der Küche war, hörte ich Abdul Azzim, Joahir und Rahab miteinander plaudern. Dann gab Rahab dem Mädchen die ersten Instruktionen.
»Du wirst ab jetzt hier leben und für mich arbeiten«, erklärte sie ihr in einfachem Arabisch. »Ich sage dir alles, was du tun musst. Hoffentlich bist du so fleißig wie das große Mädchen, das gerade Tee macht. Sie arbeitet sehr hart, gehorcht mir aufs Wort und ist so brav, dass ich sie nie bestrafen muss.«
Ich kehrte mit dem Teetablett ins Wohnzimmer zurück. Das kleine Mädchen starrte zu Boden und wagte es nicht, Rahab oder sonst jemanden im Raum anzusehen.
»Du wirst das Haus putzen und das Geschirr spülen«, fuhr Rahab fort. »Und außerdem den Hof und die Terrasse fegen. Das kannst du hier lassen«, meinte sie zu mir und wies mit dem Kopf auf das Teetablett. »Geh jetzt duschen. Morgen, bevor du zum Flughafen musst, hast du keine Zeit mehr dafür.«
»Ja, Herrin Rahab«, erwiderte ich, und im Vorbeigehen sah ich all die Verzweiflung und Hilflosigkeit im Blick des kleinen Mädchens. »Bitte hilf mir«, schien sie mir zuzurufen. »Bitte lass mich nicht allein. Bitte hilf mir.«
Nach dem Duschen sah ich, dass Abdul Azzim und Joahir sich an der Vordertür von Rahab verabschiedeten, und hielt die Gelegenheit für günstig, das Mädchen allein abzupassen. Als ich ins Wohnzimmer kam, kehrte Rahab gerade zurück. Ich räumte das Teegeschirr ab und tat so, als wolle ich das Tablett in die Küche tragen. Doch da Rahab sich nicht um uns zu kümmern schien, wandte ich mich an die Kleine.
»Ich heiße Mende«, meinte ich freundlich zu ihr. »Und wie ist dein Name, kleine Schwester?«
»Ich heiße Nanu«, flüsterte sie.
»Komm in die Küche, Nanu«, sagte ich, »und iss etwas zu Abend.«
»Ich muss auf die Toilette. Und ich habe Durst. Kann ich einen Schluck Wasser haben?«
Ich ging mit Nanu ins Bad. Sobald ich die Tür hinter uns geschlossen hatte, redete ich eindringlich flüsternd auf sie ein.

»Woher bist du, Nanu?«
»Aus Gwali, große Schwester.«
Gwali liegt weit von meinem Stammesgebiet entfernt. Doch die Gwali sprechen eine ähnliche Sprache, und somit konnten wir langsam auf Nuba weitersprechen. Falls Rahab uns hören sollte, würde sie nichts verstehen.
»Kannst du mir heißes Wasser besorgen?«, fragte Nanu.
»Wozu brauchst du denn heißes Wasser, Nanu?«
»Weil es mir da unten so wehtut«, murmelte sie und zeigte zwischen ihre Beine. Mir wurde übel, als ich diese Worte hörte, denn ich wusste sofort, was man mit ihr gemacht hatte.
»Bist du verletzt worden, Nanu?«, fragte ich sie. Als ich in die Hocke ging und die Arme um sie legte, liefen ihr Tränen die Wangen hinab. »Hat ein Mann versucht, dich da unten anzufassen?«
»Ja«, erwiderte sie leise. »Die ganze Woche schon habe ich große Schmerzen, und es hört nicht auf zu bluten.«
»Warte hier, Nanu«, sagte ich und umarmte sie fest. »Ich hole dir etwas, damit es dir besser geht.«
Auf dem Weg in die Küche wischte ich mir die Tränen mit dem Handrücken weg, damit niemand sie bemerkte. Ich wusste, dass ich Schwierigkeiten bekommen würde, wenn Rahab auffiel, dass Nanu und ich geweint hatten. Während ich Tee machte, überkamen mich wieder Erinnerungen an den Überfall. Ich dachte an den heißen, stinkenden Atem des Arabers, der auf mir gelegen hatte, an den stechenden Schmerz zwischen meinen Beinen. Danach hatte ich tagelang unerträgliche Schmerzen gehabt. Als ich ins Bad zurückkehrte, saß Nanu auf der Toilette und wartete auf mich. Sie weinte immer noch.
»Weine nicht, Nanu«, tröstete ich sie und streichelte ihr das Haar. Dann reichte ich ihr ein Glas Saft. »Hier, trink das.«
Anschließend gab ich ihr die Teeschale. »Wasch dich da unten mit dem warmen Tee, das lindert die Schmerzen. So wäschst du dich jetzt jeden Tag. Morgen muss ich fort und kann dir deshalb nicht mehr helfen.«

»Ja, große Schwester. Ich weiß, dass du wegfährst. Der Herr hat es mir gesagt.«
Als ich Nanu in meinen Schuppen brachte, achtete ich darauf, dass Rahab uns nicht bemerkte. Ich forderte sie auf, sich auf meine Matratze zu setzen und auf mich zu warten. »Hier habe ich gewohnt«, erklärte ich ihr. »Ich glaube, dass du auch hier übernachten wirst.«
Ich kehrte zurück in die Küche und erhitzte ein wenig Sesamöl auf dem Herd. Als es handwarm war, ging ich damit in den Schuppen.
»Nanu, ich reibe dich jetzt mit warmem Öl ein«, sagte ich und holte meine Watte. »Am Anfang tut es vielleicht ein bisschen weh, aber es hilft heilen. Meiner Mutter hat das nach meiner Beschneidung bei mir auch so gemacht.«
Nanu nickte. Ich setzte mich zu ihr auf die Matratze und fing an, ihr das Öl zwischen die Beine zu reiben. Der Anblick, der sich mir bot, schnürte mir die Kehle zu. Sie war – wie ich – so beschnitten worden, dass nur ein winziges Loch übrig blieb. Der Vergewaltiger hatte sie buchstäblich aufgerissen. Ich nahm ein Stück Watte, tauchte es in das Öl und betupfte damit so vorsichtig wie möglich die Wunde. Sie klammerte sich fest an mich, aber ich wusste, dass das nicht nur an den Schmerzen lag, sondern an den grausigen Erinnerungen.
»Nanu, erzähl mir, was dir passiert ist«, bat ich sie sanft.
»Mein Vater ist vor etwa sechs Monaten gestorben«, erwiderte sie leise schluchzend. »Er hat lange an Fieber gelitten. Also war ich mit meiner Mutter und meinem kleinen Bruder allein. Meine Mutter sollte bald wieder ein Kind bekommen, und ich war sehr aufgeregt und neugierig, ob es ein Junge oder ein Mädchen werden würde.
Dann eines Nachts, als wir in unserer Hütte schliefen, wurde meine Mutter von einem Kratzen an der Tür geweckt. Sie dachte, es wäre unser Hund, der meistens draußen schlief, und ging nachsehen. Doch da bemerkte sie draußen einen Mann, der in die Hütte eindringen wollte. Sie legte den Finger an die Lippen, damit ich keinen Mucks machte, und wich von der Tür zurück. Dann nahm sie mei-

nen kleinen Bruder, der noch schlief, und ging mit uns hinter die Hütte.
Wir versteckten uns hinter dem Hirsespeicher. Da hörten wir, wie sich quietschend die Tür öffnete und wie der Mann durch die Hütte auf uns zuschlich. So leise wie möglich packte meine Mutter meinen kleinen Bruder, schob ihn in den Getreidespeicher und schubste mich hinterher. Aber sie war zu dick, um sich auch dort zu verstecken, denn sie war schon im siebten oder achten Monat schwanger. Also duckte sie sich einfach und hoffte, dass der Mann sie nicht sehen würde. Im nächsten Moment hörte ich im Getreidespeicher, wie meine Mutter aufschrie, als der Mann sich auf sie stürzte.
›Wo ist dein Mann?‹, brüllte der Mann auf Arabisch. ›Wo sind deine Kinder?‹ ›Mein Mann ist tot, und ich habe keine Kinder‹, erwiderte meine Mutter verängstigt. ›Ich erwarte gerade mein erstes Kind.‹ Ich wusste, dass sie uns schützen wollte«, schluchzte Nanu. »Ich nahm meinen kleinen Bruder fest in die Arme, und wir kauerten uns in die Dunkelheit. Obwohl ich das Weinen unterdrückte, um ja kein Geräusch zu machen, liefen mir die Tränen die Wangen hinunter. Ich hörte den Lärm eines Kampfes und die Schreie meiner Mutter: ›Bitte töte mich nicht! Bitte töte mich nicht! Bitte!‹« Im nächsten Moment wurde es still.
Dann zündete der Mann die Hütte an. Die Flammen knisterten, und alles war voller Rauch. Als ich den Kopf aus dem Getreidespeicher steckte, sah ich, dass es rings um mich brannte. Ich sprang herunter und wollte gerade meinem Bruder helfen«, flüsterte Nanu. »Doch da sah ich meine Mutter zusammengesackt vor dem Getreidespeicher. Die Flammen spiegelten sich in einer riesigen Blutlache. Der Mann hatte meiner Mutter die Kehle durchgeschnitten.
›Mama! Mama!‹, habe ich noch gerufen, mich hingekauert und sie an den Schultern gerüttelt. Doch ihre Augen standen offen und waren glasig, und da wusste ich, dass sie tot war. Dann sah ich, dass der Mann ihr auch den Bauch aufgeschnitten hatte und dass das Baby auf dem Boden im Blut lag. Ich hatte keine Ahnung, was ich tun sollte, denn ich konnte nicht sagen, ob das Baby noch lebte. Außer-

dem musste ich meinen kleinen Bruder retten. Überall um mich herum brannte es. Ich nahm einen Stuhl und versuchte, den Eingang zum Getreidespeicher zu erreichen, um meinen Bruder rauszuholen, aber es war zu hoch.«

»Es tut mir so Leid«, sagte ich leise zu Nanu, umarmte sie fest und wiegte sie hin und her. »Es tut mir so schrecklich Leid. Wein nicht. Mir ist dasselbe passiert. Du bist nicht allein.«

»Inzwischen war das Feuer überall«, schluchzte Nanu in mein Kleid. »Und ich musste davonlaufen. Als ich die Tür erreichte, stand ich vor einer Flammenwand. Ich stieß einen Schrei aus und lief einfach durch. So habe ich mich verbrannt«, fuhr Nanu unter Tränen fort und strich sich mit der Hand über den linken Arm und die linke Wange, wo ihre Haut, wie ich sah, gerötet und von Brandblasen bedeckt war.

»Ich rannte, so schnell es ging, aber ich hatte solche Schmerzen«, flüsterte Nanu. »Als ich nicht mehr weiterkonnte, bin ich unter einem großen Baum zusammengebrochen. Die Leute liefen in alle Richtungen, und ich war so durcheinander. Da sah ich einen Araber auf mich zukommen. Ich sprang auf und wollte fliehen, aber er war zu schnell für mich. Er packte mich und riss mich zu Boden.«

Von da an deckte sich Nanus Geschichte mehr oder weniger mit meiner eigenen. Der arabische Reiter hatte sie und viele andere Jungen und Mädchen aus dem Dorf verschleppt. Er hatte Nanu auf sein Pferd gesetzt und im Wald mehrfach vergewaltigt. Dann brachten die Araber Nanu und die übrigen Kinder in ein Lager der Armee, offenbar dasselbe, in dem ich auch gefangen gehalten worden war.

In diesem Moment hörte ich Rahab nach mir rufen. »*Yebit!* Mende! Komm, es ist spät. Du musst morgen zum Flughafen. Schlafenszeit.«

Ich flehte Rahab an, mich über Nacht bei Nanu bleiben zu lassen, aber sie erlaubte es nicht und befahl mir stattdessen, im Kinderzimmer zu schlafen. »Und bevor du ins Bett gehst, will ich mit dir reden«, fügte sie hinzu.

Als ich meine Schlafsachen aus dem Schuppen holte, hatte Nanu sich auf der Matratze klein zusammengerollt. »Wo gehst du hin?«, flüsterte sie und streckte die Hand nach mir aus. »Bleib bei mir und schlaf hier.«
»Das darf ich nicht, Nanu, mein Liebes. Es tut mir Leid«, erwiderte ich leise. »Herrin Rahab will, dass ich im Haus schlafe.«
Ich streichelte Nanus Haar und drückte sie so lang wie möglich an mich. »Lebe wohl«, sagte ich. »Versuch jetzt zu schlafen, Nanu. Und vergiss nicht, wenn Rahab dir etwas befiehlt, musst du gehorchen. Sonst schlägt sie dich. Und das willst du doch nicht, Nanu, mein Liebes.«
Gerade hatte ich meine Matratze im Kinderzimmer ausgebreitet, als Rahab hereinkam. »Du weißt doch noch, was ich dir gesagt habe, *yebit?«,* begann sie. »Du wirst in London dieselbe Arbeit tun wie hier. Du erinnerst dich doch daran, oder?«
Ich nickte.
»Gut. Du tust alles, was Hanan dir sagt«, sprach sie weiter. »Ist das klar?«
Ich nickte wieder. »Ja, Herrin Rahab.«
In dieser Nacht fand ich keinen Schlaf, denn Nanus Geschichte wollte mir einfach nicht aus dem Kopf. Außerdem ahnte ich, was ihr bevorstand: viele Jahre voller Prügel und Schinderei. Dann dachte ich an meine Familie. Ich wusste, dass sie noch lebte, und nun sollte ich weit, weit weg in die Fremde geschickt werden. Wie sollte ich jemals zurück nach Hause kommen?
Ich war gerade eingenickt, als Rahab hereinkam und mich weckte. Während ich nach draußen zur Toilette ging, sah ich, dass Rahab auch schon die Tür zum Schuppen aufschloss. *»Yebit«,* rief Rahab Nanu zu. »Zeit zum Aufstehen. Wenn du dich gewaschen hast, komm in die Küche, setz dich an deinen Tisch in der Ecke und warte auf mich.«
»Los, hol deine Tasche«, sagte sie dann zu mir. »Beeil dich, wir müssen gleich fahren.«
Als ich in meinen Schuppen kam, lag Nanu immer noch zusammengerollt da. Ich hatte kaum Zeit, sie noch ein letztes Mal zu

umarmen, denn Rahab rief mich schon ins Haus und teilte mir mit, ich könne vor der Abfahrt noch eine Tasse Tee trinken. Kurz darauf kehrte sie mit Nanu zurück.

»*Yebit*, als Erstes machst du das Spülbecken sauber und spülst das ganze schmutzige Geschirr«, befahl sie und schob Nanu ans Becken. »Wenn du fertig bist, bevor ich wieder da bin, kannst du anfangen, das restliche Haus zu putzen. Hast du verstanden?«

»Ja, Herrin Rahab«, erwiderte Nanu, wie ich es ihr beigebracht hatte.

»Bist du bereit, *yebit*?«, meinte Rahab zu mir. »Also los. Bring dein Gepäck zum Auto.«

»Darf ich mich von den Kindern verabschieden?«, fragte ich sie schnell.

»Ja, aber beeil dich. Wir müssen fahren.«

Rahabs vier Kinder und ich waren uns sehr nahe gekommen. Ein paar Tage zuvor hatte ich ihnen mitgeteilt, dass ich weggehen würde, und alle gerieten darüber in große Aufregung. Hanin hatte wie damals schon zu ihrer Mutter gesagt, dass sie »mit Mende fahren und bei ihrer Tante in London bleiben« wollte. Am Abend zuvor, beim Zubettgehen, hatte ich mich von allen vieren feierlich verabschiedet: »Ihr müsst mich in London besuchen kommen!«

Als ich jetzt ins Zimmer trat, waren alle noch im Tiefschlaf. So küsste ich sie nur sanft auf die Wange und ging. Auf dem Rückweg sah ich Nanu vornübergebeugt am Spülbecken stehen. Ich umarmte sie ein letztes Mal, blickte ihr tief in die Augen und versuchte, ihr Kraft einzuflößen.

Der Flughafen erschien mir wie eine größere Ausgabe des Busbahnhofs von Khartoum, den ich bei der Reise zu Rahabs Mutter gesehen hatte. Es wimmelte von Menschen, überall herrschte Durcheinander, und es war staubig und ziemlich laut. Nachdem Rahab am Eingang das Ticket vorgezeigt hatte, legte ein Mann in Flughafenuniform meine Taschen auf ein Fließband, das sie fortbrachte. Dann reichte Rahab meinen Pass und mein Ticket einem Mann, der hinter einer langen Reihe von Schreibtischen saß. Es war

das erste Mal, dass ich meinen Flugschein sah. Er musterte den Pass und betrachtete dann Rahab und mich.
»Wer von Ihnen fliegt?«, fragte er.
»Sie«, erwiderte Rahab und zeigte auf mich.
Der Mann betrachtete erst mich, dann den Pass und dann wieder mich. Nachdem er sich vergewissert hatte, dass ich wirklich die Person auf dem Passfoto war, gab er mir ein Formular.
»Hier, füllen Sie das aus«, meinte der Mann lächelnd. »Sie können durchgehen.«
Rahab nahm mir sofort den Bogen aus der Hand und erledigte alles. Dann machten wir uns auf den Weg zum Flugsteig und stellten uns in einer Schlange von Leuten an, die alle nach London wollten. Während wir warteten, wiederholte Rahab noch einmal ihre Anweisungen.
»Also, wenn du in London bist, vergiss nicht, dass du alles tun musst, was Hanan sagt ...« So redete sie immer weiter, aber ich hörte ihr kaum mehr zu. Endlich hatte ich die Spitze der Schlange erreicht, wo mich ein Mann um meinen Pass und mein Ticket bat. Rahab durfte nicht weiter mitkommen. Ich trat durch die Tür nach draußen, drehte mich noch einmal um und winkte ihr zu. Sie erwiderte die Geste. Ich machte ein paar Schritte bis hinaus auf eine geteerte Straße, und Rahab war verschwunden.

28
Angst vorm Fliegen

Ich blickte mich um. Eigentlich hatte ich erwartet, dass wir jetzt alle an Bord des Flugzeugs gehen würden, doch stattdessen stiegen die Leute in einen Bus. Ich war verwirrt. Das war hier doch ein Flughafen und kein Busbahnhof! Während ich dastand und auf das Flugzeug wartete, verschwanden drei oder vier Busladungen voller Menschen in der Ferne. Schließlich kehrte der Busfahrer zurück, um die letzten Passagiere abzuholen, und rief mir zu: »He, Sie, möchten Sie denn nicht mit?«

»Ich wollte nicht mit dem Bus fahren, sondern fliegen«, erwiderte ich mit Entschiedenheit.

Bei diesen Worten prustete der Mann los, kam zu mir und legte den Arm um mich. »Kommen Sie, kleine Schwester, wenn Sie nicht in den Bus steigen, verpassen Sie noch Ihr Flugzeug. Offenbar sind Sie noch nie geflogen, was? Der Bus bringt die Passagiere dorthin, wo das Flugzeug startet.«

Als ich die Stufen des Busses hinaufkletterte, wäre ich vor Scham am liebsten im Erdboden versunken, aber eine junge Araberin nahm meine Hand und zog mich auf den Platz neben sich. »Anscheinend reisen Sie allein«, meinte sie freundlich.

»Ja«, erwiderte ich mit einem Nicken.

»Kommen Sie, setzen Sie sich hier hin. Ich kümmere mich um Sie.«

Die Frau sagte, ihr Name sei Fatima. Sie flog mit ihrem kleinen Sohn nach London.

»Darf ich mir Ihr Ticket ansehen?«, fragte sie. »Gut. Die Plätze sind nicht nummeriert, also können Sie sich im Flugzeug hinsetzen, wo Sie wollen. Am besten kommen Sie zu uns.«

Nachdem wir unsere Plätze eingenommen hatten, stand ein Mann in einer schicken Uniform auf und hielt eine Ansprache. Er erklärte uns, wie wir uns verhalten sollten, falls das Flugzeug ins Wasser stürzte, und zeigte uns, wie man eine gelbe Jacke anzog, an der eine Trillerpfeife und ein Schlauch befestigt waren. Wie er uns erläuterte, würde sich diese Jacke mit Luft aufblasen, damit wir nicht im Wasser untergehen würden, wenn wir hineinfielen. Dann führte er die Masken vor, die wir uns bei einem Notfall zum Atmen übers Gesicht ziehen mussten. Allmählich bekam ich es mit der Angst zu tun, denn nach den Worten des Mannes zu urteilen, schien ein Flugzeugabsturz fast unausweichlich zu sein.

»Ich verstehe nicht, Tantchen Fatima. Was soll ich tun, wenn wir abstürzen? Ich kann nicht schwimmen!«

»Zerbrechen Sie sich nicht den Kopf darüber, ich habe auch keine Ahnung«, entgegnete sie schmunzelnd. »Wir können nur beten, dass alles gut geht und dass wir *insh'allah* – so Gott will – wohlbehalten ankommen.«

»Aber ich habe Angst. Können Sie mir helfen, wenn wir abstürzen?«

»Ich könnte nicht einmal mir selbst helfen«, erwiderte Fatima lachend. »Obwohl ich schon so oft geflogen bin, bin ich noch nicht dahinter gekommen, was man mit diesen Masken und diesen komischen gelben Westen anstellt. Aber ich bin noch nie abgestürzt. Also, Kopf hoch.«

Fatima beugte sich vor und half mir, einen Gurt auf meinem Schoß zu schließen. Dann spürte ich, wie das Flugzeug einen Ruck nach vorne machte und begann, langsam über das Flugfeld zu rollen. Nachdem es um eine Ecke gebogen war, beschleunigte es plötzlich, sodass ich in meinen Sitz gedrückt wurde. Während es die Startbahn entlangraste, umklammerte ich in Todesangst die Armlehnen meines Sitzes.

»Keine Angst«, überbrüllte Fatima das Dröhnen der Triebwerke. »Wenn wir erst mal oben sind, wird es hübsch ruhig.«

Als sich das Flugzeug elegant in die Luft erhob, entspannte ich mich ein wenig. Dann jedoch bemerkte ich mit Entsetzen, dass ich anscheinend taub geworden war.

»Was ist denn mit meinen Ohren los?«, rief ich. »Ich höre nichts.«

»Alles in Ordnung«, antwortete sie lachend. »Das ist normal. Sie müssen nur kräftig schlucken, dann geht es gleich wieder weg.«
Wir waren noch nicht lange in der Luft, als ein weiterer Uniformierter den Gang entlangkam und mir ein Tablett mit Essen reichte.
»Was soll das sein, Tantchen Fatima?« Ich konnte nicht erkennen, was ich vor mir hatte, denn alles war in Plastik und Folie eingewickelt.
»Das ist Marmelade, das ist Butter, da drin sind Eier und Salat, und das da ist Ihr Brot«, erklärte sie mir.
Da auf einem Beutel eine Zitrone abgebildet war, wollte ich mir den Inhalt auf den Salat träufeln. Doch als ich es aufriss, war ein feuchtes Tuch darin. Außerdem schüttete ich Salz in meinen Tee, weil ich ihn mit dem Zucker verwechselte, und musste mich deshalb mit Orangensaft begnügen.
Nach dem Essen spürte ich, dass ich zur Toilette musste. Ich verdrückte es mir, solange ich konnte, doch schließlich war ich gezwungen, Fatima zu wecken, die neben mir eingedöst war.
»Entschuldigung, aber ich muss zur Toilette«, sagte ich schüchtern.
Fatima erwiderte, ich solle in den hinteren Teil der Maschine gehen, wo sich die Toiletten befanden. Doch ich wagte nicht, mich von der Stelle zu rühren, geschweige denn, durch das Flugzeug zu spazieren.
»Ich warte lieber bis zur nächsten Haltestelle«, entgegnete ich deshalb. Der Bus nach Kasala zu Rahabs Mutter hatte dauernd angehalten. »Dann kann ich ja immer noch aufs Klo.«
»Ich fürchte, beim Fliegen gibt es keine Haltestellen«, meinte Fatima und konnte sich das Lachen nicht verkneifen. »Die nächste Haltestelle ist London, und da sind wir erst in vier oder fünf Stunden. Sie brauchen keine Angst zu haben. Schauen Sie sich die Leute an«, fuhr sie fort und zeigte auf eine kleine Menschenschlange hinten in der Maschine. »Sie gehen alle zur Toilette, ohne sich etwas dabei zu denken. Folgen Sie ihnen einfach.«
»Was ist, wenn das Flugzeug plötzlich die Richtung ändert? Rutsche ich dann nicht nach draußen?«
Ich stellte mir das Ganze als Loch im Boden des Flugzeugs vor,

über das ich mich kauern musste und durch das die Ausscheidungen einfach in die Luft abgeleitet wurden. »Sie sind viel zu groß, um durchs Klo zu fallen«, erwiderte Fatima mit einem beruhigenden Lächeln.
Irgendwann jedoch hielt ich es nicht mehr aus, ging vorsichtig den Gang entlang, wobei ich mich an den Sitzlehnen festhielt, und als ich an der Reihe war, stellte ich erst einmal einen Fuß in den Raum und testete ängstlich den Boden.
»He, müssen Sie jetzt aufs Klo oder nicht?«, hörte ich eine leicht gereizte Männerstimme hinter mir.
»Ja, ich muss«, antwortete ich.
Als ich drinnen war, stellte ich überrascht fest, dass es sich um eine mehr oder weniger normale Toilette handelte. Ich setzte mich zu meiner großen Erleichterung, und anschließend versuchte ich herauszufinden, wie man die Spülung betätigte. Ich bemerkte zwar einen Griff, wagte aber nicht, daran zu ziehen, denn ich hatte Angst, dass ich mit dem Inhalt der Toilette aus dem Flugzeug geschleudert werden würde. Also wusch ich mir nur die Hände in dem kleinen Becken und ging wieder. Inzwischen hatte sich die Gereiztheit des Mannes draußen gesteigert, weshalb es mich freute, dass ich ihm eine schmutzige Toilette hinterlassen hatte.
Am späteren Nachmittag setzte die Maschine zum Sinkflug an, und schließlich spürte ich, wie sie mit einem kräftigen Poltern landete. Wir waren am Londoner Flughafen Heathrow angekommen. Als ich aus dem Fenster blickte, sah ich Unmengen von Flugzeugen und kilometerlange geteerte Bahnen. Wir rollten auf ein lang gestrecktes, niedriges Gebäude zu.
»Jetzt sind wir angekommen«, meinte Fatima schläfrig. »Haben Sie Verwandte hier, die Sie abholen? Oder soll ich Ihnen ein Taxi besorgen?«
»Ich werde abgeholt.«
»Am besten kommen Sie trotzdem mit. Ich helfe Ihnen, aus dem Flughafen herauszufinden«, schlug Fatima vor.
Rahab hatte mir gesagt, ich würde bei der Ankunft in London keine Probleme haben, da Hanan mich schließlich erwartete. Eigentlich

hatte ich damit gerechnet, sie zu sehen, als ich aus der Maschine kam, aber um mich herum wogte nur ein Meer fremder Gesichter. Ich empfand den Flughafen von Heathrow als furchterregend. Er war riesengroß, und es wimmelte von Menschen. Die meisten Leute waren *hawajas* – Weiße – oder andere seltsam aussehende Ausländer. Ohne Fatima hätte ich mich sicher heillos verirrt. Als wir durch ein nicht enden wollendes Gewirr von Fluren gingen, brannten mir Tausende von Fragen auf der Seele. Wie wollte Hanan mich hier finden? Was sollte ich tun, falls wir uns verpassten? Wenn etwas schief ging, war ich völlig hilflos, denn ich hatte kein Geld, sprach kein Englisch und kannte hier keine Menschenseele. Voller Angst hielt ich mich dicht an Fatima, um sie bloß nicht zu verlieren. Nach einer Weile kamen wir in ein Gebäude, das niemals aufzuhören schien. Erschrocken und ehrfürchtig sah ich mich um. Es gab hier Böden und Treppen, die sich bewegten und auf denen Menschen standen. Das Dach bestand aus Glas, und überall entdeckte ich schimmernde verspiegelte Oberflächen. Ich fühlte mich wie in dem Raumschiff, das ich mal mit Rahabs Kindern im Fernsehen gesehen hatte. Verglichen damit war der Flughafen von Khartoum ein winziger, schmutziger Schuppen. Hier gab es sogar Läden, Cafés, Telefone und Restaurants, alle unter einem riesigen Glasdach vereint. Bald fragte ich mich, ob es wohl in ganz London so aussah – wie in einem gewaltigen überdachten Gebäude, in dem die Autos auf überdachten Straßen fuhren.

Endlich erreichten wir eine große Halle, wo ich mich mit Fatima in einer Schlange anstellte. Als ich mich umblickte, bemerkte ich, dass alle ihre Pässe in der Hand hielten, und ich holte meinen ebenfalls heraus. Die Schlange rückte langsam vorwärts, und ich beobachtete, dass vor uns eine Reihe von weißen Männern und Frauen standen, die jeden Pass kontrollierten und dem Inhaber einige Fragen stellten.

»Was passiert jetzt?«, erkundigte ich mich bei Fatima.

»Keine Angst. Geben Sie ihnen einfach Ihren Pass und das Formular. Sie wollen nur wissen, ob das auf dem Foto wirklich Sie sind.«

Als wir vorne angelangt waren, trat Fatima vor, und ich wollte ihr folgen. Doch die *hawaja*-Frau hinter dem Schreibtisch winkte mich zurück und bedeutete mir, mich wieder in die Schlange einzureihen.

»Bleiben Sie stehen«, meinte Fatima, nach rückwärts gewandt. »Ich warte auf der anderen Seite des Tisches auf Sie, einverstanden? Sie sind nach mir dran.«

Ich nickte Fatima zu. Aber ich hatte große Angst, als ich zusah, wie die *hawaja*-Frau Fatimas Pass durchblätterte und ihr einige Fragen stellte, die Fatima auf Englisch beantwortete. Da ich kein Wort verstand, stieg Panik in mir hoch. Was sollte ich sagen, wenn die *hawaja*-Frau etwas von mir wissen wollte? Ich würde sie nicht verstehen und nichts darauf erwidern können. Und dann würde sie mich vielleicht nicht durchlassen. Was sollte ich dann tun? Was würde aus mir werden? Dann war ich an der Reihe, trat zum Schalter vor und reichte ihr meinen Pass. Ich bemerkte, dass meine Hand dabei zitterte.

»Danke«, sagte sie mit einem Lächeln. An dieses englische Wort erinnerte ich mich noch aus dem Englischunterricht in den Nubabergen.

Sie musterte meinen Pass und blickte dabei immer wieder hoch. Dann fing sie mit ihren Fragen an. Ich schüttelte jedes Mal nur den Kopf, weil ich nicht wusste, was sie von mir wollte. Schließlich bedeutete sie mir, beiseite zu treten und zu warten. Sie ging zu einem *hawaja* am gegenüberliegenden Schreibtisch und zeigte ihm den Pass. Er warf einen Blick auf mich und nickte. Mir klopfte das Herz bis zum Halse. Worüber redeten sie? Über den Schalter hinweg sah ich Fatima an und schüttelte den Kopf, um ihr meine Ratlosigkeit zu verdeutlichen. Als ich es vor Angst kaum noch aushielt, kehrte die *hawaja*-Frau zurück. Sie schrieb etwas in meinen Pass, stempelte ihn und reichte ihn mir mit einem Lächeln. Ich blieb stehen und wartete ab, was jetzt geschehen würde.

»Gehen Sie«, forderte sie mich auf und winkte mich weiter. »Gehen Sie. Sie können jetzt durch.«

Ich verstand zwar die Worte nicht, aber ihre Geste. »Allah sei

Dank«, sagte ich mir und atmete erleichtert auf. Dann rannte ich zu Fatima auf die andere Seite.

»Sehen Sie, Sie haben es geschafft«, meinte sie und legte mir den Arm um die Schulter. »So schlimm war es doch nicht, oder? Kommen Sie, jetzt holen wir das Gepäck.«

»Wie viele Taschen haben Sie?«, erkundigte sich Fatima, als wir vor einem der Fließbänder standen, das auf magische Weise Koffer zu Tage förderte.

»Drei«, entgegnete ich.

»Gut, wenn die Taschen hier vorbeifahren, nehmen Sie sie einfach vom Band. Erkennen Sie sie wieder?«

»Ich denke schon«, antwortete ich nervös.

Ich beobachtete, wie die anderen Leute nach ihrem Gepäck griffen. Als meine Taschen erschienen, stürzte ich nach vorne und packte sie. Fatima ließ mich auf ihr kleines Kind aufpassen und holte zwei Gepäckwagen. Dann gingen wir in die nächste große Halle, wo wir ein Meer erwartungsvoller Gesichter hinter einer Abtrennung sahen. Offenbar waren diese Menschen gekommen, um jemanden vom Flugzeug abzuholen. Vielleicht würde ich Hanan ja hier treffen. Vor meiner Abreise aus Khartoum hatte Rahab mir ein aktuelles Foto von Hanan gezeigt, damit ich sie auch erkannte. Aber ich konnte sie nirgendwo entdecken. Dann sah ich einen lächelnden Araber auf Fatima zugehen. Er schloss sie in die Arme und drückte sie fest an sich. Das muss Fatimas Mann sein, dachte ich. Er schickte sich gerade an, mit ihr das Flughafengebäude zu verlassen, als ich ihr wieder einfiel.

»Moment noch, ich muss erst sehen, ob dieses Mädchen allein zurechtkommt«, sagte Fatima. »Sie war noch nie in einem Flugzeug. Ich muss jetzt los«, meinte sie zu mir. »Haben Sie die Person, die Sie abholen wollte, schon gefunden?«

»Nein«, erwiderte ich leise. Ich wollte nicht, dass Fatima ging, denn ich hatte eine Todesangst davor, allein auf dem Flughafen zurückzubleiben.

»Hören Sie, ich muss weg. Aber ich möchte Sie nicht einfach so stehen lassen. Haben Sie die Telefonnummer der Leute, die Sie

abholen wollten? Mein Mann kann sie auf dem Mobiltelefon anrufen und herausfinden, wo sie stecken.«
»Nein, ich habe keine Nummer.«
»Was werden Sie dann tun, falls keiner kommt?«
»Ich weiß es nicht«, entgegnete ich, inzwischen den Tränen nah.
»Na, auf jeden Fall – haben Sie noch ein wenig Geduld. Bestimmt wissen Ihre Freunde, mit welchem Flugzeug Sie angekommen und wann Sie gelandet sind. Also werden Sie sicher bald abgeholt. Bestimmt sind sie gleich da. In Ordnung?«
Trotz ihrer Worte hatte ich ganz und gar nicht das Gefühl, dass alles in Ordnung war. Fatima suchte mir einen Sitzplatz, wo ich mit meinem Gepäck warten konnte. »Auf Wiedersehen«, sagte sie dann und ging mit einem besorgten Lächeln durch den von Menschen wimmelnden Flughafen davon. »Auf Wiedersehen.«
Mittlerweile hatte ich wirklich große Angst. Obwohl sich um mich herum Horden von Leuten drängten, hatte ich mich noch nie zuvor so allein gefühlt. Nach einer kleinen Ewigkeit kam eine Frau auf mich zu, die einen *hijab* – ein muslimisches Kopftuch – trug. Ich musterte sie und fragte mich, ob es Hanan war. Sie wirkte zwar ein wenig jung, aber ich wollte schon aufspringen und sie begrüßen, als sie eine alte Araberin umarmte, die neben mir saß. Also doch nicht Hanan. Meine Überzeugung wuchs, dass ich im Stich gelassen worden war, und ich überlegte, was wohl am späten Abend geschehen würde. Schloss der Flughafen irgendwann? Wenn ja, würde man mich dann auf die Straße werfen? In diesem seltsamen Land, wo ich kein Wort verstand? Ich schlug die Hände vors Gesicht und begann zu weinen. Ich sehnte mich nach dem sicheren Gefühl, dass jemand über mich verfügte – und sei es als Sklavin.
»Was ist los?«, hörte ich eine Stimme auf Arabisch fragen. Als ich aufblickte, stellte ich fest, dass eine Frau mir gegenüber Platz genommen hatte. »Warum weinen Sie?«
»Ich warte auf jemanden. Aber es ist keiner gekommen.«
»Weinen Sie nicht«, sagte die Frau freundlich. »Wir sitzen alle hier und warten. Irgendwann kommen sie schon. Das ist immer so.«
Also zwang ich mich, die Tränen zu unterdrücken und tapfer zu

sein. Als ich mir gerade mit dem Ärmel die Augen abwischte, sagte hinter mir eine Stimme: »Verzeihung, bist du Mende?«
Ich drehte mich um und sah einen hochgewachsenen Schwarzen vor mir. »Mende Nazer?«, wiederholte er. »Bist du Mende?«
»Ja«, erwiderte ich ängstlich, da ich nicht wusste, was ich davon halten sollte. »Und wer sind Sie?«
»Mein Name ist Peter. Hanan hat mich geschickt, um dich abzuholen. Komm mit mir. Wir müssen auch noch zwei andere Sudanesen mitnehmen.«
Als ich aufstand, lächelte mir die Araberin, die mir gegenübersaß, zu. »Jetzt werden Sie abgeholt. Schauen Sie, ich hatte Recht.«
»Sie sind doch nicht etwa auch aus dem Sudan?«, fragte Peter, der den Akzent bemerkt hatte. Wie sich herausstellte, waren diese Frau und ihr Mann die anderen beiden Passagiere, die Peter abholen sollte. Also fuhren wir alle zusammen. Sobald wir nach draußen kamen, stellte ich erschrocken fest, dass es eiskalt war. Wenigstens fühlte es sich für mich so an, denn schließlich hatte ich nur ein Sommerkleid am Leib. Zitternd blickte ich zum Himmel hinauf, der so flach, stumpf und grau war, wie ich es noch nie zuvor gesehen hatte. Ein rascher Blick auf Peters Armbanduhr verriet mir, dass es erst fünf Uhr nachmittags war. Da ich nirgendwo Wolken entdecken konnte, fragte ich mich, wo bloß die Sonne sein mochte.
Um diese Jahreszeit um fünf Uhr schien die Sonne im Sudan hell vom Himmel. Deshalb vermutete ich, dass ich es hier in England mit einer Sonnenfinsternis oder etwas Ähnlichem zu tun hatte. Vor kurzem hatte es in Khartoum eine Sonnenfinsternis gegeben, die den Tag in ein bleigraues Licht getaucht hatte, so ähnlich wie das, das heute den Flughafen einhüllte. Alle Menschen hatten vor ihren Häusern gestanden, Töpfe und Pfannen zusammengeschlagen und einen ohrenbetäubenden Lärm veranstaltet, um die Sonne aufzuwecken und die Sonnenfinsternis zu verscheuchen. Doch als ich mich umblickte, bemerkte ich, dass hier am Flughafen von Heathrow offenbar niemand beabsichtigte, etwas gegen die Finsternis zu unternehmen.
Heute weiß ich, dass ich an einem ganz gewöhnlichen nebligen

Frühlingstag in London eingetroffen war. Rings um mich herum sah ich nur Beton und Asphalt. Wir stiegen in einen Lift und verließen ihn in einem großen Haus, das voller Autos stand. Das verstärkte noch meinen Eindruck, dass sich in diesem Land alles innerhalb von Gebäuden abspielte. Die Menschen hielten sich darin auf, und auch Läden, Restaurants und Autos waren dort untergebracht. Selbst die Sonne schien man hier unter Verschluss zu halten.
Peter brachte uns zu einem großen, glänzenden Auto, und ich setzte mich mit der Frau nach hinten. Als wir das Parkhaus verließen, war ich überglücklich, dass ich endlich in Sicherheit war. Ich war froh, mich in die warmen, gemütlichen Sitze kuscheln zu können – im Juni! Peter schaltete die Heizung auf volle Stärke, und die beiden Männer plauderten. Als es im Auto wärmer wurde, döste die Frau neben mir ein. Ich jedoch war viel zu aufgeregt und ängstlich, um zu schlafen, und betrachtete deshalb durch die Fenster dieses seltsame fremde Land.
Wir ordneten uns in eine Autoschlange ein, die sich langsam vom Flughafen wegbewegte. Nach einer Weile wurden wir schneller und erreichten eine riesige Straße, auf der drei oder vier Reihen Autos nebeneinander her in dieselbe Richtung fuhren. Nun war ich also im Land der *hawajas*, und vom Auto aus konnte ich sie anstarren, ohne dass sie mich bemerkten. Es war die erste Gelegenheit für mich, die Bewohner dieses neuen Landes gründlich zu studieren. Ihre weiße Haut erinnerte mich an die Ringkämpfe in den Nubabergen, zu denen sich die Männer gespenstisch weiß bemalten. Und ihre langen Nasen ließen mich an die Schnäbel der Shengokor denken – der Waldhühner, die das Saatgut vom Feld meines Vaters pickten.
Mir fielen die Geschichten meines Vaters über die *hawajas* ein, die früher in den Nubabergen gelebt hatten. »Dein Großvater hat mir alles über die *hawajas* erzählt, die es einmal hier gab«, sagte er. »Sie waren immer ernst und würdig, und man konnte keine Scherze mit ihnen machen, weil sie überhaupt keinen Humor hatten.« Ich fragte mich, wie das Leben im Land der *hawajas* wohl sein mochte.
Als ich aus dem Autofenster zur anderen Seite hinausblickte, fiel

mir plötzlich auf, wie grün Bäume, Hecken und Felder um uns herum waren, ganz anders als im Sudan, wo die Landschaft braun, staubig und trocken ist. Ich kam zu dem Schluss, dass es hier offenbar ständig regnete. Als wir die Stadt erreichten, betrachtete ich ehrfürchtig die hohen Gebäude, die bis in den Himmel ragten. Inzwischen wurde es dunkel, und überall strahlten helle Lichter. Ich streckte den Kopf aus dem Fenster, um einen Blick auf die Dächer der Gebäude zu erhaschen. Dann fuhren wir an langen Reihen völlig gleich aussehender Häuser vorbei. Sie wirkten hübsch auf mich, hell erleuchtet und warm.

Vor meiner Abreise hatte Rahab mir erklärt, England sei ein schönes Land, wo die Menschen immer lächelten. Lächelnde Menschen hatte ich zwar noch nicht sehr viele gesehen, aber ich fand, dass ich eindeutig die schönste Stadt der Welt vor mir hatte. Als ich in diesem eleganten Wagen fast geräuschlos durch eine Zauberwelt glitt, fühlte ich mich wie in einem Traum. Doch alle Träume haben einmal ein Ende. Nach einer Fahrt, die mir ewig erschien, erreichten wir eine Gegend mit größeren Häusern, die alle einen Garten hatten und mit ihren gepflegten Rasenflächen, Hecken und umstehenden Bäumen sehr beeindruckend wirkten. Schließlich wurde der Wagen langsamer und bog in eine Auffahrt ein.

29
Gefangen

Ziemlich ängstlich folgte ich Peter die große, von Bäumen gesäumte Auffahrt entlang. Der Gedanke, mit neuen Herren wieder von vorne anfangen zu müssen, flößte mir Grauen ein, und ich erinnerte mich an meine Ankunft in Rahabs Haus und daran, wie sie mit mir umgesprungen war. Würden diese Leute mich auch schikanieren? Ich hielt mir alle Lektionen vor Augen, die ich von Rahab gelernt hatte, um Schlägen oder Beschimpfungen aus dem Weg zu gehen: Widersprich nie. Zerbrich nichts. Antworte immer mit »Ja, Herrin«. Während wir warteten, dass jemand auf unser Läuten öffnete, flüsterte ich mir selbst zu: »Mende, sei auf der Hut. Vielleicht ist sie besser als ihre Schwester, vielleicht aber auch schlimmer. Du weißt es nicht.«

»Hallo!«, rief ein kleiner Junge, der an die Tür gekommen war. Hinter ihm erkannte ich Hanan.

»Hallo«, rief sie und kam heran. »Wie geht es euch allen? Kommt rein, kommt rein.«

Sie umarmte ihre Gäste und dann zu meiner Überraschung auch mich. Ich war wie vom Donner gerührt. Warum hatte sie das getan? Kurz wurde ich von Hoffnung ergriffen. Würde sie mich anständig behandeln? Aber vielleicht hatte sie sich ja nur verpflichtet gefühlt, mich zu umarmen, weil sie es bei den anderen Gästen getan hatte. Möglicherweise sollten die Besucher nicht merken, welche schlimmen Dinge sie mit mir vorhatte. Ich würde abwarten müssen. Hinter Hanan erschien ihr Mann Al Koronky.

»Willkommen, willkommen«, sagte er und führte den männlichen Gast ins Haus. »Wie geht es dir? Wie war die Reise? Hattet ihr einen guten Flug?«

Ich folgte ihnen einen Flur entlang in ein großes Wohnzimmer, das am anderen Ende lag. Mir fiel sofort auf, dass Hanans Haus viel größer war als Rahabs. Und dann erlebte ich meine zweite große Überraschung. Als sich die anderen in bequeme Sessel sinken ließen, bedeutete mir Hanan, mich zu ihnen zu setzen. Die Hände auf dem Schoß verschränkt, kauerte ich auf der Sofakante und fühlte mich sehr unbehaglich. Noch nie im Leben hatten mich Leute wie diese aufgefordert, neben ihnen Platz zu nehmen, und ich wusste schlicht nicht, wie ich mich verhalten sollte. Mein Erstaunen wuchs, als Hanan in die Küche ging, um uns allen etwas zu trinken zu holen – allein, ohne mir zu befehlen, ihr zu helfen. Wenn sich in den Nubabergen jemand unwohl fühlte, hieß es, der Betreffende sehe aus wie ein nasses Huhn, denn ein Huhn, das in den Regen gerät, kauert sich zusammen, plustert die Federn auf und macht einen ziemlich kläglichen Eindruck. Und genauso war mir jetzt zu Mute.
Kurz darauf kehrte Hanan mit einem Getränketablett zurück. Ich war verdattert, als sie mir Saft in einem Glas reichte, das genauso aussah wie die Gläser, aus denen die anderen Gäste tranken. In Rahabs Haus hatte ich mein eigenes Geschirr zum Essen und Trinken gehabt und das der Familie nicht benutzen dürfen. Zum ersten Mal seit meiner Gefangennahme saß ich in einem Wohnzimmer und wurde behandelt wie ein normaler Mensch – und das Merkwürdige daran war, dass es mir gar nicht wirklich gefiel. Inzwischen war ich schon so viele Jahre lang Sklavin, dass ich mich daran gewöhnt hatte.
»Wie geht es Rahab und den Kindern, Mende?«, fragte mich Hanan.
»Mende.« Sie hatte mich mit meinem richtigen Namen angesprochen, nicht mit *yebit* oder *abda* oder sonst einer abfälligen Bezeichnung. Ich fragte mich, was wohl geschehen würde, wenn ich sie bei ihrem Namen und nicht »Herrin« nannte.
»Es geht allen gut … Hanan«, erwiderte ich, und zu meiner Verblüffung beschimpfte sie mich nicht, sondern redete einfach weiter. »Also bist du zusammen mit den anderen Gästen angekommen. Ich nehme an, ihr seid gemeinsam vom Sudan aus hierher gereist?«

»Nein«, antwortete ich.
»Warum denn nicht? Ich habe Rahab gesagt, dass sie in derselben Maschine sitzen würden wie du und sich deshalb um dich kümmern könnten. Weshalb hat sie nicht dafür gesorgt, dass ihr zusammen fliegt?«
»Ich weiß nicht. Ich habe sie erst hier in London kennen gelernt, als Peter uns abgeholt hat.«
»Wie hast du es dann geschafft, ganz allein durch die Passkontrolle und den Zoll zu kommen?«
»Eine Frau im Flugzeug hat mir geholfen. Sie war sehr nett und hat mir erklärt, was ich tun muss.«
»Haben die Leute an der Passkontrolle dir Fragen gestellt? Wollten sie wissen, wer du bist und bei wem du wohnen wirst?«
»Ja, aber ich habe nichts verstanden. Es war alles auf Englisch.«
»Tja, gelobt sei Allah, dass du endlich hier bist. Das ist das Allerwichtigste.«
Hanan, ihr Mann und die Gäste plauderten ungezwungen über den Flug und das Leben in Khartoum und London. Ich war froh, mich unsichtbar machen zu können. Nach einer Weile stürzten Hanans Kinder, die oben gespielt hatten, unter großem Getöse ins Zimmer. Die Zwillinge waren etwa zwei Jahre alt, die drei größeren Jungen zwischen fünf und neun.
»Das ist Mende«, stellte Hanan mich vor. »Erinnert ihr euch? Das Mädchen, das bei uns arbeiten wird.«
»Kommt, sagt hallo«, meinte ich zu den Kindern.
»Also, das ist Mohamed«, fuhr Hanan fort. »Und das ist Ibrahim. Das da ist Assi, und die Zwillinge heißen Rami und Omar.«
Fünf Jungen! Zwillinge im Kleinkindalter. Die Kleinen sahen süß aus, und ich zwang mich zu einem Lächeln. Gleichzeitig jedoch gingen mir Rahabs Worte im Kopf herum – dass ich mich um die Kinder würde kümmern müssen. Außerdem hatte sie gesagt, ich müsste putzen und für die ganze Familie kochen. Soweit ich es bis jetzt beurteilen konnte, war das Haus viel größer und luxuriöser als das von Rahab, was noch mehr Arbeit für mich bedeutete. Nachdem ich eine schiere Ewigkeit auf dem Sofa ausgeharrt hatte,

wandte sich Hanan endlich an mich. »Komm und nimm deine Tasche mit«, sagte sie. »Ich zeige dir dein Zimmer.«
Sie brachte mich in einen kleinen Raum im hinteren Teil des Hauses. Er war etwa so groß wie mein Schuppen bei Rahab und hatte keine Fenster, war allerdings verglichen mit meiner Unterkunft in Khartoum ein wahrer Palast. Auf dem Boden lag ein dunkelblauer Teppich. An der Wand hing ein Spiegel, und darunter stand ein Schreibtisch. Ich hatte sogar ein richtiges Bett, mit Matratze, einem Laken und einer gewaltigen aufgeplusterten Decke.
»Das ist dein Zimmer«, verkündete Hanan. »Du kannst jetzt schlafen. Bestimmt bist du sehr müde. Morgen fängst du dann mit der Arbeit an.«
Hanan hatte Recht. Ich war erschöpft, und außerdem fror ich immer noch. Also schlüpfte ich voll bekleidet unter die Decke. Zum ersten Mal im Leben lag ich in einem richtigen Bett! Während ich wegdöste, überschlugen sich meine zuversichtlichen Gedanken. Ich konnte kaum fassen, wie nett Hanan zu mir war. Bei meiner Ankunft war ich umarmt worden. Die Menschen sprachen freundlich mit mir. Ich hatte Saft aus einem ganz gewöhnlichen Glas getrunken. In meinem Zimmer gab es einen Teppich und ein Bett. Niemand hatte mich angeschrien oder beschimpft. Durfte ich es zu hoffen wagen, dass diese Leute mich wie ein Familienmitglied behandeln würden?
Kurz darauf saß ich in einem riesigen Flugzeug, das ins Meer gestürzt war. Alle Passagiere zogen gelbe Rettungswesten an, bliesen sie auf und schwammen davon. Aber ich konnte nicht schwimmen, und niemand half mir, als ich unterging und ertrank. Während ich im kalten, schwarzen Meer versank, blickte ich nach oben und konnte über mir nur einen winzigen Lichtpunkt sehen. Ich wusste, dass ich sterben musste, doch ich war wie gelähmt und nicht in der Lage, etwas dagegen zu tun. Und dann wachte ich auf. Ich fuhr im Bett hoch und schnappte in der Dunkelheit verängstigt nach Luft. Mir war eiskalt.
Mein Zimmer war eigentlich eine hinten an das Haus angebaute ehemalige Rumpelkammer. In einer Ecke standen noch ein altes

Fahrrad und ein Stapel Pappkartons. Doch das größte Problem war, dass es so kalt war. Es gab nur einen tragbaren Elektroheizstrahler, den ich mit Müh und Not in Gang zu setzen vermochte. Ich beschloss, meine Decke über den Heizstrahler zu breiten, damit sich die warme Luft in meinem Bett sammelte. In dieser Nacht und auch noch in vielen, die danach kamen, nahm ich den Heizstrahler praktisch mit ins Bett.

»Zeit zum Aufstehen«, sagte Hanan, als sie früh am nächsten Morgen meine Tür öffnete. »Komm, ich möchte dir zeigen, wie du die Pausenbrote für die Kinder machen musst. Beeil dich. Komm zu mir in die Küche.«

Die Küche war viel größer als die von Rahab, und es gab hier unzählige glänzende weiße Maschinen auf dem Boden, auf den Arbeitsflächen und auch sonst überall. Ich hatte keine Ahnung, wozu diese Sachen dienten, denn ich hatte so etwas noch nie zuvor gesehen. Mein Mut schwand. Ich würde lernen müssen, all diese neuen Apparate zu benutzen. Sie wirkten teuer und kompliziert, und ich hatte Angst, einen Fehler zu machen, sodass sie womöglich kaputtgingen. Dann würde ich sicher bestraft werden.

»Rahab hat dir erklärt, was dich hier erwartet, oder?«, erkundigte sich Hanan.

»Ja«, erwiderte ich leise.

»Dieselben Arbeiten wie bei ihr zu Hause? Putzen, kochen und waschen? Aber hier ist es viel einfacher, für die meisten Sachen haben wir Maschinen. Das ist die Waschmaschine für die Kleidung. Du brauchst sie also nicht mit der Hand zu waschen. Ich zeige dir später, wie man sie benutzt. Danach bügelst du, faltest die Sachen und räumst sie in den Schrank. Für das schmutzige Geschirr, die Teller und so weiter, haben wir eine Spülmaschine. Doch die nehmen wir nur, wenn wir Besuch hatten und es viel Abwasch gibt. Sonst spülst du mit der Hand, okay?«

Ich nickte. »Ja, Hanan.«

»Außerdem musst du die Zeit finden, die Kinder zu versorgen, wenn sie aus der Schule kommen.«

Ich nickte. »Ja, Hanan.«

»Also, komm. Schau zu, wie ich für die Kinder die Pausenbrote mache. Von morgen an tust du das jeden Tag, bevor sie in die Schule müssen.«

Hanan erklärte mir, wie man die Lieblingsbrote der Kinder belegte. Sie zeigte mir, in welchen Schränken die Chips und die Kekse standen, und sagte mir, welches Kind welche Geschmacksrichtung am liebsten hatte. Ich versuchte mir die verschiedenen Sorten anhand der Farben zu merken: Grün für Salz & Essig, Gelb für Käse & Zwiebeln usw. Dann fuhr ihr Mann die älteren Kinder mit dem Auto zur Schule. Als sie fort waren, setzten Hanan und ich uns mit einer Tasse Tee in die Küche.

»So, jetzt möchte ich, dass du die Küche putzt. Auch die Schränke, von innen und von außen.«

Ich nickte. »Ja, Hanan.«

»Hier sind die Cornflakes, und im Kühlschrank steht Milch, falls du Hunger hast. Du weißt doch, was Cornflakes sind? Frühstücksflocken. Man isst sie mit Milch und Zucker aus so einer Schüssel. Du hast bei Rahab doch Tee gekocht, richtig? Also gut, dann kannst du dir ja selbst welchen machen, wenn du willst. Welche Tasse möchtest du?«

»Ich weiß nicht. Irgendeine.«

»Und jetzt erkläre ich dir, wie die Waschmaschine funktioniert«, fügte Hanan hinzu und öffnete die Luke. »Die schmutzigen Kleider legst du hier hinein. Aber du musst die bunten und die weißen Sachen auseinander sortieren. Und du musst sie getrennt waschen, sonst färben sie aus.«

Ich nickte, obwohl ich kein Wort verstand. Während meiner Zeit bei Rahab hatte ich gelernt, dass es das Beste war, zu allem ja zu sagen. Hanan zeigte mir, wo man das Waschpulver einfüllte, und demonstrierte mir eine verwirrende Reihe von Schaltern und Knöpfen, die man betätigen musste, um das richtige Waschprogramm einzustellen. Inzwischen war ich völlig verwirrt und konnte ihr nicht mehr folgen. Allerdings war mir klar, dass ich mir größere Schwierigkeiten einhandeln würde, wenn ich ihre Kleider beim Waschen ruinierte, als wenn ich zugab, dass ich nichts begriff.

»Hanan, es tut mir Leid«, sagte ich leise. »Aber ich verstehe all die Buchstaben und Zahlen nicht. Und wie wechsle ich das Wasser, wenn es schmutzig ist?«
»Du brauchst das Wasser nicht zu wechseln«, entgegnete Hanan lachend. »Das tut die Maschine für dich. Hör zu, wenn du die ersten Male wäschst, rufst du mich, und ich stelle dir die Programme ein. Aber du musst gut aufpassen und lernen, es selbst zu tun, okay?«
»Gut, ich versuche es«, erwiderte ich zweifelnd.
»Wenn du etwas nicht verstehst oder eine Frage hast, komm einfach zu mir.«
»Tja, da wäre etwas«, meinte ich schüchtern.
»Was ist denn?«
»Nun, ich habe letzte Nacht sehr gefroren«, murmelte ich. »Es war so kalt, dass ich nicht richtig schlafen konnte.«
Hanan sagte, jetzt erinnere sie sich, dass die Heizung in meinem Zimmer nicht richtig funktioniere, und versprach, ihren Mann zu bitten, einen Handwerker anzurufen – was übrigens nie geschah. Dann verschwand sie im Wohnzimmer, und ich hörte, wie sie den Fernseher einschaltete.
Ich schöpfte Hoffnung. Sie war so viel netter als ihre Schwester. Auch sie wollte, dass ich ihr die ganze Arbeit abnahm – aber sie sagte es wenigstens freundlich. Vielleicht würde das Leben in London für mich angenehmer werden. Ich verbrachte den ganzen Tag damit, die Küche zu schrubben, wie ich es auch am ersten Tag bei Rahab getan hatte. Hanan hatte die Füße aufs Sofa gelegt und döste. Die Zwillinge spielten neben ihr auf dem Teppich. Da ich immer noch fror, arbeitete ich sehr hart und wischte, scheuerte und putzte, um mich aufzuwärmen.
Nachdem ich mit der Küche fertig war, zog Hanan eine neue Maschine aus dem Schrank. »Das ist ein Staubsauger, mit dem man die Teppiche sauber macht. Hattet ihr so etwas in Khartoum?«
»Nein«, erwiderte ich. »Ich habe die Teppiche mit einer Bürste gereinigt.«
»Okay. Aber damit geht es viel besser. Pass auf und schau gut zu, ich mache es dir vor.«

Der Staubsauger war ein Zylinder auf Rädern, an dem ein langer, gewellter Plastikschlauch hing. Ich fand ihn sehr hässlich, denn er erinnerte mich mit seinem langen Hals und der spitzen Schnauze an eine schwarze Schlange. Das heulende Geräusch beim Einschalten ließ mich zusammenzucken. Als Hanan begann, den Staub vom Boden zu saugen, verwandelte sich das Geräusch in ein Zischen. Das Gerät sah nicht nur aus wie eine Schlange, sondern klang auch so. Ich hatte eine Heidenangst.

»Haben Sie keine Bürste?«, fragte ich sie. »Ich mag dieses Ding nicht. Kann ich die Teppiche nicht mit einer Bürste reinigen?«

»Nein, kannst du nicht. Mit der Bürste dringt man nicht richtig in den Teppich ein, und er wird nicht so sauber wie mit dieser Maschine. Du wirst dich daran gewöhnen müssen. Ich möchte, dass du jeden Tag Staub saugst. Hier, versuch es mal.« Ich hielt den Schlauch mit spitzen Fingern und schrie auf, als er den Saum meines Kleides einsaugte. Es war, als wolle das Gerät mich beißen. Hanan lachte, schaltete es aus und sagte, ich solle mich nicht so anstellen.

Das Haus war L-förmig mit dem riesigen Wohnzimmer und einem Esszimmer mit polierten Möbeln an einem Ende. Oben gab es vier Schlafzimmer, ein zweites Wohnzimmer und zwei Bäder. Hinter dem Haus befand sich ein großer Garten mit einer weitläufigen, von Bäumen umgebenen Rasenfläche; vor dem Haus lag ein kleinerer und von hohen Hecken gesäumter Garten. Die Auffahrt verlief zwischen Bäumen hindurch zur Vordertür. Ich dachte mir, dass Mr. Al Koronky wohl ziemlich reich sein musste, weil er sich ein so großes Haus in London leisten konnte.

Am ersten Tag war es gegen neun Uhr abends, als ich endlich mit dem Putzen fertig war. Ich war so müde, dass ich nur noch schlafen wollte, doch als ich in die Küche kam, traute ich meinen Augen nicht: Im Spülbecken stand ein neuer Berg Abwasch. Außerdem waren der ganze Tisch und auch der Fußboden mit Essensresten bedeckt. Wie sich herausstellte, hatten Hanans Zwillinge miserable Tischmanieren. Bis ich alles noch einmal geputzt hatte, war die Familie schon schlafen gegangen. Ich wollte mich gerade in mein

kleines Zimmer zurückziehen, als Hanan herunterkam, um für die Zwillinge etwas Milch aufzuwärmen.
»Oooh«, meinte sie fröhlich. »Das Haus ist ja so sauber. Rahab hat mir gesagt, dass du sehr tüchtig bist, und sie hatte Recht.«
Es war schon fast Mitternacht, als ich, voll bekleidet, in mein kleines Bett fiel. Ich zog den Heizstrahler unter meine Decke und schlief bald tief und fest.
Dieser Tag war das Vorbild für alle anderen – jeder verlief genauso wie der erste: Ich stand gegen halb sieben Uhr auf, deckte den Frühstückstisch und kochte Tee. Anschließend bereitete ich Pausenbrote für die drei älteren Kinder zu. Wenn ich das Chaos vom Frühstück beseitigt hatte, fing ich mit dem Hausputz an. Gegen Mittag kochte ich Essen für Hanan und die Zwillinge, die noch zu klein waren, um in den Kindergarten zu gehen. Und dann arbeitete ich weiter bis spät in die Nacht. Bald ließ mich Hanan sogar die Windeln der Zwillinge wechseln. An Wochenenden musste ich die Kinder beschäftigen, während Mr. Al Koronky ruhte, und nebenher so viel putzen und waschen, wie ich konnte.
Wenn ich mit der Arbeit fertig war, durfte ich in meinem kleinen Zimmer beten. Ich hatte, zusammengefaltet in einer Ecke, eine *muslaiyah* – einen islamischen Gebetsteppich – gefunden. Es war zwar nur ein billiges, kleines Ding aus Raffiabast, bedeutete mir aber sehr viel. Hier musste ich wenigstens nicht heimlich beten. Hanan und ihr Mann bildeten sich eine Menge darauf ein, dass sie fromme Moslems waren. Hanan trug stets lange, weite Kleidung, die ihren ganzen Körper bedeckte, und ein Kopftuch, wenn sie das Haus verließ. Sie hielten sich wirklich für sehr gläubig. Ich aber fragte mich, wie sie es mit ihrer Religion vereinbaren konnten, mich, ebenfalls eine Muslimin, als Sklavin zu halten? Denn wie ich noch aus der Schule wusste, stand im Koran, alle Menschen seien wie die Zinken eines Kamms – gleich geschaffen und einander ebenbürtig.
Von Anfang an hatte ich größere Angst vor Al Koronky als vor Hanan, denn er gebärdete sich immerfort streng, als wäre er der Mittelpunkt der Erde. Er kommandierte mich dauernd herum:

»Mende, koch mir Tee«, sagte er. »Mende, mach mir Kaffee.« Er befahl mir, seine Schuhe zu putzen und sie ihm jeden Morgen bereitzustellen. Doch meine Abneigung gegen ihn erreichte ihren Höhepunkt, als er von mir verlangte, die Wagen zu waschen. In der Auffahrt standen zwei Autos. Ich ging mit einem Eimer voller Seifenlauge und einem Eimer mit klarem Wasser hinaus, um sie zu putzen. Es dauerte eine Ewigkeit, und als ich fertig war, waren meine Hände aufgequollen und eiskalt.
Die Nachmittage verbrachte Hanan stets schlafend. Sonst sah sie fern oder las Zeitschriften. Sie schien nicht einmal Freundinnen zu haben, die sie besuchten. Im Gegensatz zu Rahab, die ständig von Menschen umgeben sein musste, pflegte Hanan offenbar überhaupt keine eigenen Interessen. Und ich verabscheute meinen Alltag mehr und mehr, da er wieder nur aus Plackerei bestand. Nach kürzester Zeit war es, als gingen die Tage der Woche nahtlos ineinander über. Hanan verdämmerte die Stunden mit Nichtstun, ich verbrachte sie einmal mehr mit unaufhörlicher Schinderei, die sich zerstörerisch auf meine Seele auswirkte.
Es konnte nicht ewig so weitergehen. Etwas in mir hatte sich verändert – vielleicht weil ich so weit weg von meiner Heimat war. Und so beschloss ich drei Wochen nach meiner Ankunft in London, etwas zu unternehmen. Ich besaß immer noch die Telefonnummer, die Kumal mir in Khartoum gegeben hatte. Sie hatte mir erklärt, ihr Cousin sei in *bilabarra*, also weit weg im Ausland. Nun musste ich nur noch hoffen, dass er sich in England aufhielt und dass Hanan ihm in diesem Fall vielleicht erlauben würde, mich zu besuchen. Da sie so viel netter zu mir war als Rahab, rechnete ich mir Chancen aus. Außerdem – was hatte ich zu verlieren? Eines Nachmittags traf ich Hanan im Wohnzimmer an, als sie sich gerade zu einem Nickerchen hinlegen wollte.
»Hanan, kann ich kurz mit Ihnen reden?«, begann ich schüchtern.
»Was ist?«, erwiderte sie schläfrig.
»Ach, nicht so wichtig. Es ist nichts weiter«, murmelte ich und flüchtete mich wieder in die Küche. An diesem Tag und auch am nächsten und am übernächsten fand ich nicht den Mut, das Thema

anzusprechen, und so dauerte es eine Woche, bis ich einen zweiten Anlauf im Wohnzimmer unternahm.
»Hanan«, sagte ich leise. »Darf ich Sie etwas fragen?«
»Ja, was ist denn?«
Ich hielt ihr mit zitternder Hand das Stück Papier hin. »Diese Nummer hat mir eine Freundin in Khartoum gegeben. Wissen Sie, ob das in England ist, und darf ich dort anrufen?«
»Lass mal sehen«, erwiderte sie argwöhnisch und sprang vom Sofa auf. Ihr ganzes Verhalten änderte sich schlagartig. Sie riss mir den Zettel aus der Hand, warf einen Blick darauf und überhäufte mich dann ärgerlich mit Fragen.
»Wer hat dir diese Nummer aufgeschrieben? Raus mit der Sprache. Wer war es?«
»Ich habe sie selbst aufgeschrieben«, flüsterte ich.
»Nein, das stimmt nicht. Sag mir die Wahrheit. Wer hat sie dir aufgeschrieben?«
»Ich selbst, wirklich, es war so«, murmelte ich. »Aber Kumal hat mir die Nummer gegeben.«
»Und wer bitte ist Kumal? Komm schon, mach den Mund auf. In unserer Familie gibt es niemanden, der Kumal heißt.«
»Nein, sie gehört nicht zu Ihrer Familie. Sie ist nur eine Freundin von mir.«
»Eine Freundin! Eine Freundin von wo, wenn ich fragen darf?«
»Eine Freundin aus Khartoum.«
»Woher kennst du sie?«, erkundigte sie sich misstrauisch. »Du hattest in Khartoum doch gar keine Freundinnen.«
Zittrig erzählte ich Hanan die ganze Geschichte, wie Kumal, ein Mädchen aus einem benachbarten Stamm, und ich uns in Rahabs Haus wieder begegnet waren. Und ich fügte hinzu, Kumal habe mir die Nummer gegeben, falls ich mich im Ausland mit anderen Nubas anfreunden wolle. Sie habe mir gesagt, er sei ihr Cousin und lebe in *bilabarra*, also wisse ich nicht einmal, ob er in England sei.
»Tut mir Leid«, meinte ich zum Schluss bedrückt. »Wenn Sie nicht möchten, dass ich mit ihm spreche, lasse ich es natürlich. Es tut mir Leid.«

»Und ob du das lassen wirst!«, zischte sie. »So etwas kommt überhaupt nicht in Frage. Ich will nicht, dass du jemanden anrufst. Verstanden? Niemanden.« Sie betrachtete das Papier. »Außerdem ist das eine sehr alte Nummer, die nicht mehr gilt. Alle Telefonnummern in London sind geändert worden.« Mit diesen Worten zerriss sie den Zettel und ließ die Fetzen auf den Boden rieseln.

»Hast du noch mehr Telefonnummern dabei? Gib mir mal deine Tasche.«

Hanan nahm mir die Tasche weg, aber es war nichts weiter darin als mein Pass, den sie sofort einsteckte. »Aha! Dein Pass. Ich glaube, den bewahre ich lieber selbst auf. Wer weiß, was du sonst damit anstellst.«

Von da an verschlechterte sich mein Verhältnis zu Hanan zusehends. Sie war nicht mehr die freundliche Frau, die mich bei der Ankunft in ihrem Haus umarmt hatte, sondern begann, mich grundlos anzuschreien. Sie fing an, mich zu beschimpfen, mich ständig zu beobachten und mich bei allem, was ich tat, zu kontrollieren.

Von Anfang an hatte ich das Haus nur verlassen dürfen, um den Müll zu den Tonnen in der Auffahrt zu bringen. Jetzt behielt mich Hanan dabei von einem Fenster im oberen Stockwerk aus im Auge. Offenbar befürchtete sie seit dem Vorfall mit der Telefonnummer, dass ich fliehen könnte.

Mit der Zeit fragte ich mich, ob ich in Khartoum nicht ein erträglicheres Leben geführt hatte. Wenigstens war Rahabs Haus immer voller Leute, Lärm und Leben gewesen. Wenn ich im Hof neben dem Obsthain oder im Garten arbeitete, kam ich ein bisschen an die Sonne. Manchmal hatte Rahab mich sogar zum Einkaufen in den Laden an der Ecke geschickt, und ich konnte den Kindern beim Spielen auf der Straße zusehen. Aber vor allem vermisste ich Rahabs Kinder. Die Kleineren waren mit mir aufgewachsen und behandelten mich wie eine große Schwester. Jetzt hingegen fehlten mir menschliche Wärme und Zuneigung völlig. Hanans Jungen machten zwar viel Lärm, waren aber ansonsten wohlerzogen und ziemlich distanziert.

Einige Tage später wurde mir endgültig klar, wie grenzenlos Hanans Misstrauen war. Als ich für das Mittagessen am Samstag Reis und Curryhuhn zubereitete, stellte ich fest, dass der Müllbeutel voll war. Also band ich ihn zu und brachte ihn vors Haus. Während ich ihn in die Mülltonne warf, blickte ich die Auffahrt entlang, bemerkte auf der Straße eine große Menschenmenge und hörte sie fröhlich plaudern und singen. Die Leute hatten offenbar viel Spaß, und ich konnte der Versuchung nicht widerstehen, sie mir aus der Nähe anzusehen. Also vergewisserte ich mich rasch, dass ich nicht beobachtet wurde, schlüpfte zwischen die Bäume und schlich mich zum Ende der Auffahrt. Alle, die sich dort versammelt hatten, trugen wunderschöne Kleider. Die Frauen hatten sich in bunte, fließende Gewänder gehüllt, und das schwarze Haar fiel ihnen in prächtigen Zöpfen über den Rücken. Die Männer hatten elegante Anzüge an.

Die Leute standen vor einem farbenfrohen Gebäude, das ein wenig an eine Moschee erinnerte. Offenbar handelte es sich um eine Hochzeit. Die Gäste begannen zu einer Musik zu tanzen und zu singen, die aus Lautsprechern auf den Dächern einiger geparkter Autos kam. Die Männer schlugen mit Stöcken den Takt dazu. Plötzlich musste ich an die Ringkämpfe in den Nubabergen denken, wo die Männer, so wie diese Leute jetzt, zwei hohle Stäbe aneinander schlugen, zu deren Takt die Ringer dann in einem großen Kreis herumliefen und *»Eeh-ha! Eeh-ha!«* riefen. Etwa fünf Minuten lang sah ich lächelnd zu und wäre am liebsten zu ihnen hinübergegangen, nur um zu tanzen, zu singen und mich ein wenig zu amüsieren. Doch da hörte ich hinter mir Geschrei.

»*Yebit* Mende! *Yebit* Mende! Wo bist du?« Es war Hanan.

Bei dem Wort *yebit* regten sich meine schlimmsten Erinnerungen an die Zeit in Khartoum. Ich drehte mich um, rannte, so schnell ich konnte, die Auffahrt hinauf und hoffte, ich würde das Haus erreichen, bevor Hanan ahnte, wo ich gewesen war. Doch als ich durch die Bäume gestürmt kam, sah ich sie vor der Tür warten.

»Was um alles in der Welt bildest du dir eigentlich ein, *yebit!*«, kreischte sie, als ich schließlich vor ihr stand.

»Ich habe nur den Müll rausgebracht, Hanan, nur den Müll rausgebracht«, stammelte ich.
»So! Die Mülltonnen stehen aber nicht oben an der Straße. Oder? Oder, *yebit!*«, brüllte sie. »Sondern genau hier vor deiner Nase. Glaubst du, ich hätte nicht mitgekriegt, was du da treibst? Hältst du mich etwa für blöd? Was hast du da vorne gemacht? Antworte mir! Was heckst du aus?«
»Ich habe mir nur die Hochzeit angeschaut, mehr nicht. Es waren bloß ein paar Minuten. Es tut mir Leid.«
»Tu so etwas nie wieder, verstanden?«, fauchte sie mich an.
»Nein, Hanan, es tut mir Leid«, stieß ich mit tränenerstickter Stimme hervor.
»Begreifst du denn nicht, dass London eine gefährliche Stadt ist? Da draußen wimmelt es von Mördern und anderen Verbrechern. Nicht auszudenken, was dir dort alles zustoßen könnte! Komm sofort wieder rein.«
Nachdem ich im Haus war, schloss sie die Tür hinter mir ab, steckte den Schlüssel ein und marschierte in die Küche. »Komm mit, *yebit!*«, befahl sie mir barsch.
Die Tür war zwar stets abgeschlossen worden, doch der Schlüssel steckte immer, damit ich selbst öffnen konnte, wenn ich den Müll nach draußen bringen wollte. Außerdem machte das Schloss einen solchen Lärm, dass jeder im Haus mich ohnehin hörte. Nun hatte Hanan zum ersten Mal den Schlüssel an sich genommen. Und sie hatte mich zum ersten Mal *yebit* genannt, dasselbe gemeine Schimpfwort, mit dem Rahab mich immer bezeichnet hatte. Mit sinkendem Mut folgte ich ihr in die Küche.
»Ich habe es dir doch schon hundert Mal gesagt, *yebit*«, schrie sie weiter und drängte mich in eine Ecke. »Du darfst nicht hinaus. Es ist zu gefährlich. Hörst du mir denn überhaupt je zu?« Inzwischen erinnerte sie mich wirklich an Rahab, und ich hatte große Angst vor ihr. »Da du mir offenbar nicht glaubst, will ich dir jetzt mal etwas erzählen. Dem Mädchen, das vor dir hier war, ist nämlich Folgendes passiert: Sie hieß Khayria und war ein sehr schlechtes Mädchen. Eines Tages ist sie hinausgegangen und nie wieder gekommen. Sie

war einfach wie vom Erdboden verschluckt. Entweder ist sie ermordet worden oder hat sich in dieser großen Stadt verirrt. Womöglich ist sie sogar erfroren. Wir wissen es nicht. Wir haben sie nie mehr gesehen. Wenn du rausgehst, wird dir auch etwas zustoßen. So gefährlich ist es dort. Verstehst du mich jetzt?«

»Ja, Hanan«, flüsterte ich.

»Ganz gleich, was mit ihr geschehen ist, jedenfalls kann sie jetzt nie mehr zurück in den Sudan. Sie wird ihre Familie nie wieder sehen. Möchtest du das? Willst du, dass dir das auch passiert? Deshalb setzt du ab jetzt keinen Fuß mehr vor die Tür. Verstanden? Ich verbiete es dir. Wenn du es trotzdem tust, wirst du dein blaues Wunder erleben. In London gibt es viele schlechte Menschen. Sie werden dich finden und dich töten. Und dann siehst du deine Familie nie wieder. Das willst du doch nicht, oder?«

»Nein, Hanan.«

Dann kam sie zu mir und legte den Arm um mich. Ihre Wut schien zu verrauchen, und sie schlug einen versöhnlichen Ton an. »Wenn du im Haus bleibst, fleißig bist und dich benimmst, darfst du mitkommen, wenn wir das nächste Mal in den Sudan fliegen. Dann kannst du deine Familie besuchen. Wir wollen in etwa einem Monat dort Urlaub machen. Würde dir das gefallen?«

Ich nickte. »Ja, Hanan«, erwiderte ich.

Allerdings glaubte ich ihren Versprechungen nicht. Wie um alles in der Welt wollte Hanan meine Familie finden, selbst wenn sie es beabsichtigt hätte? Ich nahm ihr kein Wort ab. Es war nur ein Trick, um mich noch mehr zu zermürben. Schließlich hatte sie bis jetzt nicht das geringste Interesse an meiner Familie gezeigt. Doch immerhin schien sie zu wissen, wie verzweifelt ich sie vermisste. Ich hatte den Verdacht, dass Rahab ihr geraten hatte, auf diese Weise Druck auf mich auszuüben. All dies war so unbeschreiblich grausam – die Spiele, die sie mit mir trieben.

Später in meinem Zimmer dachte ich über das nach, was Hanan mir über meine Vorgängerin erzählt hatte. Ich fragte mich, woher sie wohl stammte und ob sie auch eine Sklavin gewesen war. War sie geflohen? Und wenn ja, wohin? Und wie? Ganz sicher hatte sie hier in London keine Angehörigen gehabt. Wer also hatte ihr geholfen? Oder war sie vielleicht doch ermordet worden, wie Hanan behauptete? Die arme Khayria. Ich malte mir aus, wie sie in den Straßen von London herumirrte, und konnte die Vorstellung kaum ertragen.

Nach Khayrias Schicksal zu schließen, schienen meine Chancen auf Flucht gleich null. Deshalb zog ich mich mehr und mehr in meine glückliche Vergangenheit zurück und versuchte mich zu erinnern, wie es war, geliebt zu werden. Ich schwelgte in meinen Erinnerungen und erlebte wieder, wie stolz ich gewesen war, als ich eines der Rennen beim Schulsportfest gewonnen hatte, und wie überschwänglich meine Eltern reagiert hatten, die unter den Zuschauern saßen.

Die Schule hatte früher als sonst geöffnet, und wir empfingen die Besucher mit einer Parade. Nachdem wir in Formation über den Schulhof marschiert waren, verbeugten wir uns vor dem Direktor und vor dem Publikum. Meine Mutter und mein Vater saßen da und beobachteten mich. Es fanden sechs verschiedene Rennen statt, unter anderem ein Kurzstreckenlauf, ein Langstreckenlauf, ein Wettbewerb im Sackhüpfen und unsere eigene Version des Eierlaufs:

Obwohl es in den Nubabergen viele Hühner gab, wurden die Eier nicht gegessen, sondern zu Küken ausgebrütet. Eier waren zu kostbar, um sie zu verschwenden, und deshalb benutzten wir für diese Disziplin anstelle von Eiern Zitronen. Wir knieten uns mit auf dem Rücken gefesselten Händen vor einen Erdhaufen, auf dem eine Zitrone lag. Den Stiel des Löffels hielten wir mit dem Mund fest. Auf ein Zeichen beugten wir uns vor, nahmen die Zitrone auf den Löffel und fingen an zu laufen. Wer zuerst die Ziellinie erreichte, ohne die Zitrone fallen zu lassen, hatte gewonnen.

In meinem ersten Schuljahr war ich die stolze Siegerin im Zitronenlauf. Ich war sogar schneller gewesen als alle Jungen in der Klasse, schneller auch als Mohamed, der Klassenprimus. Am Ende des Tages holte ich beim Direktor meinen Preis ab: eine Tüte Süßigkeiten, einen Bleistift und ein Schulheft. Ich war überglücklich, weil meine Eltern meinen Erfolg miterlebt hatten.

Zu Hause umarmte mich meine Mutter fest und sagte: »Ich habe mir Sorgen gemacht, als ich sah, wie schnell du gerannt bist. Aber du hast gewonnen!« Mein Vater spielte für mich noch einmal das Sackhüpfen nach und sprang in einem alten Hirsesack im Hof herum. Bald bogen wir uns alle vor Lachen. Dann holte ich meine Tüte Süßigkeiten hervor. Die Hälfte davon hatte ich schon aufgegessen, doch den Rest teilte ich mit meiner Familie. Süßigkeiten waren für uns eine seltene Köstlichkeit, denn wir konnten uns so etwas nicht leisten.

Nach dem Vorfall mit der indischen Hochzeit hielt Hanan die Tür stets fest verschlossen. Außerdem nannte sie mich nur noch *yebit* und beschimpfte mich immer öfter. »Hast du mich nicht verstanden, *yebit?«*, brüllte sie mich an. »Bist du taub? Bist du blöd?«
Eines Tages hörte ich es gegen vier Uhr nachmittags an der Tür läuten. Es war noch zu früh, als dass es Al Koronky mit den Jungen hätte sein können – er holte sie meist von der Schule ab. Doch zu meiner Überraschung rannten die drei Älteren ohne ihren Vater ins Haus.
»Wo ist euer Vater?«, fragte ich sie.
»Oh, der muss heute länger arbeiten«, erwiderte Mohamed und holte sich eine Cola aus dem Kühlschrank.
»Und wer hat euch von der Schule heimgefahren?«
»Der Fahrer von der Botschaft natürlich. Mit dem Botschaftswagen.«
»Welche Botschaft? Und warum wart ihr in dem Wagen?«
»Vater arbeitet in der sudanesischen Botschaft. Wusstest du das nicht?«
»Nein«, entgegnete ich. »Was arbeitet er denn da?«
»Er ist der Geschäftsträger des Botschafters«, antwortete Mohamed stolz. »Weißt du, was das ist?«
»Nein«, sagte ich.
»Tja, zurzeit ist er der wichtigste Mann in der Botschaft. Der Mann, der die Botschaft sonst leitet, ist in den Sudan zurückgekehrt, und mein Vater vertritt ihn hier.«

Ich verstand nicht ganz, was Mohamed meinte. Allerdings war mir nun klar, dass Koronky ein hohes Tier in der sudanesischen Regierung sein musste. Auch wenn es seltsam erscheint, dass es ein hochrangiger sudanesischer Beamter riskierte, sich mitten in London eine Sklavin zu halten, fand ich es damals nicht weiter außergewöhnlich. Ich kannte es nicht anders, als dass wir im Sudan eine Regierung von Arabern für Araber hatten, die mit Schwarzen wie mir nach Gutdünken umspringen konnten und die absolute Macht besaßen. Sie waren das Gesetz.

Als die Wochen vergingen, wurde es immer dunkler in meiner Seele. Ich fühlte mich so abgrundtief einsam. In Khartoum hatte ich wenigstens von Rahabs Kindern Liebe und Zuneigung erfahren, doch Hanans Söhne waren mir fremd: Ich war ganz allein. Hinzu kam, dass ich fast nie ins Freie durfte. Ich hielt mich nur im Haus auf und schuftete vom Morgengrauen bis spät in die Nacht, ohne die geringste Spur menschlicher Zuwendung zu erleben. Ich saß in einer riesigen Stadt fest, die ich für verwirrend und gefährlich hielt, und ich kannte nichts als Arbeit, Arbeit und wieder Arbeit. Meine einzige Freude war, in meinem kalten kleinen Zimmer zu schlafen, und auch dafür ließ man mir nie genug Zeit.

Meine neuen Herren, die bei meiner Ankunft Hoffnungen in mir geweckt hatten, hatten sich in kurzer Zeit völlig verändert. Meine Niedergeschlagenheit verwandelte sich in eine Depression, wie ich heute weiß, und ich schloss mich häufig stundenlang zum Weinen in mein Zimmer ein. Ich fühlte mich, als säße ich Tausende von Kilometern weit weg von zu Hause im Gefängnis. Verzweifelt versuchte ich mir meine wunderschöne Kindheit in den Nubabergen in Erinnerung zu rufen. Damals hatte ich immer jemanden gehabt, mit dem ich sprechen, spielen und lachen konnte, der mit mir aß oder an dessen Schulter ich mich ausweinen konnte, wenn ich unglücklich war. Warum war mein Leben nur so leer und hoffnungslos geworden?

Ich dachte zurück an meinen früheren Lebenstraum, den Traum, einmal Ärztin zu werden. Einmal mehr erinnerte ich mich daran, wie wir meinen Bruder Babo mit schweren Durchfällen ins Krankenhaus hatten bringen müssen und daran, dass er während des Eselsritts nach Dilling fast gestorben wäre. Das hatte mich auf die Idee gebracht, dass wir einen Arzt im Dorf brauchten und dass ich alles daransetzen musste, dieser Arzt zu sein. Ich hatte meinen Vater in meine Pläne eingeweiht, und er hatte versprochen, mich zu unterstützen, wo er nur konnte – der Gedanke daran trieb mir die Tränen in die Augen.

Jetzt allerdings wuchs meine Gewissheit, dass ich bis ans Ende meiner Tage in diesem Haus eingesperrt sein würde. Ich dachte an Asha, die Nubafrau im Haus des Sklavenhändlers Abdul Azzim in Khartoum. Sie war als kleines Mädchen gefangen genommen worden, und als ich sie kennen gelernt hatte, war sie schon eine alte Frau. Würde ich so enden wie sie? Würde ich den Rest meines Lebens in Sklaverei verbringen?

30
Selbstmord?

Ich fühlte mich nicht mehr lebendig. Meine Lebensgeister wurden immer schwächer, und ich schleppte mich wie ein Roboter von einem Tag zum nächsten. Irgendwann konnte ich nicht einmal mehr weinen. Deshalb ist es nicht weiter überraschend, dass ich immer öfter an Selbstmord dachte. Ich verbrachte viel Zeit in der Küche, wo es all die scharfen Messer gab. Während des Überfalls auf unser Dorf in den Nubabergen hatte ich gesehen, wie die Araber den Menschen die Kehle durchschnitten oder ihnen ein Messer ins Herz stießen, und ich schloss daraus, dass es nicht schwer war, sich auf diese Weise umzubringen.

Eines Tages nahm ich ein Tranchiermesser und schnitt mich damit in die Zeigefingerkuppe. Da die Klinge scharf war, floss sofort Blut. Ich überlegte, ob ich in mein Zimmer gehen, mich aufs Bett legen und mich einfach mit dem Messer erstechen sollte. Eigentlich hatte ich keine Angst davor und hoffte nur, dass es schnell gehen würde, damit ich keine Schmerzen leiden musste. Das Sterben erschien mir verlockender als das Weiterleben. Meine einzige Befürchtung war, dass Hanan mich finden könnte, bevor ich tot war, und mich vielleicht sogar in ein Krankenhaus schaffen würde.

Mein Leben hätte so anders verlaufen können, und ich wäre niemals, niemals auf den Gedanken gekommen, ihm ein Ende zu setzen, wenn ich nicht aus den Nubabergen hätte fortgehen müssen. Ich war nun Anfang zwanzig. Selbst wenn ich irgendwann Medizin studiert hätte, so wäre ich doch sicherlich schon vor meinem fünfzehnten Geburtstag verheiratet worden. Der Verlobte meiner Kindheit, Juba, wäre irgendwann ins Dorf gekommen und hätte um meine Hand angehalten – und dann hätte es eine große

Hochzeit gegeben, wie die meiner Schwester Kunyant. Wir hätten unseren eigenen *shal* erbaut, um darin zu leben – natürlich in Rufweite der *shals* meiner Eltern und meiner beiden Schwestern. Und wer weiß? Vielleicht hätte ich mit Juba bereits eine Familie gegründet.

Ich erinnerte mich so deutlich an den glücklichen Tag, als meine Mutter mir eröffnete, dass ich mit ihm verlobt war. Ich war noch keine sieben Jahre alt und trug nur eine Perlenschnur um die Taille. Es waren kleine rote und weiße Perlen, und ganz vorne auf der Schnur saß eine große, wunderschöne rote Perle. Eines Abends teilte mir meine Mutter mit, sie wolle diese Perlen durch eine Schnur mit schwarzen ersetzen.

»Aber ich liebe diese Perlen, Umi, bitte lass sie mir«, protestierte ich. »Ich will die scheußlichen schwarzen nicht.«

Mit einem nachsichtigen Lachen nahm sie mir die Perlen ab. »Keine Angst, Mende«, meinte sie. »Ich will sie nur neu auffädeln. Sonst reißt irgendwann der Faden, und du verlierst sie. Du kriegst sie gleich wieder, einverstanden?« Dann beugte sie sich vor und legte mir die schwarzen Perlen um.

»Ich will die schwarzen nicht, ich will meine eigenen!«, schluchzte ich.

»Woher weißt du, dass sie so wichtig sind?«, fragte meine Mutter.

»Du hast sie mir geschenkt, also sind sie sehr kostbar.«

»Nein, das habe ich nicht«, erwiderte sie lächelnd und schüttelte den Kopf. »Diese Perlen hast du von deinem Verlobten bekommen, dem Mann, den du einmal heiraten wirst.«

»Ich soll heiraten, so wie Musa und Kunyant?«, rief ich ungläubig aus. »Ist das wahr, Umi?« Meine Mutter nickte, und ich tanzte vor Freude im Hof herum. »Kunyant, Kunyant, eines Tages heirate ich wie du«, rief ich aus voller Kehle.

»Du bist noch klein. Warum freust du dich so darauf zu heiraten?«, erkundigte sich Kunyant lachend. »Ich möchte nicht heiraten, nicht einmal jetzt.«

Da nahm mich mein Vater an der Hand und zog mich auf seinen Schoß. »Na, so schnell werden wir dich noch nicht an deinen

Ehemann verlieren«, schmunzelte er. Er spuckte mir zweimal auf den Kopf und strich mir über das Haar, bei den Nuba ein traditioneller Segen. »Möge Allah dich erhalten und bewahren, damit du eine glückliche Frau wirst und eine gute Ehe führst.«
»Wer wird mich denn heiraten?«, fragte ich meine Mutter.
»Nun, er ist ein guter, tapferer Mann, besitzt große Felder und baut viel Hirse an. Er wollte dich heiraten, als er hörte, aus was für einer guten Familie du stammst«, fügte sie stolz hinzu.
»Man hat ihm gesagt, der Vater deines Vaters sei sehr stark und mutig gewesen. Aber er wohnt weit weg, und deshalb wirst du ihn erst kennen lernen, wenn du ein paar Jahre älter bist. Wenn die Zeit kommt, wird er zu uns aufbrechen, und dann wirst du heiraten.«

So hätte meine Zukunft wohl ausgesehen – und ich verzagte bei dem Gedanken, was für ein dunkles, totenstilles Leben ich stattdessen hier führen musste. Ich dachte lange und gründlich über Selbstmord nach.
Doch es gab noch etwas, das meine Tat verhinderte. Hanan würde in wenigen Wochen in den Sudan reisen, und sie hatte versprochen, mich mitzunehmen, damit ich meine Familie wiedersehen könne. Eigentlich glaubte ich ihr nicht und war sicher, dass sie damit nur Druck auf mich ausüben wollte. Aber natürlich klammerte sich ein Teil meiner Seele an die Hoffnung, dass sie die Wahrheit sagte, und das half mir, die Tage zu überstehen. Deshalb beschloss ich abzuwarten, was geschehen würde. Ich war nicht naiv. Ich brauchte lediglich etwas, worauf ich hinleben konnte.
In dieser Zeit begann ich mich sehr krank zu fühlen. Jeden Morgen fand ich Haarbüschel auf meinem Kopfkissen, und mir wurde erschrocken klar, dass mir die Haare ausfielen. Wenn ich in den Spiegel blickte, sah ich, wie erschöpft und ausgemergelt ich wirkte. Obwohl ich noch so jung war, waren meine Schultern gebeugt wie die einer Greisin. Selbst meine Haut hatte ihren gesunden Schimmer verloren und war trocken und schuppig wie die eines Fisches. Eines Nachts wachte ich mit einem pochenden Schmerz im Mund auf. Die Zahnschmerzen waren so stark, dass ich nicht mehr ein-

schlafen konnte, und ich fragte mich, was ich dagegen tun sollte. Als ich ein Kind in den Nubabergen gewesen war, hatte meine Mutter auch einmal Zahnschmerzen gehabt. Ich hatte zugeschaut, wie sie ein wenig Salz zusammen mit den Blättern eines bestimmten Baumes zerstampfte, das Ganze zu einem Klumpen formte und es sich dann in den Mund steckte. Ich wusste zwar nicht, wo diese Baumsorte hier in London wuchs, aber ich konnte mir wenigstens etwas Salz aus der Küche holen. Also bestreute ich einen Wattebausch mit Salz und wollte die Küche gerade verlassen, als Hanan im Morgenmantel hereinkam.

»Warum bist du um diese Uhrzeit wach?«, fragte sie argwöhnisch.

»Ich habe Zahnschmerzen und wollte etwas Salz darauf geben.«

»Wo tut es denn weh?«, erkundigte sich Hanan, während sie die Milch aus dem Kühlschrank holte.

»Da hinten«, erwiderte ich und deutete in meinen Mund. »Und ich habe ein Stechen auf der ganzen Seite des Gesichts.«

»Tja, dass es im Mund wehtut, kann ich mir schon denken«, entgegnete sie gereizt. »Aber ich sehe nicht, wo du hinzeigst, wenn dein Finger im Weg ist. Wir schauen uns die Sache morgen früh richtig an.«

Das Salz linderte die Schmerzen für eine Weile, und ich konnte wieder einschlafen. Am nächsten Morgen stand ich auf und begann wie immer mit der Arbeit.

»Und wie geht es dir? Besser?«, wollte Hanan wissen, als sie in die Küche kam.

»Ja, es geht mir besser«, log ich.

»Gut«, sagte Hanan, offensichtlich erleichtert. »Es ist viel zu teuer, dich hier in London zu einem Zahnarzt zu bringen.«

In all den Jahren hatte Rahab mich kein einziges Mal zu einem Arzt gebracht, nicht einmal, als ich Malaria gehabt hatte. Also nahm ich es einfach als gegeben hin, dass Hanan auch nicht mit mir zum Arzt gehen würde. Wenig später fing sie an, den Urlaub im Sudan vorzubereiten. Sie verbrachte eine Ewigkeit mit dem Einkauf von Geschenken und ließ die Kinder bei mir zu Hause. Wenn sie zurückkam, war sie mit aufwendig verpackten Schachteln beladen.

Allerdings wies nichts darauf hin, dass sie vorhatte, mich in den Sudan mitzunehmen. Eigentlich sprach niemand mit mir über dieses Thema, und meine Gewissheit wuchs, dass sie mich zurücklassen würde. Vor lauter Wut darüber, dass sie mich belogen hatte, hätte ich am liebsten geschrien und um mich geschlagen.
Eines Morgens war Hanan im Wohnzimmer beim Packen und rief mich, damit ich ihr half. Ich kniete mich neben sie und begann, die Kleider der Kinder zusammenzufalten.
»*Yebit*«, sagte sie zögernd. »Ich fahre in etwa einer Woche in Urlaub in den Sudan. Und ich habe beschlossen, die erste Woche allein dort zu verbringen. Ich lasse dich bei den Kindern und meinem Mann. Wenn die restliche Familie nachkommt, bleibst du hier. Verstanden?«
Es dauerte eine Weile, bis ich ihr antworten konnte. Innerlich kochte ich vor Wut. Und dann sagte ich leise, aber mit Nachdruck: »Nein.«
»Wie bitte?«, meinte sie.
»Ich habe Nein gesagt«, wiederholte ich, erstaunt über meine eigene Kühnheit. »Ich bleibe nicht allein mit Ihrem Mann in diesem Haus. Das geht nicht. Es schickt sich nicht.«
»Was soll das heißen?«, fragte sie ungläubig. »Ich hoffe, ich habe mich verhört.«
»Ich sagte, ich kann nicht allein mit Ihrem Mann in diesem Haus bleiben«, erwiderte ich. Der Zorn verlieh mir Mut.
»Was?«, brüllte sie. »Behauptest du etwa, dass du meinem Mann nicht traust? Er hat einen wichtigen Posten in der Regierung und ist ein guter, anständiger Mann. Wie kannst du es wagen, so etwas anzudeuten? Außerdem werden die Kinder hier sein. Was ist also das Problem?«
»Es hat nichts mit Ihrem Mann persönlich zu tun«, entgegnete ich ruhig. »Aber es schickt sich nun einmal nicht, dass ich allein mit einem Mann im Haus bin. Schließlich bin ich eine unverheiratete Frau, und der Islam verbietet es. Das ist der einzige Grund.«
Hanan schwieg und dachte nach. Bei Rahab hätte das nie geklappt. Sie hätte einfach abgestritten, dass ich Muslimin war, und

behauptet, der Islam sei nichts für Schwarze wie mich. Ihrer Ansicht nach war das genug Rechtfertigung, um mich schlecht zu behandeln. Hanan hingegen hatte meinen Glauben nie angezweifelt, und als Muslimin wusste sie, dass sie eigentlich nicht gegen die Regeln des Islam verstoßen und einer Glaubensschwester Unrecht tun durfte.

»Natürlich ist mir das klar«, meinte sie nach einer Weile. Ihr Tonfall hatte sich verändert, und sie versuchte nun, mich zu überzeugen. »Aber er ist nicht irgendein Mann, oder? Er ist mein Ehemann. Und meinem Ehemann kannst du doch vertrauen.« Schließlich ließ sie das Thema fallen. Ich jedoch fühlte mich jetzt stärker. Wenigstens hatte ich einen Weg gefunden, mich zu wehren. So dachte ich wenigstens. Eine Woche später unterbreitete mir Hanan einen neuen Plan: Die ganze Familie würde in den Sudan reisen, während man mich bei einem Freund der Familie in London unterbringen würde.

»Was ist das für ein Freund?«, fragte ich sie. »Ist er verheiratet?«

»Ja«, entgegnete sie spitz. »Er ist verheiratet und hat eine fromme muslimische Frau und eine Familie. Du wirst in ihrem Haus wohnen. Also. Bist du jetzt zufrieden?«

»Ja«, sagte ich.

Doch am Tag vor der geplanten Abreise teilte mir Hanan mit, sie habe es sich schon wieder anders überlegt. Nun wollte sie mit den Kindern abreisen, während ihr Mann eine Woche später nachkommen würde. Ich würde im Haus bleiben müssen, um ihn zu bedienen, bis er ebenfalls in den Sudan flog, und dann würde ich zu besagtem Freund gebracht werden. Ich würde eine Woche mit ihrem Mann ganz allein im Haus sein. Nach islamischem Gesetz war das die allerschlechteste Möglichkeit.

»Warum haben Sie Ihre Meinung geändert?«, fragte ich mit zitternder Stimme. »Ich habe doch schon gesagt, dass ich nicht allein mit einem Mann hier bleiben kann.«

»Das Thema ist erledigt, *yebit*«, fauchte sie mich an. »Mein Mann hat hier in London einige sehr wichtige Dinge zu tun. Also bleibt er, und du bleibst auch. Ende der Diskussion.«

Ich war so unbeschreiblich wütend. Zuerst hatte Hanan mir vorgemacht, sie werde mich in den Sudan mitnehmen. Und nun hatte sie mich belogen, was die Reisearrangements anging. Sie wusste genau, dass es gegen die Regeln des Islam verstieß, mich mit irgendeinem Mann allein zu lassen, und sei es auch ihr eigener. In dieser Nacht schlief ich kaum. Ich war völlig außer mir, weil ich nun wusste, dass ich meine Familie nicht wiedersehen würde. Und außerdem hatte ich Angst davor, mit Al Koronky allein zu bleiben.

Am folgenden Tag ging ich, nachdem ich mit der Arbeit fertig war, in mein Zimmer und weinte stundenlang. Doch als meine Verzweiflung am größten war, erinnerte ich mich plötzlich an eine wundervolle Begebenheit mit meinem Vater. Eines Abends, mitten in der Regenzeit, saßen wir plaudernd und lachend um ein großes Feuer. Ich hatte den Kopf auf den Schoß meines Vaters gebettet. Wolken trieben am Himmel und legten sich wie eine Decke über die Berggipfel.

»Schau, Mende«, meinte mein Vater und zeigte mit dem Finger. »Die Wolken kuscheln sich an die Berge.«

»Eines Tages, Ba, würde ich die Wolken gern anfassen«, erwiderte ich träumerisch. »Wie fühlen sie sich wohl an? Hart oder weich?«

»Tja, vor langer Zeit hing der Himmel so tief, dass man die Hand ausstrecken und die Wolken berühren konnte. Doch eines Tages wollte eine habgierige Frau einen großen Topf Hirsebrei kochen. Während sie das Feuer anzündete, überlegte sie sich, die Wolken zu nehmen und sie mit dem Hirsebrei zu essen, weil sie weich und cremig waren wie Butter. Sie legte Holz nach, bis der große Topf mit dem Hirsebrei kräftig brodelte. Aber als sie gerade nach ein paar Wolken greifen wollte, um sie zu essen, bemerkte der Himmel, wie riesig und heiß ihr Feuer geworden war. Der Himmel bekam Angst, denn er befürchtete, dass alle Wolken schmelzen könnten. Seine Angst war sogar so groß, dass er vor der Erde floh, bis er so weit weg und so hoch oben war, wie er heute ist. Wenn es diese habgierige Frau nicht gegeben hätte, könntest du immer noch die Hand ausstrecken, den Himmel berühren und fühlen, wie weich die Wolken sind.«

Als ich aus diesem schönen Tagtraum erwachte, hatte ich aufgehört zu weinen. Die Erinnerung an meinen Vater hatte mich genügend aufgeheitert, um mich der Welt wieder zu stellen. Doch als ich aus meinem Zimmer trat, schien das Haus menschenleer zu sein. Da das Wohnzimmer und die Küche schmutzig waren, machte ich erst einmal alles sauber, um wenigstens etwas zu tun zu haben. Dann hörte ich, wie sich oben eine Tür öffnete, und außerdem den Klang von Stimmen. Ich schlich nach oben und spähte durch die Tür des Salons im ersten Stock. Al Koronky saß dort allein vor dem Fernseher. Vor ihm auf dem Boden lagen ausgebreitet die Sonntagszeitungen.

»Wo ist Hanan?«, fragte ich ihn mit zitternder Stimme.

»Das weißt du doch«, erwiderte er. »Sie ist mit den Kindern zum Flughafen gefahren.«

»Sie hat sich nicht von mir verabschiedet«, sagte ich.

»Nein. Warum denn auch?«, fuhr er mich an. »Sie waren spät dran und hatten es eilig. Und jetzt geh und koch mir Kaffee.«

31
Meine Retter

Am Ende jener Woche flog Koronky in den Sudan zu Frau und Familie. Ein Botschaftswagen holte ihn ab, und ich musste mit zum Flughafen fahren. Anschließend brachte mich der Fahrer zurück nach London und zu Freunden von Koronky. Vor ihrer Abreise in den Sudan hatte Hanan mir strikte Anweisungen erteilt, was ich während meines Aufenthalts dort zu tun und zu lassen hätte.

»Du musst für sie arbeiten, wann immer sie es möchten«, sagte Hanan. »Hilf mit, wo du nur kannst, und tu, was sie sagen. Aber das Wichtigste ist, dass du immer im Haus bleibst. Was auch immer du machst, du darfst nicht nach draußen – außer natürlich, wenn Omer dich hierher zum Putzen bringt. Das wird er einmal in der Woche tun. Ansonsten bleib einfach bei ihnen im Haus, bis wir wieder aus dem Sudan zurück sind.«

Als ich gegen sieben Uhr abends vor der Tür des Hauses stand, in dem ich die nächsten Wochen verbringen sollte, machte mir ein lächelnder Araber auf. »Willkommen, willkommen«, sagte er und nahm meine kleine Tasche. »Kommen Sie rein. Sie müssen Mende sein.« Schon beim Eintreten bemerkte ich, dass hier offenbar eine gute Stimmung herrschte. Ich fühlte mich sofort heimisch.

»Ich bin Omer«, fuhr der Mann fort und ging mir voran den Flur hinab. »Gleich lernen Sie meine Frau kennen, Mende. Sie heißt Rabab.«

Rabab steckte den Kopf aus dem Wohnzimmer. »Hallo, Sie sind bestimmt Mende«, meinte sie und umarmte mich fest. »Ich warte schon seit einer Woche auf Sie, aber jetzt sind Sie ja da!«

»Was möchten Sie trinken?«, sprach Rabab weiter. »Nur raus mit der Sprache. Wir haben Tee, Kaffee, Saft oder Milch. Was darf ich Ihnen anbieten?«

Ich war so überwältigt von ihrer Freundlichkeit, dass mir die Worte fehlten. Ich wollte am liebsten in der Küche verschwinden und mich verstecken. Doch bald wurde mir klar, dass ich in Rabab und Omer wirklich gute Menschen vor mir hatte. Sie hatten zwei Töchter, fünf und sieben Jahre alt. Da ihr Haus klein war, gaben sie mir das Zimmer der jüngsten Tochter und quartierten diese währenddessen bei ihrer Schwester ein. Es war ein sehr schönes Zimmer mit einem großen Fenster, das auf die Straße hinausging. Ich durfte ausschlafen und duschen, so lange und wann immer ich wollte. Schon nach kurzer Zeit schlief ich bis zehn Uhr oder noch länger und setzte mich dann nach unten zu Rabab an den Frühstückstisch.

Wenn die Sonne schien, schlug Rabab anschließend ein Picknick im Park vor. Dieser war etwa zehn Minuten Fußweg entfernt in einem Stadtviertel mit hübschen, von Backsteinhäusern gesäumten Straßen. Anfangs wagte ich mich wegen Hanans Warnungen kaum aus dem Haus. Doch Rabab ließ ihre kleinen Töchter auf der Straße lachend und spielend vor uns hertollen. Ganz offensichtlich glaubte sie nicht, dass uns hier Gefahr drohte. Im Park gab es einen Spielplatz, und die Kinder liebten es, sich auf der Schaukel anschubsen zu lassen oder Karussell zu fahren.

Am Sonntag ging Rabab mit mir zu einem Markt in einer Gegend namens Shepherds Bush, um Geschenke für ihre Freunde und ihre Familie im Sudan zu besorgen. Sie kaufte Kleider, Spielsachen und Elektrogeräte. Mir schenkte sie einen kleinen weißen Spitzen-BH. Das war zwar sehr großzügig von ihr, doch da ich schon seit zwanzig Jahren ohne herumlief, fand ich ihn ziemlich unbequem. Sie nahm mich auch zu ihren Freundinnen mit, und ich saß da und plauderte, als wäre ich so frei und unabhängig wie alle anderen auch. Ich hatte eine Menge Spaß, und allmählich wurde mir klar, dass Hanan mich, was London anging, belogen hatte. London war gar nicht gefährlich. Ganz im Gegenteil, die Leute hier waren ausgesprochen freundlich.

Jeden Samstag nach dem Mittagessen jedoch begleitete Omer mich zu Koronkys Haus, damit ich putzte. Im Obergeschoss leckte ein Heizkörper, und ich musste den Eimer darunter ausleeren, damit das Wasser nicht durch die Decke sickerte. Doch abgesehen davon gab es nicht viel sauber zu machen, da ja niemand das Haus benutzte. Zum Glück hatten Hanans Kinder mir einmal gezeigt, wie man den Fernseher einschaltete und die Sender einstellte, und so saß ich da und sah fern, bis Omer mich wieder abholte.

Viel verstand ich nicht von den Sendungen, denn sie waren alle auf Englisch, sodass ich mich mit den Bildern begnügen musste. Am Samstagnachmittag lief eine Seifenoper – inzwischen weiß ich, dass sie »Familienbande« heißt. Da ich neugierig auf das wirkliche Leben in England war, hoffte ich, dass diese Sendung mir darüber Aufschluss geben würde. Ich war erstaunt, wie häufig sich die Personen im Fernsehen umarmten und küssten. Die Leute wurden sogar zusammen im Bett gezeigt, und ich war ziemlich schockiert. Noch dazu fiel mir auf, dass einige der Männer zwei verschiedene *hawaja*-Frauen küssten, und ich schloss daraus, dass sie wohl – wie die Männer in den Nubabergen – mehr als eine Ehefrau hatten.

Als Omer mich zum ersten Mal zu Koronkys Haus brachte, schloss er die Tür von außen ab. Doch am zweiten Samstag gab er mir einfach den Schlüssel und meinte, er werde mich später abholen. Ich wurde nicht mehr eingesperrt. Man überwachte mich nicht mehr. Ich wurde einfach wie ein Familienmitglied behandelt.

»Sie haben doch bei Hanans Schwester Rahab in Khartoum gelebt?«, fragte mich Omer eines Tages beim Abendessen.

»Ja, ich war einige Jahre bei ihr, bevor ich hierher kam.«

»Das ist aber nett«, meinte Rabab. »Dann kennen Sie ja die ganze Familie.«

Ich nickte. Es war offensichtlich, dass sie nichts von meiner wahren Situation ahnten – nämlich, dass ich jahrelang Rahabs Sklavin gewesen war und nun als Sklavin für Hanan arbeitete. Aber ich wollte ihnen nicht die Wahrheit sagen; trotz ihrer Freundlichkeit vertraute ich ihnen noch nicht. Ich befürchtete, sie würden mich nicht mehr aus dem Haus lassen, wenn sie erfuhren, dass ich eine Sklavin war. Endlich hatte ich nun die Gelegenheit, ein winziges Stück Freiheit zu schmecken, und die wollte ich mir um nichts auf der Welt verscherzen.

Eines Abends, ich war schon in der dritten Woche bei ihnen, rief Rabab mich zum Abendessen hinunter. Doch ich saß weinend in meinem Zimmer. Wahrscheinlich lag es an ihrer Freundlichkeit, dass mir immer bewusster wurde, wie elend mein Leben in Wirklichkeit war. Nach einiger Zeit schickte Rabab Rasha, ihre Tochter, nach oben, um mich zu holen.

»Komm, Mende, es gibt Essen«, sagte Rasha und stürmte zur Tür herein. Da bemerkte sie meine Tränen. »Warum weinst du?«, fragte sie und setzte sich zu mir aufs Bett.

»Ich weine nicht, Rasha«, erwiderte ich und wischte mir die Tränen weg. »Ich habe nur Kopfschmerzen.«

»Kommt runter, ihr beiden. Mende, Rasha, das Essen ist fertig. Wir warten!«, rief Omer von unten herauf.

»Papa, Mende weint«, entgegnete Rasha.

Kurz darauf stand Omer im Zimmer. »Na, Mende«, sagte er freundlich, »was ist denn los? Warum weinen Sie? Kommen Sie runter und essen Sie mit uns.«

»Es ist nichts«, antwortete ich und schüttelte den Kopf. »Ich habe nur eben keinen Hunger und möchte nichts essen.«

»Tja, wenn Sie nichts essen, essen wir auch nichts. Dann verhungern wir eben gemeinsam«, meinte Omer. Ich lachte, trocknete meine Tränen und folgte ihm nach unten.

»Was haben Sie denn, Mende?«, erkundigte sich nun auch Rabab, als ich mich an den Esstisch setzte. »Denken Sie an Ihre Familie? Wir alle vermissen unsere Familien, also weinen Sie nicht. Kommen Sie, wenn wir jetzt nicht anfangen, wird alles kalt.«

Da der nächste Tag ein Samstag war, brachte Omer mich zum dritten Mal zu Koronkys Haus. Da er kein Auto hatte, nahmen wir den Bus. Die Fahrt dauerte etwa eine halbe Stunde, und Omer plauderte zum Zeitvertreib mit mir. Doch schließlich stellte er die Frage, die ihn in Wirklichkeit beschäftigte.

»Mende, warum haben Sie gestern geweint?«

Ich hatte geweint, weil mich der Aufenthalt bei Rabab und Omer an meine glückliche Kindheit voller Liebe erinnerte.
»Mir können Sie es doch verraten«, drängte Omer. »War jemand gemein zu Ihnen? Ist das der Grund?«
»Nein«, erwiderte ich leise. »Niemand ist gemein zu mir.«
»Wenn das so ist, haben Sie doch keinen Grund zu weinen. Raus mit der Sprache, was bedrückt Sie?«
»Sie sind alle so gute Menschen«, entgegnete ich und blickte aus dem Fenster, weil mir schon wieder die Tränen in die Augen stiegen. »So viel netter als alle in Koronkys Haus.«
»Weinen Sie deshalb? Weil man Sie dort schlecht behandelt?«
»Nein«, log ich. »Ich vermisse nur meine Familie.«
»Ach, wir alle vermissen unsere Familie. Ich auch. Deshalb braucht man doch nicht gleich zu weinen. Wenn Sie in London fleißig sind, können Sie viel Geld verdienen und Ihrer Familie etwas davon schicken. Ich mache das genauso.«
Ich nickte.
»Was tun Sie denn genau in Koronkys Haus?«
»Alles. Ich putze, ich wasche, ich bügle, ich koche meistens, ich spüle ab und ich kümmere mich um die Kinder.«
»Und das ganz allein?«, fragte er stirnrunzelnd. »Wie viele Stunden arbeiten Sie denn am Tag?«
»Stunden? Was meinen Sie mit Stunden?«, erwiderte ich und schüttelte den Kopf. »Ich arbeite die ganze Zeit.«
»Wie, die ganze Zeit?«
»Ich arbeite immer und immer.«
»Hören Sie«, sagte er, als der Bus vor Koronkys Haus hielt. »Ich muss jetzt los. Aber später möchte ich Ihnen noch eine Menge Fragen stellen, einverstanden?«
Sobald wir wieder im Bus saßen, um den Heimweg anzutreten, fing er wieder damit an.
»Jetzt verraten Sie mir aber, wie lange man Sie jeden Tag arbeiten lässt.«
Ich schwieg eine Weile und meinte dann: »Ich kann nicht mit Ihnen darüber sprechen.«

»Warum nicht?«, verwunderte er sich.
»Weil ich nicht weiß, ob ich Ihnen trauen kann.«
»Was soll das bedeuten?«, entgegnete er ein wenig gekränkt.
»Wenn ich es Ihnen sage, erfährt es vielleicht Koronky von Ihnen«, flüsterte ich und sah aus dem Fenster. »Oder Rabab, und die erzählt es dann Hanan weiter.«
»Seien Sie nicht albern, ich behalte es für mich. Es bleibt unter uns. Möglicherweise kann ich Ihnen helfen, wenn Sie mir Ihr Herz ausschütten. Wenn Sie aber schweigen, sind mir die Hände gebunden, richtig? Sie müssen sich jemandem anvertrauen.«
»Schauen Sie, wir sind schon da«, rief ich erleichtert aus, als der Bus an unserer Haltestelle stoppte.
»Okay«, meinte Omer. »Aber am nächsten Samstag unterhalten wir uns weiter. Ich möchte wissen, was da los ist.«
Omer war Koronkys Mitarbeiter in der Botschaft, weshalb ich befürchtete, dass sie über mich sprechen könnten. Andererseits spürte ich, um wie viel glücklicher und gesünder ich schon nach wenigen Wochen in seiner Familie geworden war. Ich fühlte mich so zu Hause, dass ich sogar ein wenig zugenommen hatte; davor war ich viel zu mager gewesen. Und so beschloss ich spontan, am nächsten Samstag im Bus Omers Fragen zu beantworten.
»Hören Sie, Mende«, begann er, sobald wir saßen. »Sie müssen mir einfach vertrauen. Ich werde niemandem etwas verraten und versuchen, Ihnen zu helfen. Das verspreche ich Ihnen.«
»Gut«, erwiderte ich leise. »Was möchten Sie wissen?«
»Also, wie viele Stunden genau arbeiten Sie pro Tag?
»Den ganzen Tag lang. Von morgens bis abends, an jedem Tag der Woche.«
»Wie ist das möglich? Sie müssen ja völlig erschöpft sein. Bekommen Sie denn nie frei?«
»Nein. Und ja, ich bin wirklich erschöpft.«
»Man darf Sie doch nicht zwingen, so zu arbeiten. Das geht nicht. Laut Gesetz haben Sie ein Recht auf freie Tage.«
»Es ist aber so.«
»Gut«, seufzte er. »Und wie viel bezahlt man Ihnen pro Stunde?«

»Was?«
»Wie viel man Ihnen bezahlt«, wiederholte er. »Sie wissen schon, was ich meine. Bekommen Sie Ihren Lohn pro Stunde oder pro Woche? Wie ist das bei Ihnen geregelt?«
»Ich werde gar nicht bezahlt.«
»Was heißt das, Sie werden nicht bezahlt? Das ist unmöglich!«
»Doch. Sie geben mir kein Geld.«
»Warum nicht? Passen Sie auf, Mende. Koronky weiß ganz genau, dass es in London verboten ist, Leute unbezahlt für sich arbeiten zu lassen. Außerdem darf man niemanden zwingen, sieben Tage pro Woche von morgens bis abends ohne Freizeit zu arbeiten. Das ist illegal. Verstehen Sie, was ich meine? In der Botschaft, wo wir beide tätig sind, gibt es Frauen, die fürs Saubermachen zuständig sind. Und die werden bezahlt. Ich glaube, es sind so zwischen fünf und sechs Pfund pro Stunde. Und die täglichen Arbeitszeiten sind ebenfalls festgelegt, ich denke, sie beginnen um neun und hören um fünf auf. Außerdem hat jede Putzfrau eine feste Anzahl freier Tage im Monat.«
»Tja, ich arbeite ununterbrochen, und niemand bezahlt mir etwas«, murmelte ich.
»Verraten Sie Koronky nicht, dass Sie das von mir haben, aber ich will Ihnen mal was erklären: Die dürfen Sie nicht kostenlos für sich arbeiten lassen. Das Gesetz verbietet es. Sie sagen mir doch die Wahrheit, oder? Bezahlen sie Ihnen wirklich gar nichts?«
»Das habe ich Ihnen doch schon beantwortet. Ich kriege keinen Lohn«, erwiderte ich. Ich ärgerte mich langsam, dass Omer mir offenbar nicht glaubte.
»Warum sind Sie dann überhaupt nach London gekommen, um für sie zu arbeiten, wenn das stimmt? Und warum kündigen Sie nicht einfach, wenn sie Sie nicht bezahlen, und suchen sich einen anderen Job?«
Anstelle einer Antwort blickte ich aus dem Fenster. »Sehen Sie mich an, Mende«, meinte er erschöpft, packte mich am Kinn und drehte mir den Kopf herum. »Hören Sie, Sie müssen verstehen, dass

in London niemand ohne Bezahlung arbeitet. So ist das Gesetz hier.«
Ich nickte und wandte mich dann wieder zum Fenster. Er begreift überhaupt nichts, dachte ich mir. Dass freie Menschen nicht unbezahlt arbeiteten, wusste ich selbst; ich war ja nicht auf den Kopf gefallen. Und außerdem war mir bekannt, dass ein normaler Mensch feste wöchentliche Arbeitszeiten und Urlaub hatte. Allerdings war ich kein normaler Mensch, denn ich hatte schon immer ohne Geld arbeiten müssen und kannte nichts anderes. Ich war eine Sklavin, eine Gefangene, eine Ware.
Rückblickend betrachtet, vermute ich, dass Omar ahnte, in welcher Situation ich in Wirklichkeit steckte. Immerhin war er Sudanese, und Sklaverei gibt es im Sudan nicht gerade selten. Vielleicht jedoch wollte er es gar nicht so genau wissen. Wenn er der Wahrheit auf den Grund gegangen wäre, hätte er Anzeige bei der Polizei erstatten müssen. Und dann wäre er gezwungen gewesen, sich mit einem seiner Vorgesetzten anzulegen. Wahrscheinlich hätte es das Ende von Omers Karriere als Diplomat bedeutet.
Dennoch war ich Omer unglaublich dankbar. In den wenigen Wochen, die ich in seinem Haus verbrachte, hatte ich die Erfahrung gemacht, dass London eine schöne, freundliche Stadt war. Seine Familie hatte mir so viel Zuneigung entgegengebracht, dass ich nun wieder spürte, dass ich ein Mensch war. Und nun hatte Omer mir klar gemacht, dass auch ich über Rechte verfügte – und dass ich auf skrupellose Weise um diese Rechte betrogen wurde. In diesem Land war es nicht erlaubt, Leute als Sklaven zu halten! Er hatte mir die Augen für meine wahre Situation geöffnet.
Nach diesem Gespräch wusste ich, dass ich fliehen musste. Wenn ich zu meinem Leben als Sklavin zurückkehrte, würde ich entweder daran zugrunde gehen oder mich irgendwann selbst umbringen. Nun bot sich mir eine Chance, und ich musste sie nutzen, bevor Koronky und Hanan nach Hause kamen.
Anfangs fragte ich mich, ob Omer mir vielleicht helfen würde, überlegte mir aber dann, dass er Koronky zu gut kannte. Also würde ich mich an jemand anderen wenden müssen, einen Menschen,

der nicht zu Hanans und Koronkys Kollegen- und Freundeskreis gehörte. Es musste andere Sudanesen in London geben, vielleicht sogar Nuba.

Ich war bereits ein- oder zweimal in den Läden in unserem Viertel gewesen, um für Rabab Einkäufe zu erledigen. Und so nahm ich mir vor, wieder hinzugehen, um jemanden aufzutreiben, der mir half. Ich betete zu Allah, er möge mich in der Stunde der Not einen Freund finden lassen. Am nächsten Morgen bot ich Rabab an, wieder für sie einkaufen zu gehen.

»Schaffen Sie das denn allein?«, erkundigte sie sich freundlich. »Sie werden sich doch nicht verirren, oder?«

»Ich komme schon zurecht«, versicherte ich ihr. »Es ist ja nicht weit.«

»Aber passen Sie auf den Straßenverkehr auf, okay? Schauen Sie in beide Richtungen, damit Sie nicht überfahren werden.«

Nach dem Einkaufen eilte ich in den Park. Da es ein sonniger Tag war, waren viele Menschen unterwegs. Ich musterte die Schwarzen gründlich, die ich dort sah, doch keiner von ihnen sah aus oder klang wie ein Sudanese.

Am folgenden Morgen unternahm Rabab mit mir einen langen Einkaufsbummel, weshalb ich erst am übernächsten Tag wieder Gelegenheit hatte, allein hinauszugehen. Ich machte mich auf den Weg ins Einkaufszentrum, um dort mein Glück zu versuchen. Etwa eine halbe Stunde später entdeckte ich einen Mann, der die Auslage eines Schuhgeschäfts betrachtete und offenbar aus dem Südsudan stammte. Also ging ich hin, stellte mich neben ihn und nahm meinen ganzen Mut zusammen. *»Assalam alaikum«*, sagte ich, was auf Arabisch »hallo« bedeutet.

Er drehte sich um und lächelte mich an. »Hallo«, erwiderte er auf Englisch.

»Sprechen Sie Arabisch?«, fragte ich ihn auf Arabisch.

»Was?«, entgegnete er auf Englisch und zuckte die Achseln. »Wie bitte?«

Ich entschuldigte mich und lief davon. Die Situation war mir schrecklich peinlich, und ich war wütend auf mich. Außerdem wuchs meine Verzweiflung. Warum hatte ich nicht wenigstens ein paar Brocken Englisch gelernt? Sicherlich wären Rabab und Omer bereit gewesen, es mir beizubringen, wenn ich sie darum gebeten hätte. Inzwischen wagte ich nicht mehr, noch jemanden anzusprechen. Ich hatte gedacht, ich könnte einen Sudanesen an seinem Gesicht erkennen, doch das war ein Irrtum gewesen.

Am nächsten Tag zwang ich mich, es noch einmal zu versuchen. Nach dem Mittagessen sagte ich Rabab, ich wolle wieder spazieren gehen. Da es ein grauer Tag war und die Kleine mit einer Erkältung im Bett lag, wusste ich, dass Rabab zu Hause bleiben musste, um sie zu pflegen.

»Warum wollen Sie heute raus?«, fragte Rabab erstaunt. »Es ist scheußlich und kalt.«

»Ich möchte nur ein wenig frische Luft schnappen. Ich bin gleich wieder da, ich gehe nur zu den Läden.«

Ich wusste, dass heute wahrscheinlich meine letzte Chance war, jemanden zu finden, der mir half, denn in zwei Tagen sollten Koronky und seine Familie nach London zurückkehren. Eine halbe Stunde lang durchkämmte ich das Einkaufszentrum, doch ich entdeckte niemanden, der aussah wie ein Sudanese. Allmählich kam ich mir schrecklich dumm vor; vielleicht war meine Idee an sich ja unsinnig, und es war besser, es einfach aufzugeben.

Da es auf dem Rückweg zu regnen anfing, stellte ich mich in einem Buswartehäuschen unter. Auf der anderen Straßenseite war eine Autowerkstatt, wo jede Menge Leute damit beschäftigt waren, Wagen mit der Hand zu waschen. Sie trugen hellgelbe Overalls, und die meisten waren junge schwarze Männer. Offenbar hatten sie Spaß an ihrer Arbeit.

In einer Ecke, wo Reifen aufgezogen wurden, bemerkte ich schließlich wieder einen Mann, der aus dem Südsudan zu stammen schien. Ich hatte mich zwar schon einmal geirrt, beschloss aber, mein Glück noch einmal zu versuchen. Also schlängelte ich mich zwischen Reifen und Werkzeugen durch. Der Mann kauerte am Boden und pumpte einen Reifen auf. Ich ging hin und stellte mich neben ihn, in der Hoffnung, dass er mich bemerken und mich ansprechen

würde. Doch er war in seine Arbeit versunken, und außerdem plärrte im Hintergrund ein Radio. Schließlich gab ich mir einen Ruck. »*Assalam alaikum*«, sagte ich leise. Aber er hatte mich entweder nicht gehört oder nicht verstanden. Am liebsten hätte ich mich einfach umgedreht und wäre gegangen. »*Assalam alaikum*«, versuchte ich es dennoch erneut, diesmal ein wenig lauter.
»*Alaikum wassalam*, kleine Schwester!«, rief er überrascht aus und hob den Kopf, um mich anzusehen. »Wo kommst du denn her?«, fuhr er auf Arabisch fort.
»Aus dem Sudan«, erwiderte ich; das Herz klopfte mir bis zum Halse.
»He, ich bin auch aus dem Sudan«, entgegnete er grinsend. »Aber eigentlich meinte ich, wo du jetzt herkommst. Du bist einfach aus dem Nichts aufgetaucht.«
»Oh ... Ich war nur einkaufen.«
»Aha.« Er nickte und überprüfte den nächsten Reifen. »Und aus welchem Teil des Sudan bist du? Aus dem Süden?«
»Ich bin aus den Nubabergen.«
»Den Nubabergen? Aha. Tja, ich bin aus dem Süden. Also sind wir eigentlich wie Bruder und Schwester. Wie lange bist du schon in London? Wie heißt du?«
»Mein Name ist Mende«, antwortete ich schüchtern. »Ich bin seit drei Monaten hier.«
»Mende. Das ist aber ein hübscher Name«, sagte er lächelnd. »Und viel einfacher als meiner. Versuch mal, ihn auszusprechen. Ich heiße Aluan Akuat Bol. Ein richtiger Zungenbrecher, was?«, kicherte er. »Wo wohnst du?«
»Ach, ganz hier in der Nähe«, erwiderte ich, absichtlich ausweichend. Nachdem eine Weile Schweigen geherrscht hatte, fragte ich ihn: »Kennst du noch andere Sudanesen in London?«
»Ja, eine ganze Menge. Suchst du jemand Bestimmten?«
»Kennst du auch Nubas?«, erkundigte ich mich weiter und gab mir Mühe, nicht so verzweifelt zu klingen, wie ich mich fühlte.
Er überlegte. Dann breitete sich ein Grinsen auf seinem Gesicht aus. »Ja«, sagte er. »Ich kenne einen Nuba.«

»Wirklich!«
»Ja, wirklich«, meinte er. »Möchtest du mit ihm reden? Ich habe seine Nummer in meinem Handy und könnte ihn anrufen, damit ihr euch treffen könnt. Ich habe ganz den Eindruck, dass du alles dafür geben würdest, mal wieder einen anderen Nuba zu sehen.«
»Ja, gerne, aber ich würde lieber erst am Telefon mit ihm reden.«
Ich wollte nicht fliehen, solange ich bei Rabab und Omer wohnte. Sie waren so nett zu mir gewesen, und sie sollten auf keinen Fall meinetwegen Ärger bekommen. Ich musste warten, bis Hanan und Al Koronky zurückkamen.
Aluan tippte die Nummer in sein Mobiltelefon ein. Es läutete und läutete, doch als ich die Hoffnung fast aufgegeben hatte, hörte ich, wie jemand abhob.
»Hallo, Babo«, sagte Aluan. »Hallo, ich bin's, Aluan. Ich habe hier jemanden, der mit dir sprechen will.«
Er reichte mir das Telefon. »Da«, meinte er. »Nimm es. Er heißt Babo.«
Mein Herz machte einen Satz. Babo! Babo war der Name meines Lieblingsbruders. Vielleicht war das ein gutes Zeichen.
»Hallo, Babo«, flüsterte ich nervös ins Telefon. Meine Hand zitterte.
»Hallo, kleine Schwester«, erwiderte er.
»Dein Freund hat mir deinen Namen gesagt. Kennst du meinen?«
»Nein, kleine Schwester. Wie heißt du denn?«
Ich schluckte. Vor Aufregung war meine Kehle ganz trocken. »Ich heiße Mende«, antwortete ich. »Und ich bin nicht mehr klein. Ich bin zwanzig.«
»In Ordnung«, lachte er. »Du hörst dich an wie eine Nuba?«
»Ich bin auch eine. Vom Stamm der Karko.«
»Ja, die Karko kenne ich. Aber wir müssen weiter Arabisch sprechen, denn unsere Stammessprachen sind zu verschieden. Also, meine Nubaschwester, was treibt ihr denn so, mein guter Freund Aluan und du?«
Ich zog mich in eine Ecke zurück, um unbelauscht weitersprechen zu können. »Ich brauche deine Hilfe«, sagte ich leise.
»Wobei?«

»Ich brauche jemanden, der mir hilft zu fliehen. Bitte glaube mir, was ich dir jetzt erzähle. Ich werde in London im Haus eines Sudanesen als Sklavin gefangen gehalten.«
So schnell ich konnte, sprudelte ich meine Geschichte hervor. Nachdem sich die Schleusen erst einmal geöffnet hatten, konnte ich den Wortschwall nicht mehr zurückhalten. Am anderen Ende der Leitung herrschte verdattertes Schweigen.
»Ist das die Wahrheit?«, fragte Babo schließlich. »Hier in London? Sie halten dich hier in London als Sklavin?«
»Ja, es stimmt alles. Du musst mir glauben«, schluchzte ich. Ich konnte mich nicht länger beherrschen. »Du musst mir helfen. Ich habe sonst niemanden, und ich kann nicht länger dort bleiben!«
»Schon gut«, beschwichtigte er mich. »Beruhig dich. Ich tue alles, was ich kann, um dir zu helfen. Das verspreche ich dir. Aber zuerst müssen wir uns treffen. Ich kann nicht sofort kommen, weil ich in der Arbeit bin. Gib mir deine Telefonnummer, dann rufe ich dich später an, und wir verabreden uns.«
»Ich habe kein Telefon.«
»Hast du kein Handy? Oder ein anderes Telefon, an das du herankommst?«
»Nein«, erwiderte ich leise.
»Tja, also gut. Kannst du mir die Adresse geben? Den Straßennamen und die Hausnummer?«
»Ich weiß nur, dass es irgendwo in Willesden Green ist.«
»Du kennst die Adresse nicht?«
»Nein«, sagte ich und wurde wieder von Hoffnungslosigkeit ergriffen. »Aber ich weiß, dass der Mann, mein Herr, einen wichtigen Posten hier in London hat«, sprudelte ich heraus, in der Hoffnung, dass es Babo weiterhelfen würde. »Er ist ein hohes Tier in der sudanesischen Botschaft.«
»Okay. Und wie heißt er?«
»Er heißt Abdoul Mahmoud Al Koronky.«
»Gut. Ich versuche rauszukriegen, wo sein Haus ist.«
»Wie?«, fragte ich besorgt. »Willst du etwa selbst mit Koronky sprechen?«

»Keine Sorge«, beruhigte er mich. »Natürlich nicht. Aber die Sudanesen hier in London kennen sich alle untereinander. Ich finde dich schon irgendwie.«
Babo versprach mir, sich so bald wie möglich wieder mit mir in Verbindung zu setzen. Wir verabredeten, dass er mich bei Koronky anrufen würde, falls er die Nummer in Erfahrung bringen konnte. Wenn die Familie nicht zu Hause war, würde ich abheben und mich in meiner Nubasprache melden. Wenn Hanan oder Koronky an den Apparat kamen, würde er einfach nichts sagen und auflegen. Außerdem gab mir Babo seine Mobilfunknummer, die ich auf einem Zettel notierte. Falls sich eine Gelegenheit ergab, würde ich ihn dort anrufen. Es war zwar kein sehr ausgeklügelter Plan, doch es war das Beste, was uns unter den gegebenen Umständen einfiel.
Als ich wieder zu Hause bei Rabab war, erzählte ich ihr, ich hätte mir in den Läden Mobiltelefone angesehen, und bat sie, mir zu zeigen, wie man so ein Telefon bediente. Wir spielten mit ihrem Handy und ihrem normalen Telefon herum, änderten die Klingeltöne und taten so, als würden wir einander anrufen – bis wir vor Lachen über unsere eigenen Scherze fast platzten.
Am nächsten Morgen verabschiedete ich mich unter Tränen von Rabab, Omer und den Kindern, und wir versicherten einander, dass wir uns sehr vermissen würden. Um neun kam ein Fahrer von der Botschaft, um mich abzuholen und mich wieder bei den Koronkys abzuliefern. An diesem Abend wurde die Familie aus dem Sudan zurückerwartet. Also verbrachte ich den Tag mit Kochen und Putzen und bezog die Betten frisch.
Um sechs Uhr läutete plötzlich das Telefon, und ich fragte mich aufgeregt, ob es wohl Babo war. Ich rannte hin und nahm ab.
»Hallo?«, sagte ich mit einem Kloß im Hals. Doch es war Omer, der mir mitteilte, Koronky und die Familie seien noch drei Tage aufgehalten worden. Also werde er später vorbeikommen, um mich wieder abzuholen. Enttäuscht legte ich auf. Doch schon im nächsten Moment läutete das Telefon erneut.
»Hallo«, meldete ich mich, aber niemand antwortete. »Hallo«,

wiederholte ich, aber dann fiel mir unser Plan ein. *»Kenwengjero«*, stieß ich hervor, was in meiner Nubasprache »Hallo« bedeutet.
»Mende?«, sagte eine Stimme. »Bist du es?«
»Babo!«, rief ich aus. »Ja, ich bin es, Mende.«
»Kannst du reden?«
»Ja, es ist niemand hier. Sie kommen erst in drei Tagen zurück.«
»Pass auf, ich habe die Adresse, die Telefonnummer und alles andere rausgekriegt. Außerdem habe ich mir das Haus schon von außen angesehen. Bist du immer noch entschlossen, es zu tun?«
»Ja!«, schrie ich fast in den Hörer. »Ich muss hier raus!«
»Alles klar. Und wenn Koronky und die anderen noch weg sind, dann könnte ich dich doch jetzt gleich holen kommen.«
»Das geht nicht. Jeden Moment kommt Omer, um mich wieder mit zu sich nach Hause zu nehmen. Außerdem würde man Omer und Rabab die Schuld geben, wenn ich jetzt fliehe. Sie waren so gut zu mir, es wäre nicht fair. Ich muss warten, bis die Koronkys wieder da sind.«
»Meinetwegen. Aber dann wird es schwieriger. Wenn sie wirklich in drei Tagen zurückkommen, wäre das am Freitag. Gut. Ich bin am Montag darauf bei dir, in Ordnung? Am Montag, dem 11. September. Das ist mein nächster freier Tag. So hätte ich auch die Zeit, ein Auto zu organisieren. Wir machen es also folgendermaßen. Du bringst den Müll vors Haus. Pass auf, dass sie dich nicht beobachten. Dann läufst du, so schnell du kannst, die Auffahrt runter, ohne dich umzusehen. Ich erwarte dich gleich am Ende der Auffahrt, um die Ecke. Hast du alles mitgekriegt? Hast du verstanden? Von drei bis halb vier Uhr nachmittags warte ich dort auf dich.«
»Ist in Ordnung«, bestätigte ich ängstlich.
»Also bis dann, ja?«, meinte Babo beruhigend. »Und denk daran, dass du keine Tasche packen darfst, um keinen Verdacht zu erregen. Komm einfach so, wie du bist.«
»Ja. Ach ja, Babo? Vielen Dank, Babo. Vielen Dank.«
»Keine Ursache«, erwiderte er leise. »Aber es ist noch nicht ausgestanden. Du musst stark und tapfer sein. Wir holen dich da raus. Ach, da wäre noch etwas. Ein anderer Nuba, er heißt Monir

Sheikaldin, hilft mir, das alles zu organisieren. Er möchte auch kurz mit dir reden. Ich werde ihn bitten, dich sofort anzurufen, solange sonst niemand zu Hause ist. Einverstanden?«

Kurz darauf läutete erneut das Telefon. Es war Mr. Sheikaldin. Nachdem ich ihm ebenfalls meine Geschichte erzählt hatte, gab auch er mir seine Mobilnummer.

»Hör zu, Mende, wenn du irgendwelche Probleme hast, versuch uns anzurufen«, meinte er zu mir. »Weißt du, wie man telefoniert? Du kannst dich jederzeit an Babo oder an mich wenden, wenn du Angst hast oder dir wegen irgendetwas Sorgen machst.«

Als ich aufgelegt hatte, fühlte ich mich gleichzeitig glücklich, ängstlich und nervös. Ich verbrachte noch drei Tage bei Omer und Rabab. Dann wurde ich zu Koronky zurückgefahren, und am Abend kam die Familie nach Hause. Ich hatte Abendessen gekocht, und bald wechselte ich wieder die Windeln der Zwillinge und putzte hinter ihnen her. Hanan hatte mir nichts aus dem Sudan mitgebracht, auch keine Nachrichten von meiner Familie. Ich glaube nicht, dass sie überhaupt versucht hatte, mit ihnen Kontakt aufzunehmen oder herauszufinden, wo meine Familie war. Es war, als wären sie niemals weg gewesen. Hanan erzählte mir, Rahab und ihrer Familie gehe es gut, doch das interessierte mich eigentlich wenig. Stattdessen erkundigte ich mich nach Nanu, dem Nubamädchen, das meinen Platz als Rahabs Sklavin eingenommen hatte.

»Ach, sie heißt Nanu«, meinte Rahab. »Ihr geht es gut, glaube ich. Ich habe sie gar nicht richtig wahrgenommen.«

In den nächsten beiden Nächten schlief ich kaum, sondern ging ständig im Geist den Fluchtplan durch. Was konnte dazwischenkommen? Was war, wenn der Mülleimer noch nicht voll genug war? Oder wenn Hanan mich aus einem Fenster im oberen Stockwerk beobachtete? Wenn sie mich die Auffahrt entlangrennen sah? Wenn ich die Straße erreichte, und Babo nicht auf mich wartete? Meine Angst wuchs. Doch nichts konnte mich mehr zurückhalten. Ich dachte an meine Familie. Hatten sie genug zum Leben? Der Überfall hatte sicherlich alles schwerer gemacht. Ich fragte mich, ob sie wohl hungern mussten, und überlegte, wie ich nach meiner Flucht in London Geld verdienen und mir ein Flugticket in den Sudan kaufen könnte. Dann stellte ich mir vor, wie ich einen Bus von Khartoum nach Dilling nahm. Wie ich in die Nubaberge zurückkehrte und durchs Dorf lief, um nach meiner Mutter und meinem Vater zu suchen. Ich malte mir aus, wie ich sie entdeckte und wie wir uns unter Tränen in die Arme fielen. Dann würden wir einander am Feuer erzählen, was in der langen Zeit geschehen war, seit wir das letzte Mal als glückliche Familie beisammengesessen hatten.

Am Morgen des 11. September stand ich früh auf und verrichtete die üblichen Hausarbeiten. Doch bald stellte ich mit Entsetzen fest, dass Al Koronky nicht zur gewöhnlichen Zeit zur Arbeit aufbrach, sondern den ganzen Morgen im Haus herumstreifte. Es war Montag, warum also ging er nicht in die Botschaft? »O nein«, dachte ich bei mir. »Heute bleibt er hier. Wie soll ich aus dem Haus kommen?« Als ich den Fluchtplan rekapitulierte, war ich davon ausgegangen, dass ich mit Hanan und den Zwillingen allein sein würde. Ich wusste, dass die Haustür wie immer von innen abgesperrt war. Doch während die Familie im Sudan war, hatte ich Zeit gehabt, ein wenig herumzuschnüffeln, und ich hatte herausgefunden, dass ein Ersatzschlüssel zur Haustür in einer Geheimschublade des Wohnzimmertischs versteckt war. Mein Plan war gewesen, die Tür aufzuschließen und mich hinauszustehlen, während Hanan ihren Nachmittagsschlaf hielt.

Aber nun war Al Koronky ebenfalls da, und ich wusste nicht, was ich tun sollte. Es hatte sich ein gewaltiger Stapel Bügelwäsche angesammelt, worüber ich ausnahmsweise sehr froh war, weil ich mich so wenigstens bis halb vier ablenken konnte. Während ich mir den Fluchtplan wieder und wieder durch den Kopf gehen ließ, wurde ich immer nervöser.

Ich ertappte mich dabei, dass ich alle fünf Minuten auf die Wanduhr sah und mich beim Bügeln immer ungeschickter anstellte. Um drei ging ich ins Esszimmer, um ein paar nasse Wäschestücke aufzuhängen. Ich schloss die Tür hinter mir und spähte durch die Vorhänge,

da ich feststellen wollte, ob Babo schon da war. Doch die Bäume versperrten mir die Sicht. Dann ging ich in mein Zimmer. Vor lauter Aufregung schwitzte ich, und mir war ganz schwindelig. Ich wusste einfach nicht, wie ich mich unbemerkt aus dem Haus schleichen sollte. Ich blickte mich in meinem Zimmer um und betrachtete meine bescheidene Habe. Uran, meine kleine »Spielzeugkatze«, lag auf meinem Kopfkissen. Spontan griff ich nach ihr und steckte sie in mein Unterhöschen, denn ich wollte sie auf keinen Fall zurücklassen. Da hörte ich, wie Hanan aus der Küche nach mir rief.
»*Yebit*, ich hole jetzt die Kinder von der Schule ab«, verkündete sie. »Die Zwillinge lasse ich hier bei dir.«
Ich nickte und versuchte, ihrem Blick auszuweichen. Sicher ahnte sie, dass ich etwas im Schilde führte. Sie lief zur Treppe und rief zu Koronky hinauf: »Komm, Liebling! Ich bin fertig.«
»Bin gleich da«, erwiderte er.
Hanan schloss die Vordertür auf und kam zurück, um ihre Schuhe aus dem Schrank unter der Treppe zu holen. »O Gott«, dachte ich. »Sie werden genau dann abfahren, wenn ich mich mit Babo treffen soll!« Mir wurde klar, dass ich jetzt loslaufen musste, solange die Tür offen stand und ich noch die Gelegenheit hatte, zu entkommen. Also griff ich nach dem Müllsack und stürmte buchstäblich zur Tür, am ganzen Leibe zitternd. Als ich an Hanan vorbeieilte, die in der Vorhalle saß und sich die Schuhe band, hörte ich Al Koronky hinter mir auf der Treppe.
Ich warf den Müll in die Tonne und wandte mich zum Haus um. Offenbar war das Glück auf meiner Seite, denn es war noch niemand herausgekommen. Mit größter Willensanstrengung zwang ich mich weiterzumachen. Ich drehte mich um und rannte die Auffahrt entlang, weiter und weiter. Immer wieder blickte ich mich um und rechnete damit, dass jemand mich verfolgte. Als ich mich der Straße näherte, kam mir ein neuer schrecklicher Gedanke. Was war, wenn Babo nicht auf mich wartete? Wenn er nicht erschienen war? Oh, Allah, bitte mach, dass er da ist! Mach, dass er da ist! Und dann bemerkte ich einen hochgewachsenen Schwarzen auf der anderen Straßenseite. Er winkte heftig. »Los! Beeil dich!«, bedeutete er mir.

»Lauf, Mende, lauf!« Ich stürzte über die Straße, ohne nach links und rechts zu sehen, und fiel ihm in die Arme.
»Schnell! Schnell!«, schrie ich ihn an. »Sie kommen. Sie kommen. Wir müssen weg! Sofort! Du musst mich verstecken!«
Hand in Hand rannten wir die Straße hinunter. Babo brachte mich in einen kleinen Park, wo wir uns hinter einen riesigen, ausladenden Baum duckten. Ich war außer mir vor Angst und konnte nicht aufhören zu weinen.
»Wir sind noch zu nah«, schluchzte ich. »Wir sind zu nah. Sie werden uns finden. Sie werden kommen und mich mitnehmen. Wir müssen weglaufen.«
»Alles ist in Ordnung«, beruhigte mich Babo und legte die Arme um mich. »Keine Angst. Ich lasse nicht zu, dass sie dich fangen. Bleib im Versteck, ich muss kurz telefonieren. Dann kommt uns ein Auto holen.«
Ich hörte, wie Babo am Mobiltelefon erklärte, wo wir genau waren, und wenige Sekunden später hielt ein Auto neben uns. Wir sprangen auf den Rücksitz und fuhren mit quietschenden Reifen los. Ich kauerte mich neben Babo und machte mich so klein wie möglich.
»Verfolgen sie uns?«, fragte ich ihn. »Verfolgen sie uns? Bitte schau aus dem Fenster und sieh nach, ob sie uns verfolgen. Ich habe Angst, ich habe Angst, ich habe Angst.«
»Alles ist gut, Mende«, meinte er lachend. »Es droht keine Gefahr. Niemand verfolgt uns.«
»Hallo, Mende«, sagte da eine ruhige Stimme vom Fahrersitz. »Ich bin Monir. Du musst uns glauben. Wir haben dich befreit, und du bist jetzt in Sicherheit. Bei uns kann dir nichts passieren. Wir beschützen dich. Niemand wird mehr kommen und dich holen.«
»Hör auf Monir, Mende«, ergänzte Babo freundlich. »Du brauchst dir keine Sorgen mehr zu machen. Du bist gerettet. Wir bringen dich zu einer Anwältin, die dir helfen wird, eine Aufenthaltserlaubnis für England zu bekommen. Anschließend fahren wir dich in Monirs Haus. Bei ihm, seiner Frau und seiner Familie kannst du fürs Erste bleiben. Einverstanden? Du bist jetzt frei!«
Zuerst begriff ich nicht, wovon er redete. Ich musste ständig daran

denken, dass Koronky meine Flucht inzwischen sicher schon bemerkt hatte und hinter mir her war. Ich hatte eine Todesangst, dass er versuchen könnte, mich wieder einzufangen. Schließlich war ich felsenfest überzeugt davon, dass Koronky über absolute Macht verfügte. Er war die Regierung und er war das Gesetz, und ich konnte mir nicht vorstellen, dass es möglich sein sollte, sich seinem Zugriff zu entziehen.

Hier war ich nun, in einer fremden Stadt, in einem fremden Land, so weit von zu Hause fort und ohne die Sprache zu sprechen. Die einzigen Menschen, die ich kannte, waren die beiden Nuba im Auto. Aber Babo hatte gesagt, ich sei frei. Und Monir hatte mir versichert, dass niemand mehr kommen und mich gegen meinen Willen festhalten könne. Sie waren Angehörige meines Volkes, sie waren Nuba, und ich wusste, ich konnte ihnen vertrauen. Sie sagten mir die Wahrheit. Und somit waren meine Jahre als Sklavin endlich, endlich vorbei. Vielleicht würde ich jetzt wirklich frei sein.

32
Der verzweifelte Kampf um Asyl

Seit meiner Flucht sind inzwischen gut zwei Jahre vergangen. Mittlerweile ist London meine neue Heimat und außerdem der Ort, an dem ich meine ersten Jahre in Freiheit verbringen durfte. Wie ich das empfunden habe? Für mich ist die Freiheit so kostbar, dass ich sie um nichts auf der Welt aufgeben würde. Mir ist klar geworden, dass Freiheit für die Menschen im Westen etwas ist, das sie zumeist als selbstverständlich nehmen. Die Freiheit war schon immer für sie da. Sie ist ihre unbemerkte, unerkannte und ständige Begleiterin und Freundin. Doch für uns, die wir aus Ländern wie dem Sudan kommen, ist die Freiheit wundervoll und kostbar. Und für ehemalige Sklaven wie mich bleibt sie ein unbeschreiblich schönes und einzigartiges Geschenk. Selbst jetzt, zwei Jahre nach meiner Flucht, erstaunt es mich noch immer, wenn ich höre, wie Menschen offen die britische Regierung kritisieren, auf den Straßen Londons Demonstrationen abhalten oder Politiker in der Presse bloßstellen. Es verwundert mich stets, dass niemand verhaftet, bestraft oder eingesperrt wird.

Jedoch macht mir die Freiheit auch Angst. Bei meiner Gefangennahme war ich noch ein Kind, und ich habe meine Jugend und meine ersten Erwachsenenjahre in Sklaverei verbracht. In dieser Zeit hatte ich überhaupt keine Freiheit. Ich war kein Mensch. Ich existierte eigentlich gar nicht. Ich ging weder zum Arzt, zum Zahnarzt noch in die Schule. Ich hatte keine Freunde, keine Familie, kein Geld und kein Bankkonto. Ich zahlte keine Steuern und kaufte oder verkaufte nichts. Ich besaß keinen Terminkalender, legte keine Akten ab, erhielt und tätigte keine Anrufe, verschickte und empfing keine Post und beglich keine Rechnungen. Ich musste, was mein eigenes Leben anging, keine Entscheidungen treffen. Alles wurde mir vorgeschrieben: Wann ich aufstand. Was ich anzog. Wann ich mit der Arbeit begann. Wann ich aß. Wann ich schlief. Kurz gesagt, ich lernte nichts von dem, was ein normaler Mensch lernt, wenn er erwachsen wird.

Nun war ich zwar ein freier Mensch, doch das brachte auch eine Menge Unbekanntes und viel Verantwortung mit sich. Plötzlich musste ich jede Kleinigkeit in meinem Leben selbst entscheiden. Ich war völlig ratlos. Und angesichts der vielen Wahlmöglichkeiten wurde mir klar, wie angsteinflößend die Freiheit sein kann.

Ich musste alles von Anfang an lernen: Wie man mit Geld – dem kleinen Betrag, den die britische Regierung Asylbewerbern wöchentlich bewilligt – umgeht. Was ein Bankkonto ist. Wie man Geld einzahlt und es wieder abhebt. Man musste mir sogar das Konzept »Geld« an sich erklären. Zum Beispiel, dass ich nicht einfach meine gesamte Barschaft dem erstbesten Menschen geben darf, der mich um ein Darlehen bittet. Ich musste lernen, für mich selbst zu kochen und pro Tag drei regelmäßige Mahlzeiten einzunehmen (ich arbeite noch daran). Und ich musste lernen, wie man Freundschaften schließt. Bis dahin hatte ich nur meine Herrschaften, deren Familien und deren Freunde kennen gelernt. Oder andere Sklavinnen, wie ich eine war. Seit meiner frühen Kindheit hatte ich keine Gelegenheit mehr gehabt, selbst Freundschaften zu knüpfen. Und ich hatte mir inzwischen beigebracht, mich von niemandem abhängig zu machen und keinen Menschen zu nah an mich heranzulassen. Allmählich wurde mir klar, dass ich gar nicht mehr wusste, was Freundschaft eigentlich bedeutet. Dass ein Freund jemand ist, dem man nichts verheimlichen muss und dem man seine innersten Geheimnisse und Ängste anvertrauen kann. Dass ein guter Freund sich niemals gegen einen wenden oder einem grundlos wehtun wird. Dass er einen nie nur so zum Spaß kränken würde. Und dass er einen immer gleichberechtigt behandelt.

Außerdem musste ich mir die grundlegendsten gesellschaftlichen Umgangsformen aneignen. Zum Beispiel, dass es sich nicht gehört, sich hinter Türen zu verstecken und die Gespräche anderer Leute zu belauschen. Das hatte ich mir in Khartoum angewöhnt, da ich nur so herausfinden konnte, was gespielt wurde und was meine Herrschaften als nächstes mit mir vorhatten. Doch meinen Freunden in London gegenüber war es unhöflich. Ich musste lernen, mit anderen an einem Tisch zu sitzen und gemeinsam mit ihnen zu essen. Ich musste lernen, nicht sofort aufzuspringen und abzuräumen, sobald sie Messer und Gabel weggelegt hatten. Ich musste lernen, nicht in die Küche – den Ort, wo ich mich am meisten zu Hause fühlte – zu stürzen und mit dem Abwasch anzufangen. Am schwersten fällt es mir heute noch, in ein Restaurant zu gehen und mich bedienen zu lassen. Kürzlich war ich mit einer britischen Politikerin, die mehr über meine Geschichte erfahren wollte, beim Essen. Sie nahm mich mit in ihren Club im Londoner Stadtviertel Green Park. Nachdem wir mit dem ersten Gang fertig waren, konnte ich nicht anders, als aufzustehen und abzuräumen.

»Ich bringe nur das Geschirr raus«, sagte ich mit einem verlegenen Lächeln zu ihr.

»Nur zu, meine Liebe«, erwiderte sie taktvoll. »Die Mitarbeiter hier können sicher ein wenig Hilfe gebrauchen. Ich glaube, die Küche ist da drüben«, fügte sie schmunzelnd hinzu und wies auf eine Tür. »Ich komme auch gleich nach. Dann können wir beim Abwasch ein wenig plaudern!«

Ich sammelte das leere Geschirr ein und trug es zur Küche. Unterwegs stieß ich mit einer Kellnerin zusammen. Sie war schwarz und sah aus, als käme sie auch aus Afrika.

»Was machen Sie denn da?«, fragte sie mich erstaunt mit einem Blick auf die schmutzigen Teller auf meinen Armen. »Ach, die Küche? Die ist da drüben hinter dieser Tür. Oh, vielen Dank …«, rief sie mir nach, als ich mit dem Geschirr in der Küche verschwand. »Aber Sie brauchen nicht abzuwaschen!«

Ich musste lernen, wie man unbeschadet eine Straße überquert, ohne von einem Wagen erfasst zu werden, und ich musste lernen, wie man mit dem Bus von A nach B fährt. Allerdings ist es mir noch nicht gelungen, das öffentliche Verkehrsnetz in London zu durchschauen, und um die U-Bahn zu benutzen, fehlt mir bis jetzt noch der Mut. Ich weiß, dass man damit am schnellsten herumkommt, doch die Treppen in die neonbeleuchteten, düsteren U-Bahn-Geschosse hinunter kommen mir jedes Mal vor, als führten sie in ein Grab. Deshalb nehme ich lieber den Bus. Busse sind zwar langsam, verkehren aber wenigstens überirdisch und bei Tageslicht. Doch selbst das Busfahren hat manchmal seine Tücken. Erst vor ein paar Wochen wollte ich auf den Bus Nummer 38 aufspringen, um nach Hause zu fahren. Aber das Gefährt setzte sich genau in diesem Augenblick in Bewegung, sodass ich etwa hundert Meter weit die Straße entlanggeschleppt wurde. Ich klammerte mich mit Leibeskräften am Geländer fest, während meine Füße über den Asphalt schleiften, und schrie, der Bus möge doch anhalten. Alle Fahrgäste starrten mich erschrocken durch die Fenster an. Obwohl es bereits Oktober war, trug ich Sandalen, weil ich mich einfach nicht an feste Schuhe gewöhnen kann. Als der Busfahrer endlich bemerkte, was geschehen war, und bremste, waren meine Füße voller blutiger Schrammen.

Während ich bitterlich weinend am Straßenrand saß, fingen zwei schwarze Männer im Bus an zu streiten. Der eine brüllte mich an, weil ich so dämlich gewesen war, auf einen fahrenden Bus aufzuspringen, und so die übrigen Passagiere aufhielt. Der andere verteidigte mich und sagte, ich hätte es doch nicht mit Absicht getan und sei außerdem verletzt. Im ersten Moment glaubte ich, sie würden sich prügeln. Doch dann erschien die Polizei mit Blaulicht und heulender Sirene. Zwei Polizisten in gestärkten Uniformen kamen auf mich zu. Ich hatte Angst. Im Sudan fürchten sich die Menschen vor der Polizei, und ich fragte mich, ob sie mich verhaften oder schlagen würden. Ich hatte mich immer noch nicht an den Gedanken gewöhnt, dass die Polizei in England die Aufgabe hat, die Menschen zu beschützen und auf die Einhaltung der Gesetze zu achten. Die beiden kauerten sich neben mich und erkundigten sich freundlich, ob alles in Ordnung sei. Dann vergewisserten sie sich, dass ich nicht schwer verletzt war und keinen Krankenwagen brauchte. Nachdem sie sicher waren, dass ich nur ein paar kleine Kratzer und blaue

Flecken davongetragen hatte, fragten sie mich, ob ich allein nach Hause finden könne.

»Wo wohnen Sie denn, meine Liebe?«, wollte der eine der beiden Beamten wissen.

»In Hackney«, antwortete ich.

»Gut, aber wo genau in Hackney? Ich brauche Ihren Namen und Ihre Adresse, weil ich über den Vorfall einen Bericht schreiben muss.«

»Hm«, erwiderte ich. »Ich weiß, wie ich zu Fuß hinkomme.«

Sie musterten mich belustigt und ungläubig. »Sie kennen Ihre eigene Adresse nicht?«

»Nein«, entgegnete ich und überlegte, wie ich ihnen das begreiflich machen konnte. Wie sollte ich ihnen erklären, dass ich den Straßennamen und die Hausnummer nicht wusste, weil ich meine Umwelt einfach nicht in diesen Kategorien wahrnahm? Dass ich einfach nur von der Bushaltestelle aus zehn Minuten den Hügel hinabzugehen brauchte? Dass es sich um ein gelbes Haus mit einer blauen Tür und roter Vortreppe handelte? Dass gleich um die Ecke der Kindergarten war und sich auf halber Höhe der Straße, auf der anderen Seite, eine Reifenhandlung befand? Es gelang mir, das Problem zu lösen, indem ich den Polizisten den Namen der Schule, in der ich Englisch lernte, und das Viertel von London nannte, in dem sie lag. Das schien ihnen zu genügen. Sie setzten mich in einen anderen Bus Nummer 38 und winkten mir lachend und kopfschüttelnd nach. Ich fragte mich, was sie wohl von mir halten mochten. Von diesem kleinen Mädchen aus Afrika, das versuchte, sich in der größten Stadt Europas zurechtzufinden.

Doch am schwierigsten war zu lernen, keine Angst mehr zu haben. Am Tag meiner Flucht fürchtete ich mich schrecklich davor, dass die Menschen, die mich so lange gefangen gehalten hatten, mich einfach zurückholen könnten. Ich war sicher, dass sie unserem Auto folgen, mich jagen, mich ergreifen und verschleppen und mich noch schlechter behandeln würden als zuvor. Ich wusste, dass sie mich streng für meine Flucht bestrafen würden, wenn sie mich erwischten. So viele Jahre war ich überzeugt gewesen, dass die

Menschen, die mich als Sklavin hielten, die absolute Macht über mich hatten. Deshalb konnte man mich nur schwer davon überzeugen, dass England ein freies Land war, in dem die Behörden mich vor meinen Sklavenhaltern schützen würden. Mit der Zeit lernte ich, ohne Angst allein mit dem Bus zur Schule zu fahren, alleine in einem Laden Milch zu kaufen oder ein paar Stunden allein zu Hause vor dem Fernseher zu verbringen.
Allerdings waren meine Ängste vor einer erneuten Gefangennahme nicht völlig unbegründet. Nach meiner Flucht stand im Haus meines Retters das Telefon nicht still, was er mir damals verschwieg, damit ich mich nicht aufregte. Einer der Anrufer war Rahab, meine frühere Herrin in Khartoum. Sie war sehr wütend und verlangte, mit mir zu sprechen. Als mein Retter abstritt, dass ich mich im Haus befand, stieß Rahab Drohungen aus. Sie sagte, sie würde meine Familie ausfindig machen und dafür sorgen, dass sie alle ins Gefängnis kämen. Es erfolgten noch einige weitere Drohanrufe von Rahab, und später meldete sich häufiger ein Mann von der sudanesischen Botschaft in London. Zu guter Letzt schalteten sich sogar Minister der sudanesischen Regierung ein und versuchten, meine Retter unter Druck zu setzen, damit sie mich nicht länger beschützten. Als sie sich weigerten, mich auszuliefern, erfolgten anonyme Anrufe aus dem Sudan. »Wir wissen, wo deine Familie lebt«, sagte eine finstere Männerstimme. »Und wir werden sie finden.« All das wurde der britischen Polizei gemeldet. Doch die Anrufe gingen weiter und dauern bis heute an.
Also macht es ganz den Eindruck, als wäre ich noch immer nicht völlig frei und in Sicherheit. Monate nach meiner Flucht wurden einige Häuptlinge meines Stammes, der Karko, verhaftet und gezwungen auszusagen, dass meine Geschichte nicht der Wahrheit entspräche. Dann wurde es sogar noch schlimmer. Wir erhielten einen Anruf von meinem Bruder Babo. Mein Retter berichtete mir nicht sofort davon, da er Babo anmerkte, dass er unter Zwang anrief und nicht frei sprechen konnte. Stattdessen bat er Babo, sich später und von einem sicheren Ort aus wieder bei mir zu melden. Wie und von wo aus er das schaffte, darf ich selbstverständlich

nicht preisgeben. Jedoch gelang es meinem Bruder und später auch meiner Schwester Kunyant, meinem Vater und meiner Mutter, mich telefonisch zu kontaktieren. Ich kann nicht beschreiben, wie wundervoll es war, nach all den Jahren des Schweigens und der Trennung wieder mit ihnen sprechen zu können. Meine Mutter lachte und lachte und sagte, mein Akzent habe sich so verändert, dass sie mein Nuba kaum noch verstehen könne. Mein Vater bat mich, nach Hause zu kommen, da er sich nichts auf der Welt so sehr wünsche wie ein Wiedersehen mit mir.

Dennoch war es ein bittersüßes Erlebnis. Mein Bruder erzählte mir, dass meine Familie erst bei ihrer Verhaftung erfahren habe, dass ich noch lebte. Man hatte meine Mutter, meinen Vater und meinen Bruder in den Nubabergen aufgespürt und nach Khartoum verschleppt. Dort teilte man ihnen mit, ich sei entführt und an christliche Extremisten verkauft worden. Ich sei gezwungen worden, vom Islam zum Christentum zu konvertieren, und schwebe in großer Gefahr. Dann gab man ihnen getippte Aussagen mit dem Hinweis, sie könnten mich nur retten, wenn sie diese unterschrieben. Natürlich konnten sie den Text nicht lesen und wussten deshalb nicht, was da geschrieben stand (meine Eltern und inzwischen auch Babo sind mehr oder weniger Analphabeten). Außerdem drohte man ihnen unverhohlen mit Konsequenzen, wenn sie sich weigerten zu kooperieren. Wie sich herausstellte, hatte meine Familie Dokumente unterzeichnet, die besagten, dass meine Geschichte nicht der Wahrheit entsprach. Ich hatte Verständnis für sie. Und ich sicherte ihnen zu, ich würde sie auch verstehen, wenn sie sich in Zukunft in ähnlichen Situationen ebenso verhalten würden. Sie hatten keine andere Wahl, als dem Befehl zu gehorchen.

Ich erklärte meinen Eltern, dass man sie nach Strich und Faden belogen hatte. Ich sei in London nicht entführt worden, sondern endlich in die Freiheit entflohen. Außerdem sei ich keineswegs zum Christentum übergetreten, sondern könne vielmehr zum ersten Mal seit acht Jahren wieder meinen muslimischen Glauben praktizieren. Zudem schwebe ich nicht in Gefahr; ich sei so sicher, wie ich es in den Jahren der Misshandlungen, der Ausbeutung und der

Sklaverei nie gewesen sei. Meine Eltern waren so erleichtert, das zu hören. Sie erkannten an meiner Stimme, dass es mir gut ging. Ich hingegen bemerkte, dass meine Mutter und mein Vater alt wurden. Das Gehör meiner Mutter hatte stark gelitten, da sie während des Überfalls einige heftige Schläge auf den Kopf erlitten hatte. Auch mein Vater klang nicht so stark wie früher. Aber sie hatten ihren Kämpfergeist und ihren Stolz nicht verloren, und mir war klar, dass sie mich immer noch sehr liebten. Mein Vater wurde wütend, als ich ihm die Wahrheit sagte, da ihm klar wurde, dass er belogen worden war. Er erwiderte, er werde sich weigern, falls man noch einmal versuchen sollte, ihm eine Unterschrift abzupressen. Ihm war es gleichgültig, ob er damit sein Leben aufs Spiel setzte. Er wollte lieber als stolzer Mann sterben – mit einer Tochter, die ein freier Mensch war –, als gedemütigt und mit einer Sklavin zur Tochter weiterleben.

Also endete der jahrelange Albtraum der Sklaverei für mich nicht mit meiner Flucht. Nur die Natur meiner Leiden hatte sich geändert, denn nun musste ich mich nicht mehr um meine eigene Zukunft und mein Wohlbefinden sorgen, sondern um das Leben meiner Familie im Sudan und das der Menschen, die mich gerettet und die mir zur Freiheit verholfen hatten. Zumindest war es bis vor kurzem so. Allerdings haben die Ereignisse der letzten Wochen meinen Glauben an eine gesicherte Zukunft bis ins Mark erschüttert. Im Laufe der vergangenen zwei Jahre hatte ich mich davon überzeugt, dass England ein freies Land ist, das die Menschenrechte achtet und die Schwachen schützt. Ich hatte geglaubt, dass die britischen Behörden für mich eintreten würden. Doch möglicherweise war es ein Fehler von mir, auf die Gerechtigkeit in diesem Land zu vertrauen.

Am Tag meiner Flucht beantragte ich in Großbritannien Asyl. Zuvor hatte ich keine Ahnung gehabt, dass das nötig sein würde. Ich hatte noch nie von Asyl gehört und wusste nicht, was das bedeutete. Ich hoffte nur, dass ich nach meiner Flucht in London Arbeit finden und genug verdienen könnte, um mir ein Flugticket zurück in den Sudan zu kaufen. Ich plante nämlich, mich unbemerkt zurück in die Nubaberge zu schleichen, meine Familie zu suchen und unterzutauchen. Zwei Jahre nach meiner Flucht war noch immer nicht über meinen Asylantrag entschieden worden. Aber alle um mich herum – meine Freunde, meine Anwälte, meine Unterstützer und die Journalisten – waren sicher, dass ich als Asylantin anerkannt werden würde. Niemand hatte einen Gedanken daran verschwendet, was wir im Fall einer Ablehnung tun sollten, oder diese Möglichkeit überhaupt in Erwägung gezogen. Ich am allerwenigsten. Nach der Veröffentlichung meines Buches wuchs der Druck auf die britische Regierung, über meinen Asylantrag zu entscheiden. Wir alle waren zuversichtlich und rechneten damit, bald einen Grund zum Feiern zu haben.

An einem verregneten Donnerstag erhielt ich die Nachricht, die mich in Todesangst und abgrundtiefe Verzweiflung stürzte. Ich kam gerade aus der Schule und saß im Bus, als mein Mobiltelefon läutete. Es war Damien, der britische Journalist, den ich am Tag meiner Flucht kennen gelernt und der mir beim Schreiben meines Buches geholfen hatte. Im Laufe der letzten beiden Jahre war dieser Mann für mich ein enger Freund geworden. Er hatte mich in so vieler Hinsicht unterstützt, dass ich einen eigenen Namen für ihn erfunden hatte: Corba. In der Nubasprache bedeutet das: *Kein Mann kann tun, was er tut*. Doch sobald ich seine Stimme hörte, ahnte ich, dass etwas Schreckliches vorgefallen sein musste. Sonst klang Damien immer so energiegeladen, optimistisch und voller Hoffnung auf eine bessere Welt. Nun jedoch wirkte er ausgelaugt und erschöpft. Ich hatte beinahe den Eindruck, dass er sich fürchtete.

»Mende, wo bist du? Ist alles in Ordnung? Du bist doch auf dem Heimweg von der Schule, oder? Ich muss dich sofort sehen. Bitte komm direkt zu mir, geht das?«

»Warum? Was ist denn passiert? Bitte sag es mir. Ich weiß, dass etwas nicht stimmt.«

»Es ist besser, du kommst einfach her. Dann erzähle ich es dir. Alles wird wieder gut.«

»Nein! Sag es mir jetzt. Was ist los? Oh, mein Gott. Was ist denn?«

»Gut, dann hör zu. Dein Asylantrag ist abgelehnt. Ich kann mir nicht vorstellen, aus welchem Grund sie es getan haben oder wie so etwas überhaupt möglich ist. Ich habe es eben erst erfahren. Bei Gott, das wird sie teuer zu stehen kommen! Ich glaube, noch nicht mal Alison, deine Anwältin, weiß bisher Bescheid. Wir müssen sofort deine Antwort vorbereiten … Keine Angst …«

»Oh, mein Gott! Sie wollen mich in den Sudan zurückschicken? Nein! Das geht doch nicht. Oh, nein, nein! Wann? Wann ist es so weit? Oh, mein Gott …«

Die restliche Fahrt lang sah ich alles wie durch einen Nebel. Als ich bei Damien eintraf, war ich so verzweifelt, dass ich zusammenbrach. Damien erklärte mir, er habe die Nachricht gerade erst telefonisch erhalten und kenne die Dokumente noch nicht. Sie würden per Kurier von meiner alten Wohnung hierher gebracht. Offenbar hatte das Innenministerium es geschafft, sie an die falsche Adresse zu schicken, obwohl wir ihm die neue schon vor Monaten mitgeteilt hatten. Daher war Damien nicht sicher, ob meine Anwälte die Papiere überhaupt schon kannten. Das Problem war, wie er mir erklärte, dass ich nur zehn Tage hatte, um Einspruch gegen die Entscheidung einzulegen. Ansonsten würde man mich ausweisen. Da die Dokumente an die falsche Adresse geschickt worden waren, blieben uns nur noch ein paar Tage, um die Einspruchsfrist zu schaffen. Er sagte, ich müsse stark bleiben, denn in den nächsten Tagen hätten wir viel Arbeit vor uns, um rechtzeitig fertig zu werden.

»Oh, mein Gott. Sie können mich nicht zurückschicken. Sie können einfach nicht. Man wird mich umbringen! Oh, mein Gott. Sie können mich nicht zurückschicken.« Ich stand unter Schock und wiederholte ständig dieselben Sätze.

»Mende, bitte. Hab keine Angst. Niemand schickt dich zurück in den Sudan. Das dürfen die nicht, Mende. Du hast ein Recht auf Einspruch. Und es gibt sehr viele Leute, die versuchen werden, es zu verhindern. Alison, deine Asylanwältin. Dein Verleger. Die vielen Journalisten, die über dich geschrieben und deine Geschichte bekannt gemacht haben. Einige Politiker stehen hinter dir. Und außerdem hast du noch mich.«

Wie er mir erzählte, hatte er als erstes meinen Verleger davon in Kenntnis gesetzt, dass mein Asylantrag abgelehnt worden war, damit er die internationalen Medien informieren konnte. Dann hatte er mein restliches Unterstützer-Netzwerk – Politiker, Anwälte und Menschenrechtsorganisationen – mobilisiert. Er war gerade dabei, die Ereignisse für all diese Leute schriftlich zusammenzufassen. Doch er meinte, er müsse Ruhe zum Arbeiten haben, und bat deshalb seine Lebensgefährtin, sich für eine Weile um mich zu kümmern. Eva ist eine wunderbare Frau und stammt auch aus Afrika. Sie tat ihr Bestes, um mich zu trösten, und gab mir die Möglichkeit, mich so richtig auszuweinen. Dann bot sie mir an, bei ihnen zu übernachten, da ich nicht allein bleiben sollte. Außerdem würde Damien mich sicher brauchen, da nun keine Zeit mehr zu verlieren sei. Kurz darauf läutete es. Ein großer brauner Umschlag wurde per Kurier überbracht. Ich beobachtete Damien, während er ihn öffnete und zu lesen begann. Seine Miene verdüsterte sich, und er bekam den Mund nicht mehr zu.

»Diese Idioten, diese gottverdammten Idioten«, sagte er nur immer wieder. »Was zum Teufel bilden die sich eigentlich ein, so einen unhaltbaren Mist zu schreiben und zu glauben, dass sie das durchkriegen?« Nach einer Weile wandte er sich zu mir um. »Mende, willst du wissen, was da steht?«

»Ja«, erwiderte ich verängstigt.

»Gleich am Anfang behaupten sie, Sklaverei sei gar keine Verfolgung – Verfolgung heißt soviel wie schweres Leiden. Also hast du in den letzten zehn Jahren deines Lebens nicht genug gelitten, um Asyl hier in Großbritannien zu verdienen. Das ist doch unglaublich! Wie kann jemand mehr gelitten haben als du? Hier drin steht, dass es im Sudan zwar Sklaverei gibt, aber dass die Regierung nichts damit zu tun hat. Ha! Alle, aber auch alle, die zu diesem Thema recherchiert haben, bestätigen dir das Gegenteil, aber die britische Regierung streitet es einfach ab! Außerdem meinen sie, der Sudan sei ja ein großes Land, sodass die Behörden es gar nicht bemerken würden, wenn man dich zurückschickt. Das ist doch nicht zu fassen! Sind die denn total verblödet? Weil es ein so großes Land ist, würdest du nicht weiter auffallen? Ach ja, und was passiert, wenn du morgen auf dem Flughafen ankommst? Idioten! Und außerdem steht da noch, dass die Nuba zwar sehr unter den Übergriffen der Regierungstruppen im Krieg gelitten hätten, doch inzwischen bestünde in den Nubabergen ja ein Waffenstillstand, weshalb du gefahrlos nach Hause zurückkehren könntest. Dann ist ja alles in bester Ordnung, oder nicht? Schließlich ist im Sudan ja noch nie ein Waffenstillstand gebrochen worden... Verdammter Mist! Dieses Schriftstück muss ein absoluter Volltrottel verfasst haben. Mende, mach dir keine Sorgen. Diese Ablehnung ist so an den Haaren herbeigezogen, dass sie auf keinen Fall damit durchkommen. Schau, die sind sogar so bescheuert, dass sie dein Land verwechselt haben und schreiben, du würdest nach Somalia deportiert und nicht in den Sudan. Nichts als Schwachköpfe und Trottel! Keine Sorge. Alison wird sie in der Luft zerreißen. Und die Medien werden sie ans Kreuz nageln. Sie werden sich so blamieren, dass sie dich anflehen werden zu bleiben.«

»Aber ich habe Angst, Damien. Ich habe solche Angst.« Ich machte mir Sorgen, weil ich ihm ansah, dass er sich auch welche machte. Ich merkte Damien trotz seiner Wut an, dass er große Angst um mich hatte. Und das erschreckte mich furchtbar.

»Ja, ich weiß, dass du Angst hat. Das geht mir genauso. Aber wir können nichts anderes tun, als auf diesen Schwachsinn zu reagieren. Also, lass uns anfangen und uns an eine Antwort setzen. Bitte erzähl mir als Erstes mal, was man dem britischen Außenministerium antworten soll, wenn sie behaupten, dass Sklaverei nicht als Leiden zählt.«

»Die britische Regierung behauptet, ich hätte weder im Sudan noch in Großbritannien genug Verfolgung erlitten, um meinen Asylantrag zu rechtfertigen«, schrieben wir. »Wie hätte ich mehr Leid erfahren können, als es mir in den vergangenen zehn Jahren geschehen ist? Nur getötet zu werden wäre noch schlimmer gewesen. In meiner Asylentscheidung erkennt die britische Regierung an, dass es in den Kriegsgebieten Sklaverei gibt und dass man Sklaven in den Nordsudan verschleppt. Dennoch weigert sie sich, mir Asyl zu gewähren, obwohl ich genau auf die dort beschriebene Weise gefangen genommen und versklavt worden bin. Die britische Regierung erkennt ebenfalls an, dass Angehörige des Volkes der Nuba durch Übergriffe der sudanesischen Regierung sterben und verletzt werden. Und dennoch wollen sie mich in die Nubaberge abschieben. Wie sollte ich dort in Sicherheit sein? Die britische Regierung geht davon aus, dass ich unbemerkt von der sudanesischen Regierung in den Sudan zurückkehren könnte. Wie soll denn das funktionieren, nachdem ich ein Buch geschrieben habe, in dem das Regime offen der Beteiligung an der Sklaverei beschuldigt wird? Sobald ich am Flughafen ankomme, werden die Behörden davon erfahren, mich festnehmen und mich verschwinden lassen.«

Wir lasen das, was wir bisher geschrieben hatten, noch einmal durch. Nachdem ich mich vergewissert hatte, dass ich korrekt wiedergegeben worden war, fuhren wir fort: »Die britische Regierung sagt, es gebe keine Beweise, dass die sudanesische Regierung an meiner Gefangennahme und Versklavung beteiligt gewesen sei. Wie können sie das behaupten, obwohl ich und die anderen Kinder in Armeelagern der sudanesischen Regierung untergebracht wurden und obwohl ich von einem sudanesischen Diplomaten nach England geschmuggelt worden bin? Laut britischer Regierung hätte ich keine Verfolgung aufgrund meiner Rasse, meiner Religion oder meiner Nationalität erlitten. Wie können sie das sagen, da ich doch als Schwarze, als Nuba, von Arabern versklavt und unterdrückt wurde? Die britische Regierung erkennt keinerlei Anhaltspunkte dafür, dass ich nach meiner Ausweisung in den Sudan getötet werden würde. Aber die sudanesische Regierung tötet und foltert ihre eigenen Bürger – und ich gehöre zu den wenigen, die aufgestanden sind und die Beteiligung der Regierung an der Sklaverei in den Kriegsgebieten enthüllt haben. Wie können die Briten da annehmen, dass mein Leben nach einer Ausweisung nicht gefährdet wäre?

Wir lasen unser Antwortschreiben von vorne bis hinten durch, um sicherzugehen, dass alles darin stand, was ich für wichtig hielt. Dann schlug Damien vor, ich solle abschließend eine Erklärung ab-

geben, die meine Haltung zusammenfasste. »Seit meiner Flucht«, schrieben wir, »hielt ich Großbritannien für ein demokratisches Land, das die Menschenrechte, die Gerechtigkeit und die Freiheit achtet. Zum ersten Mal in meinem Leben konnte ich mich in diesem Land ein wenig sicher und ungefährdet fühlen. Ich kann es nicht fassen, dass die britische Regierung mich nun ausweisen und den Gräueln ausliefern will, die mich gewiss im Sudan erwarten. Ich bin von dieser Asylentscheidung empört und bis ins Mark erschüttert.«
Die Nachricht von der Ablehnung meines Asylantrags und meinem Widerspruch löste eine Protestwelle in den internationalen Medien aus. Rund um die Welt verurteilten Titelgeschichten in den Zeitungen die Entscheidung der britischen Regierung. Filmteams aus Deutschland, vom BBC und aus verschiedenen anderen Ländern wollten mit mir sprechen. In den kommenden Tagen verwandelte sich mein Leben in einen Marathon aus Fernseh-, Radio- und Zeitungsinterviews. Alle Journalisten stellten mir dieselben Fragen: Wie kommt die britische Regierung dazu, Sie in den Sudan zurückzuschicken? Wie wird es Ihnen dort ergehen? Wie fühlen Sie sich jetzt, nach der Ablehnung Ihres Asylantrags? Ich redete viel. Ich weinte viel. Und ich hatte das Gefühl, dass meine Welt allmählich auseinander fiel. Mir war auch ein wenig mulmig, weil ich den Mund so weit aufriss und die britische Regierung so offen kritisierte. Doch alle Menschen, denen ich vertraute, beteuerten, dass mir nichts anderes übrig blieb. Die britische Regierung musste begreifen, dass sie unter Beschuss der Medien geraten würde, wenn sie ihre Entscheidung nicht zurücknahm. Es lag an uns, ihr deutlich zu machen, dass eine Ausweisung sie teuer zu stehen kommen würde.
Die internationalen Reaktionen auf die Nachricht, dass mein Asylantrag abgelehnt worden war, versetzten mich in Erstaunen. Ich erhielt aufmunternde Briefe und E-Mails von unzähligen Menschen. Sie zu lesen verlieh mir den Mut und die Kraft, mich gegen meine drohende Ausweisung zu wehren.
Ein fünfzehnjähriger Junge aus Deutschland schrieb: »Liebe Mende, ich finde, dass in unserer Welt viel zu viele Menschen von anderen gejagt, getötet oder unterdrückt werden. Ich wünschte, dass alle

Menschen zusammenleben könnten, anstatt einander zu bekämpfen. Meine Freundin und ich haben von deiner traurigen Geschichte gehört. Hoffentlich gelingt es dir und den Menschen, die dich unterstützen, durchzusetzen, dass du in England bleiben kannst. Viel Glück und alles Gute. Dein Tim.«

Ein deutsches Paar schrieb aus München: »Liebe Mende, zu unserem Entsetzen haben wir erfahren, dass die Briten Sie in den Sudan zurückschicken wollen. Falls Sie glauben, dass es Ihnen nützen würde, wären wir bereit, Sie zu adoptieren, damit Sie deutsche Staatsbürgerin werden. Als Deutsche wären Sie gewiss sicher vor einer Ausweisung. Wenn Sie in dieser Vorgehensweise eine Chance sehen und sich dafür interessieren, setzen Sie sich bitte mit uns in Verbindung. Wir würden so schnell wie möglich tätig werden. Alles Gute und liebe Grüße, Familie K.«

Amnesty International und die Gesellschaft für bedrohte Völker schlossen sich meinem Kampf um Asyl an. Eine Flut von Protest-E-Mails wurde auf das britische Außenministerium losgelassen, und vor der britischen Botschaft in Berlin fanden Mahnwachen bei Kerzenschein statt. Die Menschen waren von meiner Geschichte sehr gerührt und wollten helfen. Mir waren die Hunderte von aufmunternden Botschaften, die ich erhielt, sehr ans Herz gegangen, insbesondere die der Familie, die angeboten hatte, mich zu adoptieren. Es war so schön zu wissen, dass es auf der Welt gute Menschen gibt wie sie. Allerdings bezweifelte ich, dass sie mich adoptieren konnten. Schließlich war ich kein Kind mehr, sondern eine erwachsene Frau von Anfang Zwanzig. Meine Anwälte beschäftigten sich mit der Sache, nur um festzustellen, ob diese Möglichkeit überhaupt bestand. Doch je länger sie recherchierten, desto deutlicher wurde es, dass ich nach europäischem Asylrecht meinen Fall hier in Großbritannien würde ausfechten müssen. Wenn ich nach Deutschland einreiste, würde die dortige Regierung gezwungen sein, mich nach Großbritannien zurückzubringen, das Land, in dem ich zuerst Asyl beantragt hatte.

Einige Tage nach dem Vorfall lernte ich ein anderes Mädchen kennen, deren Asylantrag ebenfalls zurückgewiesen worden war. Sie stammte aus Somalia, einem afrikanischen Land nicht weit entfernt vom Sudan. Wie ich war sie Muslimin und schätzungsweise in meinem Alter. Ihr Land ist berüchtigtermaßen das anarchischste und am meisten vom Krieg gebeutelte in ganz Afrika. Sie erzählte mir, sie warte schon seit sieben Monaten auf ihr Einspruchsverfahren und habe immer noch keinen Anhörungstermin erhalten. In dieser Zeit, die sie in Angst, Ungewissheit und Furcht verbringen musste, habe sie schon mehrmals das Gefühl gehabt, den Verstand zu verlieren. »Du hast solches Glück«, sagte sie. »Wenigstens wirst du von so vielen Leuten unterstützt. Einflussreiche Menschen helfen dir. Die Medien berichten über dich. Du kannst mit deinen Freunden darüber reden. Ich hingegen bekomme keine Hilfe oder Unterstützung. Manchmal fühle ich mich so einsam. Und ich habe solche Angst.«

»Sie schicken dich nicht zurück in den Sudan«, beteuerte meine Anwältin Alison Stanley, als ich mich ein paar Tage später mit ihr traf. »Keine Angst. Nur über meine Leiche.«

Ich hatte diese Frau von Anfang an gemocht. Sie war so nett und freundlich zu mir, aber ich wusste auch, dass ihre Gegner bei ihr auf Granit bissen. Außerdem hatten mir viele Leute erzählt, dass sie die beste Fachanwältin für Asylrechtsfragen in Großbritannien war. Wenn jemand meinem Widerspruch Geltung verschaffen konnte, dann war es Alison Stanley. Ich setzte mich mit ihr zusammen, um zu planen, wie wir meinen Kampf um Asyl weiter betreiben sollten. Eine Woche zuvor hatte Alison meinen Einspruch fertig gestellt und es geschafft, ihn fristgerecht einzureichen. Das bedeutete, dass ich vorerst einen Aufschub hatte, bis meine Eingabe vor Gericht verhandelt werden würde. Nun konnte die britische Regierung ihr Vorhaben, mich zu deportieren, nicht mehr in die Tat umsetzen. Und praktisch bedeutete das, dass ich vermutlich mindestens bis Neujahr in Großbritannien bleiben konnte, da bis zur Verhandlung derartiger Fälle meist einige Monate vergingen. Allerdings musste ich in Ungewissheit leben, und der Druck forderte allmählich seinen Tribut. Ich fühlte mich erschöpft, nervös und sehr, sehr niedergeschlagen.

»Weißt du, Mende, ich glaube, da hat jemand einfach so richtig Scheiße gebaut«, meinte Alison.
»Was?«, fragte ich.
»Oh, ja, entschuldige«, erwiderte sie lachend. »Solche Ausdrücke solltest du nicht von mir übernehmen. Gehört sich nicht.«
»Und was bedeutet es?«
»Scheiße bauen? Tja, dass man einen großen Fehler macht. Ich wollte dir damit eigentlich nur erklären, dass der Regierung ein Riesenirrtum unterlaufen ist. Ich denke nicht, dass sie dich ausweisen wollen, weil du so ein schwieriger oder prominenter Fall bist. Ganz im Gegenteil wusste die Person, die diese Entscheidung gefällt hat, vermutlich überhaupt nichts über deine Situation. Das Dokument ist so schlampig und schlecht formuliert, dass mir schlecht wird.«
»Also beschissen«, meinte ich grinsend.
»Nein, es heißt Scheiße bauen. Aber du darfst das nicht sagen. Schließlich sollst du von deiner Anwältin keine Schimpfwörter lernen. Und jetzt wird es spannend. Ich will nicht, dass du dir falsche Hoffnungen machst, aber ich habe vor ein paar Tagen mit dem Leiter der Asylabteilung gesprochen. Ich habe ihm ein wenig zugesetzt und ihn gebeten, die Entscheidung, was dein Asyl betrifft, noch einmal zu überdenken, da ganz offensichtlich ein Irrtum vorliegt. Interessanterweise hatte er noch nichts von deinem Fall gehört, was an sich schon seltsam ist, weil die Medien ausführlich darüber berichtet haben. Doch das bestätigt eigentlich die Theorie vom großen Irrtum. Wie dem auch sei, jedenfalls ist er einverstanden, sich die Sache noch mal zu überlegen. Ich bin sicher, dass sie ihre Meinung ändern werden, Mende. Ganz offensichtlich ist da ein riesengroßer und sehr dummer Fehler passiert. Und dank der Veröffentlichung deines Buches und all der Medienberichte werden sie das auch bemerken. Also wirst du hoffentlich in ein paar Wochen gute Nachrichten bekommen.«
Während ich dies schreibe, bin ich wieder ein wenig zuversichtlicher. Die britische Regierung ist einverstanden, meinen Fall noch einmal zu sichten und eine neue Entscheidung zu fällen. Ich hoffe

und bete, dass ich Asyl bekommen werde. Wenn nicht, kann ich immer noch Einspruch erheben. Falls sie mich dennoch deportieren sollten, wird man mich gleich nach meiner Ankunft am Flughafen von Khartoum verschwinden lassen. Wer weiß, welche Gräuel mich dann erwarten, wie man mich missbrauchen und wie mein Leben schließlich enden wird? Ganz sicher wird mein Sterben grausam und brutal sein, und zuvor werden sie meinen Lebensmut und meine Seele brechen. Wenn die britische Regierung mich in den Sudan zurückschickt, werde ich mir das Leben nehmen. Denn es ist besser, durch meine eigene Hand und durch meine eigene Entscheidung zu sterben, als abzuwarten, bis sie mich langsam zu Tode foltern und mich schließlich umbringen.

Zwei Jahre nach meiner Flucht ist der Albtraum noch längst nicht ausgestanden, und ich kämpfe weiterhin um meine Freiheit. Ein Teil von mir fragt sich, was ich nur verbrochen habe, um so viel Leid zu verdienen. Und ein anderer Teil würde gerne wissen, wann dieses Leid endlich vorbei ist.

Wirklich frei?
Ein Epilog von Damien Lewis

Mende Nazer floh am 11. September 2000. Es geschah an einem sonnigen Tag, mitten in einem Villen-Vorort im Norden Londons. Kurz zuvor hatte mir ein Nubafreund von ihrer Lage erzählt und mich um Hilfe bei ihrer Rettung gebeten. Ich als Journalist sollte Zeuge dieser Aktion werden, um sie für die Nachwelt zu dokumentieren. Auf diese Weise kam ich ins Spiel.

Als ich Mende am Tag ihrer Rettung erstmals sah, schien sie mir wie der geduckte, verängstigte, zitternde Schatten eines Menschen. Heute – zwei Jahre später – ist Mende Nazer eine lebhafte, hochintelligente junge Frau, die hoffnungs- und vertrauensvoll in die Zukunft blickt. Es ist kaum zu glauben, welche Veränderung zwei Jahre Freiheit in England bei Mende bewirkt haben.

Mende hat ihren Kindheitstraum, den sie mit ihrem Vater teilte, niemals aufgegeben: Sobald ihrem Asylantrag stattgegeben wird, möchte sie eine Ausbildung als Krankenschwester beginnen und anschließend vielleicht sogar Ärztin werden. Ihr größter Wunsch ist es jedoch, ihre Familie wiederzusehen.

Irgendwann später möchte sie auch heiraten und Kinder haben. Eine liebende, schützende Familie um sich zu wissen – dies ist etwas, das ihr im Alter von zwölf Jahren bei dem Überfall der Milizen genommen wurde. Eine Familie zu gründen ist für Mende jedoch nicht einfach. Die Beschneidungs»technik«, die als Kind bei ihr angewandt wurde, gehört zu den anatomisch verheerendsten. Mende weiß, dass eine Geburt sowohl sie selbst wie auch das Baby ernsthaft gefährden könnte. Die britische Gesundheitsbehörde hat ihr zwar eine Operation angeboten, die die Beschneidung rückgängig machen könnte und die Aussicht auf Kinder weniger gefährlich erscheinen ließe. Aber hier liegt das Dilemma: Mende fürchtet, dass sie nach dieser Operation einem potentiellen Ehemann vom Stamm der Nuba niemals mehr würde beweisen können, dass sie noch Jungfrau ist. Es ist für uns schwer nachzuvollziehen, welchen Einfluss eine uralte und barbarische Tradition wie die weibliche Genitalverstümmelung noch immer haben kann.

Ebenso schwer fällt uns die Vorstellung, dass die Sklaverei im Sudan noch heute Realität ist. *Heute* wohlgemerkt, nicht etwa vor 300 Jahren, als wir Briten die Meister im Handel mit menschlichem Leid waren. Heute, gut fünfzig Jahre nachdem die UN-Deklaration der Menschenrechte festschrieb, dass alle Menschen gleich sind und dass niemand in Sklaverei oder Leibeigenschaft gehalten werden darf. Im Jahr 1996 wurde ich erstmals Augenzeuge des modernen Sklavenhandels im Sudan, als ich vor Ort einen Bericht im Auftrag des Fernsehsenders Channel 4 produzierte. Getarnt reiste ich in den südlichen Sudan und war als Gast einer kleinen Hilfsorganisation zunächst skeptisch. Ich konnte einfach nicht fassen, dass am Ende des 20. Jahrhunderts Schwarzafrikaner noch immer verkauft wurden wie Vieh. Die Realität war jedoch noch viel schlimmer. Ich wurde Zeuge unbeschreiblichen Grauens: Diese Menschen wurden nicht etwa »nur« ver- und gekauft, sondern in brutalen Raubzügen gefangen genommen. Gleichzeitig schlachtete man Hunderte Stammesbrüder ab und brannte ganze Dörfer nieder.

Seither habe ich für Sendeanstalten auf der ganzen Welt über die Sklaverei im Sudan berichtet, und zwar aus vielen verschiedenen Landesteilen, unter anderem auch aus den Nubabergen. Ich habe Hunderte von entflohenen Sklaven und außerdem einige arabische Sklavenhändler gefilmt und interviewt. Immer ist es dieselbe grauenvolle Geschichte: Arabische Stämme werden zu Milizen ausgebildet und mit AK47-Maschinengewehren ausgerüstet, um dann Dschihad oder Heiligen Krieg gegen die schwarzafrikanischen Stämme der Nubaberge und des Südsudan zu führen. Als Belohnung dürfen sie die Kriegsbeute – also Rinder, Ziegen und menschliche Sklaven – behalten. Bei den Überfällen auf die Dörfer lassen sie nur Frauen und Kinder am Leben: Es hat sich gezeigt, dass es zu schwierig ist, den Willen erwachsener Männer zu brechen und sie zu versklaven. Jungen werden als Viehhüter, Mädchen wie Mende als Haussklavinnen, die Frauen häufig als Sexsklavinnen verkauft. Nach Jahrzehnten des Bürgerkriegs ist der Sudan heute eines der unterentwickeltsten Länder der Erde – der übliche Preis eines Sklaven beträgt dort weniger als 150 Dollar.

In einem kürzlich erstellten Bericht des US Bureau of African Affairs ist zu lesen, die Sklaverei im Sudan sei gekennzeichnet durch »gewaltsame Gefangennahmen und Entführungen, Zwangsarbeit ohne Bezahlung, Verweigerung des Rechts auf Bewegungsfreiheit und freier Wahl der Lebensführung, Unterdrückung der Muttersprache und Verbot der Kontaktaufnahme mit der Familie«. Schicksale wie das von Mende wurden von Organisationen wie der UN, Human Rights Watch oder Anti-Slavery International buchstäblich zu Tausenden dokumentiert. Der entscheidende Unterschied ist, dass die Sklaverei in Mendes Fall nicht an den Grenzen des Sudan Halt machte – Mende wurde in ein europäisches Land verschickt, das ihr die Chance bot zu entkommen. Doch für die kleine Nanu etwa, Mendes Nachfolgerin als Sklavin in Khartoum, gibt es diese Chance nicht. Wer wird ihr und den Tausenden anderen, die im Sudan in Sklaverei leben, zur Freiheit verhelfen?

Sicherlich nicht die gegenwärtige Regierung, das Regime der Nationalen Islamischen Front, auch wenn diese alle maßgeblichen internationalen Konventionen gegen die Sklaverei unterzeichnet hat und sogar anerkennt, dass Entführungen vorkommen: 1999 wurde das CEAWC – »Committee for the Eradication of Abduction of Women and Children« (Komitee zur Abschaffung der Entführung von Frauen und Kindern) – ins Leben gerufen, immerhin ein Eingeständnis der Tatsache, dass das Problem existiert. Allerdings streitet das Regime ab, dass es für die Gräueltaten der arabischen Milizen unter seinem Kommando selbst verantwortlich ist, indem es den arabischen Milizen praktisch Straffreiheit zuerkennt. Es wäre milde ausgedrückt, zu sagen, das Regime drücke ein Auge zu, was die Sklaverei innerhalb seiner Grenzen betrifft. Streng genommen kann die Haltung der Regierung als Ermutigung interpretiert werden, mit dem Missbrauch der Menschenrechte fortzufahren. Sicherlich gibt das Faktum, dass Mende Nazer von einem prominenten Mitglied dieser Regierung als Sklavin in London gehalten wurde, keinen Anlass zu großen Hoffnungen.

Natürlich endet Mendes Geschichte nicht mit dem Tag, als sie in Willesden Green den ersten Schritt in die Freiheit machte. So unglaublich es klingt – es wurden tatsächlich Versuche unternommen, sie einzuschüchtern und in das Abhängigkeitsverhältnis zurückzuzwingen. Insbesondere muss sie nun um die Sicherheit und Gesundheit ihrer Familie im Sudan fürchten, und zwar mit gutem Grund. Wie Mende in ihrem letzten Kapitel erzählt, wurden Versuche unternommen, massiven Druck auf ihre Familie im Sudan auszuüben. Als es Mende gelang, mit ihnen Kontakt aufzunehmen, durfte ich diese telefonische Familienzusammenführung nach langjähriger erzwungener Trennung miterleben. Es war herzzerreißend. Mendes gesamte Familie hat den Überfall überlebt, Mendes Mutter allerdings mit schweren Verletzungen. Mendes beste Freundin Kehko jedoch, mit der sie immer zur Schule ging, wurde getötet.

Während Mende nun auf ihren Asylbescheid wartet, nimmt sie Englischunterricht und legt ihre Prüfungen mit großem Erfolg ab. Immer mehr regt sich das Interesse von Medien und Politik an ihrer Geschichte, und man fragt Mende, wieso sie sich entschlossen habe, nun alles offen zu legen und dieses Buch zu schreiben. Mende weiß, dass viele Frauen und Kinder im Sudan dasselbe Schicksal erleiden wie sie. Einige von ihnen hat sie kennen gelernt – Asha, Katuna, Nanu –, und sie fühlt sich ihnen freundschaftlich verbunden. Wie könnte sie schweigen, wenn ihre wahre Geschichte nun die Chance bietet, Dinge in Bewegung zu setzen und mitzuhelfen, ihr allzu lange schon leidendes Land vom Joch der Sklaverei zu befreien?
Doch Mende erklärt ihre Beweggründe am besten selbst, in ihren eigenen Worten. Daher möchte ich hier ein Fernsehinterview wie-

dergeben, das ich mit ihr drei Tage nach ihrer Flucht aus Al Koronkys Haus aufgenommen habe. Wie Mende selbst bestätigt, enthält es alles, was es zu sagen gibt. Es war ein sehr emotionales Gespräch, in dessen Verlauf auf allen Seiten immer wieder Tränen flossen. Ich hoffe, die Worte allein können dies vermitteln.

»Jetzt sind Sie also entkommen. Mende, wie fühlt es sich an, wieder frei zu sein?«
»Ich bin zwar geflohen, kann aber immer noch nicht glauben, dass es wahr ist. Ständig habe ich Angst, sie könnten kommen, mich wieder einfangen und mich zurückschleppen. Die Freiheit ist für mich noch ganz unwirklich, obwohl ich sie täglich lebe und erfahre. Ich fühle mich wie in einem Traum, aus dem ich irgendwann wieder aufwachen werde – als Sklavin. Und ich habe Angst, dass meiner Familie etwas zustoßen könnte, dass sich jemand meinetwegen an ihr rächen könnte.«

»Und was möchten Sie den Menschen gern mitteilen, die glauben, sie hätten das Recht gehabt, Sie so lange Jahre als Sklavin zu halten?«
»Dass Gerechtigkeit, Toleranz und Gleichberechtigung zwischen allen Menschen herrschen sollten, zwischen Menschen aller Hautfarben, zwischen Schwarzen und Weißen und zwischen Angehörigen sämtlicher Religionen. Wir sind alle Allahs Geschöpfe und gleich geschaffen. Niemand hat das Recht, andere Menschen ungerecht und grausam zu behandeln. Und ich verlange von ihnen, dass sie aufhören, den Menschen, die noch im Sudan versklavt werden, weiterhin grausames Unrecht anzutun.«

»Was möchten Sie den Menschen auf der ganzen Welt über die Sklaverei im Sudan sagen?«
»Sie sollen wissen, dass die Sklaverei dort bis heute, jetzt, in diesem Augenblick, üblich ist. Ich bin ein Beispiel dafür, der lebendige Beweis, weil ich persönlich davon betroffen war. Ich bin im Sudan

und dann in London Sklavin gewesen, und ich weiß, dass im Sudan noch viele Menschen als Sklaven leben müssen. Ich möchte, dass der Welt das klar wird und dass sie etwas unternimmt, um diese Zustände abzuschaffen.«

»Was wünschen Sie sich für Ihre Zukunft, jetzt, da Sie frei sind?«
»Zurzeit bin ich voll und ganz damit beschäftigt, mich selbst davon zu überzeugen, dass ich wirklich und wahrhaftig frei bin. Bis ich das geschafft habe, kann ich nicht an die Zukunft denken. Ich möchte einfach das Gefühl der Freiheit noch eine Weile genießen. Dann, später, werde ich mir überlegen, was das Leben in Zukunft bringen soll.«

»Sie sind erst vor kurzem geflohen, und es war eine sehr schwere Zeit für Sie. Woher nehmen Sie die Kraft und den Mut, stundenlang über diese entsetzlichen Jahre zu sprechen?«
»Diese Kraft habe ich, weil ich inzwischen weiß, dass es auf der Welt auch gute Menschen gibt, hier in England zum Beispiel. Hier sind die Menschen frei, und es herrscht Gerechtigkeit. Alle Menschen, denen ich nach meiner Flucht begegnet bin, haben mir Zuneigung und viel Fürsorge entgegengebracht, und das hat mir einen Teil meines Selbstwertgefühls zurückgegeben. Und außerdem habe ich meinen Glauben, der mir Kraft spendet.«

»Möchten Sie noch etwas hinzufügen?«
»Ich will nur noch sagen, dass ich meine Eltern vermisse und hoffe, dass sie wohlauf sind. Und ich wünsche mir so sehr, dass alle anderen, die noch in Elend und Sklaverei leben, bald frei sein werden. Wie kann ich mich selbst wirklich frei fühlen, solange ich weiß, dass sie noch Sklaven sind?«

»Und jetzt noch eine letzte Frage: Würden Sie mitkommen, wenn es möglich wäre, Sie in die Nubaberge zu fliegen? Wären Sie bereit, mich und ein Fernsehteam in Ihre Heimat zu begleiten?«
»Ginge das denn? Ist das wirklich machbar? Natürlich würde ich

mitkommen. Wären Sie auch dabei? Wenn Sie hinfliegen, fliege ich auch. Über nichts auf der Welt würde ich mich mehr freuen. Das Wunderbarste für mich wäre, meine Familie und meine Heimat wiederzusehen. Es ist mein Traum.«

Wie dieses Buch entstand

Nachwort von Damien Lewis

Seit der Veröffentlichung dieses Buches bin ich häufig gefragt worden, wie die Zusammenarbeit zwischen Mende und mir zustande gekommen ist.

Ein knappes Jahr nach Mendes Flucht war ihre Geschichte Tischgespräch bei einer abendlichen Runde in London. Ruth West, eine Menschenrechtsaktivistin und Freundin von mir, erzählte den Gästen von Mendes prekärer Situation und ihrem Entkommen. Daraufhin nahm eine ebenfalls anwesende britische Verlegerin Ruth beiseite und meinte, Mendes Schicksal habe sie sehr bewegt. Sie frage sich, ob Mende wohl bereit sei, ihre Erfahrungen und die Geschichte ihres Lebens aufzuschreiben. Als ich davon erfuhr, erkundigte ich mich bei Mende nach ihrem Interesse, und ein Termin mit der Verlegerin wurde vereinbart. Mit der zusätzlichen Hilfe der Literaturagentin Felicity Bryan wurde das Buchprojekt rasch auf den Weg gebracht. Und im Juli 2001 mussten wir uns schließlich an die schwierige Aufgabe machen, tatsächlich mit dem Schreiben anzufangen.

Mende und ich verließen London und fuhren nach Wiltshire in Westengland, um uns an die Arbeit zu machen. Mein Freund Roger Hammond hatte uns seinen ruhigen und friedlichen Landsitz zur Verfügung gestellt, ein georgianisches Anwesen, das inmitten von atemberaubender Landschaft steht. Vor unserer Abreise aus London hatte ich lange und gründlich über die beste Vorgehensweise nachgedacht. Mende, die inzwischen ein Jahr als freier Mensch in London verbracht hatte, beherrschte das Englische immerhin bruchstückhaft, während ich nur wenig Arabisch und kein einziges

Wort Nuba sprach. Anfangs erwog ich, einen englisch-arabischen Dolmetscher hinzuzuziehen, doch ich wusste, dass ein Großteil von Mendes Geschichte sehr persönlich war und es ihr ohnehin schwer fallen würde, darüber zu sprechen. Mir war klar, dass sie mir nur dann von ihren Erlebnissen würde erzählen können, wenn sich Nähe zwischen uns entwickelte. Schließlich würde sie mir ihre belastendsten und schmerzlichsten Erinnerungen und Ängste anvertrauen müssen. Und solange ein Übersetzer neben uns saß, würde das niemals gelingen.

Ich erörterte dieses Thema mit Mende, und wir hatten das Gefühl, dass wir uns einander verständlich machen konnten, wenn wir langsam Englisch sprachen und dazu nötigenfalls ein englisch-arabisches Wörterbuch benutzten. Dann durchkämmten wir die Londoner Buchläden nach allem, was wir über den Sudan, die Nubaberge und die Sklaverei auftreiben konnten, da es uns beim Schreiben weiterhelfen würde. Besonders erinnere ich mich an den Tag, als wir Leni Riefenstahls Bildband über die Nuba entdeckten. Während der ganzen Heimfahrt im Bus Nummer 38 blätterte Mende ehrfürchtig das Buch durch und betrachtete die Aufnahmen. Sie war so glücklich und gleichzeitig so traurig, endlich wieder Bilder aus ihrer Heimat zu sehen. »Das ist genau wie in meinem Dorf«, sagte sie und zeigte auf eines der Fotos. »Der Mann sieht aus wie mein Vater. Oh, wie schön, wie schön.« Dann beugte sie sich vor und küsste das Bild. Als wir uns endlich in unser Landhaus aufmachten, um das Buch zu schreiben, stellte ich fest, dass der Rücksitz meines Wagens inzwischen eine ganze Bibliothek zu unserem Thema beherbergte.

Wir begannen im Juli und wurden erst im September fertig. Nebeneinander arbeiteten wir an meinem Schreibtisch. Ich tippte Mendes Erinnerungen und ihre Geschichte in meinen Laptop ein, während sie erzählte. Immer wieder stellte ich ihr dieselben Fragen: »Was hast du gesehen? Was hast du gehört? Was hast du gesagt? Was hast du gerochen? Wie hast du dich gefühlt?« Wenn wir Probleme hatten, uns auf Englisch zu verständigen, bat ich sie zu zeichnen, was sie mir mitteilen wollte. Hin und wieder fertigte auch ich zur

Verdeutlichung ein Bild an und erkundigte mich: »War es vielleicht so?« Wir füllten einen ganzen Din A4-Schreibblock mit Skizzen – angefangen von der Kürbis-Dose, die ihr Vater für sie gemacht hatte, bis zum Grundriss des Hauses ihrer Herrschaften in Khartoum. Manchmal standen wir sogar auf und spielten die Szenen gemeinsam nach, damit ich eine Vorstellung davon bekam, wie die Nuba bei Wettkämpfen miteinander rangen oder wie Mende in Khartoum von ihrer Herrin gegen den Küchentisch gestoßen wurde, sodass sie eine tiefe Schnittwunde am Bein davontrug. Wir unternahmen lange Spaziergänge rund um das Haus, die uns nicht nur als Erholungspause nach den anstrengenden Arbeitssitzungen dienten; sie waren gleichzeitig Mendes erste Gelegenheit, seit ihrer Gefangenschaft wieder Berge und Hügel zu sehen – Orte, die sie an ihre Kindheit erinnerten. Während dieser Wanderungen kehrten viele Einzelheiten aus ihrer Vergangenheit zurück, wie zum Beispiel die wunderschöne Szene, als ihr Vater ihr erklärte, woraus die Wolken bestehen. »Komm, Mende«, sagte ich. »Setzen wir uns. Das schreiben wir auf. Es ist eine hübsche kleine Geschichte, die unbedingt in das Buch gehört.«

Es waren gar nicht so sehr Mendes schreckliche Erlebnisse, die mich am meisten anrührten. Als Journalist war ich schon häufig im Sudan gewesen und hatte über viele erschütternde Schicksale entflohener Sklaven berichtet. Viel mehr erstaunte mich die Detailtreue, mit der Mende sich an Ereignisse erinnerte – insbesondere an Dinge, die in ihrer frühen Kindheit geschehen waren. Bevor wir mit dem Schreiben anfingen, hatte ich keine Ahnung, dass der erste Teil des Buches eine so glückliche und liebevolle Kindheit schildern oder den Reichtum und die Lebensfreude der Nubakultur so ausführlich darstellen würde. Einmal meinte ich zu Mende: »Wie kommt es, dass du das noch so genau weißt? Ich kann mich fast gar nicht mehr an meine Kindheit erinnern.« Natürlich lautet die Antwort, dass sie aus einer Kultur der mündlichen Überlieferung stammt. Bei den Nuba schreibt man nichts auf, sondern verlässt sich auf sein Gedächtnis und sein erzählerisches Talent, um ein Gefühl für die eigene Identität und Vergangenheit zu entwickeln.

Selbst jetzt macht sich Mende nur selten Notizen. Ständig liege ich ihr in den Ohren, sie könnte doch einen Terminkalender führen und die Uhrzeit und das Datum von Verabredungen darin eintragen – allerdings mit wenig Erfolg.

Über viele Episoden aus ihrem Leben hatte Mende noch nie mit jemandem gesprochen – insbesondere nicht über die schrecklichen Leiden, die sie durchgemacht hatte. Schließlich gab es vor ihrer Flucht niemanden, dem sie sich hätte anvertrauen können. Beim Niederschreiben der schwierigsten Passagen flossen häufig Tränen, und Mende verfiel in Niedergeschlagenheit. Doch bald verstand sie, dass das Sprechen über diese Erlebnisse vielleicht der erste Schritt war, all die Trauer und den Schmerz zu verarbeiten. Wenn eine Seite fertig war, las ich sie ihr noch einmal vor, um sicherzugehen, dass meine Worte den Inhalt und den emotionalen Ton ihrer Geschichte auch richtig getroffen hatten. Am Ende dieser drei Monate hatten wir ein dreihunderttausend Wörter starkes Manuskript-Ungetüm produziert. Allerdings hat das endgültige Buch nur einen Umfang von gut einhunderttausend Wörtern. In den nächsten vier Monaten wurde unser Werk sechs oder sieben Überarbeitungen unterzogen, bis wir endlich zufrieden waren. Während dieser Zeit wohnte Mende als Gast in unserem Haus, da in dem Asylbewerberheim, in dem sie untergebracht war, unerträgliche Zustände herrschten. Also war Mende auch in der Überarbeitungsphase immer zugegen, sodass ich im Zweifelsfall stets Rücksprache mit ihr halten konnte. Die endgültige Version las ich mit ihr von der ersten bis zur letzten Seite durch, damit jedes Wort und jede Nuance der Geschichte auch dem entsprach, wie sie selbst es geschrieben hätte.

Das Endergebnis ist eine ausgesprochen detailgetreue Schilderung von Mendes Leben. Jede Zeile entstammt ihren Erinnerungen und basiert auf ihren Erfahrungen. Ich habe nur dann eigenes Material hinzugefügt, wenn eine Erläuterung der Fakten absolut notwendig war (so habe ich in Kapitel 20 – Rache – einige Fakten und Zahlen ergänzt, was die Todesfälle nach dem amerikanischen Raketenangriff auf die AL-Shifa-Fabrik in Khartoum betrifft). Ich hoffe, dass es mir gelungen ist, die Stimme des kleinen Nubamädchens Mende und der jungen Frau Mende Nazer authentisch und wirklichkeitsgetreu wiederzugeben. Das allein war meine Absicht, denn schließlich ist es ihre Geschichte.

Kontaktadressen

Wenn Sie Mende Nazer helfen möchten oder sich am Kampf gegen die Sklaverei im Sudan beteiligen, können Sie sich unter folgenden Adressen informieren:

The Mende Nazer Asylum Campaign
c/o UNA-UK
3, Whitehall Court
London SW1A 2EL

E-mail: info@mendenazer.org

Gesellschaft für bedrohte Völker
Herrn Tilman Zülch / Herrn Ulrich Delius
Postfach 2024
37010 Göttingen

E-mail: info@gfbv.de

Waris Dirie
Wüstenblume

Vom Nomadenleben in der somalischen Wüste auf die Laufstege der teuersten Designer der Welt – ein Traum. Und ein Alptraum, denn Waris Dirie wurde im Alter von fünf Jahren Opfer eines grausamen Rituals: Sie wurde beschnitten. In *Wüstenblume* hat sie ihre Geschichte niedergeschrieben und als UNO-Sonderbotschafterin den Kampf gegen die Folter der rituellen Beschneidung aufgenommen.

»Ich bete darum, dass eines Tages keine Frau mehr
diese Qual erleiden muss. Sie soll zu etwas längst
Vergangenem werden, bis die ganze Welt für alle Frauen
sicher ist. Was für ein glücklicher Tag wird das sein –
und darauf arbeite ich hin.
So Gott will, wird dieser Tag kommen.«

Waris Dirie